2012

Beijingshirenkouhejihuashengyunianjian

北京市人口和计划生育年鉴

中国人口出版社
China Population Publishing House
全国百佳出版单位

《北京市人口和计划生育年鉴》编辑委员会

《北京市人口和计划生育年鉴》编辑部

7月4日，十届全国人大常委会副委员长何鲁丽(左七)、国家人口计生委副主任王培安(左六)、北京市副市长丁向阳(左八)以及市人口计生委前任和现任领导等出席北京市人口计生委庆祝建党90周年暨市人口计生委成立30周年大会。

8月17日，“中国幸福家庭万里行”出发仪式在北京市朝阳区启动，中国人口福利基金会会长王忠禹(左五)、国家人口计生委副主任崔丽(左六)、北京市副市长丁向阳(左四)等领导参加启动仪式。

5月5～6日，中纪委驻国家人口计生委纪检组组长勾清明(右四)对北京市人口计生系统政风行风建设工作进行调研。

12月16日，国家人口计生委副主任王培安(左四)率有关司局负责人参加北京市人口规模调控研讨会。

11月22日，全国计划生育药具免费发放公共服务全覆盖推进会在北京市海淀区举行现场会，国家人口计生委副主任陈立(左四)参加并讲话。

9月28日，市人大常委会主任杜德印(左一)到市人口计生委视察人口调控工作。

7月6日，北京市召开纪念2011年世界人口日暨城市与人口主题报告会，联合国秘书处经济和社会事务部人口司司长Hania Zlotnik(左四)、国家人口计生委副主任崔丽(左三)、北京市政府副市长丁向阳(左二)、市人口计生委主任刘志(左一)、市政府外办主任赵会民(右一)出席活动开幕式。

1月12日，市政府副秘书长侯玉兰出席北京市人口计生系统2011年文化、科技、卫生“三下乡”活动启动仪式并向基层单位赠送宣传品。

北京市创建幸福家庭生育关怀工程项目签约启动仪式。

5月16日，北京市人口计生委副主任徐捷参加与什邡市共同举办的“再生育项目”的座谈会。

北京市人口计生委委员王晓光在全年工作总结会上讲话。

5月16日，北京市人口计生委副主任耿玉田参加与什邡市共同举办的“再生育项目”的座谈会。

12月1日，北京市人口计生委副主任彭彧华在北京市预防艾滋病宣传活动启动会上讲话。

市人口计生委副主任丁勇参加与什邡市共同举办的“再生育项目”座谈会。

驻委纪检组组长刘晓军（右一）赴怀柔区调研五级联创城乡共建“一助一”帮扶活动。

5月16日，北京市人口计生委领导参加“北京·什邡‘5·12’震后再生育项目座谈会”，并与相关人员合影 。

北京市计划生育协会第五次会员代表大会。

北京市人口计生委对口培训新疆基层技术服务人员。

国家免费孕前优生健康检查北京市试点项目启动仪式在平谷区召开。

北京市人口计生委在怀柔区召开青春健康教育现场会，市人口计生委主任刘志（前排右一）为怀柔区授牌。

9月14日，东城区人口和计划生育委员会举行政风行风监督员聘任大会。

东城区开展以住宅为载体的人口规模预测调研会。

将人口与计划生育服务管理融入东城区网格化社会服务管理之中，行政效能大大提升。

社区组织准妈妈们参加早教活动。

西城区2011年人口和计划生育领导小组扩大会暨责任书签订大会现场。

西城区人口计生委开展为中央、市属单位送生殖健康服务活动。

西城区开设的生命全程指导服务室。

国际计生联总干事麦里斯先生（后排右二）等考察西城区青春健康中心。

朝阳区2011年人口和计划生育领导小组会现场。

第四届“朝阳人口与发展论坛”现场。

朝阳区与顺义区召开人口和计划生育区域协作推进会。

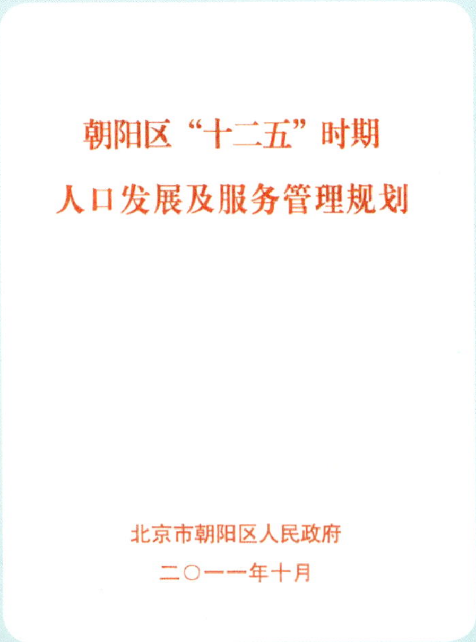
朝阳区“十二五”时期

人口发展及服务管理规划

北京市朝阳区人民政府

二〇一一年十月

朝阳区人民政府印发《“十二五”时期人口发展及服务管理规划》。

海淀区2011年人口和计划生育领导小组会会议现场。

海淀区召开2011年加强人口计生工作统筹解决人口问题工作会现场。

海淀区人口计生委举办高校人口计生工作推进会。

海淀区定期举办人口形势分析会。

丰台区2011年人口与计划生育领导小组会会议现场。

丰台区人口计生委举办纪念公开信发表31周年暨幸福家庭之星表彰大会。

丰台区流动人口家长学校授牌仪式现场。

布隆迪共和国公共卫生与艾滋病防治部部长萨宾娜·恩塔卡鲁纳女士等专家到北京市丰台区计划生育生殖健康技术服务中心参观、考察，并与丰台区人口计生委工作人员进行座谈、交流。

石景山区2011年人口和计划生育工作大会现场。

石景山区召开统筹解决人口问题协调会。

石景山区人口问题研讨会会议现场。

石景山区人口计生委举办人口计生进军营活动，向部队官兵赠送健身器材。

门头沟区召开人口和计划生育工作会。

门头沟区召开人口和计划生育领导小组会。

门头沟区召开满20年计生专干座谈会。

门头沟区定期开展宣传服务进军营活动。

房山区2011年人口和计划生育工作会现场。

房山区召开2011年人口和计划生育工作总结汇报会。

房山区人口计生委举办“北京市全员人口管理信息系统”社区（村）专干培训班。

房山区人口计生委开展农村长效避孕措施群众免费体检工作总结会。

昌平区召开2011年人口和计划生育工作会。

昌平区落实计划生育奖励扶助，推进利益导向政策。

昌平区计划生育家庭意外伤害保险工作启动及业务培训会召开。

瑞典斯德哥尔摩市青少年中心主任玛丽安娜一行9人来到昌平访问，参观并交流青少年中心工作。

房山区2011年人口和计划生育工作会现场。

房山区召开2011年人口和计划生育工作总结汇报会。

房山区人口计生委举办“北京市全员人口管理信息系统”社区（村）专干培训班。

房山区人口计生委开展农村长效避孕措施群众免费体检工作总结会。

通州区启动免费孕前优生健康检查项目。

通州区开展“关爱母亲 共享幸福”为主题的纪念母亲节生育关怀活动。

通州区开展纪念《流动人口计划生育工作条例》实施两周年知识竞赛。

通州区开展优质服务进军营活动。

顺义区人口和计划生育工作大会现场。

顺义区召开人口和计划生育村居民自治工作座谈会。

顺义区举办全员人口数据库培训。

顺义区孕前优生健康检查项目启动仪式现场。

昌平区召开2011年人口和计划生育工作会。

昌平区落实计划生育奖励扶助，推进利益导向政策。

昌平区计划生育家庭意外伤害保险工作启动及业务培训会召开。

瑞典斯德哥尔摩市青少年中心主任玛丽安娜一行9人来到昌平访问，参观并交流青少年中心工作。

大兴区举办“面对70亿人的世界”主题宣传活动。

大兴区举办2011年人口计生工作培训、总结、讲评会。

大兴区举办全区人口计生系统生殖健康咨询员培训班。

大兴区人口计生委药具站在西红门镇举办计生志愿者咨询能力培训班。

平谷区人口与家庭公共服务中心、计划生育生殖健康技术服务中心揭牌仪式现场。

平谷区2011年人口和计划生育工作大会现场。

平谷区召开人口计生工作领导小组成员单位转型与发展研讨会。

平谷区人口计生委帮扶农村特困计生家庭启动仪式在熊儿寨乡举行。

怀柔区召开2011年人口和计划生育工作会。

怀柔区纪念“7·11”世界人口日福田欧曼汽车厂人口计生宣传活动现场。

怀柔区诚信计生协议书签字仪式。

怀柔、丰宁、滦平综合治理流动人口性别比签字仪式现场。

密云县召开2011年人口和计划生育工作大会。

6月1日，密云县举办计划生育家庭意外伤害保险启动会。

密云县纪念“7·11世界人口日暨心系国策 诚信计生”演讲比赛在县文化馆举行。

密云县人口计生委举办依法行政暨半边户农村居民扶助制度培训。

密云县人口计生委举行密云县全员人口信息系统建设计算机配备发放仪式。

延庆县2011年人口和计划生育工作大会现场。

延庆县人口计生委领导慰问贫困基层计生家庭。

延庆县人口计生委开展佩戴党徽活动。

延庆县人口计生委接待非洲友人来访。

北京市人口计生委成立三十周年全家福

编 辑 说 明

2011年，在我国城镇化快速发展中，北京市人口发展进入一个新的历史发展阶段。人口资源环境协同均衡发展，成为当前人口计生工作的任务和目标。多年来，全市人口和计划生育系统坚持以邓小平理论和“三个代表”重要思想为指导，认真落实科学发展观，开拓创新、把握机遇、奋发有为、扎实工作，“依法管理、村（居）民自治、优质服务、政策推动、综合治理”的长效工作机制不断推进，形成了“和谐人口·幸福家庭”的工作思路，低生育水平长期稳定，统筹解决首都人口问题的工作格局初步建立，积极为构建社会主义和谐社会首善之区创造良好的人口环境。

为全面、真实地记录全市人口和计划生育工作的历史发展进程，市人口计生委决定，自2007年起，每年编辑《北京市人口和计划生育年鉴》（以下简称《年鉴》）并公开出版发行。《年鉴》由市人口计生委主办，由市人口计生委各处室和各区县人口计生委共同参与编撰。《年鉴》作为全市人口和计划生育系统的资料性工具书和重要的历史文献，旨在通过真实地记录历史，进一步总结工作经验、增进交流、推动工作，从而发挥“存史、资政、教化”的作用。

2012卷《年鉴》是全市人口和计划生育系统的第六部年鉴。本《年鉴》共12篇，约60万字，力求全面、系统、准确地记载2011年度全市人口和计划生育工作的重大事件、法规文件、领导讲话、重要研究成果等。第一篇为工作综述篇，包括全市人口计生工作综述和人口形势分析报告；第二篇为人口和计划生育大事记，简单记录了市级发生的人口计生重大事件；第三篇为领导讲话篇，主要收录了国家人口计生委、市委市政府及市人口计生委有关领导的重要讲话；第四篇为法规与重要文件篇，主要收录了本市年度内产生的重要法规及文件；第五篇为整体工作篇，主要收录了市级人口计生重要工作及各项业务工作进展情况；第六篇为社会团体和研究机构篇，介绍了市计划生育协会和本市具有代表性的人口研究机构；第七篇为论述篇，选录了有关专家学者关于人口计生问题的研究成果；第八篇为区县工作篇，是管窥各区县工作成绩的一个窗口；第九篇为北京市国民经济和社会发展相关统计资料篇，选编了与人口相关的重要统计资料；第十篇为荣誉篇，主要收录了获得市级以上重要荣誉称号的先进集体和个人；第十一篇为人口计生组织机构和名录篇，介绍了市、区两级的人口计生机构；第十二篇为附录，选编了区县出台的一些特色文件。《年鉴》还配有22页彩色图片，生动再现了各级领导参加全市人口和计划生育活动以及各级、各部门开展的各项特色工作情况。

2012卷《年鉴》由市、区人口计生委有关干部共同编撰，由市人口计生委综合处负责编审，内容、资料和数据力求全面、真实、准确、客观。但因编辑部人力、水平和时间有限，编校工作中的疏漏和差错在所难免，恳请读者理解和支持并提出宝贵意见。

《北京市人口和计划生育年鉴》编辑部

二〇一二年十月

目　录

五、整体工作篇

六、北京市人口计生社会团体和研究机构介绍

七、论述篇

八、区县工作篇

九、北京市2011年国民经济和社会发展统计公报（节选）

十、荣誉篇

十一、北京市人口和计划生育组织机构和名录篇

十二、附录：区县出台的特色文件选编

一、工作综述篇

2011年全市人口和计划生育工作综述

2011年是实施“十二五”规划的开局之年，大事多、喜事多。在市委、市政府的正确领导下，在国家人口计生委的指导下，全市人口计生系统按照“打基础、转职能、抓宏观、重实效”的工作要求，奋发进取、努力拼搏，首都人口工作有了新气象、新面貌、新成效。2011年的工作，可概括为四个较大突破：

一是在统筹协调人口工作方面取得较大突破。市人口计生委牵头组织市编办、市流管办、市发展改革委等部门开展了创新首都人口管理体制调研，提出了市人口计生委新“三定”方案并得到市编办批复。新方案得到国家人口计生委的高度认可，在各省市中反响很大。按照新的职能定位，市人口计生委不断加强横向沟通和纵向联系，积极主动开展工作。联合国家人口计生委开展“特大城市人口规模调控”课题研究，牵头编制“十二五”时期人口发展和调控规划，整合市有关部门人口数据建成全市覆盖人口最广的数据库——全员人口数据库，开展了重大规划、重大政策和重大项目人口影响评价调研。过去一年，在统筹全市人口政策方面迈出了坚实的步伐，能力和水平显著提高，有力提升了人口计生委的地位。

二是在促进家庭发展方面取得较大突破。为适应人口计生工作转型需要和新职能的要求，市人口计生委积极拓展家庭方面的职能，整合原有业务工作，将创建幸福家庭工作作为全市人口计生工作的一条主线，按照“幸福家庭、和谐人口”理念，相应打造文明倡导、宝贝计划、青春健康、健康生育、生育关怀、心灵家园六大惠民工程。这项工作在全国创建幸福家庭活动试点工作（漳州）座谈会上做了经验介绍，得到国家人口计生委、中国人口福利基金会和中国计划生育协会领导的高度肯定。

三是在推进干部人事制度改革方面取得较大突破。通过处长轮岗、交流引进、公开选拔、挂职锻炼等多种方式，引进年轻处级干部5名、科级干部2名，接收军转干部2名；向外单位输送局级干部1名、交流处级干部2名；完成了委机关副处长竞争上岗和科级干部内部交流轮岗工作，事业单位人事制度改革稳步推进。这一系列举措，初步形成了干部流动的正常机制，增强了干部队伍的活力、动力和干劲，团队的核心凝聚力进一步增强。

四是在通过重大活动促进内外交流合作方面取得较大突破。举办纪念建党90周年暨市人口计生委成立30周年大会，何鲁丽同志以及见证北京人口计生委成长发展壮大的老同志出席。与市政府外办联合举办北京市纪念世界人口日暨城市与人口主题报告会，邀请了联合国人口司司长汉娜女士和美国、日本及国内知名专家学者发表主题演讲。承办全国计划生育药具免费发放公共服务全覆盖推进会。积极开展与新疆和田、四川什邡、西藏拉萨等地对口帮扶工作。热情接待和参加国际人口和计划生育领域的多边和双边活动，积极开展国际项目合作，树立了本市人口计生工作的良好形象。

2011年，市人口计生委的“北京市免费避孕药具发放综合平台”、“北京市全员人口个案信息管理系统开发建设和全市成功应用”和“北京市人口计生系统阳光计生行动规范化建设”3个项目被市政府绩效管理办公室评为2011年优秀创新项目，优秀创新项目数量和质量在市属各委办局中均名列前茅。

北京市2011年人口和计划生育形势分析

“十二五”开局，北京经济社会深入发展，城市综合竞争力明显增强，与此同时，人口发展进入了一个新阶段。“十二五”时期，北京市人口发展提出要把促进人的全面发展作为经济社会发展的出发点和落脚点。2011年，在市委、市政府的正确领导下，认真贯彻落实科学发展观，坚持稳定低生育水平、统筹解决人口问题、促进人的全面发展的人口观，不断探索新形势下人口发展新体制与机制，首都人口发展领域取得较快发展。

一、北京人口的基本特征①

（一）常住人口总量持续增长，外来人口增长是常住人口增长的主要因素

1. 常住人口总量持续增长

“六普”显示，2010年11月1日零时，北京常住人口为1 961.2万人，同2000年第五次全国人口普查（以下简称“五普”）相比，10年共增加604.3万人，增长44.5%，高于同期全国人口5.8%的增长水平。10年间平均每年增加60.4万人，年均增长率为3.8%。从历次人口普查数据可以看出，2001～2010年无论是常住人口的增量还是增速，都高于20世纪八九十年代的水平。20世纪80年代常住人口年均增量为19.9万人，年均增长率为2.0%；90年代年均增量升至26.6万人，年均增长率略有

① 本部分特征分析数据来自北京市2010年第六次全国人口普查数据。

提高，为2.2%。

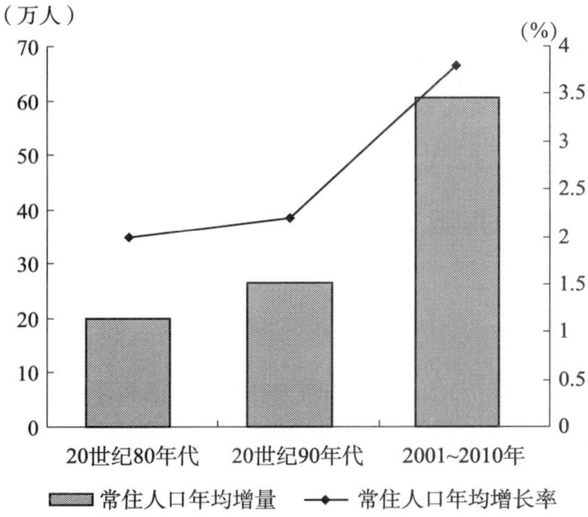

图1　北京市常住人口增量和增速情况

常住人口总量的持续增长缩短了人口倍增的时间间隔。以1949年常住人口（420.1万人）为基数，北京市常住人口增长1倍的时间是在1975年，时间间隔为26年；增长2倍的时间是在1996年，时间间隔缩短为21年；增长3倍的时间是在2008年，时间间隔只有12年。

2. 外来人口增长是常住人口增长的主要因素

全市常住人口中，外省市来京人员为704.5万人，占常住人口的35.9%。与2000年人口普查相比，外来人口增加447.7万人，平均每年增加44.8万人，年均增长率为10.6%，远远高于常住人口3.8%的年均增速。十年增加的常住人口中，外来人口占74.1%。外来人口在常住人口中的比重也由2000年的18.9%提高到2010年的35.9%，也就是说，2000年每5个常住人口中有1个外来人口，到2010年每3个常住人口中就有1个外来人口。由此可见，北京市常住人口的增长主要是由于外来人口的大量增加造成的。

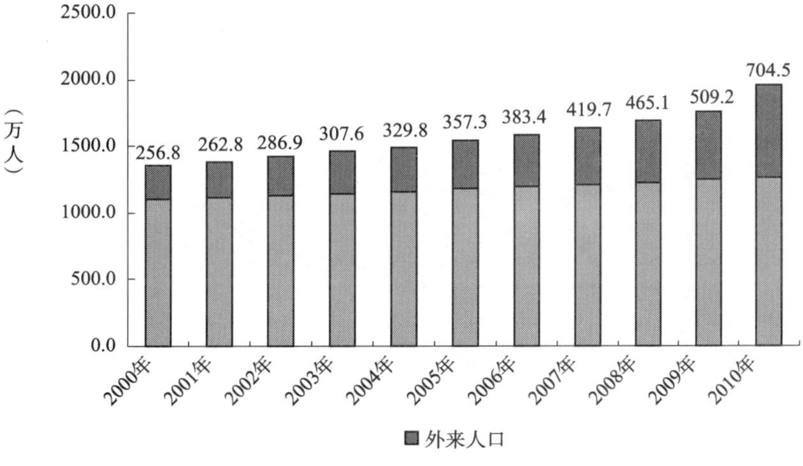

图2　北京市人口总量变动

外来人口大量增加主要有四个原因：一是城市建设和经济发展为外来人口提供了大量适宜的就业岗位；二是城市基础设施不断改善，居住环境进一步优化，吸引了更多的外来人口来京创业和生活；三是政府加强了对外来人口的服务和管理，社会保障逐步完善，相关政策的实施吸引了更多外来人口来京就业和就学；四是外来人口在京长期居住的趋势更加明显，离开户口登记地半年以上的外来人口在全部外来人口中的比例不断上升，由2000年的83.3%提高到2010年的90.8%。

3. 户籍人口增长主要来自人口的净迁入

2000~2010年，北京户籍人口10年共增长了150.3万人，其中户籍人口自然变动净增加了13.68万人，机械变动净迁入了136.62万，显然户籍人口的增长主要来自于人口的机械增长。

（二）人口出生处于高位且略有上扬，低生育水平保持稳定

自“十一五”以来，北京进入了新一轮生育小高峰，出生人数持续处于高位，主要原因是：一是20世纪80年代本市生育高峰出生的户籍人口，从“十一五”开始陆续进入婚育期；二是符合“双独”政策可以生育第二个孩子的近年来逐渐增加；三是婚嫁随父入户的户籍出生比重加大；四是来京常住流动人口持续增长，在京生育数量不少。2011年统计年度，常住人口出生为17.2万人（其中户籍10.6万人、来京流动人口6.6万人），与2010年同期14.7万相比，增长了17%。户籍人口出生为10年来同期最高水平，预计2011年全年将达11万人。在京流动人口出生数量未减，预计全年达到7万人左右。到2011年底常住人口出生将超过17万人，继续保持在高位水平且有所增加。

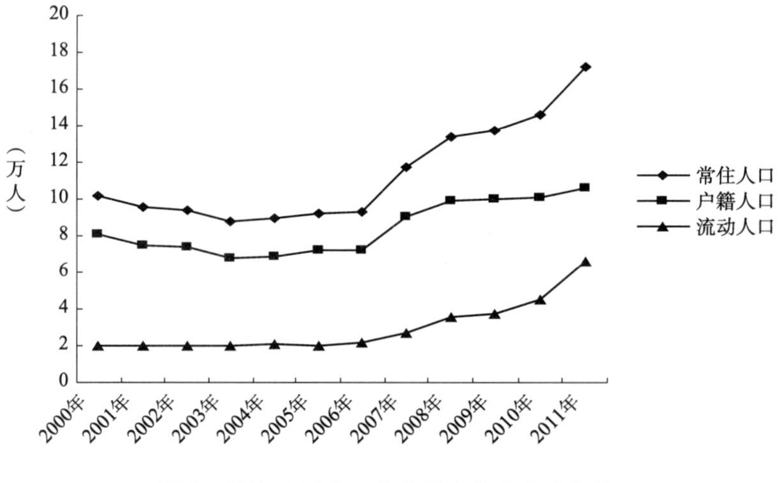

图3　2000年以来北京市出生人口变动趋势

在出生小高峰持续的情况下，北京低生育水平保持稳定，计划生育率继续稳定在95%以上的较高水平。户籍人口计划生育率为98.18%，常住人口稳定在95%左右，来京流动人口为87%以上。户籍人口出生孩次率保持稳定，2011年出生一孩率为93.92%、二孩率为5.92%、多孩率仅为0.16%。户籍总和生育率长期持续低于1，

近年处于出生高位，预计2011年在1左右。

（三）人口老龄化进程减缓，“人口红利期”延续

2010年，北京市常住人口中65岁及以上老年人口为170.9万人，占8.7%，与2000年人口普查相比微增0.3个百分点。常住人口中15～64岁劳动年龄人口为1 621.6万人，占总人口的82.7%，高出2000年同类指标4.7个百分点，人口老龄化进程减缓。换言之，在北京近10年增加的604.3万人中，89.6%的人口是劳动年龄人口，“纺锤形”人口年龄结构“中间大”的特点更加突出。它表明北京市劳动力资源丰富，仍然处于“人口红利”的黄金时期。但65岁及以上老年人口总量已达到170.9万人，老年人口问题仍然值得关注。

北京市人口年龄结构的变动受外来人口流入影响较大，常住外来人口的年龄集中在20～39岁，这部分人口占外来人口的62.8%，其中25～29岁组占19.1%。2010年全市常住人口的年龄中位数为35.7岁，常住户籍人口的年龄中位数为41.5岁，常住外来人口的年龄中位数为29.6岁。可见外来人口的大量流入是北京市常住人口年龄结构变动的重要原因。伴随外来人口的不断流入，这种结构仍将继续持续一段时期，但也要看到这种因外来人口的流入所形成的“人口红利”与城市人口的承载能力之间的矛盾在逐步加剧。

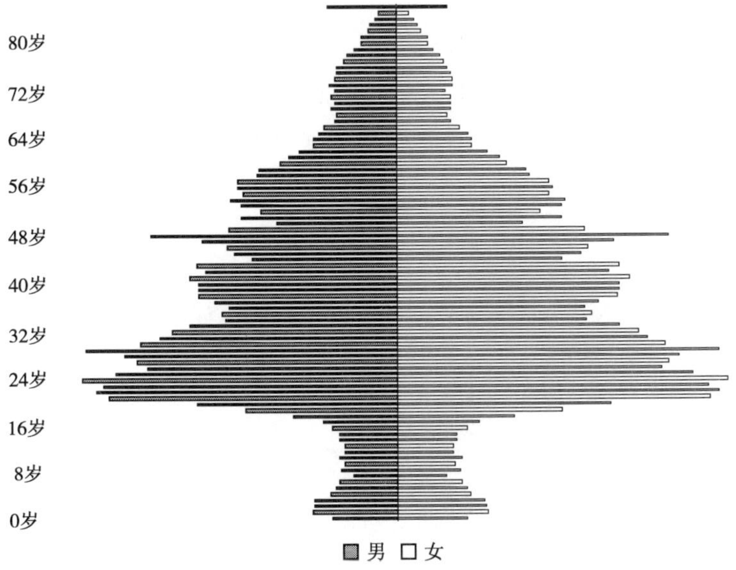

图4　北京市常住人口年龄金字塔

与我国其他城市相比，北京市的人口老龄化具有明显超前的特点，其发展速度一直比全国快，老年人口的比重从8%上升到10%，全国需要15年，而北京仅用了5年；预计老年人口从10%上升到27%，全国需要50年，而北京仅需要30年，且人口

结构也将呈现高龄化趋势。未来老年人口及高龄者数量的成倍增长，将给北京经济发展和老年保障事业带来巨大压力，不仅老年人自身的生活，而且老年人的家庭乃至整个社会都将经受严峻的考验。

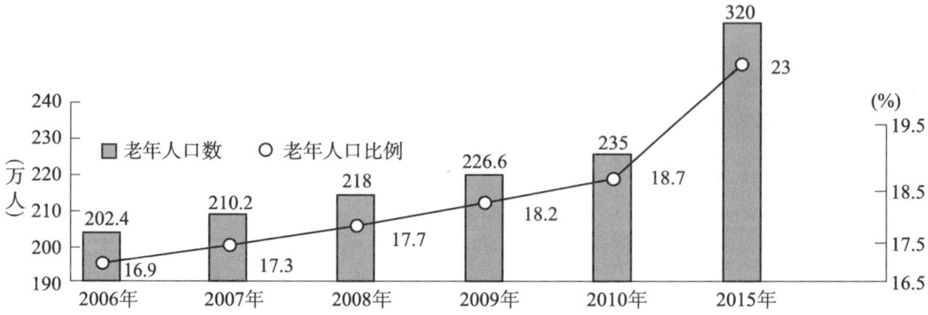

图 5　2006～2010 年人口老龄化发展状况

（四）人口分布由核心区向拓展区和发展新区扩散，人口密度逐年上升

2010 年，城市功能核心区（简称核心区），城市功能拓展区（简称拓展区），城市发展新区（简称发展新区），城市生态涵养区（简称涵养区）的人口分别为 216.26 万人、955.41 万人、632.18 万人、157.4 万人，占全市常住人口的比重分别为 11.03%、48.71%、32.23%、8.03%（见表 1），居住在城区（核心区 + 拓展区）的人口约占 60%，居住在郊区（发展新区 + 涵养区）的人口约占 40%。

表 1　北京市各功能区人口及其变化

功能分区	人口(万人)		增长(%)	比重(%)	
	2000 年	2010 年	2000～2010 年	2000 年	2010 年
功能核心区	211.46	216.26	2.27	15.58	11.03
功能拓展区	638.88	955.41	49.54	47.08	48.71
发展新区	367.77	632.18	71.9	27.1	32.23
生态涵养区	138.82	157.4	13.38	10.23	8.03
全市	1 356.92	1 961.24	44.54	100	100

与 2000 年比较，拓展区、发展新区占全市常住人口比重升高，核心区、涵养区的比重降低。2010 年数据显示，拓展区和发展新区集中了全市 79.5% 的常住人口，其中，拓展区的人口所占比重最大，接近全市总人口的一半；发展新区次之；涵养区人口最少。四个功能区中，城市发展新区人口增长最快，与 2000 年相比，常住人口增长了 44.54%；拓展区、涵养区、核心区分别增长了 49.54%、13.38%、2.27%，而发展新区增长了 71.9%。

与人口总量变动相伴随，北京市的人口密度也在逐年上升。2010 年“六普”数据显示，全市常住人口密度为 1 195 人/平方公里。北京市的人口密度低于上海(3 630人/平方公里)，高于天津（1 100人/平方公里）和重庆（350人/平方公里）。

全市常住人口密度呈梯度分布，即首都功能核心区人口密度最高，为23 407人/平方公里；城市功能拓展区次之，为7 488人/平方公里；城市发展新区位于第三，为958人/平方公里；生态涵养发展区人口密度最低，为213人/平方公里。虽然常住人口呈现出由首都功能核心区向城市功能拓展区和城市发展新区扩散的态势，但是人口密度梯度分布的格局并未发生根本性改变，人口地区分布仍然不平衡。

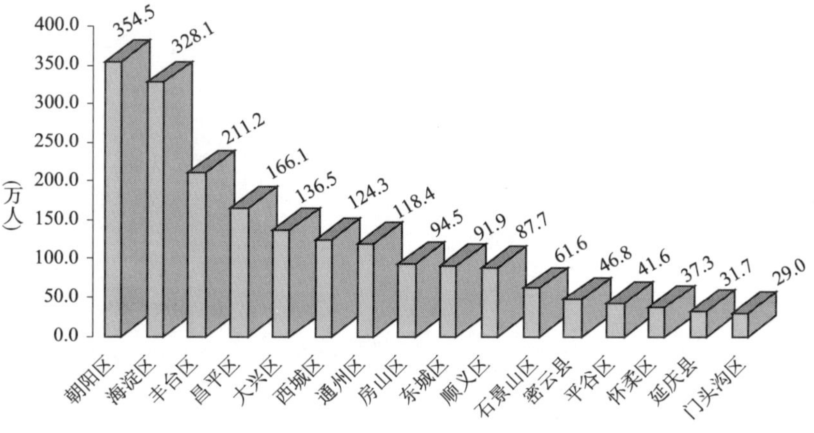

图6　2010年北京市区域人口分布

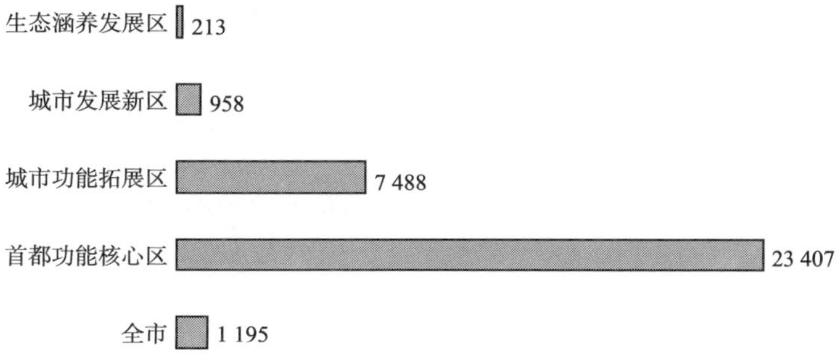

图7　2010年北京市常住人口密度（人/平方公里）

（五）人口文化素质不断提高，近1/3人口接受过高等教育

人口文化素质不断提升。“六普”数据显示，6岁及以上常住人口中，大学专科及以上人口为617.8万人，占32.8%；高中人口416.2万人，占22.1%；初中人口615.7万人，占32.7%；小学人口195.3万人，占10.4%。与2000年人口普查相比，大学专科及以上人口比重呈现增长态势，高中及以下人口比重呈现减少趋势。

常住人口的平均受教育年限不断提高。1964 年常住人口平均受教育年限只有 5.3 年，2000 年提高到 10 年，2010 年提升至 11.5 年。

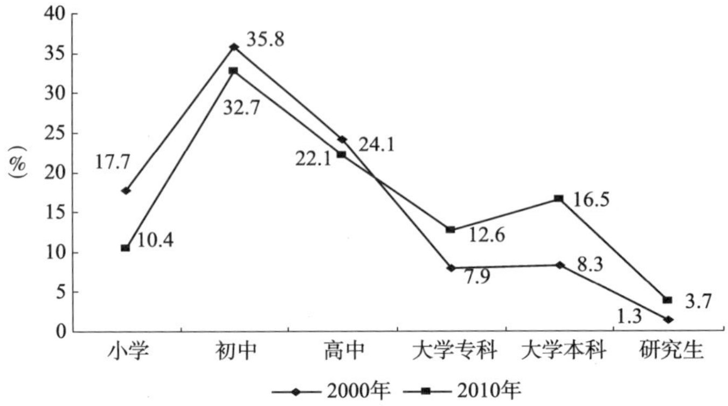

图 8　2000 年和 2010 年各类受教育程度人口所占比重

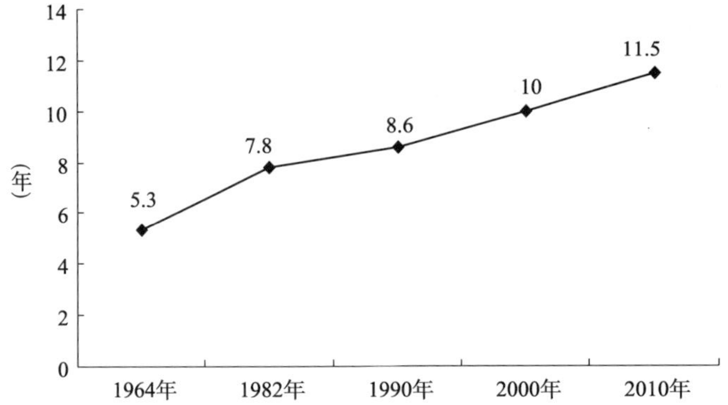

图 9　历年普查常住人口平均受教育年限

2000 年以来北京市人口受教育程度不断提高，特别是接受高等教育的人口比重有了明显提高。2010 年，6 岁及以上人口为 1 881.3 万人，占常住人口的 95.9%。其中，每 10 万常住人口中具有大学程度的已经达到 31 499 人，也就是说，每 10 人中就有 3 名大学生，比 2000 年的 16 839 人增幅 87.1%，继续保持全国领先地位。随着社会的进步与发展，各项事业对知识更新和人力资源均提出更高的要求，高等教育在此期间迅猛发展，是北京市人口文化素质提高的重要因素之一。

（六）常住外来人口扩增速度加快，但结构得到明显改善

2010 年常住外省市来京人口为 704.5 万人，比 2000 年人口普查时增加了 447.7 万人，外来人口在常住人口中的比重已由 2000 年的 18.9% 提高到 2010 年的 35.9%，即每 3 个常住人口中就有 1 个外来人口。由于 10 年增加的常住人口中外

来人口占74.1%，因此，常住外来人口的大量增加是北京10年人口快速增长的主要原因。

尽管常住外来人口的激增给北京调控人口规模带来很多困难，但是从北京人口结构优化的角度分析，可以发现外来人口结构总体上已经有了明显的改善。

1. 大量年轻外来进京人口延缓了人口老龄化进程

年龄中位数是反映人口年龄的分布状况和集中趋势的指标，意指将全体人口按年龄大小的自然顺序排列时居于中间位置的人的年龄数值。国际上通常用年龄中位数指标作为划分人口年龄构成类型的标准①。2010年全市常住户籍人口的年龄中位数为41.5岁，由于常住外来人口的年龄中位数为29.6岁，平均年龄低于户籍人口11.9岁，因此，全市常住人口的年龄中位数降至35.7岁，对减缓北京人口老龄化的速度起了重要作用。

2. 性别结构改善

2010年常住外来人口性别比（以女性为100，男性对女性的比例）为118.9，与2000年第五次全国人口普查的数据相比明显下降。主要原因是北京产业结构的调整，带动了第三产业快速发展对女性劳动力需求的增长。

3. 受教育程度明显提高

2010年6岁以上常住外来人口受教育程度呈现初中及以下人口比例稳步下降，大专及以上人口比例快速上升的趋势。与2000年相比，初中及以下人口比重由71.2%降至56.1%，高中人口比重由17.9%略升至19.5%，大专及以上人口比重由10.9%快速攀升至24.4%，升幅13.5个百分点，即每4个6岁以上常住外来人口中有1人接受过高等教育。

4. 农业户籍人口下降，非农业户籍人口占1/3

2010年北京流动人口以农业户籍人口为主的格局虽然没有改变，但是非农业户籍人口已经由2000年的25.8%升至32.3%，占外来进京人口的1/3，反映了城际间人口流动快速增加的势头，这对北京市外来人口就业结构将产生重要影响。

5. 职业层次提升，行业结构改善

按照国家职业分类标准，2010年与2000年相比，外来就业人员在“专业技术人员”和“办事人员和有关人员”两大职业类别中的比例都有较大幅度增长，其中，专业技术人员由5.6%增至13.1%，办事人员和有关人员由6.7%增至10.2%，加上2.3%的国家机关、党群组织、企业、事业单位负责人，脑力劳动者的比重已经占25.6%，比2000年提升10.1%。从行业构成考察，2010年北京外来就业人员在第三产业就业的比重占71%，比2000年

① 年龄中位数在20岁以下为年轻型人口；年龄中位数在20~30岁为成年型人口；年龄中位数在30岁以上为老年型人口。年龄中位数向上移动的轨迹，反映了人口总体逐渐老化的过程。

的57.7%提高13.3%，其中从事现代服务业的人员占22.5%，比2000年的5.8%提高16.7%。尽管外来就业人员的职业层次和行业构成都有明显改善，但是以劳动密集型行业为主的批发和零售、住宿和餐饮、制造业和建筑业的比重仍然占65.8%，这样高的比重是否与北京产业发展定位和社会服务需要相一致，值得认真研究。

6. 离开户口登记地时间整体趋长，1/4人口有立足基础

外来人口离开户口登记地时间以三年期为段，先升后降。3年以内的常住外来人口占50.6%，其中离开户口登记地半年至一年和一年至两年的分别为14.2%和20%，说明北京常住外来人口近三年的规模增长较快。六年及以上的外来人口所占比重为24.8%，表明这部分人在北京有较强的立足基础，属于比较稳定的常住人口群体。

（七）人户分离现象普遍，分离时间长达5.5年以上，内部结构变化较大

随着北京市社会经济的快速发展，人户分离人口大量增加，人户分离现象普遍存在。2010年在北京1 256.7万常住户籍人口中，人户分离人口多达345.4万，比2000年净增127.9万人，在常住户籍人口中的比重也由19.8%升至27.5%。十年间，北京市人户分离人口①不仅大量增加，而且分离时间普遍较长，平均人户分离时间长达5.5年，其中37.1%的人口人户分离时间在六年以上。

其中，区县内的人户分离人口162.6万人，占47.1%；跨区县的人户分离人口182.8万人，占52.9%。与2000年人口普查相比，人户分离人口增加了127.9万人，其中，区县内的人户分离人口减少40.9万人，跨区县的人户分离人口增加168.8万人。人户分离人口在常住户籍人口中的比重上升了7.7个百分点。可见，十年间，我市人户分离人口大量增加，人户分离人口在内部结构上发生了较大变化，由2000年的区县内人户分离人口为主发展成区县内和跨区县人户分离人口并存的局面。

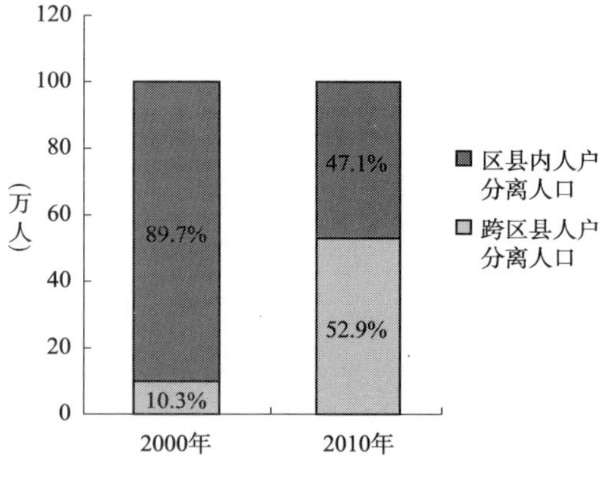

图10　人户分离人口构成变化

① 人户分离人口是指有本市常住户口，离开户口登记地半年以上，户口登记地和居住地不在同一个乡镇街道的人口。

二、人口和计划生育情况①

（一）户籍人口出生性别比正常，常住外来人口偏高

2011 年北京市户籍人口出生性别比在正常值范围内，常住人口出生性别比仍高于户籍人口（见表2）。其中常住外来人口出生性别比偏好明显，直接影响了北京市常住人口的出生性别比的高低。

表 2　2001～2011 年北京市出生性别比情况

年份	出生性别比		
	常住人口	户籍人口	外来人口
2001	114.6	114.1	120.9
2002	108.9	106.4	117.7
2003	108.4	104.8	118.3
2004	109	106.2	123.4
2005	109.8	107.5	122.1
2006	111.8	108.7	118.2
2007	109.8	107.3	118.1
2008	109.3	106.3	118.8
2009	112.1	107.5	123.4
2010	111.5	106.9	121.3
2011	110.8	106.5	118.5

数据来源：市人口计生委统计报表

应该看到，虽然在京登记的外来人口出生性别比明显超高，但 2000～2011 年性别比这种超高态势还是在逐年走低。这也说明近十年北京市乃至全国一些省市在执行禁止鉴定胎儿性别和打击非法行医方面的工作卓有成效。

（二）避孕套使用比例继续呈上升趋势，不同区域避孕药具的使用呈规律性变化

数据显示，在采取的避孕措施中，避孕套使用比重达六成，成为北京市常住育龄人群避孕节育措施的主体，远远高于全国及其他各省市水平，且继续呈上升趋势。与之相反，使用宫内节育器避孕的继续呈下降趋势，宫内节育器所占比重较同期 35.1% 又下降了 2.2 个百分点。

城区（首都功能核心区 + 城市功能拓展区）综合避孕率为 84.5%，郊区（城市发展新区 + 生态涵养发展区）为 82.3%，城区要高于郊区 2.3 个百分点。从使用避孕

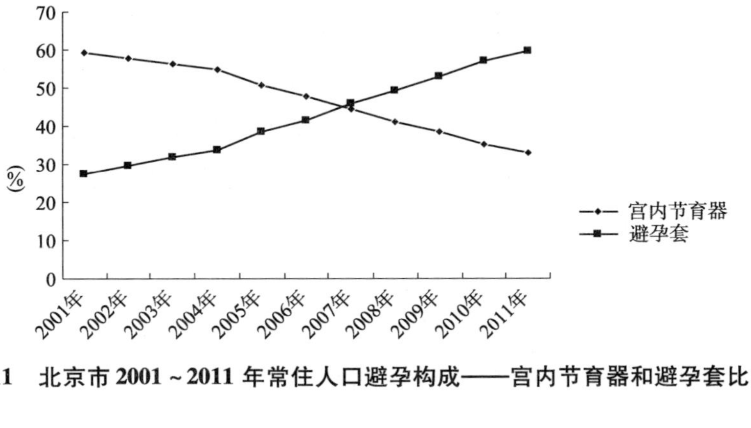

图 11　北京市 2001～2011 年常住人口避孕构成——宫内节育器和避孕套比较

① 本部分数据来自北京市人口计生委报表统计数据。

药具的种类来看，不同区域避孕药具的使用呈规律性变化，宫内节育器的使用比例从核心区（19.3%）到拓展区（26.8%），由发展新区（42.1%），再到涵养区（46.4%）呈逐渐上升趋势；而避孕套与之相反，核心区（75.8%）的使用比例最高，拓展区（64.9%）、发展新区（49.5%）、涵养区（47.7%）逐渐下降。这一分布变动现象与外来人口在城市空间分布密切相关。

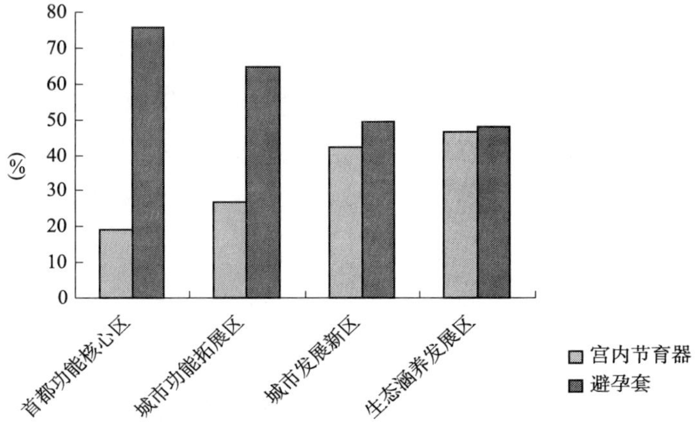

图 12　不同功能区避孕使用情况比较

（三）计划生育惠民服务、公共服务力度逐年增大

北京市政府投入人口和计划生育的惠民服务主要包括农村部分计划生育家庭奖励扶助制度、计划生育家庭特别扶助制度以及市财政计划生育贴息贷款项目等（市政府折子工作）。政府财政出资为全市育龄群众提供公共服务主要包括“北京市健康生育计划”，为已婚待孕人员和怀孕 3 个月的育龄群众免费发放叶酸增补剂；对农村长效节育户籍已婚育龄群众免费健康体检（市政府为市民办实事项目）等。项目自实施以来，力度逐年增大，取得了很好的社会效益和经济效益。

农村部分计划生育家庭奖励扶助制度自 2005 年 1 月 1 日实施以来，惠民力度不断加大[①]，全市 13 个涉农区县的扶助对象全部获利。全市发放奖励扶助金额从 2005 年的 432.8 万元，增长到 2011 年的 208.16 万元，累计发放 8 223.9 万元，受益人群达 17 347 人。（详见表 3）

① 扶助对象扶助金额，2005 年每人每年 600 元，2007 年上调至每人每年 630 元，2008 年继续上调至每人每年 1 200 元。

表 3 2005～2011 年北京市计划生育家庭奖励扶助情况

年份	发放人数			退出	每人每年发放金额(元)	发放金额(元)
	小计	新进入	年审符合			
2005	7 214	7 214	—	—	600. 00	4 328 400
2006	8 515	1 438	7 077	137	600. 00	5 109 000
2007	9 807	1 589	8 218	297	630. 00	6 178 410
2008	11 152	1 776	9 376	431	1 200. 00	13 382 400
2009	12 526	2 006	10 520	632	1 200. 00	15 031 200
2010	14 495	2 625	11 870	656	1 200. 00	17 394 000
2011	17 347	3 431	13 916	579	1 200. 00	20 816 400
合计					17 347	82 23 9410

数据来源：市人口计生委奖励扶助工作统计

二、人口和计划生育工作大事记

1月12日，北京市人口计生委、大兴区人民政府在大兴区青云店镇联合举办2011年文化、科技、卫生“三下乡”活动启动仪式。

2月24日，市委常委、市委组织部部长吕锡文，副市长丁向阳，市委组织部常务副部长史绍洁等领导到市人口计生委宣布市委、市人大关于刘志任市人口计生委党组书记、主任的决定。

2月，市人口计生委制定下发了《2011年党风廉政建设和反腐败工作要点》，细化分解了40项具体任务，明确了每项任务的牵头部门和协办单位。

3月4日，市人口计生委党组书记、主任刘志主持召开北京市人口计生委务虚会。机关各处室、直属事业单位、计生协会的副处以上干部参加。

3月18日，市人口计生委制定下发了《关于对北京市计划生育生殖健康技术服务（指导）中心进行校验的通知》。要求依法规范计划生育技术服务，加强计划生育技术服务机构规范化、法制化管理和建设。

3月18日，市人口计生委召开北京市药具发放优质服务试点第一次工作会议。

3月25日，市人口计生委与市财政局联合出台了《关于开展国家免费孕前优生健康检查项目试点工作的通知》，确定丰台区、昌平区、平谷区为项目第二批试点区。

3月29日，国家免费孕前优生健康检查北京市试点区项目启动仪式在平谷区举行。国家人口计生委、市人口计生委、平谷区、丰台区、昌平区有关领导出席活动。

3月30日，北京市召开2011年人口计生工作大会，总结了“十一五”和2010年的工作，对“十二五”开局之年的工作任务进行部署。

4月1日，市人口计生系统召开了2011年度反腐倡廉建设工作会议。市人口计生委党组成员，机关和直属事业单位领导，各区（县）人口计生委相关领导共80余人参加了会议。

4月2日，市人口计生委印发了《2011年“青春健康伴我行”系列宣传活动方案》，对市、区两级开展青春健康教育工作进行了部署。

4月18日，市人口计生委召开专题会议，研究人口与家庭健康服务中心项目建设方案。

4月18日～5月20日，市人口计生委对口援疆首期基层技术服务人员培训班在玛依塔柯酒店举办。来自新疆和田地区和农十四师的30名学员，接受了不孕不育、生殖道感染、出生缺陷干预、避孕节育等生殖健康知识培训。按照北京市对口支援和经济合作工作领导小组新疆和田指挥部的工作安排，市人口计生委未来4年还将陆续为新疆和田地区和农十四师培训基层人口和计划生育服务人员120人。

4月19日，市人力资源和社会保障局印发《关于批准北京市人口和计划生育委员会所属北京市计划生育协会列入参照公务员法管理范围的复函》（京人社录函〔2011〕96号），同意市计划生育协会列入参照《中华人民共和国公务员法》管理范围。

4月19日，市人口计生委与来京的和田市人口计生系统人员召开了对口支援座谈会，交流工作经验，研究了工作安排。

4月27日，市计生协会指导怀柔区建立北京市首家“青少年性健康教育基地”，彭彧华副主任主持开幕仪式，刘志主任讲话。

4月28日，市人口计生委在怀柔区召开青春健康教育现场会，总结“十一五”北京市青春健康教育工作情况，推广怀柔区的先进经验，为北京市第一个青春健康教育中心挂牌。

5月4日，市人口计生委召开“特大型城市人口规模调控（以北京市为例）”课题专题会。

5月5～6日，中央纪委委员、驻国家人口计生委纪检组组长勾清明对北京市人口计生系统政风行风建设情况进行专题调研，国家人口计生委纪检组副组长、监察局局长杨云凯，市人口计生委党组书记、主任刘志等领导陪同调研。

5月9日，市计生协会召开第五次全市会员代表大会，并成功换届。大会选举黎晓宏为会长，刘志为常务副会长，彭彧华为第一副会长，选举产生了第五届常务理事会和理事会。会议由彭彧华副主任主持，刘志主任作工作报告。

5月10日，市人口计生委与乌兰察布市政府对口援助和区域合作办公室及计生系统人员举行了座谈会，商谈了援助与合作事宜。

5月16日，市人口计生委召开市、区（县）两级人口计生系统全体干部视频会议，学习胡锦涛总书记重要讲话，布置全市学习贯彻胡锦涛总书记讲话的具体安排。

5月20日，非洲英语国家妇幼卫生促进官员研修班成员40人到延庆县考察。

5月24日，市人口计生委与拉萨市人口计生委来京考察组举行了对口援助工作座谈会。市对口援助和经济合作办公室的干部应邀参加了座谈。

5月16～31日，市人口计生委规划统计处与信息中心联合举办了全员户籍人口信息系统培训会。此次培训分5批进行。

6月8～11日，创新首都人口管理体制机制调研组赴江苏省无锡市和上海市进行专题调研。市人口计生委党组书记、主任刘志带队，市编办、市发展改革委、市公安局、市民政局、市统计局、市社会办有关人员参加。

6月15日，市计生协会与中国计生协会联合举办“庆祝建党90周年，展示和谐计生协会”摄影展。摄影展由中国计生协会领导吴光华、朱宝贵和市计生协会领导刘志、彭彧华共同揭幕。

6月19日，按照市委统一部署和委党组要求，市人口计生委在北京会议中心举办公开招考信息中心主任面试，经过笔试、面试、考察等环节，选拔出严进、王进孝两位同志分别担任信息中心主任、副主任职务。

6月23日，在庆祝中国共产党成立90周年和北京市人口计生委成立30周年之际，丁向阳副市长和侯玉兰副秘书长到市人口计生委慰问计生干部和职工，并同机关干部进行了座谈。

7月4日，全市召开庆祝建党90周年暨市人口计生委成立30周年纪念大会。

7月6日，市人口计生委与市政府外办联合承办了北京市纪念世界人口日暨城市与人口主题报告会。

7月14日，市人口计生委召开部分区（县）诚信计生工作研讨会。会上耿玉田副主任传达了国家人口计生委广西会议精神，充分肯定了各区（县）全面推进诚信计生工作后的阶段性成果，并对下一步工作做出了明确的指示。

7月20日，市财政贴息贷款帮扶计生困难家庭协调小组办公室召开工作会议，讨论财政贴息贷款调整工作方案，部署收尾和过渡时期工作并进行任务分解。

7月23日，市人口计生委在乌鲁木齐市与兵团十四师人口计生委举办座谈会，并编制了《北京市人口计生委与农十四师对口支援协作框架协议》。

7月24～27日，举办了北京市社区计划生育（卫生）服务站医师培训班。

7月27日，市人口计生委正式印发了《北京市“十二五”时期人口和计划生育依法行政工作规划》（京人口发〔2011〕28号），对“十二五”时期全市人口和计划生育依法行政工作重点和要求做出了明确规定。

8月12日，市计生协会召开半年工作总结暨创建幸福家庭活动启动会。

8月26日，丁向阳副市长、侯玉兰副秘书长带领市发改委、市卫生局、市民政局、市人保局、市旅游局、市人口计生委主管领导到西城区调研。

8月，由市人口计生委牵头在辽宁省沈阳市召开了环渤海（十省市）区域一盘棋工作会议。会上，与会单位介绍了区域协作开展情况，提出了深入开展区域协作的建议。

8月，举办了全市人口计生系统专（兼）职纪检监察干部理论业务培训班。聘请了中央纪委、市监察局、市行政投诉中心等部门的领导和专家授课，效果良好。

8月23～25日，举办了全市流动人口计划生育管理员培训班。参加人员包括各区（县）人口计生委流管科长、流动人口计划生育管理干部及各级流动人口计划生育管理员 70 余人。

8 月 26 日，丁向阳副市长、侯玉兰副秘书长带领市发改委、市卫生局、市民政局、市人保局、市旅游局、市人口计生委主管领导到西城区调研。

8 月 26 日，国家人口计生委办公厅主任张春生等一行就社区养老工作到海淀区调研。市人口计生委副主任徐捷、海淀区副区长陈双等领导陪同调研。

8 月 30 日，在昌平区小汤山举办了全市局总公司计划生育专兼职干部基础知识培训班，140 名局总公司计生专兼职干部参加了培训班。

9 月 2 日，召开了开展国家免费孕前优生健康检查项目试点工作项目推进会，各区（县）人口计生委的领导和业务部门人员参加了会议。

9 月 15 ~ 23 日，市人口计生委在南京人口国际培训中心组织举办了 2011 年生殖健康咨询师师资和咨询员培训班。各区（县）主管领导和相关负责人 45 人参加了师资培训，基层计生干部 140 人参加了生殖健康咨询员专题培训。

9 月 27 日，市人口计生委组织召开了人口文化宣传教育工作现场会。全市 16 个区（县）的人口计生委主任、主管副主任、宣传科的干部和首都各主流媒体记者近 200 人参加了会议。

9 月 28 日，市人大常委会主任杜德印到市人口计生委调研“合理调控人口规模”工作。

10 月，市人口计生委启动了全员人口信息管理相关规范性文件的起草工作。经集中编写、相关调研、专家论证，形成了管理规范和技术规范的初稿。管理规范是《北京市人口和计划生育系统人口信息管理规范》（初稿），技术规范包括《北京市全员人口信息管理系统运行维护及安全管理规范》（初稿）和《北京市全员人口个案信息库管理规范》（初稿）。

10 月 12 日，市人口计生委召开了人口规模调控课题研究启动会。会议由市人口计生委主任刘志主持，市人口计生委副主任徐捷介绍了课题研究背景和子课题研究的重点。

10 月 12 ~ 18 日，举办儿童健康教育指导师培训班。各区（县）人口计生系统 100 人参加了培训，考试合格者获得了儿童健康指导师职业证书。

10 月 13 ~ 14 日，在海淀区、怀柔区召开了阳光计生行动规范化建设现场会。组织参观了海淀、怀柔两区 4 个“阳光计生行动”示范点，安排了 9 个区（县）、镇（街）、村（居）介绍开展阳光计生行动的经验。

10 月 20 日，市机构编制委员会办公室印发《关于同意调整市人口计生委职责内设机构和人员编制的函》（京编办行〔2011〕208 号），同意市人口计生委增设规划协调处，核增行政编制 5 名，其中处级领导职数 1 正 1 副，宣传教育处不再承担

“协调出生人口性别比治理工作”的职责，研究室（综合协调处）、规划统计处、行政财务处分别调整职责更名为综合处、信息处、财务处，人事处加挂离退休干部处牌子。

10 月 25 ~26 日，市人口计生委召开北京市参加国家免费孕前优生健康检查项目试点区主任座谈会，丰台区、昌平区、平谷区等试点区人口计生委领导参加了会议。

11 月 2 ~11 日，市人口计生委诚信计生工作验收组到申报诚信计生工作达标的西城、丰台、石景山、昌平、怀柔和平谷区进行验收检查。

11 月 23 日，驻委纪检组组长刘晓军带领机关相关处室负责人，到北京首都之窗政风行风热线“走进直播间”栏目，介绍开展阳光计生行动的做法和经验，在网上与网民实时沟通交流全系统行风建设情况。

11 月 29 日上午，市人口计生委召开《人口志》篇目专家论证会。11 月 29 日下午，市人口计生委举办《人口志》培训班。

11 月 30 日，市人口计生委组织完成了《北京市全员人口信息管理系统》建设工作。

12 月 1 日，市计生协会与北京中医药大学联合开展“预防艾滋病”大型宣传活动。活动由彭彧华副主任主持，刘志主任讲话。

12 月 2 日，市人口计生委副主任徐捷主持召开首都人口规模调控课题框架研讨会。

12 月 7 日，市计生协会指导东城区计生协会建成全市首家“宝贝计划”基地。彭彧华副主任主持授牌仪式，刘志主任到会讲话。

12 月 8 日，市计生协会与中国人民人寿保险股份有限公司北京市分公司签署“创建幸福家庭生育关怀工程”保险战略合作协议。签约仪式由彭彧华副主任主持，刘志主任讲话。

12 月 19 ~25 日，市人口计生委组织举办了第二期儿童健康指导师培训班。

12 月 24 日，全国生殖健康咨询师考试北京考点工作在北京工商大学圆满结束。这次考试有 1 430 人参加，主要是基层计生专干以及区（县）计划生育技术服务中心人员。

12 月 26 日，市人口计生委举办了全市社会抚养费征收暨半边户奖扶工作培训班。

12 月 27 日，市机构编制委员会办公室印发《关于同意为北京市计划生育协会增加编制的函》（京编办事〔2011〕130 号），同意市计划生育协会增加全额拨款事业编制 12 名，所需编制从市人口和计划生育干部培训中心调剂。

三、领导讲话篇

北京市政府副市长丁向阳在北京市纪念世界人口日暨城市与人口主题报告会上的致辞

（2011 年 7 月 6 日）

今天，我们隆重举行世界人口日纪念活动，邀请国内外著名专家围绕“推进人口均衡，建设世界城市”这一主题开展讲座，就是为了充分认识人口在经济社会发展中的基础性作用，深入交流城市化进程中推进人口均衡发展的经验和做法，为首都建设世界城市奠定良好人口基础。受郭金龙市长的委托，我代表市政府向莅临今天报告会的各位来宾、同志们表示热烈欢迎！

新中国成立以来，尤其是改革开放以来，首都北京发生了翻天覆地的历史性变化：经济发展取得了巨大成就，经济总量达到 1.4 万亿元，人均地区生产总值超过一万美元。城乡面貌发生了巨大变化。以成功举办奥运会和新中国成立 60 周年庆祝活动为标志，首都进入全面实施人文北京、科技北京、绿色北京发展战略，努力建设中国特色世界城市的新阶段。

与此同时，在国家人口计生委的精心指导下，北京市以统筹解决人口问题、促进人的全面发展为主线，人口服务与管理工作取得了新成效：低生育水平长期稳定，群众健康水平稳步提升，城乡统筹的社会保障体系基本建立。特别是，在联合国人口基金和相关国际组织的支持和协助下，北京市认真贯彻人发大会行动纲领，大力开展计划生育/生殖健康国际合作项目，在规范管理、畅通诉求和服务渠道，增强群众生殖健康和计划生育信息与服务的可及性、依法维护公民权利等方面取得了积极的进展。总体来看，我们以促进人的全面发展为出发点和落脚点，大力推进现代化建设，在加快城市现代化的进程中同步推动人口全面协调可持续发展，取得了良好效果。

70 亿人共同生活在一个星球——地球上，高度重视并统筹解决好人口问题，协调人口与经济社会资源环境的关系，实现人与人、人与社会、人与自然和谐发展，是人类的必然选择，是实现可持续发展的重要任务。推进人口均衡、建设世界城市，是首都面临的新使命，是一项长期而艰巨的任务。近年来，北京市在经济结构调整、经济发展方式转变上，取得了明显的成效，但也面临着人口资源环境的突出矛盾。引导人口有序迁移和流动，优化人口布局和结构，促进人口与经济社会、资源环境协调发展，为建设世界城市创造良好人口环境，十分重要而紧迫。

推进首都人口长期均衡发展，实现建设中国特色世界城市的目标，需要广泛凝聚各方力量，特别是需要依靠国内外专家的智慧和力量，学习世界城市的先进经验。长期以来，首都的发展，得到了各方面专家的大力支持。希望通过本次活动，使我们对城市化进程中人口发展的规律有更加深刻的认识与了解，形成统筹解决人口问题的新动力，进一步推动首都建设中国特色世界城市的进程。

最后，我预祝纪念活动和报告会取得圆满成功！

北京市人口计生委党组书记、主任刘志在2011年北京市人口计生系统党风廉政建设工作会上的讲话

（2011年4月1日）

我就做好今年全系统党风廉政建设和反腐败工作讲三点意见。

一、深化思想认识，认真贯彻胡锦涛总书记重要讲话精神

在十七届中纪委六次全会上，胡锦涛同志从党和国家事业发展全局和战略高度，全面总结了党风廉政建设和反腐败斗争取得的成效和经验，科学分析了反腐倡廉形势。我们必须深刻认识反腐败斗争的长期性、复杂性、艰巨性，既要看到反腐败斗争形势依然严峻复杂，居安思危，增强忧患意识，又要看到反腐败斗争取得的明显成效，充分认识深入推进反腐倡廉建设的有利条件，以更加坚定的信心、更加坚决的态度、更加有力的措施，把党风廉政建设和反腐败斗争推向深入。

（一）加强反腐倡廉建设是扎实推进党的作风建设的重大举措

党的十七届四中全会把作风建设作为加强和改进新形势下党的建设一个重大问题提了出来。十七届中纪委六次全会在部署今年工作时明确提出，要以保持党同人民群众血肉联系为重点，扎实推进党的作风建设。加强反腐倡廉建设，有利于党员干部坚定理想信念，增强党性修养；有利于树立正确用人导向，建设团结奋进的领导班子和高素质党

员干部队伍；有利于党员干部保持奋发进取的精神和清正廉洁的作风，保持同人民群众的血肉联系；有利于建设以民主集中制为核心的党内各项制度，增强党内制度法规的权威性和实效性。对于人口计生系统来说，只有坚定不移地抓好反腐倡廉建设，才能不断巩固和提高党的执政能力，推动人口计生事业的健康发展，为首都科学发展提供良好的人口环境。

（二）加强反腐倡廉建设是人口计生工作深入贯彻落实以人为本、执政为民的必然要求

坚持以人为本、执政为民是马克思主义政党的生命根基和本质要求，是我们党的性质和宗旨的集中体现，也是我们党一贯的政治主张和执政理念。我们要深刻理解胡锦涛总书记讲话精神，正确认识当前存在的五个问题，着力落实好以人为本、执政为民的各项要求。紧紧围绕密切联系群众这个核心，大力弘扬密切联系群众的优良作风，把党的群众路线贯穿于反腐倡廉建设的全过程和各方面。在全系统大兴求真务实之风，大兴开拓创新之风，大兴艰苦奋斗之风，真正把以人为本、执政为民贯穿到人口计生工作的各个方面，落实到统筹解决人口问题的全过程。加大对损害群众利益行为的问责力度，认真解决损害群众利益的突出问题。

（三）加强反腐倡廉建设是全面完成统筹解决人口问题新任务的根本保证

随着经济社会建设的全面推进，传统的人口计划生育管理方式已不能适应建设“人文北京、科技北京、绿色北京”的要求。迫切需要我们确立新思维，明确新思路，探索新方法，着力解决北京市人口规模过大、人口结构性矛盾突出、人口老龄化进程加快、流动人口规模巨大、人口与资源、环境的矛盾日益突出等问题。只有转变观念，改革创新，才能找到解决问题的答案。我们要以加强反腐倡廉建设的成效推动人口问题的统筹解决，要不断强化利益导向，推进依法行政，提高服务水平，切实解决人民群众最关心、最直接、最现实的利益问题，切实增强基本国策的执行力和公信力，保证“十二五”期间北京市人口规模宏观调控任务的圆满完成。

二、坚持改革创新，进一步推进人口计生系统反腐倡廉制度建设

做好反腐倡廉工作，制度建设是保障，机制创新是关键。党的十七大在加强廉政建设的总体要求中强调，在坚决惩治腐败的同时，要更加注重治本，更加注重预防，更加注重制度建设，拓展从源头上防治腐败工作领域。今年，我们要继续以廉政风险防范管理和“阳光计生行动”为载体，全面加强系统反腐倡廉制度建设。要紧密结合人口计生系统行业特点，加强监督和管理，把抓好源头治本工作放到更加突出的位置。

（一）建立健全决策基本制度，提高科学决策水平

进一步完善决策基本制度，坚持在重

大事项集体决策的基础上，进一步健全民主集中制、完善重大事项决策的规则和程序。我们将研究制定《北京市人口计生委党组关于落实“三重一大”制度的实施办法》，健全和完善党内监督制度，提高依法、民主、科学决策水平，坚决防止超越法定权限、违反法定程序的决策行为。各区县也要在健全决策基本制度上下工夫、做文章，努力提高科学决策水平。

（二）进一步推行政务公开制度，健全群众评议和社会监督机制

今年，市人口计生委将制定下发《北京市人口计生系统阳光计生行动规范》和《北京市人口计生系统基层阳光计生行动示范标准》，进一步规范“阳光计生行动”。深入开展“请流动人口农民工评计生”、“请农民兄弟姐妹评计生”和“下评上”等活动，积极开展民主评议政风行风活动，健全行风监督员制度和社会舆论监督制度，认真落实群众信访工作责任制，不断完善“12356”阳光计生服务热线，让人民群众有效地行使知情权、参与权、表达权、监督权，使计划生育审批、收费、服务、维权等项工作在阳光下运行，有效防治腐败和不正之风。

（三）健全各项财务管理制度，切实加强对经费使用的监督检查

健全财政专项资金运行的监督管理和责任追究制度，完善社会抚养费“收支两条线”征收管理和计划生育公益金使用管理制度，管好用好计划生育事业经费。要加强对奖励扶助资金、特别扶助资金、农村计划生育家庭贴息贷款、免费技术服务经费、计划生育避孕药具经费、社会抚养费等经费的使用与管理等项目的监督，适时组织专项检查，确保专款专用，有效防止贪污、挪用等腐败行为和违规行为的发生。进一步完善系统内各单位内部财务监管、财务审计、政府采购、公务消费等制度。纪检监察部门要主动监督、经常监督，防患于未然。

（四）完善责任追究制度，进一步创新考核评价模式

重点完善目标管理责任制考核，健全制约与监督制度，积极探索建立群众监督的长效机制，增强目标责任制考核的透明度和公信力。全系统要进一步强化廉政风险防范管理工作，针对权力运行的“关节点”、内部管理的“薄弱点”、问题易发的“风险点”，制定并落实防控措施。今年，市人口计生委将进一步修订《北京市人口计生系统廉政风险防范管理考核办法》，科学运用考核结果，增强责任追究力度。对在人口计生工作中严重失职渎职，特别是给群众计划生育合法权益造成严重损害的，要加强行政问责，依法严肃追究责任。

三、强化工作落实，努力将人口计生部门建成人民满意的政府部门

加强反腐倡廉建设是建设法治政府、服务型政府的重要保障，也是一项长期的战略性任务和政府部门的政治责任。全市人口计生系统各级领导班子、领导干部要

增强责任意识、大局意识、服务意识和群众观念，加强领导，率先垂范。要坚持以制度建设为主线，以领导干部和对权力的监督制约为重点，加快构建体现人口计生工作行业特点的惩治和预防腐败体系，不断提升用制度管权、管人、管事的水平，要在以下五个方面抓好落实。

（一）要在加强党风廉政建设责任制上抓落实

要认真落实以党风廉政建设领导负责制为核心的各项责任。继续深化廉政风险防范管理工作，进一步明确各级领导班子和领导干部在党风廉政建设和反腐败工作中的责任，切实抓好“一岗双责”的落实。各级人口计生部门主要领导是党风廉政建设“第一责任人”，要做到亲自抓、带头做、负总责，管好班子、带好队伍、用好人民群众赋予的权力。对重点工作要亲自协调，重点信访要亲自过问，重点案件要亲自督办。要切实加强对纠风工作的领导，亲自协调解决群众反映强烈的问题，及时督办严重侵害群众合法权益的违法违纪案件。班子其他成员也要强化责任意识，切实抓好自己职责范围内的工作。要充分发挥党风廉政建设领导小组的作用，加强反腐倡廉建设的组织协调，各级机关要按照分工，积极承担反腐倡廉专项工作的主抓和协办责任，真正做到与人口和计划生育业务工作同部署、同落实、同检查、同考核，对反腐倡廉工作失职行为要认真落实责任追究。

（二）要在领导干部廉洁从政做表率上抓落实

全系统的广大党员干部要积极投身反腐倡廉建设，讲党性、重品行、作表率。党员领导干部要严于律己、以身作则，带头加强党性修养，始终牢记党的“宗旨”，坚持“两个务必”，认真执行《中国共产党党员领导干部廉洁从政若干准则》，模范遵守党纪国法，清清白白做人，兢兢业业工作，干干净净办事。要以班子勤政廉政的表率带好队伍，树立威信，用风清气正赢得群众的拥护和信赖。

（三）要在改进机关作风和推进行风建设上抓落实

各级人口计生部门要以服务大局、服务基层、服务群众为宗旨，以人民满意为标准，积极开展机关行政效能建设和服务型机关建设，认真履行和兑现人口和计划生育便民维权服务承诺，依法维护群众合法权益，建立和完善人口计生系统政风行风建设长效机制，加强检查考核，以良好的政风行风促进勤政廉政建设。

（四）要在加强干部队伍建设上抓落实

按照中央和北京市关于创先争优活动的总体要求，在人口计生系统广泛深入开展建设效率型、责任型、学习型、服务型、廉洁型“五型机关”活动，切实发挥基层党组织的战斗堡垒作用和广大党员干部的先锋模范作用。要按照依法行政的要求，以建设人民满意的政府部门为目标，认真改进和加强思想作风、工作作风和领导作风。干部队伍建设要着眼长远、关口前移，要按照分级负责的原则，坚持教育培训在先，严格要求在先，防患未然在先，牢记职权法定、权责一致是依法行政的基本要求，有权必有责，用权受监督，违法要追究，自觉克服各种行政侵权违法行为。区县人口计生委要指导乡镇（街道）抓好人口计生干部的思想政治素质和业务能力建设，努力建设人民满意的人口计生干部队伍。

（五）要在加强监督检查工作上抓落实

要把反腐倡廉建设作为对领导班子和领导干部考核的重要内容，督促党员领导干部认真执行民主生活会、述职述廉、廉政谈话、廉政档案和向党组织及时报告个人有关事项等制度，重点加强对党员干部执行党内监督条例、《廉政准则》，贯彻落实科学发展观和解决反腐倡廉建设中人民群众反映强烈的突出问题的情况的监督检查。

2011 年是深入贯彻落实党的十七届五中全会精神、全面实施“十二五”规划的开局之年，是中国共产党成立 90 周年，也是全面落实《建立健全惩治和预防腐败体系 2008—2012 年工作规划》的关键一年，反腐倡廉建设尤为重要。我们要切实增强责任感、紧迫感，进一步统一思想认识，坚定信心，狠抓落实，不断取得党风廉政建设和反腐败斗争新成效。

北京市人口计生委党组书记、主任刘志在“第四届朝阳人口与发展论坛”上的讲话

（2011 年 12 月 28 日）

今天，我们非常高兴在这里聚集一堂，参加第四届“朝阳人口与发展论坛”。经过大家的共同努力，朝阳人口与发展论坛已经成功举办三届，并成为人口领域的精品论坛，希望主办方再接再厉，越办越好。

今年 10 月 31 日，联合国秘书长潘基文在纽约联合国总部举行新闻发布会，宣布世界人口达到 70 亿，联合国人口基金会正式指定当日为 70 亿人口日。联合国人口基金会主席巴巴托德·奥索提梅辛指出，70 亿人口对全球来说，是一个里程碑，更是一个挑战、也是一个机会和号召。

2010 年第六次全国人口普查结果显示，不包括中国香港、澳门和台湾地区，大陆的常住人口达到 13.4 亿人，占世界人口的比重从改革开放初期的 22% 下降到 19%。而北京的常住人口达到 1 961.2 万人，占全国的比重从 2000 年的 1.09% 上升到

1.46%。换言之，全国每1 000人就有约15人在北京，全球每1 000人就有约3人在北京，这个比例是相当惊人的。

作为面积只有1.64万平方公里的首都，北京承载着近2 000万人的常住人口，再加上瞬时人口的因素，北京的人口压力凸显：人口内部的数量、素质、结构、分布等问题相互交织，人口问题又与城市功能布局、经济社会发展、资源环境约束、城市运行管理等问题聚集叠加；特别是由于人口过度聚集造成的土地、交通、住房、环境、教育、医疗、用水等领域的问题已经到了比较突出的地步，相信在座各位也深有同感。人口问题与我们每一个人息息相关，已经成为大家关心的焦点问题，中央及市委、市政府高度重视，社会各界对合理调控首都人口规模已形成初步共识，市委、市政府有关部门已经对此问题进行深入研究，并按照“以业控人、以房管人、以证管人”的思路，陆续出台了一系列政策措施，还将根据形势的发展和需要，出台后续政策措施。

人口问题归根到底是发展的问题，是人口与经济社会和城市建设协调发展的问题。北京的人口问题说到底就是北京的发展问题。国务院批复的《北京城市总体规划（2004年—2020年）》将北京城市发展目标确定为“国家首都、世界城市、文化名城和宜居城市”。因此，北京既应该吸纳全国各地一部分人口到北京，融入首都发展之中；又要通过首都功能的实现，服务全国人民。为了更好地履行“四个服务”职能，考虑到首都资源环境的承载力，就必须合理调控人口规模。要适应首都功能定位和发展目标的要求，防止和避免人口无限过快增长，使人口发展与首都性质、功能相协调，与首都资源、环境承载力相适应，促进人口科学发展，探索走出一条在社会主义市场经济条件下、在全国城镇化进程加快背景下，合理调控人口规模的新路子。

合理调控首都人口规模是一项牵涉方方面面的系统性工程，必须立足于“大人口”的理念，创新首都人口服务管理体制机制，构建大人口工作格局，加以整体推进。具体来说，就是要做好“一二三四”。

“一”是抓住一条主线：就是今后一段时期，首都人口工作要抓住促进人口与经济、社会、资源、环境和谐发展这条主线，加强对人口的管理与服务。

“二”是抓好两个统筹：一是统筹处理好首都人口内部的数量、素质、结构、分布四要素之间的关系，促进首都人口健康发展；二是统筹处理好首都人口与经济、社会、资源、环境之间的关系，促进首都经济社会科学发展。

“三”是坚持三个原则：就是在今后的人口工作中，坚持全局性原则、基础性原则和服务性原则。

全局性原则，立足经济社会发展全局综合决策。把统筹解决人口问题放到实施可持续发展战略的重要位置，列入党委和政府重要议事日程，从经济社会的全面发展、人口自身发展的客观规律和人的全面发展的高度考虑和部署人口工作。

基础性原则，充分发挥人口工作的基础性作用。将人口工作纳入北京市国民经济社会发展总体规划；健全“六规合一”衔接协调机制，坚持在促进产业结构优化升级、发展社会事业、加强资源节约和环境保护以及区域经济协调发展中调控人口规模、提高人口素质、改善人口结构和调整区域分布。

服务性原则，着力构建服务型人口管理体制。社会管理，说到底是对人的管理和服务。人口管理体制应该从“管制型人口管理”向“服务型人口管理”转变，政府的人口管理理念、体系、方式方法、资源配置及各项人口管理职能，必须紧紧围绕对人口的基本公共服务进行重新定位，以服务带动管理，寓管理于服务之中。

“四”是构建四级管理体系：今后人口服务管理体系工作的设想是在市人口和计划生育工作领导小组框架下，建立完善“职能部门抓总、其他部门协同、分工明确、有序联动”的横向工作机制和“市级规划指导、区县协调管理、街道（乡镇）组织落实、社区（村）综合服务”的纵向管理格局，依托各级社会组织和群众团体，建立完善社会参与和监督体系，最终形成“部门联动、层级负责、社会组织广泛参与、群众监督推动”的人口服务管理新体制。

发挥“市级规划指导”作用。加强市人口和计划生育工作领导小组建设，不断完善和拓展其职能，在加强政策统筹和工作协调上下大力气。日前，市编办批复了市人口计生委新的三定方案，市人口计生委将进一步强化统筹本市人口政策，协调推动人口与经济、社会、资源、环境协调可持续发展的职责；强化指导开展面向家庭的人口和计划生育公共服务职责。为更好地做好人口工作，增设规划协调处并增加人员编制。今后，市人口计生委作为市人口和计划生育工作领导小组办公室，将强化“大人口”工作职能，注重发挥基础管理和统筹协调的职能作用，与人口工作相关的部门各司其职，密切配合，共同推进人口服务管理工作体制机制创新，对全市人口服务管理工作进行规划指导和综合协调。

落实“区县协调管理”职责。区县人口和计划生育工作领导小组及区县人口计生委，作为本地区人口服务管理工作的组织领导机构，要负责人口服务管理相关工作的统筹协调，建立健全人口服务管理工作目标管理责任制，督促各街道、乡镇和相关部门落实人口服务管理工作责任，研究解决本地区人口服务管理工作中的重点难点问题。

增强“街道（乡镇）组织落实”能力。街道办事处（乡镇人民政府）是属地人口服务管理工作的责任主体。街道（乡镇）人口和计划生育工作领导小组作为本级人口服务管理工作的组织领导机构，要负责组织协调有关部门和社区（村）落实人口服务管理工作责任，研究解决本级人口服务管理工作中的重点难点问题，推动人口服务管理工作与社会事业工作的充分融合。

提高“社区（村）综合服务”水平。加强对社区（村）人口工作的组织领导。社区工作站作为人口服务管理的基础工作平台，要具体负责人口信息采集、登记等工作，为辖区内常住人口提供均等化服务。要组建人口工作志愿者队伍，加强队伍职业化建设，整合社区资源，提升服务水平。

首都人口的规模调控工作，牵涉面广、敏感性强、工作难度大，希望社会各界继续关心首都的人口工作，一如既往地给予理解和支持，让我们共同努力，以合理调控人口规模为重点，稳定适度低生育水平，逐步形成规模适度、结构优化、多元和谐、分布合理、服务有效、管理严格、与城市可持续发展和城市功能相适应的人口发展格局，为实施“人文北京、科技北京、绿色北京”战略和建设中国特色世界城市创造更加有利的人口环境。

北京市人口计生委主任刘志
在全国创建幸福家庭活动试点工作（彰州）座谈会上的讲话

（2011 年 11 月 23 日）

按照会议的安排，我把北京市计划生育协会贯彻落实全国创建幸福家庭活动一系列会议精神，组织开展创建幸福家庭活动的有关情况作以下汇报。

北京市以科学发展观为统领，以胡锦涛总书记在中央政治局第二十八次集体学习上的重要讲话精神为指导，以国家人口和计划生育委员会、中国计划生育协会、中国人口福利基金会下发的《关于开展创建幸福家庭活动试点工作的指导意见》（人口厅〔2011〕46 号）和《北京市“十二五”时期人口发展和调控规划》为依据，以“幸福家庭，和谐人口”为核心理念，构建以建设家庭人口文化为中心，以关注家庭成员和谐健康为基础，以关注民生为目的，以“六大惠民工程”为平台的公共管理服务体系，推动解决首都计划生育家庭特别是计划生育特殊家庭和困难家庭在生产、生活、生育、养老等方面存在的问题，促进人口长期均衡发展和社会和谐进步，为实施“人文北京、科技北京、绿色北京”战略和建设中国特色世界城市营造良好的人口环境。

一、创建幸福家庭活动概况

（一）领导重视。吉林会议召开之后，我们进行了一系列的调研、座谈，主任办公会专题讨论，将创建幸福家庭活动工作正式列入《北京市“十二五”时期人口发展和调控规划》，并针对北京市的实际情况，拟定了以“幸福家庭，和谐人口”为核心理念，以建设家庭人口文化、关注家庭成员和谐健康发展、关注民生为目的的公共服务管理体系，通过实施“文明倡导”工程、“宝贝计划”工程、“青春健康”工程、“健康生育”工程、“生育关怀”工程、“心灵家园”工程六大工程为平台的总体创建方案。市计生协先后17次对北京市《关于创建幸福工作实施意见》进行了修改，并经主任办公会讨论通过。主管副市长丁向阳同志对创建幸福家庭活动非常重视，专门听取了活动的开展情况，并作出了重要指示。

（二）部门支持。创建幸福家庭活动内容广泛、牵涉面多、任务重，为加强部门协调，充分利用各方力量和资源，我们积极与相关部门联系，广泛宣传开展创建幸福家庭活动的重要意义，统一思想认识，取得了各职能部门的大力支持。在广泛征求了各部门的意见后，成立了以主管市长为组长，以发改委、财政局、教委、卫生局、民政局、人口计生委等单位联合组成的创建幸福家庭活动领导小组，为创建幸福家庭活动提供了良好的组织保障。发改委、财政局、教委等部门还积极为北京市《关于创建幸福工作实施意见（征求意见稿）》提出了修改意见，于2011年12月以市政府名义发文。

（三）全面启动。“十一五”期间，北京市以“倡导婚育文明，构建和谐家庭”为核心理念，开展了人口文化“十大主题”、“四大体系”宣传教育活动，实现了“人口文化园建设”、“首都市民生命全周期性健康教育行动计划”的两项全国创新和“五项规范化”的人口文化宣传教育活动。同时，也探索了0～3岁婴幼儿教育模式、青春健康教育、发放小额贴息贷款、加强对特殊老年人家庭的帮扶等一系列工作，这些都为“十二五”期间创建幸福家庭活动打下了扎实的基础。“十二五”期间，我们创新工作理念，开拓思路，拓展计划生育工作职能，把过去只关注已婚育龄妇女转变到关注个体生命全周期，按个体发展的婴幼儿期、青春期、育龄期、中年期、老年期，分别打造“宝贝计划”工程、“青春健康”工程、“健康生育”工程、“生育关怀”工程、“心灵家园”工程五大工程，同时打造“文明倡导工程”，实现了虚实结合、物质文明和精神文明相结合。以创建幸福家庭活动作为全市人口计生工作的主线，以北京市人口计生委、北京市计生协《意见》为指导，2011年8月12日，北京市创建幸福家庭活动全面开展，8月17日在朝阳公园成功举办了全国创建幸福家庭活动的启动仪式。

二、创建幸福家庭活动的进展情况

“十二五”期间，北京市将建设使用面积50 000平方米的集教育、服务为一体的人口与家庭公共服务中心，同时，北京市要在16个区县建立16个区级人口与家庭公共服务中心。

（一）“宝贝计划”工程——探索0～3岁婴幼儿早期教育模式。“十二五”期间，北京市要在16个区县建立16个婴幼儿教育基地，每个基地使用面积不少于100平方米；培训1 000名市级育婴师。北京市计生协指导东城区“宝贝计划”基地的建设工作，并于2011年12月2日准备举行揭幕仪式，指导朝阳区“宝贝计划”基地建设拟于12月上旬揭幕。同时，又指导了丰台区、怀柔区、顺义区、海淀区的“宝贝计划”工作，这4个区都将于2012年初揭幕。市计生协拟于今年12月份培训100名市级育婴师。

（二）青春健康工程——开展青少年健康人格教育。“十二五”期间，北京市要在16个区县建立16个市级青春健康教育基地，每个基地使用面积不少于500平方米；培训1 000名市级青春健康指导师。北京市计生协指导怀柔区建设青少年健康教育中心的工作，于2011年4月27日举办了市级青少年健康教育中心挂牌仪式。怀柔区青少年健康教育中心投资325万元，使用面积达1 800平方米。该中心自建成以来，已经接待外宾、国家、市、区各级领导、专家参观调研50余批1 400余人次；举办青春知识、感恩教育、亲子互动课堂、家庭教育讲座、师资培训等107场；接待学生团体参观80余批4 000余人次；为青少年评估心理健康状况、提供个体心理疏导服务298人次，成为北京市“青春健康工程”的示范基地。同时，市计生协指导海淀区投资100万元建成“首都市民生命全周期健康教育基地”，又指导了丰台区、顺义区、西城区的青春健康教育基地筹备工作。2011年10月，培训了100名市级青春健康指导师，并颁发了证书。

（三）健康生育工程——提高出生人口素质。“十一五”期间，北京市利用16个区县的技术服务站，广泛开展育龄妇女进行免费体检，为孕妇免费发放叶酸，为新婚夫妇免费发放婚育服务“大礼包”等活动，取得了良好的社会效应。“十二五”期间，将继续开展这些活动。

（四）生育关怀工程——加大计划生育家庭帮扶力度。2011年10月18日，北京市计生协和中国人保公司北京市分公司进行了战略性意向合作。合作内容的核心是：实现计划生育家庭意外伤害保险全覆盖，并准备实施“安康计划”、“暖心计划”和“服务计划”。同时，我们还积极开展“幸福母亲”捐款活动，为全国27个省市提供了贫困母亲援助项目。

（五）“心灵家园”工程——关注特殊老年人空巢家庭。“十二五”期间，北京市要在16个区县建立16个市级“心灵家园”活动基地，每个基地使用面积不少于50平方米，培训1 000名“心灵家园”志愿者。北京市计生协指导西城区建设“心灵家园”工程工作，2011年10月13日，占地160平方米、投资80万元的北京市首个“心灵家园”基地正式挂牌。

（六）文明倡导工程——建立家庭人口文化。北京市计生协围绕创建幸福家庭活动中心任务，充分发挥首都的媒体、资源、环境、文化四大体系和三级人口文化学校的网络优势，广泛开展宣传教育活动。2011年9月25日、10月28日，在《北京日报》4个整版篇幅，两次宣传创建幸福家庭活动。12月1日，还准备和北京中医药大学联合开展大型宣传活动。在北京电视台科教频道《生命·生育·生活》和《健康北京》栏目，专题宣讲创建幸福家庭活动；北京电台则在《人口直通车》和《今夜私语时》广播栏目中配合宣传。各区县利用宣传橱窗等宣传阵地张贴创建幸福家庭活动标语广告，广泛开展“青春健康五个一工程”宣传教育，举办摄影展、演讲比赛、有奖征文、文艺演出等活动。

三、经验体会

（一）领导重视。切实加强组织领导，把创建幸福家庭工作列入地区“十二五”社会事业发展规划之中，统一思想，提高认识，明确责任，强化措施，抓好落实。

（二）部门协调。充分发挥各职能部门作用，密切协作，积极配合，增强工作合力。市人口计生委领导创建幸福家庭活动，市计划生育协会具体负责这项工作的指导和管理，各区县人口计生委、计划生育协会在市统一领导、指导下发挥主动性和积极性，做好创建工作。

（三）资金支持。市人口计生委把创建幸福家庭活动列入北京市“十二五”人口发展规划，并积极争取市级财政资金。各区县政府结合区县实际，完善创建幸福家庭工作的投入机制，保障工作任务顺利落实。

（四）有序推进。计划生育协会作为创建工作的牵头管理部门，加强组织协调，组织管理，认真开展工作，确保创建幸福家庭工作有序推进。

（五）统一标准。各区县在市人口计生委、市计生协统一领导和指导下进行创建幸福家庭活动。市里制定统一标准，统一标识，统一评估考核。在标准、标识、考核统一的原则下，各区县根据区域经济、社会、文化发展功能定位和区域文化特色，创造性开展创建活动。

北京市人口计生委党组副书记、副主任徐捷在全市阳光计生行动规范化建设现场会上的讲话

（2011 年 10 月 14 日）

近年来，北京市人口计生委在全系统开展以“阳光管理”、“阳光服务”、“阳光维权”为主要内容的阳光计生行动，有效地促进了全系统政风行风建设。各级人口计生部门依法管理和优质服务水平明显提升，群众满意度显著提高，为构建首都和谐社会和建设世界城市营造了良好的人口环境。这两天大家听取了海淀、怀柔等几个区县和乡镇（街道）的经验介绍，参观了海淀、怀柔两个区的阳光计生行动示范点，观看了几个区县和街道（乡镇）阳光计生行动规范化建设电视专题片，大家反响不错。经过近两三年的努力，全系统阳光计生行动规范化建设不断深化、成果显著。各单位的典型发言和电视专题片介绍各有特点，都有值得学习和借鉴的做法和经验，希望大家会后进一步学习消化，并结合各自的实际，进一步深化阳光计生行动，努力使本部门、本系统阳光计生行动规范化建设深入推进，进而促进政风行风建设水平的提升，为人口计生中心工作提供有力保证。下面我讲三点意见。

一、充分认识开展阳光计生行动的实践成果与重要意义

2008 年以来，在全市范围内开展的阳光计生行动，是人口计生系统深入学习贯彻党的十七大精神、全面落实科学发展观的具体体现，是加强政风行风建设、提高依法管理和优质服务水平、建设人民满意的政府部门、促进社会和谐的重要举措。近三年来，全市人口计生系统按照国家人口计生委和市纪委监察局关于加强政风行风建设的要求，在实践中探索，在探索中深化，在深化中完善，阳光计生行动取得丰硕成果：一是“三项公开”促进了“阳光管理”。各级人口计生部门大力推行政务公开、办事公开、村务公开，明确公开内容，规范公开载体，及时向群众公开计划生育政策、办事程序、工作纪律和维权途径等，使广大群众能及时了解相关政策，知晓办事程序和反映意见、建议渠道，方便了群众，实现了阳光管理。二是“四项评议”推动了“阳光服务”。全系统通过开展“请村（居）民评计生”、“请流动人口评计生”、系统内“下评上”以及参加当地政府组织的民主评议政风行风等活动，以评议为动力，从群众不满意的地方改起，

进一步改进了工作作风，提高了服务质量。三是“五项监督”保障了“阳光维权”。通过开通“12356”阳光计生服务热线及建立健全信访限时办结、特邀监督员、举报奖励和舆论监督等监督维权制度，着力解决群众反映的突出问题，切实维护了人民群众的知情权、参与权、表达权和监督权，逐步形成自觉接受群众监督和舆论监督的长效机制。

从实践效果和社会反映看，全系统政风行风建设取得了明显成效，群众满意度达到95%以上，90%以上的区县人口计生部门在参加当地政府组织的民主评议政风行风中均取得了前10名的优异成绩，8个区县排名进入前5名，其中海淀、昌平、平谷、怀柔4个区人口计生委连续4年排名本区第一，怀柔区人口计生委被国家人口计生委命名为首批“基层阳光计生行动示范单位”。市人口计生委在2008年、2009年的全国人口计生系统人口和计划生育目标管理责任制评选中连续两年荣获队伍建设和行风建设一等奖。2010年，在北京市纠风办对全市17个政府部门和10个公共服务单位基层站所（服务窗口）的政风行风建设综合评议中，市人口计生系统获得排名第三的好成绩，其中社情民意调查排名第一。2008～2010年，市人口计生委连续三年获得北京市精神文明建设标兵单位称号。阳光计生行动受到了广大人口计生干部和人民群众的普遍认可和欢迎，赢得了主流媒体和社会各界的一致好评。

实践证明，开展阳光计生行动，是一项让群众知心、暖心、顺心的民心工程，是提高人口计生部门公信力、凝聚民心、推进人口计生工作改革发展的重要保证，也是建立健全惩治和预防腐败体系，形成行为规范、公正透明、廉洁高效的行政管理体制的有效载体。因此，各区县要进一步提高对深入推进阳光计生行动重要意义的认识，进一步增强责任感和紧迫感，真正把阳光计生行动作为政风行风建设的长效机制，抓紧、抓好、抓出成效。

二、注重工作结合，全面深化和规范阳光计生行动

2010年，国家人口计生委印发了《阳光计生行动规范》和《基层阳光计生行动示范单位标准》，今年上半年，驻委监察处结合全系统实际，在广泛调研的基础上，草拟了《北京市人口计生系统阳光计生行动规范》、《北京市人口计生系统基层阳光计生行动示范单位标准》和《北京市人口计生系统阳光计生行动检查评估办法》（征求意见稿），在全系统广泛征求意见。这三个文件经市人口计生委党组研究讨论后已于9月份正式下发。各单位要紧紧围绕国家和市里相关要求，紧密结合各区县人口计生工作实际，创造性地开展工作，全面深化、规范全系统阳光计生行动。同时，要正确处理阳光计生行动与其他工作的关系，注重协调与结合，切忌形成“两张皮”，做到阳光计生行动与中心工作和其他各项业务工作紧密结合、相互促进、共同推进。

一是要注重与业务工作相结合。围绕中心，服务大局，保障人口计生事业健康发展，是人口计生系统政风行风建设的重要任务。各区县要进一步提高认识，正确处理阳光计生行动与业务工作的辩证关系，自觉把阳光计生行动作为规范和促进业务工作的保障措施来抓。该公开的政务和党务必须公开，要认真对待群众意见，虚心接受群众评议，及时办理群众投诉。要根据群众所提意见、建议，认真制定和落实整改措施，完善相关制度。各级纪检监察职能部门和纪检监察干部要切实加强与业务处（科）室、单位的沟通联系，指导业务部门开展好工作，充分调动业务部门积极参与阳光计生行动的积极性，促进业务工作水平不断提升。

二是要注重与思想道德建设相结合。落实阳光计生行动全覆盖和规范化建设，必须加强对各级人口计生工作人员思想道德教育，尤其是职业道德教育，做到廉洁自律、秉公用权、服务人民，自觉接受群众监督、社会监督和舆论监督。同时，也要大力加强社会宣传，正确引导育龄群众在自觉遵守计划生育基本国策、合法生育的同时，充分行使对人口计生工作的知情权、参与权、表达权、监督权，为深化阳光计生行动奠定坚实的群众基础。要通过加强职业道德教育和社会公德教育，切实把各方面的积极性调动起来，汇聚深化阳光计生行动的强大合力，为推进阳光计生行动规范化建设创建良好的社会环境。

三是要注重与党风廉政建设相结合。阳光计生行动是党风廉政建设的重要内容和有效载体。抓好阳光计生行动有利于以机关带基层、以基层促机关，促进党风廉政建设。各级人口计生部门必须把全面推进阳光计生行动规范化建设与廉政风险防控有机结合起来。一手抓廉政风险防范管理，一手抓阳光计生行动，相互促进，确保惩治和预防腐败体系建设不断取得新成效。

四是要注重与政风行风建设相结合。阳光计生行动是政风行风建设的重要平台和有效载体，两者相辅相成、密不可分。要针对基层和群众反映的热点问题，不断改进作风，提高服务质量，进一步提高人民群众对人口计生部门及行业作风建设的满意度。要结合开展“创先争优”活动，努力创建“效率型、责任型、学习型、服务型、廉洁型”机关。大力提倡开短会、讲短话、发短文，坚持厉行节约，反对浪费，从严控制“三公”消费，努力降低行政成本。全系统人口计生干部要及时研究新情况，解决新问题，热情为群众服务，做人民满意的公务员。

三、切实加强对阳光计生行动规范化建设的组织领导

一要进一步加强组织领导、落实责任。各级人口计生部门领导班子要加强对阳光计生行动规范化建设的组织领导，建立和落实工作责任制，主要领导要亲自抓负总责，分管领导要严密组织具体抓，按照

《阳光计生行动规范》和《基层阳光计生行动示范标准》的要求，结合部门、本地区实际，细化工作措施，认真部署动员，精心组织实施，确保阳光计生行动规范化建设取得实效。各级人口计生部门领导班子特别是主要负责同志，要高度重视并自觉承担起领导责任，切实把开展阳光计生行动规范化建设作为关心爱护干部、维护人民利益、树立良好形象、保证人口计生事业科学发展的重要任务来抓，进一步摆上更加突出的位置，切实与业务工作同研究、同部署、同检查、同考核。要定期分析阳光计生行动规范化建设落实情况，及时解决工作中出现的问题。

二是要针对存在问题、抓好整改。近几年来，全市人口计生系统的广大人口计生干部认真履职尽责，在深入推进阳光计生行动、推动人口计生事业科学发展中发挥了突出的作用，群众的满意度逐年上升。但是，我们也要清醒地看到，在推进阳光计生行动工作中还存在一些问题和不足，主要表现在三个方面：一是发展不够平衡。少数区县人口计生部门抓阳光计生行动不够深入，工作缺乏创新，成效不突出。二是工作不够规范。如在政务信息公开方面，个别地方仍然存在对自己有利的公开，对自己不利的则不公开的现象，有的公开方式比较随意，达不到公开效果。三是评议不够扎实。在“四项评议”方面，民主评议的结果运用还不够科学，以评促改、以评促建的目的还没有达到等。针对这些问题，各级人口计生部门要对照《北京市人口计生系统阳光计生行动规范》和《北京市人口计生系统基层阳光计生行动示范单位标准》，认真分析原因、研究对策，努力探索新形势下开展阳光计生行动的特点和规律，推动阳光计生行动创新发展。

三是要抓好示范、加强宣传。这次现场会，大家参观了海淀、怀柔两个区阳光计生行动规范化建设示范点，他们的做法值得大家学习借鉴。同时，通过观看几个区县的电视专题片，也从不同侧面反映了在活动开展中各自的经验和特点。各区县人口计生委在相互学习的过程中，要根据各自工作实际，注重抓好典型培养，及时总结经验，以点带面，整体推进。要利用广播、电视、报刊、网络等多种媒体，加强正面宣传，为阳光计生行动营造良好的舆论氛围。

阳光计生行动是政风行风建设的重要平台和载体。各区县要以这次现场会为契机，全面规范和深化阳光计生行动，坚定信心，真抓实干，进一步推进全系统政风行风建设，为人口计生事业科学发展提供有力保证。

北京市人口计生委副主任耿玉田在国家免费孕前优生健康检查项目试点工作会上的讲话

（2011 年 12 月）

北京市国家免费孕前优生健康检查项目试点工作在国家人口计生委科技司的正确指导下，深入贯彻落实科学发展观，坚持“政府主导、部门合作、专家支撑、面向社区（家庭）”的出生缺陷一级预防干预模式，按照《北京市人口计生委北京市财政局关于开展国家免费孕前优生健康检查项目试点工作的通知》（京人口发〔2011〕10 号）（以下简称《通知》）精神，确定丰台区、昌平区、平谷区三个区为国家免费孕前优生健康检查项目第二批试点区。同时鼓励其他区县按照国家人口计生委制定的《国家免费孕前优生健康检查项目试点工作技术服务规范（试行）》（国人口发〔2010〕31 号，以下简称《技术服务规范》），选择部分街乡镇开展试点工作。通过定期督导检查等措施，大力推进项目工作开展。现将 2011 年北京市开展国家免费孕前优生健康检查项目试点工作有关情况报告如下：

一、组织领导及保障措施

（一）组织有力。为贯彻落实国家人口计生委和财政部联合召开的国家免费孕前优生健康检查项目第二批试点工作启动电视电话会议精神，2011 年 3 月 29 日，在平谷区举行国家免费孕前优生健康检查北京市试点区项目启动仪式。国家人口计生委科技司张世琨司长、财务司薛启谊司长，北京市人口计生委刘志主任、耿玉田副主任等领导和市财政局及三个区人民政府有关领导出席了启动仪式。

北京市成立了“免费孕前优生健康检查项目”领导小组及办公室，建立了“国家免费孕前优生健康检查项目”专家指导小组。试点区成立了相应领导机构。

（二）职责明确。按照市级负总责，试点区具体抓落实的原则，明确了人口计生部门和财政部门各自的职责，以正式文件的形式，对项目的工作目标、主要任务、部门职责、工作流程、经费结算以及保障措施等做出明确规定。

（三）资金保证。按照北京市的《通知》和《北京市财政局关于下达 2011 年度国家免费孕前优生健康检查项目试点市级专项经费预算的通知》要求，试点区免费孕前优生健康检查资金由中央、市、区财政共同予以保障，以市级投入为主，即每对夫妇中央负担 48 元，市级负担 452 元。其中，市级负担部分列入试点区 2011 年政府预算“一般公共服务”类“人口与计划生育事务”款“计划生育免费基本技术服务”（011209）科目。按照“当年全额预拨、次年考核结算、差额多退少补”原则下达，试点区免费孕前优生健康检查专项资金要分别纳入当年市、区两级财政预算，专款专用。

（四）监督管理。按照《技术服务规范》“质量管理”的要求，建立健全了各项质量管理制度，制定了岗位职责，建立定期沟通、交流、培训机制，以提高出生缺陷一级预防的科学水平。为加强监督管理，市领导小组定期组织医学专家、监察、审计等部门对项目组织实施、资金使用等情况进行监督评估，保证了项目的顺利开展。

二、工作进展及主要做法

（一）先行先为，准备充分。北京市历来重视出生人口素质工作。按照《健康北京人——全民健康促进十年行动规划（2009—2018年）》，由我委牵头组织实施了“健康生育计划”，在全国较早开展了出生缺陷一级预防工作，取得了一定的成绩和效果，也为北京市开展国家免费孕前优生健康检查项目积累了一定的经验。

（二）分步实施，开展顺利。在项目启动之后，分别按照宣传动员、规范流程、开展项目三个阶段展开。并且，工作中注重信息支撑，通过各种媒体提高新婚夫妇的知晓率。我们已开发制作了免费孕前优生健康检查宣传片，在试点区公共媒体播放。

（三）协调统筹，保质保量。注重“计卫联手”，试点区充分发挥医疗专家优势，利用较强的医疗资源，增加服务项目，吸引新婚待孕人员参加检查，努力提高参检率，确保各项检查不走过场。今年北京市的主要任务是按照“知情选择，优质服务”的原则，三个试点区年度计划任务为1.95万人，其中丰台区1.1万人，昌平区5 836人，平谷区2 656人。截止到2011年12月底，三个试点区共检查人数8 585人，完成总任务量的44%。其中丰台区4 411人，昌平区1 844人，平谷区2 330人。

（四）以人为本，服务为先。北京市具有城市化水平较高、流动人口规模大的特点，丰台区甚至出现了流动人口与户籍人口倒挂的现象。为更好地体现以人为本、服务为先的要求，我市试点区主动将常住流动人口和城镇居民纳入免费服务范围，拓展了服务人群，提前实现全民覆盖，取得了良好的社会效应。截止到2011年12月底，丰台区、昌平区、平谷区宣传覆盖率分别为85.6%、98%、98%；优生知识知晓率为85%、98%、90%；优生咨询指导率为100%、95%、100%；优生检查人群覆盖率为40%、31%、87%；早孕随访率分别达100%、100%、100%；妊娠结局随访率分别达为100%、100%、100%。

（五）积累经验，深化项目。为推动试点区项目不断深入发展，2011年9月2日，召开了16个区县参加的项目推进会，试点区在会上总结经验，汇报前段工作情况。同时，根据国家人口计生委科技司通知要求，讨论并上报了2012年北京市第二批试点单位。9月中旬，组织专家对3个试点区分别进行了检查指导。

10月25~26日，召开了北京市参加国家免费孕前优生健康检查试点区主任会。对前期工作进行了总结，重点介绍了开展这项工作以来的主要经验、存在问题、解决办法和下一步设想，为有针对性地指导2012年新增试点区县工作提供了宝贵经验。

三、存在的问题

（一）项目参检率低

虽然各试点区县加大了项目宣传力度，但项目覆盖人群仍较低。2011年，丰台区、昌平区、平谷区优生检查人群覆盖率为40%、31%、87%。其中农村人口检查率分别为7%、14%、40%，城镇人口检查率分别为33%、17%、47%。

可能存在以下原因：

1. 宣传有“死角”，没有利用大众媒体进行广泛宣传，导致仍有部分群众对项目了解不够。

2. 定点体检机构选择单一，不方便群众就近体检。

3. 体检开放时间较短。昌平区为3天/周，丰台区、平谷区为6天/周。双休日不能全天提供免费体检，影响群众参与项目积极性。

4. 体检流程及条件有待改善。虽然三个试点区县多选择区妇幼保健机构进行体检，但条件简陋，流程复杂，使部分群众不愿意参检。

5. 首都经济发展水平较高，部分群众愿意选择医疗条件较好医院进行优生健康检查。

6. 部分群众心存侥幸，优生意识不强，不愿意接受检查。

7. 流动人口参检率底，随访困难。

（二）项目管理有待加强

因北京市没有市级计划生育生殖健康服务中心和计划生育科学技术研究所，导致项目质量控制及数据分析多依托国家有关机构，对项目管理造成一定影响。

四、下一步工作设想

温家宝总理在政府工作报告中强调，2012年要加快实现计划生育优质服务全覆盖，将免费孕前优生健康检查试点范围扩大到60%的县。孕前优生健康检查关系到育龄人群，关系到出生人口素质和健康水平，更关系到一个国家的可持续发展和社会和谐。

在国家免费孕前优生健康检查项目第二批试点工作启动会上，李斌主任明确要求：北京市的人口和计划生育工作要走在全国前列，为全国起到带头、示范作用。因此，按照第二批试点工作会议精神要求，结合北京市计划生育工作特点和近期实施进展，北京市的下一步工作设想如下：

一是本着涉农区县应先行先试的原则，我市从今年开始一年试点、两年加速、三年实现全覆盖，提前完成国家要求。

二是按照国家新增试点单位的标准，向国家人口计生委科技司上报怀柔区、石景山区、门头沟区、通州区、顺义区、延庆县、西城区、房山区8个区县，为新增试点区。

三是强化宣传倡导，进一步提升优生知识的知晓率和孕前优生检查人群覆盖率。

四是加强项目管理及考核，加大项目培训，规范项目流程，提高服务质量。

2012年，我们将继续发扬人口计生系统的优良传统，坚持科学发展观，为探索建立“政府主导、部门合作、专家支撑、群众参与”的工作机制，实现“十二五”期间免费孕前优生健康检查项目全覆盖的目标而努力。

北京市人口计生委副主任彭彧华在“十一五”期间人口文化宣传教育工作总结会上的讲话

（2011年9月27日）

一、思路清，方向明，人口文化宣教工作开创新局面

“十一五”期间，人口文化宣传教育重点是确立思路，明确方向，制定切实可行的措施，创新性地开展工作。在2006年广泛调研的基础上，2007年制定出台了《北京市人口计生委关于加强和改进宣传教育工作的意见》（简称《意见》）。《意见》以“倡导婚育文明，构建和谐家庭”为主线，开展十大主题宣教活动，加强和完善四大体系建设，提出了六项保障措施，形成“11046”的新时期宣教工作的新思路。《意见》的出台使全市人口计生宣传教育工作有了纲领性文件，推动北京市的人口计生宣教工作的发展，促使宣教工作逐步形成纵向深入、横向突破、纵横交织的新格局。

二、抓务实，促创新，四大体系建设结硕果

“十一五”期间，人口文化宣传教育重点围绕四大体系建设务实地开展活动。

在媒体体系建设中，开辟首都主流媒体新阵地。以《北京日报》健康版、《京郊日报》和谐人家版、北京电视台科教频道《养生堂·生命生育生活》、《健康北京》栏目等为代表的主流媒体宣传已经深入人心。其中，《养生堂·生命生育生活》收视率达3.95，2009年被评为全国广播电视栏目电视作品一等奖；《男性健康之小问题大烦恼》节目在全国优秀人口广播电视节目评选中荣获一等奖。2008年，《健康北京》栏目收视率为2.9，成为BTV3的品牌节目。此外，《法制晚报》、《北京人口》、《人口直通车》、《今夜私语时》等栏目也以各自

特色、优势，发挥了积极作用。《今夜私语时》栏目成为北京广播电台金牌栏目，栏目收听率为2.0，主持人荣获金话筒奖。2007年北京电视台播出《生命的呼唤——人口篇》；2008年中央台播出专题片“春暖”、“贷出的幸福”和纪念改革开放30年人口计生专题节目；2008年北京电视台播出宣传人口计生的动漫短片；2009年北京市人口计生委荣获“生命的钥匙——首届中国家庭纪录片周”特殊贡献奖，其中《冷暖童年》专题片荣获金牌奖；《北京计生系列报道》荣获银奖；公益广告《婚检孕检幸福一生》荣获一等奖。

在环境体系建设中，以人口文化公园为龙头，以人口文化大院、生育文化胡同、生育文化一条街、人口文化漫画墙、广告、橱窗等为辅助，组成了一道亮丽的人口文化宣传风景线。目前，投资1 800万元，在18个区县建成18个具有不同区域人口文化特色的人口文化公园。奥运会前夕，组织18区县清理整顿与新时期人口文化宣传形势不适宜的宣传标语口号一万多条，征集适应新时期人口形势特点的标语3 000余条，其中59条被国家人口计生委评为一、二等奖，占全国获奖比例的33%。

在人口文化体系建设中，以十个郊区县人口计生小剧团和八个城区国策艺术团为平台，与文化部门的“文化大篷车”活动相结合，在基层开展贴近生活、贴近群众、贴近实际的人口文化宣传活动，取得良好效果。创新工作理念，召开人口文化建设研讨会和人口文化宣传教育推动会。目前，各区县已经形成“人口文化一日游”等宣传亮点。

在资源体系建设中，建立市、区两级专家库；2009年，与教委合作，投入681万元，编印80万册《爱的透视窗——大学生情感故事》免费发放到92所首都高校大学生手中，这一活动得到市领导、各高校师生及社会一致好评。2010年，投入600余万元编写初高中性健康教育书籍80万册，免费发放到中学生手中，这一活动对青春期的学生起到良好引导作用。独生子女素质教育继续推进，各区县利用市级专家库的资源，广泛举办相关知识讲座。

三、抓规范，树品牌，人口文化主题活动一盘棋

“十一五”期间，市人口计生委规范市、区两级主题宣传活动，每年以“7·11”世界人口日为契机，确立一年一个主题，凝练深化内容，规范活动形式，形成以市为指导示范，以区县、基层为主体的宣传格局，以点带面的形式，也形成了区县领导重视，部门协作，齐抓共管，形成纵向深入、横向突破、纵横交织的宣教工作新格局，扩大了宣传覆盖面，增强了宣传针对性、实效性。

2006年，制订“关爱女孩行动”知识普及暨竞赛活动方案。组织18区县层层开展竞赛2 800余场，昌平区代表队代表北京市参加全国关爱女孩知识竞赛并荣获第三名。

2007 年，策划“心系国策共建和谐”首届纪念世界人口日文艺节目调演。经过群众自编自演、区县会演、市级调演三个阶段，共演出 1 791 场，在“7 · 11”世界人口日演出时达到高潮。此次活动历时半年，规模空前，原创节目多，投入力度大，覆盖范围广，影响深远，充分体现出全市一盘棋、区域有特点、场场出精品、群众参与效果好的特点。

2008 年，以提高独生子女素质教育为重点，启动全市的 0 ~ 3 岁早教试点工作。开展“人口素质与独生子女教育”主题演讲，区县共开展 18 场“让独生子女成功飞翔”素质教育讲座，取得良好效果。奥运期间，为确保新闻宣传安全，对计生热点、难点、焦点等突出问题，统一编写教材，统一培训，总计培训宣传员、计生干部等 10 万余人。整个奥运敏感期内，此系统没有发生一例新闻突发事件。

2009 年开展“我与国策共成长”征文演讲比赛，这是又一次分阶段、分层次、有声势的宣传教育活动。此次活动共收集征文 9 000 余篇，举办演讲比赛 200 余场，5 000 余名各界群众登上演讲台。活动累计投入 500 余万元，覆盖面广、参与者多，选手均为“80 后”独生子女，这次活动营造了人口计生的良好氛围。

2010 年举办了第二届纪念“7 · 11”世界人口日文艺会演。这次活动是人口计生工作 30 年成就的具体展现，通过这个平台，把 30 年的辉煌成就向社会作了很好的宣传。这次活动呈现四个特点：持续时间长，前后历时 6 个月；规模大，节目类型多，全市 16 个区县分村（居）、镇乡（街）、区（县）三级逐层展开，共演出 983 场，文艺节目 9 528 个，市级优秀节目 20 个；覆盖面广，参与者多，演职人员 1.1 万人次，观众 43.6 万人次，机关干部、大中小学生、农民、企业职工、部队官兵、农民工还有外籍人士广泛参与了此次活动；宣传声势大，效果好，部分区县在电视台黄金段播出，收视效果好。北京新闻、北京日报等主流媒体及时播报，社会效果良好。

五年来，市人口计生委打造了“心系国策共建和谐”的大型人口文化宣传品牌，推动北京市的人口计生宣传教育工作不断创新，不断发展，逐步形成“全市一盘棋、区域有特色”的新的人口文化工作局面。

四、下基层，开课堂，生殖健康走进千家万户

“十一五”期间，市人口计生委累计投入 300 万元，组织科技卫生人口文化“三下乡”10 次，覆盖 10 个郊区县，宣教中心连续 5 年被市委宣传部评为“三下乡工作先进单位”。累计举办市级“生殖健康伴你行”大型活动 10 余次，取得了积极的引导作用。落实对口支援内蒙古的要求，累计投入 30 万元，三次带领北京妇科健康专家走进草原牧区，为广大牧民提供健康、咨询、宣传服务，共查出妇科疾病、肿瘤等 900 余例，促进了京蒙两地的交流合作。

“生殖健康伴你行”走进军营 5 次，走

进迁安，给部队官兵、首钢工人带去了科学文明健康的生殖健康知识。

五、造氛围，促平等，关爱女孩行动深入开展

“十一五”期间，北京市人口计生委开展了多种形式的宣传教育工作，在北京交通广播电台《一路畅通》栏目中推出了关爱女孩专题节目；在268声讯台为群众答疑解难，传播关爱女孩知识；在首都生活台设立《今夜私语时》专题栏目，解答女孩情感困惑；在北京人民广播电台的新闻广播中开设《计划生育大家谈》栏目，先后组织了“女儿长大了”、“女儿的心事”等征文；制作动漫短片《关爱女孩》在北京电视台的“文明三十秒”栏目黄金时段播放。各区县也结合区域特色，以不同形式开展关爱女孩行动，打造出一批富有影响力的宣传品牌，如怀柔区的“明珠女孩”、通州区的“走进运河人家”系列、门头沟区的“京西女孩”等，营造出有利于女孩健康成长的社会氛围。

六、重投入，抓队伍，人口文化学校展新颜

“十一五”期间，北京市人口计生委充分发挥人口文化三级网络的宣传阵地作用，规范18个区县人口文化学校建设，统一名称，统一管理制度，统一培训课时，并统一配备书柜、图书，共投入300余万元，建立200家“人口文化活动室”；规范宣传员队伍，建立全市7万名宣传员队伍，打牢网底，每年争取1 400万资金，每年补助每名宣传员200元；培训300名市级骨干宣传员，这些宣传员在新时期人口计生文化宣传教育中发挥了重要作用。

“十一五”时期，北京市的人口文化宣传教育工作取得了重要进展，根本上源于两大创新：一是理念创新，2006年着手拟定的《关于加强和改进宣传教育工作的意见》具有前瞻性，现在仍有指导意义；二是加强与市委宣传部、市教委、市文化局的沟通合作，工作方法上做到了创新。以此为指导，市人口计生委规范了人口文化主题宣传活动，规范了人口文化学校三级网络，规范了宣传员队伍，规范了骨干宣传员培训工作，规范了宣传品的制作流程，大力打造人口文化公园，在人口计生工作职能拓展时开展了大学生、初高中学生的性健康教育，充分体现了工作内容的创新，为“十二五”时期开创人口计生工作新局面奠定了基础。

四、法规与重要文件篇

北京市人口计生委关于2011年实施“农村长效节育户籍已婚育龄群众免费健康体检项目”的通知

（京人口发〔2011〕4号）

朝阳区、丰台区、大兴区、通州区、顺义区、房山区、昌平区、怀柔区、密云县、平谷区、延庆县人口计生委：

根据《北京市2010—2011年深化医药卫生体制改革实施方案》和《北京市深化医药卫生体制改革2010年主要工作任务责任书》要求，人口计生部门承担2010~2011年为本市农村采用长效避孕措施的育龄公民提供免费健康检查技术指导。2010年市人口计生委下发了《北京市人口计生委关于实施“农村长效节育户籍已婚育龄群众免费健康体检项目”的通知》（京人口发〔2010〕46号），请继续按照该文件的要求开展实施2011年的体检工作，在2011年10月底前完成体检项目的各项工作，体检人数见附件。为保证工作的顺利完成，市财政下拨部分区县专项经费补助，资金的使用要求按照京人口发〔2010〕46号文件要求执行。各区县接此通知后，请积极与区县财政协调沟通，保证资金落实到位，并按规定做好资金的管理和核算工作。

附件：北京市2011年“农村长效节育户籍已婚育龄群众免费健康体检项目”拨付区县补助经费表（略）

二〇一一年三月一日

关于开展2011年婚育健康服务包项目的通知

（京人口发〔2011〕7号）

各区县人口计生委：

按照国家人口计生委《关于开展出生缺陷一级预防工作的指导意见》、北京市人口计生委《关于在全市开展“健康生育计划”的工作方案》和《关于开展婚育健康服务包项目的通知》要求，2011年北京市继续实施“婚育健康服务包”项目，现将有关事宜通知如下：

一、“婚育健康服务包”内容

1. 婚育健康服务包；

2.《致新婚夫妇的一封信》：介绍“婚育健康服务包”相关内容；

3.《新婚性健康指南》（书）：介绍新婚期相关性健康知识；

4.《孕育健康指南》（书）：介绍优生优育知识；

5.《完全避孕宝典》（光盘）：通过生动形象的动画介绍婚后各个时期的不同避孕方法；

6.“避孕·生育·健康”服务网站宣传卡：介绍“避孕·生育·健康”网站相关内容，使新婚夫妇可以通过网络服务，了解更多关于避孕、生育、健康方面的知识；

7. 新婚避孕药具2盒：为新婚夫妇提供安全有效的避孕；

8. 免费婚检服务联系单：新婚夫妇可凭此联系单和有效身份证明，到所在区县妇幼保健机构享受一次免费婚前检查；

9. 免费领取叶酸告知书：告知计划怀孕夫妇可凭相关证件到指定医疗机构免费领取叶酸增补剂。

二、目标人群及服务方式

自2011年1月1日起，在北京市登记结婚的新婚夫妇（包括初婚和再婚夫妇）凭一方结婚证可在户口所在区县民政婚姻登记机关自愿免费领取“婚育健康服务包”一个。结婚登记时未领取“婚育健康服务包”的新婚夫妇，可凭结婚证补领。

三、职责分工

（一）市人口计生委

负责项目经费申请、招标采购、组装，并将“婚育健康服务包”配送至各区县人口计生委指定地点。2011年各区县“婚育健康服务包”分配发放数量见“附件1”（略）。

（二）区县人口计生委

1. 负责在市人口计生委配送“婚育健康服务包”时，清点数量并在《北京验货交接单》（附件2，略）上签收；

2. 负责协调区县民政婚姻登记机关发放“婚育健康服务包”，并做好发放登记（附件3，略）；

3. 负责按季度或按需将“婚育健康服务包”配送到区县民政婚姻登记机关，并做好“婚育健康服务包”项目的宣传、保管、出入库登记（附件4，略）；

4. 在每季度结束后10日内，将《区县“婚育健康服务包”发放情况统计表》（附件5）纸质版（盖公章）及电子版报市人口计生委科技处。

四、监督管理

各区县人口计生委应加强项目实施的管理，要根据实际情况，合理安排项目进度，加强项目的监督。市人口计生委将不定期对项目进行督查。

北京市人口计生委关于印发《2011年“青春健康伴我行”系列宣传活动方案》的通知

（京人口发〔2011〕11号）

各区县人口计生委：

为贯彻落实《首都市民生命全周期性健康教育行动计划》，进一步加强和改进北京市青少年思想道德建设，促使其具备适应现代社会发展的良好心理素质、行为习惯和健康人格，北京市人口计生委制订了《2011年“青春健康伴我行”系列宣传活动方案》，现印发给你们，请遵照执行。

二〇一一年四月十一日

2011年“青春健康伴我行”系列宣传活动方案

为贯彻落实《首都市民生命全周期性健康教育行动计划》，大力开展健康人格教育行动，促进市民生育质量、生活质量和生命质量的提高，引导市民走科学、文明、健康的生活之路，2011年将继续开展“青春健康伴我行”系列宣传活动。方案如下：

一、市人口计生委开展的相关工作

1. 利用好媒体宣教体系。充分利用现有的电台、电视台、报纸杂志栏目资源，在《人口直通车》、《今夜私语时》广播栏目设计制作青少年健康教育的宣传内容和专题（由宣教中心落实）；在《北京日报》健康版、《京郊日报》健康人家版、《京郊日报》妇女计生版、《北京人口》加大青少年健康教育的宣传力度（由宣教处落实）；利用网络宣传平台，创新开展青少年健康教育工作（由宣教处落实）。

2. 利用好环境宣教体系。充分发挥宣传栏、宣传橱窗、人口文化墙、人口文化长廊、广告灯箱等宣传媒介的作用，普及青少年生理健康、心理健康、性知识、性道德等知识，增强青少年的自我保护意识。（由宣教处落实）

3. 利用好人口文化体系。依托区、镇、街三级人口文化学校宣传网络开展专题培训和讲座，为青少年人群提供个性化宣传服务，强化未成年人思想道德教育工作，深入开展青少年健康人格教育。（由宣教处落实）

4. 利用好资源体系。充分发挥首都智

力资源优势，聘请经验丰富的知名专家、学者为北京市的青少年健康教育出谋划策，并于近期召开青少年健康教育推动会。（由宣教处落实）

二、区县人口计生委开展的相关活动

1. 召开一个研讨会。各区县人口计生委与各区教委、各中学密切配合，及时召开学生、教师、家长及专家研讨会，收集各方面的意见与建议，为全面、深入开展青少年性健康教育工作提供第一手材料。（由各区县落实，宣教处负责督查。该项工作已完成）

2. 举办一个展览（摄影）。各区县人口计生委以“十二五”期间建设青少年健康教育中心为契机，结合各级计生协会组织的“5·29”会员日活动，举办一次青少年性健康教育科普知识展览（摄影）。（由各区县落实，市计生协会负责督查）

3. 开展一次讲座。各区县人口计生委举办一次青春健康知识教育讲座。针对两本性健康教育书籍在中学生中的反响和学生、教师、家长、有关专家提出的意见、建议等，举办青春期心理健康、生理健康、卫生保健知识、性病艾滋病知识、与异性交往技巧、如何与家长沟通以及树立正确婚恋观等方面的专题知识讲座，为中学生答疑解惑，帮助解决他们成长过程中遇到的问题。（由各区县落实，宣教处负责督查）

4. 开展一次征文演讲活动。各区县人口计生委开展一次青春健康教育主题征文演讲活动。各区县要与各区教委、文委等部门密切配合，保证主题征文的数量和质量。在此基础上，组织召开青春健康教育主题征文演讲比赛活动，充分调动广大中学生的积极性，扩大活动的参与面，深化活动效果。（由各区县落实，宣教处负责督查）

5. 在区级媒体开设专栏节目。各区县人口计生委与区委宣传部、广播电视局密切配合，增加内容，创新形式，充分利用电台、电视台及报纸杂志等媒体，开设青少年青春健康教育栏目，以说故事、演故事、召开主题班会等形式，在广大中学生中大力宣传、普及性健康教育知识，营造有利于青少年健康成长的舆论氛围。（由各区县落实，宣教处负责督查）

“青春健康伴我行”系列宣传活动是贯彻落实2011年人口和计划生育工作大会会议精神的具体举措。各区县要把该项工作作为提升人口素质、增强家庭发展能力的一项重要内容，高度重视，精心组织，认真落实，积极协调，努力营造有利于青少年健康成长的环境，为统筹解决人口问题、建设人口均衡型社会作出更大贡献。

北京市人口计生委关于印发
2011年市人口计生委折子工程的通知

（京人口发〔2011〕14号）

各区县人口计生委，市人口计生委各处室、直属事业单位，市计生协会：

2011年是“十二五”规划开局之年，也是以更高的标准实施“人文北京、科技北京、绿色北京”战略，全面建设中国特色世界城市的重要一年。全市人口计生工作要树立世界大城市人口发展理念，全面推进首都人口健康和谐发展。为了更好地全面完成全市人口和计划生育工作任务，根据市委、市政府今年总体工作部署和北京市人口计生工作大会要求，2011年4月6日市人口计生委第7次主任办公会认真研究了今年工作安排，确定了2011年北京市人口计生委折子工程，现予以印发，并提出明确要求如下：

一、明确职责分工，强化协调配合，确保任务圆满完成

每项折子工程明确了牵头领导、责任处室、协办处室和单位以及完成时限。各项折子工程最后完成时限不能超过2011年11月底。各处室要密切配合，抓紧组织实施，凡列入折子工程的要保证完成，没有列入折子工程的，各处室按职责分工负责，确保各项任务圆满完成。

二、注重细化分解，制定具体措施，确保任务扎实完成

各项折子工程的责任处室，要将任务进行细化分解，制定完成折子工程的具体措施。涉及协办处室和单位的，要明确协办处室和单位的职责，明确责任人。较大项折子工程和涉及全委多个处室参与的，责任处室要拟出工作方案报委主任办公会审批。确保任务扎实完成。

三、加强督促检查，实施过程管理，确保任务按时高标准完成

市人口计生委办公室、监察处共同对折子工程进行督促检查。责任处室每季度末进行自查，7月上旬对各项折子工程进展情况进行半年总结，查找存在问题，对完成任务有困难的或出现特殊情况，及时向委领导汇报；12月上旬进行全面总结，12月中旬责任处室提交完成情况总结报告。

希望折子工程责任处室和协办处室认真工作，各区县人口计生委积极参与，按折子工程要求，全面做好2011年人口计生工作。

二〇一一年四月二十七日

2011年市人口计生委折子工程

一、围绕市委、市政府总体部署，积极推进人口计生工作转型

1. 研究制订人口规模调控工作方案，建立科学的人口规模调控指标体系和人口调控责任制，明确有关部门、区县的任务和职责。

牵头领导：丁勇

主要责任处室及负责人：研究室潘银苗

协办处室和区县、市属委办局：各相关处室，16个区县人口计生委，以及与人口规模调控相关的市属委办局

完成时限：2011年11月底前

2. 研究制定《关于深化综合改革进一步完善统筹解决人口问题新机制的指导意见》。

牵头领导：丁勇

主要责任处室及负责人：研究室潘银苗

协办处室和区县：各相关处室，16个区县人口计生委

完成时限：2011年11月底前

3. 研究创新首都人口发展的行政管理机制。

牵头领导：丁勇

主要责任处室及负责人：研究室潘银苗

完成时限：2011年11月底前

4. 签约北京市人民政府与国家人口计生委合作框架协议。

牵头领导：徐捷

主要责任处室及负责人：办公室胥德琪

协办处室：政法处、研究室、规统处、流管处、宣教处、科技处、行财处、人事处、信息中心、宣教中心、药具站

完成时限：2011年10月底前

5. 完成《北京市"十二五"时期人口发展和调控规划》的编制和年度分解工作。

牵头领导：丁勇

主要责任处室及负责人：规统处臧萝茜

协办处室和区县、市属委办局：各相关处室，16个区县人口计生委，以及规划内容涉及的相关市属委办局

完成期限：2011年11月底前

6. 全面完成"北京市全员人口信息管理系统"建设。

牵头领导：丁勇

主要责任处室及负责人：规统处臧萝茜

协办处室和区县、市属委办局：信息中心、流管处、政法处、行财处，16个区县人口计生委，以及与建设内容涉及的相关市属委办局

完成期限：2011年11月底前

7. 研究制定《北京市全员人口信息管理规范》。

牵头领导：丁勇

主要责任处室及负责人：规统处臧萝茜

协办处室和区县、市属委办局：信息

中心、流管处、政法处、行财处，16 个区县人口计生委，以及建设内容涉及的相关市属委办局

完成期限：2011 年 11 月底前

8. 完善全市计划生育目标管理责任制考核体系。

牵头领导：丁勇

主要责任处室及负责人：规统处臧萝茜

协办处室和区县：各相关处室，16 个区县人口计生委

完成期限：2011 年 11 月底前

9. 调整市人口计生委主要职责内设机构和人员编制。

牵头领导：刘志

主要责任处室及负责人：人事处杨春雁

完成期限：2011 年 9 月底前

二、完善人口计生政策体系，加大经费投入力度，继续稳定适度低生育水平

10. 对完善本市生育政策展开专题调研，提出意见和建议报委主任办公会审议。

牵头领导：耿玉田

主要责任处室及负责人：政法处周新茹

协办处室：规统处、信息中心

完成期限：2011 年 11 月底前

11. 修订《北京市生育服务证管理办法实施细则》。

牵头领导：耿玉田

主要责任处室及负责人：政法处周新茹

协办处室：规统处

完成期限：2011 年 9 月底前

12. 研究提高独生子女父母奖励费标准。

牵头领导：耿玉田

主要责任处室及负责人：政法处周新茹

协办处室：规统处、行财处、信息中心

完成期限：2011 年 11 月底前

13. 指导区县开展好“诚信计生”试点工作。

牵头领导：耿玉田

主要责任处室及负责人：政法处周新茹

协办处室和区县：办公室、规统处、流管处、科技处、行财处、药具站，16 个区县人口计生委

完成期限：2011 年 11 月底前

14. 改版首都之窗人口计生委网站，并制定管理办法。

牵头领导：徐捷

主要责任处室及负责人：办公室胥德琪、信息中心臧萝茜

协办处室：宣教处

完成时限：2011 年 6 月底前

15. 编制 2012 年市人口计生委部门财政预算。

牵头领导：耿玉田

主要责任处室及负责人：行财处邹建荣

协办处室：各相关处室

完成时限：2011 年 11 月底前

16. 指导区县人口计生委编制 2011 年以及“十二五”期间人口计生事业经费财政投入标准。

牵头领导：耿玉田

主要责任处室及负责人：行财处邹建荣

协办区县：16个区县人口计生委

完成时限：2011年11月底前

17. 做好委员会内部财务管理改革及行政后勤管理调整工作。

牵头领导：耿玉田

主要责任处室及负责人：行财处邹建荣

完成时限：2011年10月底前

18. 认真完成2011年对口援助任务。

牵头领导：耿玉田

主要责任处室及负责人：行财处邹建荣

协办处室：人事处、科技处

完成时限：2011年11月底前

三、明确流动人口服务管理的定位和切入点，积极推动流动人口服务管理全国“一盘棋”和基本公共服务均等化

19. 加强与周边省区市协作，探索区域人口调控综合协调机制，促进人口有序流动。

牵头领导：徐捷

主要责任处室及负责人：流管处张瑞霞

协办处室：研究室、信息中心

完成时限：2011年11月底前

20. 开展流动人口服务和管理政策等方面的调查研究，提出意见报委主任办公会审议。

牵头领导：徐捷

主要责任处室及负责人：流管处张瑞霞

协办处室：研究室、宣教处、科技处、行财处、信息中心、药具站

完成时限：2011年11月底前

21. 指导丰台区做好全国流动人口计划生育公共服务均等化试点工作。

牵头领导：徐捷

主要责任处室及负责人：流管处张瑞霞

协办区县：丰台区人口计生委

完成时限：2011年11月底前

22. 开展流动人口动态监测和在京出生监测工作，每季度通报PADIS系统使用情况。

牵头领导：徐捷

主要责任处室及负责人：流管处张瑞霞

协办处室：行财处、信息中心

完成时限：2011年11月底前

23. 做好首都综治办关于综治联系点帮扶工作。

牵头领导：徐捷

主要责任处室及负责人：流管处张瑞霞

协办区县：海淀区人口计生委

完成时限：2011年11月底前

四、整合人口计生宣传教育资源，继续推进人口文化宣传教育工作创新

24. 结合“7·11”世界人口日活动，开展以“世界城市、和谐人口”为主题的宣传活动。

牵头领导：彭彧华

主要责任处室及负责人：宣教处刘凤婷

完成时限：2011年7月底前

25. 结合“9·25”《公开信》发表纪念日，指导区县开展宣传活动。

牵头领导：彭彧华

主要责任处室及负责人：宣教处刘凤婷

完成时限：2011年9月底前

26. “10·28”男性健康日，开展“男

性健康进机关”宣传活动。

牵头领导：彭彧华

主要责任处室及负责人：宣教中心刘成宝

完成时限：2011 年 10 月底前

27. 组织文化科技卫生“三下乡”宣传服务活动。

牵头领导：彭彧华

主要责任处室及负责人：宣教中心刘成宝

协办处室：宣教处、科技处

完成时限：2011 年 2 月底前

28. 指导海淀、朝阳和怀柔三个区参加婚育新风进万家第四阶段全国示范区活动。

牵头领导：彭彧华

主要责任处室及负责人：宣教处刘凤婷

协办区县：海淀、朝阳和怀柔区人口计生委

完成时限：2011 年 11 月底前

29. 大力普及性健康教育知识，为全市小学高年级学生，编印和发放 40 万册性健康教育读本。

牵头领导：彭彧华

主要责任处室及负责人：宣教处刘凤婷

完成时限：2011 年 11 月底前

30. 指导区县青少年健康教育中心建设，培训儿童健康教育指导师 100 名。

牵头领导：彭彧华

主要责任处室及负责人：宣教处刘凤婷

完成时限：2011 年 11 月底前

31. 指导区县 0～3 岁婴幼儿早教基地建设，培训 0～3 岁婴幼儿育婴师 100 名。

牵头领导：彭彧华

主要责任处室及负责人：宣教处刘凤婷

完成时限：2011 年 11 月底前

32. 在怀柔区人口计生委召开市级青春健康教育推动会。

牵头领导：彭彧华

主要责任处室及负责人：宣教处刘凤婷

协办处室和区县：办公室、行财处、怀柔区人口计生委

完成时限：2011 年 4 月底前

33. 召开市计划生育协会第五次会员代表大会暨先进表彰会。

牵头领导：彭彧华

主要责任处室及负责人：计生协会胡兰

协办处室：办公室、宣教处、行财处、人事处、机关党委、监察处

完成时限：2011 年 5 月底前

34. 探索新的帮扶计划生育困难家庭的方式方法，拟定《计划生育特殊困难家庭帮扶意见》。

牵头领导：彭彧华

主要责任处室及负责人：计生协会胡兰

协办处室：政法处、行财处

完成时限：2011 年 6 月底前

35. 组织好“5・29”和“12・1”两个宣传节点活动。

牵头领导：彭彧华

主要责任处室及负责人：计生协会胡兰

协办处室：宣教处、宣教中心

完成时限：2011 年 11 月底前

36. 推进亲情牵手和生育关怀项目，指导区县推进计生家庭意外伤害保险工作。

牵头领导：彭彧华

主要责任处室及负责人：计生协会胡兰

协办处室：行财处

完成时限：2011 年 11 月底前

37. 培训 100 名青春期健康教育骨干师资，指导区县开展青春健康教育工作。

牵头领导：彭彧华

主要责任处室及负责人：计生协会胡兰

完成时限：2011 年 8 月底前

38. 完成国际计生联和英国求助儿童会国际合作项目工作。

牵头领导：彭彧华

主要责任处室及负责人：计生协会胡兰

完成时限：2011 年 11 月底前

五、进一步建立完善人口计生公共服务体系，深化计划生育优质服务

39. 筹备北京市人口和家庭健康服务中心建设的前期工作。

牵头领导：刘志、耿玉田

主要责任处室及负责人：行财处邹建荣

协办处室：科技处、人事处、宣教处、信息中心

完成时限：2011 年 10 月底前

40. 做好全国优质服务先进单位“回头看”的评估工作。

牵头领导：耿玉田

主要责任处室及负责人：科技处李晓沪

协办处室和区县：各相关处室，16 个区县人口计生委

完成时限：2011 年 11 月底前

41. 开展创建“全国计划生育优质服务示范站”活动。

牵头领导：耿玉田

主要责任处室及负责人：科技处李晓沪

协办区县：16 个区县人口计生委

完成时限：2011 年 11 月底前

42. 落实“深化医药卫生体制改革责任书”任务，为本市采取长效避孕措施的育龄群众提供免费健康体检。

牵头领导：耿玉田

主要责任处室及负责人：科技处李晓沪

协办区县：13 个涉农区县人口计生委

完成时限：2011 年 11 月底前

43. 指导丰台、昌平和平谷区，做好国家免费孕前优生检查项目试点工作。

牵头领导：耿玉田

主要责任处室及负责人：科技处李晓沪

协办处室和区县：行财处，丰台、昌平、平谷区人口计生委

完成时限：2011 年 11 月底前

44. 开展“国家计划生育药具管理发放网络与优质服务建设试点”工作，召开全市药具发放试点工作现场会，探索现代化城市发展中运用现代科技手段、依托社会力量做好药具管理服务的新模式。

牵头领导：马旭

主要责任处室及负责人：药具站李兵

协办区县：海淀区人口计生委

完成时限：2011 年 9 月底前

45. 联合卫生部门，逐步建立以药具发放服务为基础的人工流产预防体系。

牵头领导：马旭

主要责任处室及负责人：药具站李兵

协办区县：海淀区人口计生委

完成时限：2011 年 11 月底前

46. 开展试点工作的卫生经济学评价，研究制定《北京市加强计划生育药具管理服务工作的指导意见》。

牵头领导：马旭

主要责任处室及负责人：药具站李兵

协办区县：海淀区人口计生委

完成时限：2011 年 11 月底前

47. 联合国家药具管理部门共同承办“全国城市药具发放服务工作会议”，介绍试点工作经验、展示试点工作成果。

牵头领导：马旭

主要责任处室及负责人：药具站李兵

协办区县：海淀区人口计生委

完成时限：2011 年 10 月底前

六、大力推进强基提质工程，进一步加强党的建设和反腐倡廉工作

48. 结合人口发展工作需要，引进人才，优化队伍，适时组织人员招录、轮岗交流和竞争上岗。

牵头领导：刘志

主要责任处室及负责人：人事处杨春雁

完成时限：2011 年 11 月底前

49. 研究制定《北京市人口计生委党组关于深化干部人事制度改革的实施意见》，完善干部选拔、任用、管理、监督等工作机制。

牵头领导：刘志

主要责任处室及负责人：人事处杨春雁

完成时限：2011 年 9 月底前

50. 研究制定《北京市人口和计划生育中长期人才发展规划》，为全面做好人口工作提供人才支持。

牵头领导：刘志

主要责任处室及负责人：人事处杨春雁

完成时限：2011 年 11 月底前

51. 研究制定《北京市人口计生委教育培训工作管理办法》，加强教育培训工作的统筹管理，重点组织机关、事业单位干部及区县人口计生委副处级以上领导干部综合培训。

牵头领导：刘志

主要责任处室及负责人：人事处杨春雁

完成时限：2011 年 6 月底前

52. 研究制定《北京市人口和计划生育干部队伍职业化建设的指导意见》，加强分类指导和新职业培训，加快队伍职业化建设步伐。

牵头领导：刘志

主要责任处室及负责人：人事处杨春雁

完成时限：2011 年 9 月底前

53. 深入开展创先争优、三进两促和“双先”表彰活动。

牵头领导：刘志

主要责任处室及负责人：机关党委朱秀娟

完成时限：2011 年 11 月底前

54. 以纪念建党 90 周年和北京市人口计生委成立 30 周年为契机，开展系列宣教教育活动。

牵头领导：刘志、徐捷、彭彧华

主要责任处室及负责人：机关党委朱秀娟

协办处室：办公室、宣教处、人事处、宣教中心

完成时限：2011 年 6 月底前

55. 围绕建党 90 周年和北京市人口计生委成立 30 周年，开展走访慰问老党员、老干部活动，帮助他们解决实际困难和问题。

牵头领导：刘志

主要责任处室及负责人：老干部活动站袁铁祥

协办处室：办公室、人事处、机关党委、行财处（老干部工作领导小组成员）

完成时限：2011 年 7 月底前

56. 指导区县搞好三个公开、四项评议和五项监督维权制度的落实。

牵头领导：刘志

主要责任处室及负责人：驻委监察处处长刘学文

完成时限：2011 年 11 月底前

57. 研究制定《北京市人口计生系统阳光计生行动考核评估办法》、《北京市人口计生系统阳光计生行动规范》和《北京市人口计生系统基层阳光计生行动示范单位标准》，召开阳光计生行动专题座谈会和规范化建设现场会。

牵头领导：刘志

主要责任处室及负责人：驻委监察处处长刘学文

完成时限：2011 年 11 月底前

北京市人口计生委关于全面推进诚信计生工作的通知

（京人口发〔2011〕16 号）

各区县人口计生委：

国家人口计生委 2010 年下发了《关于全面推进诚信计生工作的通知》（人口政法〔2010〕55 号），决定在全国范围内全面推进诚信计生工作，这是新时期创新人口和计划生育管理服务机制、推进建设法治政府、切实维护广大计划生育家庭合法权益的重要举措。为认真贯彻落实好这项工作，市人口计生委决定在全市范围内全面推进诚信计生，现将有关事项通知如下：

一、充分认识全面推进诚信计生工作的重要意义

诚信计生工作是新时期转变人口计生工作思路和机制，突破工作难点的有效途径；是实现群众自我管理、自我服务、自我教育和自我监督，开展基层民主的重要载体，有利于夯实群众基础、改善政风民风、促进社会和谐。

诚信计生工作适应了政府职能转变的新形势，把行政管理和基层群众自治结合起来，紧紧围绕“更加注重利益导向，更加注重服

务关怀，更加注重宣传倡导”，充分相信和依靠群众，以诚信承诺为基础，坚持政府工作人员首先讲诚信。倡导以长效措施为主的避孕方法知情选择，努力提高计划生育优质服务水平，自觉维护群众的参与权、知情权和监督权，尽可能使计划生育家庭优先分享改革发展成果，树立人口计生工作的良好形象。此项工作作为依法行政工作规划内容之一已列入2011年市人口计生委折子工程。

二、进一步明确推进诚信计生工作的指导思想、目标任务和基本要求

（一）指导思想

以科学发展观为指导，以自觉实行计划生育的群众和家庭为中心，推进政府职能转变，改革创新基层服务管理机制，强化诚信意识、服务意识和依法行政意识，扩大群众参与，增强社会自治功能，实现行政管理与基层群众自制的有效衔接和良性互动，切实维护广大群众的合法权益，促进低生育水平稳定。

（二）目标任务

两年内完成国家下达的目标，全市全面实现诚信计生，全面落实避孕方法知情选择，实现基层人口计生服务管理便民利民，全面落实国家、市和区县人口计生各项免费、扶助、奖励及优先优待政策，基层人口计生工作思路和方法有明显转变。

提前完成的区县可于2011年底自主申报，由市人口计生委组织考核评估。

（三）基本要求

1. 坚持以人为本，广泛发动群众参与。深入了解群众的计划生育生殖健康需求，广泛征求意见建议，帮助群众解决实际困难和问题。以各街道、乡（镇）为牵引，在充分自愿、相互信任的基础上，可以采取组建诚信计生自治小组，签订诚信计生协议的形式，明确政府部门和村（居）民委员会的职责及服务保障承诺，同时也明确签约群众的权利义务。动员群众主动参与诚信计生工作，宣传人口与计划生育的新政策，保证基层群众及时了解人口与计划生育相关政策，自觉维护自身权利。

2. 坚持依法行政，切实维护群众合法利益。推进诚信计生工作，首先是政府工作人员讲诚信，关键是依法行政。各级人口计生部门要把依法行政作为全面推进诚信计生工作的首要任务，全面履行法定职责，加强对行政权力制约，增加管理服务透明度，大力推动以人口计生政策及其执行情况为重点的政务公开、村（居）务公开，立信于民，方便群众办事，自觉接受群众监督。

3. 坚持分类指导，突出特色项目、亮点工程和阶段性工作重点。要围绕群众反映突出的热点、难点问题，因地制宜、分阶段地确定工作目标和重点。各区县要结合自身实际，把推进诚信计生工作与其他工作统一起来，继续深入抓好特色项目和亮点工程。

4. 坚持政策引导，增强诚信计生吸引力。要进一步落实市、区县已出台的各项利益导向政策；推动建立诚信计生奖励制度，对自觉实行计划生育并采取长效措施的群众给予一次性或定期奖励；协调推动部门资源整合，研究制定有利于推进诚信计生工作并可持续的利益引导措施以及便民利民的具体措施；着力指导村（居）民委员会在组织分配集体资产及收益、征地补偿款等关系计划生育家庭切身利益时，向独生子女户倾斜，充分调动群众参与诚信计生工作的积极性。

三、加强组织领导，扎实推进诚信计生工作

为抓好诚信计生工作，市人口计生委专门成立诚信计生工作领导小组，办公室设在政策法规处，统筹规划进程，协调解决问题，检查督导工作落实。

（一）切实加强组织领导

各级人口计生部门要积极争取当地党委、政府的重视和支持，把全面推进诚信计生工作纳入构建社会主义和谐社会、加强基层民主政治建设和精神文明建设的总体规划之中，并将其作为人口计生综合改革的一项主要内容，科学制订方案，明确职责分工，确定年度计划。要将诚信计生工作作为计划生育优质服务先进单位、人口计生基层群众自治示范村（居）评选以及目标管理责任制考核评估的重要内容，大力发挥基层计划生育协会等群众团体的作用，促进诚信计生工作目标任务的如期实现。

（二）积极创造环境氛围

要按照有利于诚信计生工作、有利于维护群众合法权益的原则，进一步改革完善目标管理责任制考核指标体系，改革完善基层人口计生服务管理机制，指导基层清理、修改或废止不适应诚信计生工作的规章制度、村规民约条款。要把诚信计生工作作为婚育新风进万家活动、新型人口文化建设的重要内容，培育诚信计生典型，宣传成功经验，营造诚信和谐的社会氛围。

（三）深化基层基础工作

要稳定基层人口计生机构和队伍，加强人口计生公共服务网络建设。积极推进“强基提质”工程和队伍职业化建设，加快推进基层人口计生服务机构管理体制改革，认真落实村（居）计划生育专（兼）职人员的报酬待遇。要结合阳光计生行动、优生促进工程和基层文明执法专项活动等工作，加大对基层人口计生工作的指导和支持力度。

（四）认真组织评估验收

各区县要按照本通知精神，制定符合实际的评估标准和实现诚信计生的方案，并在推进中不断完善和创新。认真组织开展评估验收工作，未按时完成任务的要提出明确、具体的改进时间和要求，严禁弄虚作假、搞形式、走过场。在阶段性的目标任务完成之后，要认真总结经验，逐步建立进一步推进诚信计生工作的长效机制。各区县要将制订的推进诚信计生工作的方案及时报市人口计生委。

附件：县级基本实现诚信计生的评估标准

二〇一一年五月十六日

附件：

县级基本实现诚信计生的评估标准

一、基层人口计生服务和管理的规范性文件、规章制度以及考核指标的设定，要符合法律法规的规定，有利于诚信计生工作的开展。

二、人口和计划生育政策法规及落实情况，以及基层人口计生服务和管理的规范性文件、规章制度能及时、全面公开。

三、基本落实国家、省（区、市）人口计生各项免费、扶助、奖励以及优先优待政策；结合实际制定诚信计生奖励政策，并落实到位。

四、基层人口计生服务管理便民利民。无高于4次/年强制孕环情检查的指标和措施，无对外出已婚育龄妇女返乡参加避孕节育情况检查的要求和措施。

五、诚信计生工作的协议、承诺等符合法律法规的规定，并尊重群众的意愿，维护群众的合法权益。80%以上的已婚育龄夫妇参与诚信计生工作。

六、已生育子女的育龄夫妇基本落实以长效措施为主的避孕方法知情选择。无必须落实绝育措施的指标和要求。

七、广大群众能自觉实行计划生育，最近三年政策符合率达80%以上，三孩及以上政策外生育率低于2%。

关于修订《北京市人口计生委工作人员考勤管理办法》等有关规定的通知

（京人口发〔2011〕18号）

机关各处室、事业单位、计划生育协会：

二〇一一年五月二十日第九次主任办公会讨论通过了《北京市人口计生委工作人员考勤管理办法》、《北京市人口计生委关于在职职工病、事假期间工资、津贴、奖金待遇发放管理办法》，现发给你们，请认真执行。

附件：1. 北京市人口计生委工作人员考勤管理办法

2. 北京市人口计生委关于在职职工病、事假期间工资、津贴、奖金待遇发放管理办法

3. 工作人员请假审批表（略）

4. 工作人员考勤月报表（略）

二〇一一年五月二十日

附件1：

北京市人口计生委工作人员考勤管理办法

为进一步加强机关效能建设，严格工作纪律，加强机关工作人员考勤管理，督促工作人员认真履行岗位职责，增强服务意识，特制定本办法。

一、组织管理

第一条　在本委分管主任领导下，由人事处负责全委考勤管理工作。

第二条　考勤工作实行处室（单位）领导负责制。各处室、事业单位由一名工作人员具体负责考勤管理工作。要求每月在OA系统中如实填写处室（单位）人员加班、病事假情况，并及时督促处室（单位）领导和分管主任审批。

第三条　人事处每月根据各处室（单位）报送的加班和病事假情况进行统计汇总，作为兑现工作人员工资和年度考核的重要依据。

第四条　工作人员要自觉遵守工作纪律，按时上、下班，不迟到、早退，工作时间要保证有人在岗；因公外出的或临时外出的应事先报告直接领导；因病、因事不能上班的必须请假，并填写请假报告单，请假期满要销假，无故超假或不及时销假者，按缺勤处理。

第五条　处室（单位）要严格考勤制度。对不按制度规定考勤的处室（单位）及个人，在委内进行批评教育。

二、请假管理类别

第六条　病假：凡因病治疗或休养者，凭医院病假证明或当地医院急诊证明，可记为病假。

第七条　事假：凡因私事必须由本人办理的，可请事假。

第八条　年休假：按照国家有关规定工作人员可以享受带薪年休假（《补充说明》附后）。

第九条　婚假：工作人员本人依法结婚，按照国家有关规定享受7天婚假；双方晚婚的按规定增加7天奖励婚假，婚假须连续在婚期享受。

第十条　丧假：工作人员的配偶、直系亲属和一起生活的岳父母、公婆死亡，可请丧假，假期不超过5天。到外地奔丧的，酌情给路程假。

第十一条　探亲假：配偶、父母在异地者，可按规定请探亲假（《补充说明》附后）。

第十二条　产假和计划生育假：工作人员的产假及节育、绝育、人工流产等计划生育假，假期天数均按照国家有关规定执行（《补充说明》附后）。

第十三条　工伤假：工作人员因公致伤需治疗或休养者，凭合同医院鉴定并开具证明，可休工伤假。

第十四条　属下列情况之一者，经领导批准不作事假处理，但须在《考勤月报表》上明确记载。

1. 陪同配偶、直系亲属、同住岳父母、公婆看病，或上述人员患病住院因病重或病危医院提出确需陪住不超过5天的；

2. 因学龄前子女患传染性疾病（凭医院证明）须在家陪护的，经领导批准在家陪护时间不超过5天的；

3. 凭学校通知书参加家长会的；

4. 因房屋维修，必须由工作人员在家照料，假期1天的；

5. 初次购买或调整住房须搬迁，假期不超过2天的；

6. 女工作人员按医院要求进行产前检查的；

7. 有不满1周岁婴儿的女职工，在每班劳动时间内给予其两次哺乳（含人工喂养）时间，每次30分钟。多胞胎生育的，每多哺乳1个婴儿的，每次哺乳时间增加30分钟。女职工每班劳动时间内的两次哺乳时间，可以合并使用，哺乳时间和在本单位内哺乳往返途中的时间，算作劳动时间。

上述6、7两款不适用于非婚生育和违法生育者。

三、假期计算

第十五条　病假、生育假、路程假、探亲假、工伤假均包括公休假日和法定假日在内；婚假、丧假、事假均不包括公休假日和法定假日在内。

第十六条　年休假、婚假、丧假、探亲假期满确需续事假的，须经领导批准办理续假手续并计为事假。

第十七条　工作时间去医院就诊，不足半天不计病假，超过半天计病假1天。

第十八条　迟到、早退超过1小时的，须向处室（单位）领导说明原因，超过半天的计事假1天。

四、请假手续

第十九条　工作人员请假须提出申请，经领导批准后有效。请假3天以上的要填写《工作人员请假审批表》（样式附后）。因病重、事急不能事先请假者，可委托他人代为请假或补办请假手续。

第二十条　凡需休病假、工伤假或续病假、工伤假者，均根据合同医院的诊断证明审查批准。

第二十一条　申请续假，续假手续与请假手续相同。请假或续假期满上班后，应立即向主管领导销假。

五、批假权限

第二十二条　处室（单位）主要领导请假，须经主管主任批准，假期超过5天的主管主任批准后报委主任；其他处级干部请假，须经处室（单位）主要领导批准，超过5天的报主管主任批准；一般干部和职工请假，原则上由处室（单位）主要领导批准，病假和事假超过5天的，须经主管主任批准。

六、旷职、旷工的处理

第二十三条　凡属于下列情况之一的按旷职、旷工论处：

1. 不经请假或请假未经批准而擅自不到岗的；

2. 请假期限已满，不续假或续假未获批准而延期不到岗的；

3. 不服从组织调动和工作分配，逾期不到岗的。

第二十四条　对旷职、旷工者要进行批评、教育，并结合年度考核、聘用合同有关规定或约定进行处理。情节严重、影响恶劣者，可根据有关规定给予行政处分，直至开除。

七、各类假期缺勤的工资待遇

第二十五条　病假：按照《国家机关工作人员病假期间生活待遇的规定》执行（详见《附件2》）。

第二十六条　事假：全年事假累计15天以内的工资（基本工资）照发；超过15天的可酌情扣发超假期间的工资（详见《附件2》）。

第二十七条　旷工、旷职按旷工、旷职天数扣发工资（详见《附件2》）。

第二十八条　年休假、婚假、丧假、探亲假、工伤假、生育假（节育、绝育、人工流产等）以及本《办法》第十二条规定的不作为事假处理的七种假，假期工资照发。

附：补充说明

补充说明

一、第八条　年休假

工作人员连续工作1年以上的，享受带薪年休假（以下简称年休假）：

工作人员工作已满1年不满10年的，年休假5天；

工作人员工作已满10年不满20年的，年休假10天；

工作人员工作已满20年的，年休假15天。

国家法定休假日、休息日不计入年休假的假期。

工作人员有下列情形之一的，不享受当年的年休假：

（一）职工请事假累计20天以上且单位按照规定不扣工资的（指本人基本工资部分）；

（二）累计工作满1年不满10年的职工，请病假累计2个月以上的；

（三）累计工作满10年不满20年的职工，请病假累计3个月以上的；

（四）累计工作满20年以上的职工，请病假累计4个月以上的。

年休假在1个年度内可以集中安排，也可以分段安排，一般不跨年度安排。

二、第十一条　探亲假

探亲假是与配偶、父母分居两地的工

作人员探望配偶、父母的待遇。

工作满1年的固定职工，与配偶不住在一起，又不能在公休日团聚的，可以享受探望配偶的待遇。

工作满1年的固定职工，与父母双亲都不住在一起，又不能在公休日团聚的，可以享受探望父母的待遇。但与父亲或母亲一方能够在公休日团聚的，不能享受探望父母的待遇。

职工探望配偶，每年给予一方探亲假一次，假期为30天。

未婚职工探望父母，每年可享受探亲假一次，假期为20天。因工作需要，不能每年探望父母或本人愿意两年探望父母一次的，可以每两年休假一次，假期为45天。

已婚职工探望父母，每四年享受探亲假一次，假期为20天。

职工按照规定享受探亲假，假期内的工资照发。职工探望配偶和未婚职工探望父母的往返路费，由单位负担（不含飞机和火车软卧）；已婚职工探望父母的往返路费，在本人工资30%以内的由本人自理，超过部分由单位负担。

三、第十二条　产假和计划生育假

女职工产假为90天；难产的，增加产假15天；多胞胎生育的，每多生育一个婴儿，增加产假15天。

晚育女职工，除享受国家规定的产假外，增加奖励假30天，不休奖励假的，给予女方一个月工资的奖励，奖励费由夫妻双方所在单位各负担百分之五十，或者由男方享受奖励假。

独生子女父母的奖励和优待：女职工除享受规定的产假外，经单位批准，可以再增加产假3个月。增休3个月产假的，减免三年独生子女父母奖励费。

女职工怀孕流产的，根据医务部门的证明，妊娠不满4个月的，产假为15天至30天；妊娠4个月以上的，产假为42天。

四、第十四条第2项

患传染性疾病指：麻疹、猩红热、水痘、腮腺炎等。

注：以上有关内容摘自：《职工带薪年休假条例》国务院令第514号；京政发（82）111号；京政发（81）55号；国发（81）52号；1994年4月4日工改政策口头解释（二）；《女职工劳动保护规定》国务院令第9号第9条；《北京市计划生育条例》第六章第二十九条、三十条。

五、本办法自2011年5月起执行，此前制定的相应办法同时废止。

附件 2：

北京市人口计生委关于在职职工病、事假期间工资、津贴、奖金待遇发放管理办法

根据市人事局、市财政局关于《北京市各级国家行政机关人员请假暂行办法》、《国家机关工作人员病假期间生活待遇的规定》以及《关于严格工作津贴和绩效奖金发放问题的通知》规定和要求，为了进一步规范制度，加强管理，同时妥善对待和处理工作人员生活上的实际问题，结合我委情况制定此规定。

一、工作人员每迟到、早退累计三次，扣减当月一天的绩效奖金。

二、当月病、事假累计超过三天的，每超过一天扣减一天的绩效奖金。日绩效奖金的计算：按月绩效奖金标准除以月平均工作日（21.75 天）计算。

当月病、事假累计满 1 个月的，不发给当月绩效奖金。

三、全年事假累计超过 15 天至 1 个月以内的，除按第二条规定扣减绩效奖金外，同时按日扣减日工资（基本工资 + 职务补贴）的 20%。

四、全年事假累计 1 个月以上的，除按第二条规定扣减绩效奖金外，同时按日扣减日工资（基本工资 + 职务补贴）的 40%。

五、当月出现旷工，除扣减当月全部绩效奖金外，同时扣减当月工作津贴的三分之一；旷工累计三天以上（含三天），不发给当月工作津贴。

六、依据公务员纪律惩戒有关规定受到行政处分人员，从受到处分当月起至解除处分当月，按下述标准扣减绩效奖金：

1. 受到警告、记过处分的，扣减 20%；

2. 受到记大过处分的，扣减 30%；

3. 受到降级处分的，扣减 40%；

4. 受到撤职处分的，按重新确定的职务标准计发。

七、连续病假工资待遇

（一）连续病假超过 2 个月，除按第二条规定扣减绩效奖金外，自第 3 个月起执行下述病假工资待遇：

1. 工作年限不满 10 年的，按日扣减日工资的 10%；

2. 工作年限满 10 年的，工资照发。

（二）连续病假超过 6 个月，除按第二条规定扣减绩效奖金外，自第 7 个月起执行下述病假工资待遇：

1. 工作年限不满 10 年的，按日扣减日工资的 30%；

2. 工作年限满 10 年及其以上的，按日扣减日工资的 20%。

八、督察考核奖的兑现办法

（一）全年病、事假累计超过半年的不参加年度考核，不发给督察考核奖金；

（二）全年病、事假累计超过3个月不足半年的，扣发半年督察考核奖金。

九、本办法自2011年5月20日起执行，此《办法》与之前所制定的相应办法有抵触的，按此办法执行。

北京市人口计生委关于印发《2011年“小金库”专项治理工作实施方案》的通知

（京人口发〔2011〕19号）

委机关各处室、直属事业单位，市计生协：

现将《北京市人口计生委2011年“小金库”专项治理工作实施方案》印发给你们，请结合实际认真贯彻执行。

二〇一一年五月二十五日

北京市人口计生委
2011年“小金库”专项治理工作实施方案

为深入贯彻落实《中共中央办公厅、国务院办公厅印发〈关于深入开展“小金库”治理工作的意见〉的通知》（中办发〔2009〕18号）和《关于印发〈2011年“小金库”专项治理工作实施方案〉的通知》（中治金〔2011〕2号）精神，根据《关于北京市2011年“小金库”专项治理工作实施方案的通知》（京纪发〔2011〕9号）要求，结合委“小金库”专项治理工作实际，特制订2011年“小金库”专项治理工作实施方案。

一、指导思想和工作目标

以科学发展观为指导，认真学习贯彻党的十七届四中全会和十七届中央纪委四次、五次、六次全会精神，特别是胡锦涛同志在十七届中央纪委六次全会上的重要讲话精神，全面深入推进党政机关、事业单位、社会团体“小金库”治理工作，进一步巩固2009年以来的专项治理成果，构建和完善防治“小金库”长效工作机制，着力解决“小金库”突出问题。

在委党组的领导下，按照彻底清理“小金库”的工作要求，分级负责、统筹兼顾、整体推进，全面深入推进党政机关、事业单位、社会团体的“小金库”专项治理工作，坚决扫除专项治理工作死角，始终抓住构建和完善防治“小金库”长效机制这个根本任务。巩固成果、防止反弹，认真做好自查和复查，抓好整改落实。建立健全长效机制，探索从源头上根治的有效途径，今年11月底前完成这次专项治理工作任务。

二、建立健全组织领导机构

为加强对“小金库”治理工作的领导，成立委“小金库”专项治理工作领导小组：

组　长：刘　志

副组长：耿玉田

成　员：邹建荣　刘学文　朱秀娟　杨春雁

领导小组办公室设在行财处

主　任：邹建荣

副主任：刘学文

成　员：赵　兰　于小龙

三、时间步骤

2011年“小金库”专项治理分为全面复查、重点抽查、整改落实、机制建设和总结验收5个阶段。

（一）全面复查阶段（截至2011年5月底）

委机关各处室、各直属事业单位，市计生协会，都要认真组织全面复查。全面复查要结合2010年摸底排查的整改和检查进行，复查面必须达到100%。

委机关各处室、各事业单位负责人对本单位全面复查工作负完全责任，复查工作结束后，各处室、各单位要填报《“小金库”全面复查报告表》（附件1，略），处室（单位）主要领导签字后于5月28日底前报委专项治理领导小组办公室（行财处）。

5月底前，领导小组办公室将各单位复查情况进行汇总，并将《关于“小金库”治理工作的承诺》（附件4，略）和《关于“小金库”治理工作的公示》（附件5，略）在委局域网进行公布，接受群众监督。

5月底前委领导小组办公室将复查统计表（附件2，略）及有关文字说明报送北京市治理“小金库”工作领导小组办公室。

（二）督导抽查阶段（截至2011年7月底）

在全面复查的基础上，原则上利用6月、7月两个月的时间，领导小组办公室对委机关各处室、直属事业单位和计生协会开展工作督导，并选取具有典型性的单位进行重点抽查。

抽查的重点是：（1）以假发票套取资金设立“小金库”；（2）虚列会议费和培训费套取资金设立“小金库”；（3）以资产出租和处置收入设立“小金库”；（4）以财政补助收入设立“小金库”；（5）虚列成本费用转出资金设立“小金库”；（6）使用“小金库”款项购买消费卡以及群众举报的相关问题。

抽查“小金库”的时间，可追溯到以前年度。对督导抽查中发现的问题必须严格执纪执法，严肃责任追究，并视情节和性质不同，进行公开曝光或内部通报。

（三）整改落实阶段（截至2011年8月底）

对专项治理过程中发现的问题，按照统

一政策、集中审理、分别处理的原则，依法进行处理处罚和责任追究。各处室要针对全面复查和督导抽查工作中发现的问题，制定具体整改措施，确保治理工作成效。

要杜绝重检查、轻处理，重财政财务处理、轻责任人纪律处分和组织处理的现象发生，真正将处理处罚工作落到实处。要坚持处理事和处理人相结合。在依法对单位违法违规问题作出行政处理处罚的同时，严格执纪执法，落实对相关责任人员特别是领导干部的党纪政纪追究。对触犯刑律的移送司法机关查处。对于检查中发现的其他违纪违法案件线索，要按有关规定和程序办理移交。

（四）机制建设阶段（截至2011年11月底）

把防治“小金库”长效机制建设作为“小金库”治理的根本任务。为巩固“小金库”治理成果，各处室、各单位要按照边治理、边研究、边总结、边完善的思路，将长效机制建设贯穿治理工作始终。要深入分析“小金库”专项治理工作中暴露出的突出问题，注重从实际出发，进一步建立健全防治“小金库”长效机制。

一要抓紧制定防治“小金库”长效机制建设方案，将制度建设任务进一步分解落实，抓紧督促实施。二要积极开展防治“小金库”长效机制研究工作，结合实际，从源头治理，切实推动建立健全防治“小金库”长效机制。

2011年构建防治“小金库”长效机制的重点在健全完善发票管理、财务报销、公务卡使用管理、行政问责制度等方面。委“小金库”专项治理领导小组办公室于11月30日前将《防治“小金库”长效机制建设统计表》（附件3，略）及文字说明报送北京市治理“小金库”工作领导小组办公室。

（五）总结验收阶段（2011年12月）

认真做好“小金库”治理工作的总结、评价和验收，不仅要全面汇总成效、梳理经验，而且要查找不足、积极完善。委机关各处室各单位要按专项治理办公室要求做好“小金库”相关数据、报表、制度、文件的报送工作。

委“小金库”治理工作领导小组将2011年“小金库”治理工作总结以及需要调整或补充的相关报表，于11月30日前报送北京市治理“小金库”工作领导小组办公室。

四、工作要求

（一）搞好学习宣传，提高思想认识

党中央、国务院和市委、市政府高度重视“小金库”治理工作。党的十七届四中全会明确提出要彻底清理“小金库”。十七届中央纪委六次全会继四次、五次全会之后对“小金库”治理工作作出了部署。各处室各部门要认真学习、深刻领会、坚决贯彻胡锦涛同志在十七届中央纪委六次全会上的讲话精神，从推进党风廉政建设和反腐败工作的高度，进一步深化对治理工作重要意义的认识，增强责任感。

（二）加强组织领导，完善工作机制

委“小金库”专项治理工作在委专项

治理工作领导小组的领导下进行。治理工作要做到“三统一”：即统一政策规定、统一核查数据、统一汇总上报。委“小金库”专项治理领导小组办公室要切实履行职责，认真抓好“小金库”治理的具体组织落实工作。各处室（单位）负责人要切实担负起本单位“小金库”治理工作责任，亲自部署、亲自过问、亲自督办。

（三）突出工作重点，强化综合治理

要突出重点、不留死角，按层级、按性质和任务不同部署专项治理，要结合实际，协调推进，努力提高治理工作效率。要把专项治理工作与厉行节约制止奢侈浪费、遏制消极腐败和不正之风等重大决策部署执行情况、“三公消费”治理等相结合；要与日常监督工作相结合，切实扩大治理工作成效。

（四）严格政策规定，落实责任追究

坚持奖励举报有功人员和单位，自查从宽、被查从严，以及严惩顶风违纪行为的政策规定。鼓励复查、支持复查，复查发现“小金库”问题及时纠正的，原则上视同为自查自纠，适用从轻、从宽政策。但属顶风违纪的，应区别情况、严肃处理。督导抽查中发现的“小金库”问题要从重、从严处理，追究责任人员的责任，并按照党纪政纪等相关规定做出处理。

（五）注重源头防治，建立长效机制

委“小金库”专项治理领导小组要按照更加注重治本、更加注重预防、更加注重制度建设的要求，把防治“小金库”长效机制建设作为今年的根本任务积极推进。委“小金库”专项治理工作领导小组办公室要加强对防治“小金库”长效机制建设的调查研究和组织协调，加强指导和监督检查。

关于印发《北京市人口计生系统新闻公共突发事件管理预案》的通知

（京人口发〔2011〕20号）

各区县人口计生委，各局、总公司组长单位计生委（办），市人口计生委机关各处室、直属事业单位，市计划生育协会：

“十二五”时期，北京市的人口计生工作将围绕市委、市政府的核心任务要求及委党组关于加强人口有序、宏观调控及管理的要求，为建设世界城市、实现“人文北京、科技北京、绿色北京”创造良好的人口发展环境。为进一步加强对新闻公共突发事件的组织领导，完善新闻发言人制度，北京市人口计生委制定了《北京市人口计生系统新闻公共突发事件管理预案》，现印发给你们，请遵照执行。

二〇一一年五月三十日

北京市人口计生系统新闻公共突发事件管理预案

“十二五”期间，围绕市委、市政府的核心任务要求及北京市人口计生委党组关于人口有序、宏观调控及管理的要求，为进一步加强对新闻公共突发事件的组织领导，完善新闻发言人制度，明确新闻公共突发事件发生、响应、处置、善后、保障等环节的主管部门与协作部门，明确相关部门的职责，正确引导舆论，有效化解矛盾，为建设世界城市、实现“人文北京、科技北京、绿色北京”创造良好的人口发展环境，特制定本预案。

一、总则

（一）编制目的

在北京市的人口计生工作中发生新闻公共突发事件时，及时、准确发布有关信息，澄清事实，释疑解惑，主动引导舆论，最大限度地避免、缩小和消除因突发事件造成的各种负面影响，为妥善处置新闻公共突发事件营造良好的舆论氛围。

（二）编制依据

依据中共北京市委办公厅《关于建立和完善党委新闻发言人制度的实施意见》有关要求，结合北京市人口计生工作的实际情况，制定本预案。

（三）适用范围

本预案适用于处置发生北京市及各区县人口计生工作新闻公共突发事件的新闻发布。

（四）工作原则

1. 及时主动，准确把握。人口计生工作中突发新闻公共事件后，要迅速调查事实真相，力争在第一时间发布准确、权威信息，稳定公众情绪，最大限度地避免或减少公众猜测和新闻媒体的不准确报道，掌握新闻舆论的主动权。

2. 加强引导，注重效果。提高正确引导舆论的意识和工作水平，使突发事件的新闻发布工作有利于事件的妥善处置，有利于北京市人口计生工作大局。

3. 严格制度，明确职责。及时成立应急领导小组、新闻发布小组、信息监控小组、综合协调小组。人口和计划生育工作中突发新闻公共事件的新闻发布，在市委、市政府统一领导下，由市人口计生委管理，负责向有关部门、社会各界和新闻媒体发布信息。未经授权或批准，任何单位不得擅自发布。突发新闻公共事件的新闻发布和报道口径，须经市人口计生委主要领导批准。对违反工作纪律，蓄意封锁或随意散布消息，造成重大消极影响和严重后果的，将追究有关责任人的责任。

4. 快速反应，协同应对。加强以属地管理为主的新闻公共突发事件应急处置队伍建设，建立联动协调制度，充分动员和发挥区县、街乡、社区、企事业单位、社会团体和志愿者队伍的作用，依靠公众力量，形成统一指挥、反应灵敏、功能齐全、协调有序、运转高效的应急管理机制。

二、组织体系及工作职责

新闻公共突发事件管理工作的组织体系由应急领导小组、新闻发布小组、信息监控小组和综合协调小组组成。具体成员及职责如下：

（一）应急领导小组

由市人口计生委领导组成。

组长：市人口计生委党组书记、主任　刘志

副组长：市人口计生委副主任　徐捷　耿玉田　彭彧华　丁勇

职责如下：

1. 根据突发事件的发生、发展启动预案及各工作小组。

2. 确定处理突发事件的基本思路、口径和方案。

3. 审定新闻发布方案，审核向新闻媒体提供的新闻稿。

（二）新闻发布小组

新闻发布小组在应急领导小组的统一领导下开展工作。

组长：市人口计生委副主任、新闻发言人　彭彧华

副组长：市人口计生委宣教处处长　刘凤婷

组员：宣教处工作人员

职责如下：

1. 调查事实真相，拟订新闻发布内容、方案，及时向领导小组报告。

2. 在领导小组授权下接受各新闻媒体的采访，有针对性地解疑释惑，澄清事实，批驳谣言，引导舆论。

3. 组织召开新闻发布会。

4. 确定新闻发布代言人。

5. 落实应急领导小组交办的其他事项。

（三）信息监控小组

组长：市人口计生委副主任、新闻发言人　彭彧华

副组长：市人口计生委宣教处处长刘凤婷，十六区县人口计生委主任

成员：十六区县宣传主管主任和宣教处郄凯莉

职责如下：

1. 收集、跟踪新闻公共突发事件的发展动向。

2. 及时了解各媒体舆论倾向。

3. 对媒体有关报道进行整理和分析，重要信息及时上报。

（四）综合协调小组

负责新闻发布小组的运转，情报信息的上报及通报，协调采访新闻公共突发事件的记者，负责信息监控小组与应急领导小组之间的联络等。

组长：市人口计生委副主任、新闻发言人　彭彧华

副组长：市人口计生委宣教处处长刘凤婷，十六区县人口计生委主任

成员：十六区县宣传主管副主任和宣

教处郄凯莉

三、新闻公共突发事件应急管理工作流程

发生有关人口计生工作的新闻公共突发事件或发生重大影响的新闻报道事件时，启动本预案。

1. 信息反馈

突发事件发生后，事发所属计生部门迅速上报有关情况。反馈内容为事件发生的时间、地点、起因、状况、背景。

2. 组建机构

由应急领导小组启动预案，明确工作要求，落实各工作小组和工作人员职责与分工。各小组人员要及时到位，立即投入工作。

3. 应急处置准备工作

（1）新闻发布小组立即组织人员调查事实真相，对事件的发展趋势进行估计和分析，拟定出新闻发布稿件。

（2）由新闻发布小组确定新闻发言人，在应急领导小组授权下负责统一对外发布消息，接受媒体记者的采访和提问。

（3）明确新闻通稿及必需的文字、音像资料的提供者和责任人。

（4）确定对外提供资料的审批手续和责任人。

（5）确定媒体记者接待、管理等具体事宜，并做好来访媒体统计和记者身份审验工作。

（6）利用各种技术手段，密切关注网络舆论的动向。

4. 新闻发布工作

（1）各项准备工作就绪后，尽快拟订新闻发布方案和内容，按照审批手续审批并上报。对于遇到的难以把握的重大、敏感问题，要及时向有关领导请示，并按照要求迅速组织落实。

（2）按照批准的新闻发布方案，及时、有序地组织信息发布，以口头、书面、电话、网络、发布新闻稿等方式，接受记者专访或群访。

（3）在事件发生后的第一时间，应召开第一次信息发布会，向各界发布事件相关信息，掌握工作的主动性，正确引导舆论。

（4）第一次信息发布后，要认真分析媒体反映及社会反响，根据需要进行相应调整，结合事件的发展程度，进行后续的信息发布。要强调进展的新动态，选择性提供有价值信息，有意识地引导媒体按照事件处置需要调整和转变报道角度，最大限度争取媒体支持，直至事态得到有效控制。

（5）记者采访管理。由新闻发布小组及时受理记者的采访申请，并向记者提供相关信息。对获准采访新闻公共突发事件的记者，既要尽可能提供服务和方便，又要加强管理。应急领导小组要指派专人负责协调记者采访活动。

（6）新闻发布工作要求。

一是要健全制度。要建立健全重大突发公共事件新闻报道快速反应机制，出台重大政策、开展重要工作、召开重要会议、组织大型活动等公众关注的事项开始前，要对该事项实施后的公众反响、社会舆情进行预判，提前制定新闻发布方案和舆情应对预案，把舆论引导工作前置。

二是要分类处理。对涉及面大、影响广泛的新闻公共突发事件，应及时组织新闻发布；对涉及政治性、群体性事件及危及国家形象的事件，一般不公开报道。

三是要及时准确。新闻发布既要讲求时效，又要确保信息准确。突发事件在事态尚未清楚但可能引起公众猜测和恐慌时，应在第一时间发布已认定的简要信息，根据事态发展和处置工作进展情况，再做后续详细发布。

四是要把握适度。突发事件信息的发布要适时、适度，既要使公众及时了解相关信息，又要讲究策略，要有助于受众对事件的正确了解，争取理解和支持，确保事件处置工作的顺利开展。

五是要突出重点。信息发布不能主次不分，泛泛而谈，要抓住媒体关心的内容和需要澄清的事实，要按照有利于事件处置的原则，牢牢把握正确的舆论导向，突出重点，有的放矢。

六是要主动引导。对媒体的有关歪曲性报道和别有用心者借机造谣攻击、诽谤煽动的行为，要通过适当方式和途径，及时做好辟谣和驳斥澄清工作。

四、后期处置

（一）善后工作

新闻公共突发事件应急处置结束后，要视具体情况进行总结性信息发布，最大限度降低负面影响，用正面事例弥补事件处置过程中可能出现的失误与缺陷。

（二）效果评价

收集汇总突发事件处置过程中媒体、社会及各个方面的反应，对新闻媒体的报道情况进行全面总结与评估，针对信息发布中采取的相应措施进行效果评价和工作总结。

五、应急保障

（一）通信与信息保障

突发事件应急工作要确保期间应急领导小组和新闻发布小组、信息监控小组、综合协调小组之间，以及新闻发布小组与媒体之间的信息畅通。

（二）资金及人员保障

要保障突发事件信息发布工作必需的资金；负责新闻公共突发事件应急处置工作的部门和人员应相对稳定。

（三）宣传与培训保障

北京市人口计生委应组织市、区、街等各级新闻公共突发事件应急处置相关人员进行培训，确保掌握突发事件中新闻发布的特点和要求，提高处置突发事件的应对能力和专业技能。

北京市人口和计划生育委员会
关于进一步深化综合改革创新体制机制的实施意见

（京人口发〔2011〕24 号）

各区县人口计生委，市人口计生委机关各处室，直属事业单位，市计划生育协会：

胡锦涛总书记在中央政治局第二十八次集体学习时指出："要创新人口和计划生育工作体制机制和手段方法，全面加强基层基础工作，完善宣传教育、依法管理、村（居）民自治、优质服务、政策推动、综合治理的长效工作机制。"为贯彻胡锦涛总书记讲话精神，落实《国家人口计生委关于进一步深化综合改革创新体制机制的指导意见》（国人口发〔2009〕33 号），建立和完善适应全面做好人口工作要求的体制机制，促进人口计生工作转型和人口计生事业科学发展，现就进一步深化综合改革创新体制机制提出如下实施意见。

一、深化综合改革创新体制机制的总体思路和基本原则

（一）总体思路

贯彻落实中央关于全面做好人口工作的指示精神和总体部署，紧紧围绕"一二三四"的新时期人口计生工作总体思路，以提高社会管理和公共服务能力为目标，以满足"两个需求"和解决实际问题为导向，以创建国家级示范区为抓手，深化综合改革，创新思路和方法，加快工作重心转移，推动人口计生事业持续发展，推动人口长期均衡发展，促进首都人口与经济社会资源环境协调可持续发展。

（二）工作目标

通过分阶段、分步骤、由点到面、由浅到深的系统改革，进一步创新工作思路和方法，拓展工作职能，构建与以人为本理念、服务型政府、社会主义市场经济体制、依法治国基本方略相适应的党委政府领导、人口委员会统筹、部门负责、群众参与的人口发展体制机制，加强战略研究，加强政策统筹，加强工作协调，加强任务落实，确保稳定低生育水平、统筹解决人口问题、促进人的全面发展的目标和任务的完成，为全面推进世界城市建设营造良好人口环境。

（三）基本原则

1. 坚持以人为本

始终坚持以人的全面发展为中心，把满足"两个需求"作为工作的出发点，把维护群众权益和改善民生作为工作落脚点，加强政策协调，加强服务管理能力建设，提高人民群众的满意度，让计生家庭优先分享改革发展成果。

2. 坚持统筹协调

在稳定适度低生育水平的基础上，统

筹单项改革与综合改革的关系，逐步由单项改革向综合改革推进；统筹人口数量、素质、结构、分布的关系，推动人口长期均衡发展；统筹人口与经济社会资源环境的关系，推动首都可持续发展。

3. 坚持改革创新

坚持用创新的思维、发展的思路、改革的办法，分析新情况，解决新问题。处理好继承与创新的关系，既要巩固已有的成果，又要进行新的探索，在充分挖掘、总结、推广和拓展“两个转变”成功经验基础上，不断丰富和发展创新体制机制的内涵。

4. 坚持分类指导

各个功能区经济社会发展状况不同，人口与计划生育工作基础各异，综合改革面临的重点和难点也有差别。要突出区域特色，在深入调查研究的基础上，选准突破口和切入点，重点解决制约事业发展的重大问题和影响群众利益的关键问题，形成推动事业可持续发展的长效机制。建立不同功能区的考核评估体系，鼓励各地立足实际大胆创新。

二、深化综合改革创新体制机制的重点任务

“十二五”时期，首都发展仍然处于可以大有作为的重要机遇期，也是推动首都人口和谐发展的关键时期。面对全面做好人口工作的新要求和统筹解决人口问题的新任务，人口计生系统要以时不我待的创新意识和奋发有为的精神风貌，坚持完善综合协调、科学管理、优质服务、利益导向、群众自治、人财保障机制不动摇，抓好以下工作的落实。

（一）创新体制

1. 拓展人口计生委职能

拓展人口计生委在人口工作统筹协调和基础管理等方面的职能，调整内设机构和人员编制，建立首都人口研究机构，实现由专业部门向人口综合部门的转变。

2. 调整充实人口计生工作领导小组

按照全面做好人口工作的新要求，适时调整人口计生工作领导小组成员单位，强化成员单位的职责，加强任务落实，完善工作机制，使人口计生领导小组在首都人口工作中更好地发挥作用。

3. 推动成立首都人口委员会

借鉴首都规划委的模式，推动成立由中央相关部委、驻京部队及市政府相关部门组成的首都人口委员会，其办公室设在人口计生委。

（二）建立机制

1. 建立完善全员人口统筹管理信息系统

按照“智慧北京”要求，在国家总体框架下，推进以户籍人口居民身份证、流动人口居住证为载体的全市联网、部门联动、覆盖城乡的“北京市全员人口统筹管理信息系统”工程（北京金人工程）。完善全员人口数据库，建立健全信息采集和更新机制以及数据质量评测体系。

2. 建立人口信息发布机制

整合部门信息资源，加强自主信息采集和信息比对，规范人口统计口径，完善人口统计调查机制，加强人口统计分析，科学预测人口发展趋势，建立人口信息决策支持系统和安全预警系统，适时发布人口总量、素质、结构、分布等信息，为政府决策和科学管理提供依据。

3. 建立人口评估机制

坚持人口规划的基础性作用，实现产业结构、空间布局、土地利用、公共服务、人口调控“六规统一”。健全人口政策协调制度，推动部门间、区域间的相关经济社会政策与人口政策的有机衔接和良性互动。建立重大政策、重大项目和公共资源配置的人口前期评估、中期跟踪评估和后期效果评估机制，在政策出台和项目立项之前，分析其对全市人口数量、结构、素质、分布的影响，确保符合人口调控目标要求。

4. 建立人口规模调控目标管理责任制

研究制定调控人口规模的一揽子政策措施，明确市有关部门和各区县在人口管理和规模调控工作中的职责和目标。将人口规模调控工作落实情况纳入部门和区县考核内容，与转变经济发展方式和加强社会建设结合起来，综合考核人口数量、结构、素质及人口服务管理工作的落实情况。

5. 创新流动人口服务管理机制

探索建立规划引导、有序流动、社会融合、合理布局的流动人口服务管理新格局。将流动人口工作纳入城市发展规划体系、公共服务政策体系，完善基本公共服务均等化为导向的保障机制，努力形成“三同四有”的工作局面。加强与周边省市及流动人口输出大省间的工作协作，建立健全在京流动人口信息交流、协查通报等一系列区域合作机制，实现双向协作管理。继续推进流动人口和人户分离人员“一盘棋”工作，不断完善环渤海“七省一区两市”流动人口服务管理区域协作机制。

（三）完善体系

1. 政策法规体系

研究并制定与人口发展和调控有关的法律、法规及规章，建立以国家法律政策为基础、地方性法规为主体、政府规章和规范性文件为补充的具有首都特色的人口发展和调控工作政策法规体系。清理整合部门间与人口发展调控相关的现行法规政策，强化法规政策的合力。修订和完善《北京市人口与计划生育条例》及相关规定。推进依法行政。加强人口法制宣传，加大人口发展领域执法力度。

2. 宣传教育体系

建设新型家庭人口文化，构建以“倡导婚育文明，构建和谐家庭”为核心理念，以新型家庭人口文化建设为中心，以家庭成员和谐健康为基础，以关注民生为目的的公共服务管理体系。充分发挥宣传教育媒体、资源、环境、文化四大体系和三级人口文化学校的网络优势，大力实施“首都市民生命全周期性健康教育计划”，开创宣传工作新局面，营造有利于稳定低生育水平、促进人的全面发展的舆论氛围和社会环境。

3. 利益导向体系

建立“国策上位”的政策协调机制，做好新医保、新农保、新农合等制度与计划生育优先优惠政策的衔接，积极推动经济社会相关公共政策与人口和计划生育政策的衔接。落实现有的奖励优惠政策，建立计划生育奖励扶助的增长机制。围绕计划生育家庭优生优育、子女成才、抵御风险、生殖健康、家庭致富、养老保障等方面的需求，完善利益导向政策体系。建立健全计生家庭的社会化帮扶机制，探索推动奖励扶助政策逐步向社会保险制度过渡，推进特困家庭基金、独生子女教育基金、计生家庭意外伤害保险试点工作。

4. 优质服务体系

建立健全以市人口与家庭健康服务中心为龙头、区县人口与家庭健康服务中心为骨干、社区计划生育服务站为基础的人口计生公共服务体系。推进服务设施标准化、服务流程规范化、服务管理信息化、服务团队职业化。创新现代化城市药具管理服务新途径。根据群众需求不断拓展服务领域，加强人口计生公共服务网络建设，探索建立以家庭为中心的人口健康促进模式。

5. 群众自治机制

落实计划生育村（居）民自治规范，建立“两委负总责，专干抓落实，协会做骨干，家庭为中心，群众当主人”的社区（农村）自治模式。全面推行计划生育村（居）务公开，切实保障群众的知情权、参与权、决策权和监督权。充分发挥计划生育协会等非政府组织的作用，全面推进诚信计生工作，建立政府诚信、群众守信、村民互信的基层服务管理模式。

（四）强化保障

1. 组织保障

建立健全人口工作的领导机制、协调机制、监督机制和问责机制。落实领导责任，坚持党政一把手亲自抓、负总责，将人口和计划生育工作纳入各级党委、政府的重要议事日程。完善目标管理责任制和“一票否决制度”，并把人口发展和综合调控的相关工作内容有机结合起来，严格执行，确保责任到位、措施到位、投入到位、落实到位。将人口工作纳入各级政府政绩考核和重大事项督查，纳入干部考核和任职考察，建立健全“一级抓一级、层层抓落实”的领导责任体系。

2. 人才保障

适应新时期人口工作要求，提升干部队伍整体素质，加大人才特别是领军人才、拔尖人才、高技能人才的引进、培养力度。按照人口计生公共服务网络“五位一体”的功能定位要求，推进职业化队伍（生殖健康咨询师、人口社工师、人口统计师）建设。强化基层工作力量。加强系统行风建设，抓好廉政风险防范管理工作。

3. 经费保障

建立“财政为主、稳定增长、分类保障、分级负担、城乡统筹”的人口和计划生育经费保障机制。落实“财政对人口和计划生育事业投入增长幅度要高于经常性财政收入增长幅度”的要求，确保各项奖励优惠政策、免费基本技术服务、公共服务网络建设、流动人口服务管理、优生优育、计划生育经常性工作等所需经费投入到位，体现优先投资于人的全面发展，研究设立人口发展调控工作基金。加强资金的监督和管理，强化资金统筹协调，有效提升资金的使用效益。

三、深化综合改革创新体制机制的具体要求

深化综合改革创新体制机制，认识到位、领导重视是基础；综合治理、优质服务是抓手；大胆创新、提升能力是关键。

（一）加强组织领导

充分调动党政领导、相关部门和全社会的力量，全力支持改革，共同参与改革。成立综合改革领导小组，编制工作方案，明确任务责任和目标。人口计生部门主要领导要亲自抓，负总责，做到认识到位、责任到位、措施到位，投入到位。

（二）发挥试点作用

按照国家人口计生委创建国家人口和计划生育综合改革示范市的要求，组织开展我市推荐活动。由各区县申报，经专家评估，委主任办公会研究决定。总结、整合、提炼和升华国家人口计生委人口和计划生育综合改革示范区建设经验，扩展综合改革成果，建立健全新体制机制。

（三）发挥专家优势

充分发挥首都专家优势，成立综合改革专家顾问组，按照不同功能区特点，建立不同的专家组，有针对性地承担调查分析、信息汇总和理论指导工作，提出深化综合改革建立新机制的理论基础、工作思路、具体做法、工作目标和实现途径。

（四）加强能力建设

根据综合改革的总体要求和重点改革内容，结合本地实际，开展各种形式的培训，组织专题学习和研讨，交流改革的经验和教训，提高干部队伍对深化综合改革、建立新机制的认识和能力，推动综合改革和新机制建设取得成效。

二〇一一年七月十二日

关于做好全员流动人口信息核查、采集工作的意见

（京人口发〔2011〕25 号）

各区县人口计生委：

为贯彻落实国家人口计生委信息化工作要求，进一步加强流动人口计划生育信息化工作，提高流动人口信息互通和共享水平，发挥全员流动人口数据库基础作用，为统筹解决人口问题提供信息化支撑和科学依据。

一、主要任务及工作目标

按照市人口计生委信息化建设的总体部署，建立市级流动人口服务管理信息系

统和全员流动人口数据库，实现信息两级管理，完成和国家 PADIS 系统对接，确保信息交换效率和质量。以全员流动人口数据库为基础，以网络化协作为重点，以监管考核为保障，提高流动人口信息互通和共享水平，实现流动人口服务管理信息化。

（一）建立完善全员流动人口数据库

采取居（村）采集，居（村）、街道（乡、镇）两级录入，市级汇总上报国家的模式进行全员流动人口信息管理，流动人口已婚育龄妇女信息实时更新和全员流动人口信息按季更新，实现全员流动人口数据按季汇总上报。发挥全员流动人口数据库的信息引导作用，通过信息筛选，明确工作重点，开展个性化有针对性的服务管理；通过信息分析，查找工作中的薄弱环节，完善政策措施。全员流动人口入库率达到 85%，流动育龄妇女入库率达到 90%。

（二）构建流动人口服务管理网络化工作平台

建立网络化协作工作机制，利用流动人口管理信息平台开展已婚育龄妇女的避孕节育情况、孕情环情检查情况、婚育情况、一孩生育服务登记等网上通报与反馈，建立重要信息快速反应通道。强化基层信息采集上报责任，确保基础信息的准确、及时、完整。充分发挥信息引导服务、服务完善信息的作用，规范基层服务管理。网上协查信息反馈率达 80%，避孕节育信息、一孩服务登记办理等重点信息通报率、接收率均达 60%，流出成年育龄妇女办证登记率达 85%。

（三）强化全员流动人口统计分析和决策支持

充分发挥流动人口服务管理信息系统统计分析功能，建立和完善流动人口统计分析指标体系，实时掌握全员流动人口数量、分布等基本情况，将流动人口统计信息资源转换为决策信息资源，为政府科学决策和公共服务提供信息支持，实现“适时采集、动态监测、综合分析、科学决策”。系统应用率区县达到 100%，街道（乡、镇）达到 100%。

二、工作步骤及时间安排

（一）制订方案，安排部署

2011 年 7 月 3 日前，各区县根据工作实际，制订可操作的信息核查、采集实施方案，明确工作责任和要求，部署落实基层信息核查、采集任务。

（二）培训系统操作人员

6 月 2 日至 6 月 17 日，市级对区县及街道（乡、镇）级系统操作人员进行培训，各区县要在市级培训的基础上，于 7 月 30 日前完成居（村）级信息录入人员的培训，规范本辖区村（居）的流动人口信息核查、采集的方法及操作程序。

（三）核查信息，全面采集

9 月 30 日前，全面整理国家 PADIS 和市流管办数据，核实数据和补充采集未掌握的流动人口信息，将辖区内的全员流动人口信息全部核查、采集到位。完成信息的比对工作，对入户调查登记的信息进行核对更正、查漏补缺，对漏登、错登信息进行补缺、改错等修正。

全员流动人口口径：离开户籍地县域30日以上，以工作、生活为目的异地居住的成年流动人口和随其一起流动的父母和未成年人口。其中：婚嫁人员除外，人户分离人员除外，因出差、就医、旅游、探亲、访友、服军役、上中等以上专业学校等人口除外。

（四）数据录入，集中建库

10月30日前，在前期数据核查、采集、比对的基础上，将全员流动人口数据录入到市流动人口信息系统。全员流动人口信息系统支持四级录入，居（村）的信息录入人员可以用街道（乡、镇）的身份登录系统，进行数据录入。市人口计生委全程监控数据录入过程，并适时通报数据录入进展情况。

（五）质量核查，分析评估

11月31日前，市人口计生委根据流动人口报表、相关部门流动人口数据对全员流动人口数据库进行分析评估，科学评价各区县全员流动人口数据覆盖率、逻辑准确率、数据完整率，为进一步提升数据质量提供依据。并随机选取一定数量的居（村）、社区，从全员流动人口数据库中抽取一定量的数据，进村入户进行现场核查数据质量，并通报核查结果。

三、工作要求

（一）提高认识，加强领导

各级人口计生部门要充分认识全员流动人口信息采集工作的重要性、紧迫性、必要性，积极争取当地党委政府和相关部门的重视和配合，制订切合本地实际的信息核查、采集方案。要充分利用各类宣传资源，广泛宣传发动，取得社会各界和广大群众的理解和支持，营造有利于信息采集工作开展的社会舆论氛围。加强同本辖区相关部门的协调，充分利用各部门、各单位已有的人口基础数据和信息网络，加强协作，合力攻坚，确保信息核查、采集工作圆满完成。

（二）强化督导，讲求质量

各级人口计生部门要对辖区内全员流动人口个案信息进行数据质量抽查和综合核查，发现问题，及时整改，使质量控制贯穿于信息核查、采集和录入全过程，确保信息核对、采集工作顺利开展。充分发挥人口计生工作网络健全优势，强化与人口相关部门的信息资源共享。认真做好信息工作人员培训，督导基层开展入户调查，切实做好数据填写、录入及审核校验工作。建立信息采集、录入人员工作责任制，落实信息质量奖惩制度，认真做好质量监控工作，保证全员流动人口数据质量。

（三）健全机制，动态管理

各级人口计生部门要积极探索和建立健全适应本地区流动人口服务管理工作的组织网络、制度体系、工作机制和保障机制，将信息采集工作与规范基层管理相结合，进一步规范和完善基层的各项管理制度，夯实基层基础工作。建立适合本地实际的全员流动人口个案数据采集和变更机制、信息质量保障机制和部门信息共享机制等，充分利用人口和计划生育系统延伸到居（村）、社区（组）的工作优势，按照多年来形成的人口和计划生育信息收集模式，将全员流动人口信息采集工作落到实处。除现有掌握的已婚育龄夫妇信息外，其他需要补充采集的全员流动人口信息，必须进村入户进行调查、核实。要每户必访，做到村不漏户、户不漏人、人不漏项，并结合日常管理加强流动人口信息的动态维护，保证信息的鲜活、准确。

（四）严格考核，奖惩分明

市人口计生委将根据全员流动人口数据库分析评估情况，对覆盖全、质量优、逻辑关系准的单位通报表彰，对采集不到位、质量差、逻辑差错多的单位通报批评，并限期整改。全市范围内的信息采集、录入工作结束后，市人口计生委将组织开展质量复查和评估工作，质量复查和评估结果列为2011年流动人口和计划生育工作目标管理考核评估的重要内容。各区县也要及时对本区县的全员流动人口信息核查、采集工作进行评比、通报。

二〇一一年七月一日

关于印发《北京市人口和计划生育委员会软件资产管理规范（试行）》的通知

（京人口发〔2011〕26号）

市人口计生委机关各处室、直属事业单位，市计生协会：

为落实国务院、北京市关于推进软件知识产权保护和加强软件资产管理的要求，加强和规范我委软件资产管理，特制定《北京市人口和计划生育委员会软件资产管理规范（试行）》，现印发各处室，请认真执行。

二〇一一年七月十四日

北京市人口和计划生育委员会软件资产管理规范

（试行）

第一章　总　则

第一条　为了贯彻落实国务院和北京市政府关于推进软件知识产权保护和加强软件资产管理工作要求，切实加强我委软件资产管理工作，强化信息安全，降低行政成本，参照《中央行政事业单位国有资产管理暂行办法》（国管资〔2009〕167号）和财政部《关于进一步规范和加强政府机关软件资产管理的意见》（财行〔2011〕7号），按照北京市的相关要求制定本规范。

第二条　本规范的适用范围是：北京市人口和计划生育委员会机关各处室、直属事业单位，市计生协会（以下简称“各处室”）。

信息中心负责对软件资产进行管理和技术支持。

第三条　本办法所称软件资产，是指以软件载体、许可、信息化成果的拷贝（含文档资料）等形式存在的，单位价值在500元以上的资产，或者授权使用期限一年以上的批量同类资产：软件资产载体包括光盘母拷贝、软磁盘母拷贝、硬盘母拷贝、移动存储母拷贝、互联网下载文件的源文件等；许可证包括产品外包装或者载体盘面上的安装序列号、原始设备制造商产品的内置信息，以及电子文档格式的授权码等。

第四条　软件资产实行委员会统一采购、统一管理、各处室使用的制度。软件资产管理应当做到合法授权、科学配置、有效使用、规范处置，确保信息安全，实现软件资产管理与预算管理、政府采购、财务管理、技术管理相结合。

第二章　配置管理

第五条　软件资产配置方式包括：购置、自主或委托开发、调剂、受赠等。能通过调剂解决的，原则上不得购置。

第六条　软件资产配置遵循经济适用、适度领先的原则，优先配备国产品牌软件，确保信息安全。各处室应当合理提出软件需求，由行财处统一配置软件资产。

第七条　软件资产配置应当符合正版化要求，不得安装使用非正版软件。自行或委托开发的软件应当拥有完全自主知识产权；开发过程中应用第三方软件产品应当取得合法授权；配置更新办公用计算机，应当安装正版操作系统软件和办公软件；批量招标采购计算机，应当预装正版操作系统软件。由信息中心对全委计算机统一安装正版操作系统、办公软件和防病毒软件。

第八条　软件资产配置实行年度计划管理。各处室根据实际需要，结合软件资产配备标准、授权期限以及现有同类软件资产存量，综合考虑兼容、升级和后续服务等因素，提出配置软件资产的名称、数量、用途和使用时间，按照委员会预算管理实施细则进行采购。

第三章　使用管理

第九条　软件使用实行处长负责制。各处室根据工作需要使用正版软件，明确软件使用者，不得私自安装、使用非正版和与工作无关的软件，各处室资产管理员应当做好本处室的软件登记工作。

第十条　软件资产作为固定资产中电子计算机及其外围设备类项目，按照下列规定登记入账：

（一）单独购买的软件资产，根据发票

据实入账；

（二）在原有基础上重新开发、改版或者升级的软件，依据研制开发部门的项目决算，确定发生的支出，登记固定资产价值；

（三）自行或委托开发的信息系统应用软件，与硬件分别入账。对没有原始价格凭证的软件资产，应当参照市场价格评估后入账。

第十一条　各处室应当定期进行软件资产清查盘点，及时调整相关账卡，做到账、物、账相符。对清查盘点中发现的问题，应当查明原因，说明情况。

软件资产清查盘点工作应当符合信息安全和保密的要求，防止信息外泄。

第十二条　各处室应当加强软件资产档案信息管理，保证软件资产安全。档案信息包括资产代码、软件载体、许可证、自行开发软件源代码、开发档案、验收文件、安装说明、使用说明、流转记录等内容。

第四章　处置管理

第十三条　符合下列条件之一的软件资产统一由行财处处置：

（一）闲置的；

（二）达不到业务要求需要淘汰、报废、删除的；

（三）版本陈旧已不再使用的；

（四）已超过授权期限，无法使用的；

（五）其他特殊情况需要处置的。

第十四条　软件资产处置方式包括转让、捐赠、调剂、报废等。

闲置的软件资产，按照有效使用的原则，优先调剂使用。包含涉密信息的软件资产应当按照国家安全保密有关规定进行处置。

第十五条　软件资产处置权限和程序，依照北京市财政局相关要求执行。

第五章　监督检查

第十六条　委员会每年开展一次软件资产管理自查工作。

第十七条　信息中心和行财处负责对各处室软件资产管理工作进行检查，内容主要包括：

（一）管理制度建设情况；

（二）年度配置计划和政府集中采购执行情况；

（三）正版化使用情况；

（四）处置管理情况。

第十八条　各处室应当对检查出的问题进行整改，对违反本规范造成损失的，追究相关责任。

第六章　附　则

第十九条　本规范由信息中心负责解释。

第二十条　本规范自印发之日起施行。

关于启用《北京市人口和计划生育委员会统计报表制度（2011年）》的通知

（京人口发〔2011〕27号）

各区县人口计生委，市人口计生委机关各处室、直属事业单位，市计生协会：

根据统计局关于规范统计工作的相关要求，我委在2009年汇总了本部门的各类统计报表，建立北京市人口计生委统计报表制度，现《北京市人口和计划生育委员会统计报表制度》（以下简称《报表制度》）已启用两年，根据工作需要，2011年我委部分报表有所调整，同时我委28张报表也于2011年6月30日到期。现经北京市统计局“京统函〔2011〕123号”复函批准，我委《报表制度（2011年）》正式启用，现印发给你们，并将有关事宜通知如下：

一、新表启用

新报表是经市统计局审核、规范并批复的最终表，自本通知下发之日起开始使用，有效期至2012年6月30日止。新报表启用后，市人口计生委现用报表自行废止，报送统计数据一律使用新表号的报表。

此次重新批准的全委28张表，6张表有所调整。其中京人计统7表、8表、23表、24表四张表略有变动，取消原京人计统6表和11表两张表，其他22张表保持不变。另外新增两张表：“北京市人口年龄性别状况”为京人计统6表，“北京市育龄妇女年龄别生育情况”为京人计统11表。报表样式及填表说明见附件《报表制度（2011年）》。

二、分类管理

本次启用报表因涉及各区县人口计生委上报市人口计生委报表工作的衔接，各区县人口计生委上报市人口计生委的报表仍按原上报程序进行，即各区县人口计生委仍对口报送市人口计生委，市人口计生委机关各处室、直属事业单位及市计生协会向国家人口计生委、国家计生协及市委办局定期报送报表的职责不变。

三、数据报出

按照统计法规的规定，市人口计生委机关各处室、直属事业单位及市计生协会按照《报表制度（2011年）》规定的“报送时间”，定期对有关数据及时进行整理、汇总，完成全市汇总表，并在规划统计处统一备案。按照市统计局的要求，规划统计处负责在各期报表相应“报送时间”后5日内将备案表的相关内容以纸介质及电子版形式统一报送市统计局。

四、变更报表审批

《报表制度（2011年）》启用后，市

人口计生委机关各处室、直属事业单位及市计生协会如因工作需要新增、修改或删除报表，请于每年5月1日前将表样及指标解释整理好，由规划统计处统一纳入《报表制度（2011年）》，报市统计局审批。

附件：北京市人口和计划生育委员会统计报表制度（2011年）（略）

二○一一年七月二十二日

关于印发《北京市“十二五”时期人口和计划生育依法行政工作规划》的通知

（京人口发〔2011〕28号）

各区县人口计生委：

现将《北京市“十二五”时期人口和计划生育依法行政工作规划》印发给你们，请按照规定执行。

二○一一年七月二十七日

北京市“十二五”时期人口和计划生育依法行政工作规划

为深入贯彻落实党的十七大关于“全面落实依法治国基本方略，加快建设社会主义法治国家”的战略方针和《国务院关于加强法治政府建设的意见》指示精神，进一步加强本市人口和计划生育依法行政工作，结合本市实际情况，制订本方案。

一、“十一五”期间本市人口和计划生育依法行政工作回顾与总结

“十一五”期间，本市人口和计划生育依法行政工作，按照国务院《全面推进依法行政实施纲要》（以下简称《纲要》）、《中华人民共和国人口与计划生育法》和《北京市人口与计划生育条例》（以下简称《条例》）的要求，各级人口计生部门在立法、普法、执法、法制监督等方面不断加强各项工作，提高人口和计划生育依法行政工作水平。

（一）完善立法，加强制度建设

“十一五”期间，本市围绕《条例》不断完善各项规章制度。针对出现的新情况、新问题，出台了《北京市〈生育服务证〉管理办法》、《关于现役女军人在京办理

〈生育服务证〉和有关事项的规定》、《关于计划生育工作中子女数计算方式等问题的说明》、《北京市独生子女家庭特别扶助制度实施方案》、《关于转发中组部、国家人口计生委等11部委〈关于加强人口和计划生育工作若干政策措施的通知〉的通知》、《关于印发〈北京市独生子女伤残家庭特别扶助制度实施方案〉的通知》等一系列规范性文件。较为完整的法规体系保证了计划生育各项行政执法工作有法可依。

（二）宣传引路，加大普法力度

"十一五"时期，本市各级人口计生部门将普法宣传纳入"人口与计划生育工作示范区（县）"创建等活动中；计划生育政策法规和办事须知在首都之窗网站上及时发布，供群众浏览；市人口计生委与北京电视台、北京电台、北京声讯台等媒体联合制作的"生命生育生活"、"计划生育大家谈"以及在《北京日报》、《京郊日报》开设的专题专栏，长期宣传计划生育政策及与群众利益相关的计划生育事项，社会反响越来越广。

（三）规范执法，严格依法行政

1. 理顺执法体制，规范执法行为。目前本市《独生子女父母光荣证》和第一个子女《生育服务证》已基本实现"即来即办"，再生育子女的审批时限也由两个月缩短为两个星期，大大方便了群众办事，提高了办事效率。市人口计生部门对"计划生育技术服务机构许可"、"计划生育技术服务人员资格许可"两个行政许可项目进一步规范。

统一社会抚养费征收标准。本市各级人口计生部门制定规范性文件不断明确执法自由裁量权。多数区县制定了细化的社会抚养费征收标准。市人口计生委制定《北京市人口和计划生育委员会行政执法责任制》、《北京市人口和计划生育委员会行政执法过错追究制度》等执法规范，各项责任制规定的考核评估结果均纳入年终考评。

2. 加强执法队伍建设，夯实执法工作基础。每年举办1～2次人口和计划生育法制培训班和奖励扶助、特别扶助工作培训班。2007年召开"北京市人口与计划生育依法行政工作会"，会上崇文区、朝阳区、门头沟区、怀柔区、平谷区、密云县做交流发言。本市一千多名计划生育执法干部均统一考试后持证上岗。

3. 利益导向不断加强，维护计生家庭权益。"十一五"时期，本市加大对《条例》规定的独生子女家庭奖励政策的落实力度，每年市、区县、街乡三级财政承担的独生子女父母奖励费、独生子女父母年老一次性奖励费在7 000万元以上。针对群众反映的企业未落实独生子女父母年老1 000元奖励费的问题，市人口计生委2006年起在全市依法开展督办工作，有300余家企业经督办落实了该项奖励。市人口计生委又协调市财政局、市国资委解决了市属改制企业的独生子女父母年老一次性奖励费。2005年本市实施了农村部分计划生育家庭奖励扶助，2008～2009年先后在全市推开实施独生子女死亡、伤残家庭特别扶助制度。

2009年，本市对自2002年开始在10个远郊区县开展的“利用财政贴息贷款扶持农村计划生育低收入家庭”工作进行了重新规范。2006～2010年，10个区县累计使用财政贴息贷款7亿元，扶持了超过3万户次农村低收入计划生育家庭，收到了良好的经济效益和社会效益。

（四）便民维权，加强法制监督

完善行政监督机制是人口和计划生育依法行政的重要体现。本市坚持计划生育行政执法监督员制度，加快政务公开与群众监督相统一的“阳光计生工程”，开通了“12356”阳光服务热线，利用网络、电话、来人来信等方式接受群众咨询与监督。“十一五”期间，全市人口和计划生育部门共受理群众来信80余万件。

二、“十二五”时期本市人口和计划生育依法行政工作的基本思路、发展目标和工作要求

（一）“十二五”时期本市人口和计划生育依法行政工作面临的机遇与挑战

“十一五”时期本市人口和计划生育依法行政工作取得了明显成效，各方面工作均达到了市委、市政府的要求。中共中央关于“特大城市要合理控制人口规模，大中城市要加强和改进人口管理”的战略部署和中央领导的一系列指示精神，对“十二五”时期本市人口和计划生育依法行政工作提出了新的机遇和挑战：一方面随着国家工业化、城镇化进程的加快，流动人口尤其是高素质人才已经成为本市经济保持高速增长不可或缺的巨大动力；另一方面，人口流动过快带来了资源、环境、就业、交通、社会治安等一系列问题，也给本市稳定低生育水平工作增加了困难。

计划生育“基本国策”已经推行了30年，取得了举世瞩目的成果。但我国仍然是世界上人口最多的发展中国家，人口众多、经济发展和人均资源的水平较低仍然是基本国情。胡锦涛总书记在十七届中央政治局第二十八次集体学习时指出，人口是影响经济社会发展的关键因素，关系改革开放和社会主义现代化建设的成功，关系中华民族的未来。稳定低生育水平、统筹解决人口问题，推动人口长期均衡发展，保障人口安全，已经成为我国的一项重大战略任务。即将到来的五年，是继续深入贯彻落实科学发展观、保证国民经济又好又快可持续发展的关键时期，也是《纲要》提出的基本实现建设法治政府目标的关键阶段。“十二五”时期，稳定低生育水平是全面做好人口工作的基础和前提。作为人口工作的重要组成部分，要进一步提升人口和计划生育依法行政工作水平，一方面要保持政策稳定性和连续性，另一方面要准确把握人口变动趋势，积极、稳妥、逐步完善生育政策。创新人口和计划生育工作体制机制和手段方法，全面加强基层基础工作，完善人口和计划生育利益导向政策体系。着力提高人口素质，完善人口发展政策体系。综合治理出生人口性别比问题，保障妇女合法权益。引导人口有序迁移和合理分布，切实加强流动人口管理和服务，制定引导人口合理流动、有序迁移的政策，积极稳妥推进城镇化，为人口流动迁移创造良好政策和制度环境。完善社会保障和养老服务体系，切实应对人口老龄化，制定实施应对人口老龄化战略和政策体系。建立健全家庭发展政策，切实促进家庭和谐幸福。采取一系列措施保证人口和计划生育依法行政工作适应本市总体发展的要求，为实现本市作为“国家首都、国际城市、宜居城市”目标提供有力支持。

（二）人口和计划生育依法行政工作指导方针和基本思路

1. 工作原则和指导方针

以胡锦涛总书记关于人口工作要“坚持和完善现行生育政策、切实稳定低生育水平、创新人口和计划生育工作体制机制和手段方法、全面加强基层基础工作、完善人口和计划生育利益导向政策体系”的指示为总的工作方针，以《中华人民共和国人口与计划生育法》和《条例》为工作原则，深入贯彻落实科学发展观，准确把握人口发展规律，坚持计划生育基本国策，切实落实《纲要》关于基本实现建设法治政府目标和国家人口计生委关于开展依法行政示范单位创建活动、继续深入开展“基层文明执法专项活动”的要求，以人的全面发展统筹解决好人口问题，稳定低生育水平，提高人口素质，优化人口结构，引导人口合理分布，保障人口安全，促进人口与经济、社会、资源、环境协调可持续发展。

2. 基本工作思路

“十二五”时期本市人口和计划生育依法行政工作要紧紧围绕市委、市政府中心工作，按照本市人口规模总体调控目标和市政府《关于进一步加强和改善行政执法工作的意见》（京政发〔2010〕27 号，以下简称《意见》）要求，从全面做好人口工作的战略高度开展行政立法、行政执法、维权监督等各项工作，将科学发展观“以人为本”的核心要求贯彻到各项行政执法工作中，全力推进本市人口和计划生育依法行政总体工作上新水平。

（三）人口和计划生育依法行政工作总体目标

继续以落实国务院《纲要》中对依法行政工作提出的“合法行政、合理行政、程序正当、高效便民、诚实守信、权责统一”六点要求作为基本工作原则，以人口和计划生育依法行政工作水平得到显著提高为总体目标，本市低生育水平继续稳定、计划生育家庭奖励优惠待遇逐步提高、人口和计划生育政策法规体系进一步完善，努力塑造市政府《意见》要求的“严格、规范、公正、廉洁、文明、高效”的执法形象，为首都法治政府的建设和和谐社会“首善之区”的建设提供良好的人口环境。

（四）人口和计划生育依法行政工作阶段性目标和重点工作

1. 坚持“基本国策”地位，加大人口管理和服务力度

“十二五”期间，本市要统筹解决人口问题，实现人口与资源、环境、经济、社会协调发展，必须坚持人口和计划生育“基本国策”地位，加大各项生育政策、利益导向政策和对违法生育限制政策的宣传力度，加深社会各界人士尤其是党员领导干部自觉维护人口和计划生育“基本国策”的意识。同时根据本市实际情况，本着服务中央、面向全国的工作思路，加大本市人口规模调控力度。本市各级人口和计划生育行政部门应当积极参与人口规模调控工作，坚持依法行政，深入开展诚信计生和依法行政示范单位创建活动，全面加强基层基础工作。

2. 着重化解突出矛盾，坚持和完善现行生育政策

针对“十一五”时期尤其是全国“六普”期间发现的各种突出矛盾，加强立法工作，进一步完善本市人口与计划生育政策法规体系。积极开展《条例》修改的立法调研工作，及时将调研成果向市人大、市政府汇报，力争2012年完成《条例》的修改工作。逐步完善现行生育政策。健全与《条例》配套的再生育审批、生育服务证办理、社会抚养费征收等相关规章和制度。争取到2015年，本市人口与计划生育法规、规章修订工作全部完成，各项工作基本适应全市依法行政大环境的要求。

3. 统筹协调相关部门，加强综合治理

部门协调、综合治理是“十二五”时期本市统筹解决人口问题的重要工作方式。各级人口和计划生育行政部门应当加大部门协调力度，一方面努力解决历史遗留问题，另一方面针对高校在校生生育、在国外生育后回国人员日益增加的现状，加强宣传、合理引导、主动服务，减少违法生育行为。市人口计生委将加强对本市各区县人口计生委的指导和考核工作，在对日常执法工作进行监督指导的基础上，每年还将进行专项执法检查。（各年度拟开展的重点工作见本文后附表）

4. 加大利益导向政策体系建设，维护计生家庭利益

建立“国策上位”的政策协调机制，在就业、社会保障、征地拆迁补偿、集体收益分配、产权林权制度改革等方面，全面落实计划生育家庭奖励优惠政策。力争2011年完成对独生子女家庭奖励优惠政策落实情况的调查，从2012年开始，通过《条例》修改或出台专项政策，提高独生子女家庭奖励优惠待遇，推进特困家庭基金、独生子女教育基金、独生子女家庭意外伤害保险试点工作，提高独生子女家庭发展能力和抵御风险能力。

当前，独生子女父母养老服务问题日益显现。“十二五”时期，应当进一步加强利益导向政策体系建设，从制度上优先保障独生子女家庭的基本权益，促进社会和谐稳定。

一是进一步完善以“奖扶”、“特扶”

为主体的奖励扶助制度。"十二五"时期进一步拓展农村计划生育家庭奖励扶助制度，完善计划生育家庭特别扶助制度。2011年将"一非一农"家庭纳入到农村计划生育家庭奖励扶助范围中，2012年将计划生育手术并发症患者纳入到特别扶助范围。

二是进一步协调推动相关民生政策与人口和计划生育政策的衔接。近年来，国家相继实施了一系列民生工程，本市各级人口和计划生育行政部门应当抓住时机，积极主动协调推动相关民生政策与人口和计划生育政策的衔接。重点做好新农保、集体产（林）权制度改革、征地补偿、养老保障等政策的协调工作，切实维护独生子女家庭合法权益。

三是进一步组织做好社会关怀活动。积极协调、会同各相关部门，加大对独生子女家庭、特别是特殊困难家庭的扶持力度。充分发挥人口和计划生育网络优势，积极开展对家庭发展的指导和服务。支持探索开展计划生育保险，重点保障独生子女的平安与健康，最大限度地保障参保家庭的利益。支持计划生育协会、人口福利基金会等群众团体，动员社会各界，广泛筹集资金，组织社区、企事业单位以及志愿者，深入开展生育关怀行动以及"幸福工程"，力争使独生子女家庭在不同发展阶段以及家庭成员在不同生命周期享有全方位的服务，促进家庭幸福和谐。

5. 探索综合调控手段，促进人口均衡发展

利用本市"全员人口信息库"建设的有利时机，提高依法行政信息化工作水平。用2～3年时间建成市、区（县）、街道（乡镇）三级人口和计划生育行政执法信息交换平台系统，汇总本市《生育服务证》办理、《独生子女父母光荣证》办理、独生子女家庭奖励待遇落实情况、人口流动（含人户分离）情况、生育子女情况、社会抚养费征收情况、行政复议或行政应诉情况等行政执法信息，合理简化各项办事程序，提高各级人口计生部门的执法工作效率。同时，按照国家人口计生委关于"全面推进诚信计生工作"的要求，利用信息系统及时公开各项政策法规，最大限度地保证各项政策公平合理并接受社会监督，促进本市人口均衡发展。

（五）保障措施

1. 领导重视是关键

推进依法行政、建设法治政府，不是一项具体业务工作，而是涉及本市"大人口"战略的全局性工作。本方案的落实由各级人口和计划生育行政部门一把手亲自抓、负总责，一名主管领导具体负责。坚持重大问题集体决策制度、专家咨询论证制度，落实决策责任制度。

2. 队伍建设做基础

坚持法律学习制度，所有行政机关工作人员特别是领导干部，都要加强法律知识学习，树立宪法和法律观念，增强法律素养和专业素质，提高依法决策、依法行政、依法管理的能力和水平。各级人口计

生行政部门应当设立负责法制工作的业务机构，乡镇人民政府、街道办事处设置法制工作专人，选择服务意识好、业务能力强、有法律专业知识基础的人员从事法制工作，提高工作效率。

3. 法制宣传做先导

与全国第六个五年普法规划紧密结合，大力加强本市人口和计划生育法制宣传教育工作。要精心组织普法活动，采取多种形式在全社会开展法制宣传教育，积极营造遵法、守法、依法办事的良好环境，逐步形成与建设法治政府相适应的社会氛围。

4. 统筹协调要加强

结合本市社区建设的新形势，从户籍管理、出生统计、计划生育技术服务、流动人口管理与服务、婚姻信息交流与共享等方面，与公安局、卫生局、民政局、人力社保局等部门建立起方便而有效的协调制度。

5. 各级监督是保障

完善民主监督制度，包括人大监督、司法监督、新闻舆论监督、群众监督以及政府系统内部的监督。认真落实《行政复议法》和《行政诉讼法》的有关规定，严格执行《北京市人口计生委行政复议工作规定》和《北京市人口计生委行政应诉工作规定》，加强行政复议调解工作，化解社会矛盾纠纷，提高各级人口和计划生育行政部门处理紧急突发事件的意识和能力。进一步完善规范性文件的备案审查制度，加强备案审查工作，及时受理和处理公民、法人和其他组织提出的审查有关法规、规章和规范性文件的建议。

“十二五”时期各年度依法行政重点工作

年度	行政立法方面	行政执法方面
2011	调研本市生育政策、利益导向政策	重点检查区县生育政策落实情况
2012	《条例》调研及修改	重点检查行政许可工作情况
2013	修改《北京市生育服务证管理办法》、《北京市社会抚养费征收管理办法》	重点检查奖励政策落实情况
2014	修改《北京市流动人口计划生育管理规定》	重点检查农村奖励扶助制度执行情况
2015	制定《北京市计划生育技术服务管理办法》	重点检查流动人口管理与服务工作情况

关于印发《北京市人口和计划生育中长期人才发展规划（2011～2020年）》的通知

（京人口发〔2011〕29号）

各区县人口计生委，市人口计生委机关各处室、事业单位、市计划生育协会：

根据国家人口计生委《人口和计划生育中长期人才发展规划（2010—2020年）》和《首都中长期人才发展规划纲要(2010—2020年)》，北京市人口计生委研究制定了《北京市人口和计划生育中长期人才发展规划（2011～2020年）》，现印发给你们，请结合实际，贯彻落实，研究部署好2011～2020年的人才工作。

二〇一一年八月二日

北京市人口和计划生育中长期人才发展规划（2011～2020年）

为全面做好人口工作，稳定低生育水平，提高人口素质，优化人口结构，引导人口合理分布，保障人口安全，促进人口与经济、社会、资源、环境协调可持续发展，不断开创人口工作新局面，为首都“十二五”时期经济社会发展和建设中国特色世界城市创造更加有利的人口环境和人才保障，根据国家人口计生委《人口和计划生育中长期人才发展规划（2010—2020年)》和《首都中长期人才发展规划纲要(2010—2020年)》，特制定本发展规划。

一、重要意义

人才是第一资源，是国家发展的战略资源。从人口大国尽快发展成为人才大国、人才强国，是我国实现现代化的必然要求。北京作为国家首都，是全国政治中心和文化中心，人才发展不仅是北京提高核心竞争力、以更高标准建设“人文北京、科技北京、绿色北京”、进一步提高“四个服务”水平、推动中国特色世界城市建设的关键，而且关系到全国实施人才强国战略、建设创新型国家的大局。

多年来，北京市人口计生委按照中央和市委、市政府关于人才工作的指示精神，着眼统筹解决人口问题和促进人的全面发展，着力实施人口计生人才战略，不断完善干部人事制度改革，深化干部教育培训工作，建立健全人才工作体制机制，逐步加大人才投入，提高保障待遇，为人才成长创造了良好的发展环境，培育了一支特别能吃苦、特别能战斗、特别能奉献、善于做群众工作的人口计生人才队伍，形成了一个扎根基层、覆盖全面、信息畅通、上下联动、运转高效的公共服务网络体系，促进了人口和计划生育事业稳步健康发展，为北京市稳定适度低生育水平，统筹解决人口问题作出了重要贡献。

当前，首都已经进入了一个经济发展方式转型、建设世界城市新的发展阶段。人口发展在经济社会发展中的基础性地位和重要作用更为突出，人口与经济、社会、资源、环境协调发展的任务更为艰巨。人口数量、素质、结构、分布等问题相互交织，人口问题与城市功能布局、经济社会发展、资源环境约束、城市运行管理等问题聚集叠加，呈现出前所未有的复杂局面。站在新的历史起点上，新的形势、新的任务对首都人口计生工作提出了新的更高的要求。人口和计划生育事业发展机遇难得，挑战前所未有。胡锦涛总书记在中央政治局第二十八次集体学习中指出："要充分认识我国人口问题的长期性、复杂性、艰巨性，不断增强做好人口工作的自觉性和主动性，加强战略研究，加强政策统筹，加强工作协调，加强任务落实，不断开创人口工作新局面，为'十二五'时期经济社会发展创造更加有利的人口环境。"按照胡总书记的指示精神，首都人口计生工作要创新发展，急需大批高素质人才。目前，我市人口计生系统人才总量不足，高层次人才、创新型人才特别是领军人才缺乏；人才分布不均衡，基层人口计生人才队伍的结构还不尽合理、学历偏低、职业化程度不高；人才流动不畅与人才流失并存，人才队伍对推动"大人口"工作在知识储备、工作思路、工作方式、创新能力上亟须进一步提高；人才工作投入不足，人才工作体制机制有待进一步完善。

面对新形势新任务新要求，人口和计划生育工作必须进一步贯彻落实科学发展观，牢固树立人才资源是第一资源的重要思想，深刻认识人才工作的极端重要性和紧迫性，进一步改革完善人才工作体制机制，走人才兴业之路，科学规划，深化改革，重点突破，整体推进，努力打造一支适应建设人口均衡型、资源节约型、环境友好型社会需要、适应首都建设世界城市需要的人才队伍，不断开创人口计生人才工作新局面。

二、指导思想

以邓小平理论和"三个代表"重要思想为指导，深入贯彻落实科学发展观，按照中央关于全面做好人口工作、特大城市要合理控制人口规模、大中城市要加强和改进人口管理的要求，立足于首都的功能定位，紧密围绕建设中国特色世界城市的中心任务，遵循社会主义市场经济规律和人才成长发展规律，坚持党管人才原则，积极实施人才兴业战略，以统筹人口宏观调控与服务管理、促进人口计生网络体系向社会管理和公共服务转型拓展为目标，以人口计生人才能力建设为核心，以改革发展创新体制机制为动力，以统筹推进各类人才队伍建设为重点，为首都稳定适度低生育水平，统筹处理人口数量、素质、结构、分布的关系，促进人口长期均衡发展，推动人口与经济社会资源环境全面协调可持续发展奠定坚实的基础。

三、指导方针

坚持党管人才。加强对人才工作的领导，创新人才科学管理方式方法，围绕服务于首都发展大局和全面做好人口工作，加快人才发展。

坚持人才优先。遵循人才成长规律，优先开发人才资源，优先调整人才结构，优先投资人才发展，为各类人才脱颖而出创造良好的政策环境。

坚持以用为本。把充分发挥各类人才的作用作为人才工作的根本任务，围绕用好用活人才来培养人才、引进人才，积极为各类人才干事创业和实现价值提供机会和条件。

坚持创新机制。把深化人才发展的体制、机制改革作为推动人才队伍建设的根本动力，拓宽人才进入渠道，构建有利于人口计生事业科学发展的人才体制机制，最大限度地激发人才的创造活力。

四、战略目标

到2020年，北京市人口计生人才发展的战略目标是：培育和造就一支总量达到一万左右，结构合理、布局均衡、能力突出、作风良好的人才队伍，人口工作人才、党政管理人才、宣传倡导人才、科技服务人才和信息综合人才中具有大学本科及以上学历的比例达到95%，群众工作人才中具有相应职称和职业资格的比例达到80%，基本适应以人口服务与管理为重点，以家庭为中心，面向全人群，围绕生命全周期，开展人口战略研究、人口综合治理、人口宏观调控、人口政策协调、计划生育、生殖健康、家庭健康促进、儿童早期发展、青少年青春健康教育、老龄关怀服务、信息综合以及群众工作等人口管理和公共服务的需求，为首都成为世界一流城市和首善之区提供人口计生人才保障。

——人口工作人才。围绕全面做好人口工作和创新人口服务管理体制机制，努力造就200名左右具有政治敏锐、宏观思维、国际视野、战略眼光、创新意识、高端引领、实践才干等特质，服务于北京世界城市建设，促进人口与经济、社会、资源、环境协调发展，具有推进首都人口规模、趋势、素质、结构等重大问题战略性、全局性和前瞻性研究能力的人口战略研究专家和人口管理与服务人才。其中包括50名左右将理论和实践紧密结合，在人口调控，加强和改进人口管理，促进人口长期均衡发展方面具有创新经验、能够产生重大决策影响的人口工作领军人才。

——党政管理人才。按照贯彻落实科学发展观、统筹解决人口问题和建设人口均衡型首都的要求，以提高领导水平和执政能力为核心，以科学民主决策和人口计生社会管理公共服务转型拓展为重点，以加强综合协调、依法行政和基层实际工作能力建设为主线，努力打造1 500名左右政治坚定、勇于创新、勤政廉洁、求真务实、奋发有为、善于推动科学发展的高素质党政管理人才队伍。其中包括100名左右在统筹解决首都人口问题，推进依法行政和科学决策方面作出重大贡献的党政管理领军人才。

——宣传倡导人才。坚持社会主义核心价值体系，关注社会舆情和人口计生重点难点问题，以建设人口均衡型社会为主题，在人口发展、人口国情、人口文化、生育文明、家庭发展和人口计生工作转型拓展等领域，形成400名左右知识面宽、专业水平高、工作艺术性强、讲究实效的职业化宣传倡导人才。其中包括30名左右拥有先进宣传理念、掌握现代传播技术的宣传倡导领军人才。

——科技服务人才。适应稳定适度低生育水平，提高人口素质，统筹解决首都人口问题的要求，满足社会公众对避孕节育、优生优育、生殖健康、家庭保健、家庭发展、药具发展等方面优质服务的需求，以提高科研水平、专业技能、创新能力和服务质量为核心，以全科医师培养为重点，形成150名左右具有中高级以上职称和职（执）业资格、一岗多能、业务拔尖、服务优质的科技服务人才队伍。其中包括30名左右掌握先进科学研究和技术服务手段、在人口计生科学技术及相关学科领域做出突出成绩的科技服务拔尖人才。

——信息综合人才。按照信息化、决策科学化和人口计生事业科学发展的需要，以“北京市全员人口统筹管理信息系统”工程（北京金人工程）建设为重点，以人口数据采集、动态更新、建模应用、分析预测、安全预警预报发布、提供科学决策依据为主线，以人口计生公共服务网络体系“覆盖广阔、触角深入、基础扎实”为保证，兼顾硬件维护和软件开发应用，培养造就480名左右立足于人口计生系统、服务于首都人口发展全局、反应快捷、采集全面、数据客观真实、分析科学缜密的专业化、复合型和实用型的信息综合人才。其中包括30名左右综合分析客观数据、为人口问题科学判断提供重要决策依据的信息综合领军人才。

——群众工作人才。以强化家庭在社会建设中的作用，增强家庭的发展能力，稳定社会发展为目标，以开展初级家庭保健、新婚和计划外怀孕的家庭指导、怀孕妇女及其家庭的跟踪联系、儿童早期发展、青少年及其父母的家庭教育指导、计划生育家庭老人的生理心理咨询、流动家庭关怀等服务为重点，以人才培养和岗位开发为基础，以人口社会工作高级人才为核心，以生殖健康咨询师、人口社工师、儿童早期启蒙教育指导师等新职业为突破，培养造就8 000名左右规模适度、结构合理的职业化、专业化和社会化的群众工作人才队伍。其中包括500名左右取得中高级以上职称和职业资格的高技能人才。

北京市人口和计划生育人才队伍建设主要目标（到2020年）

队伍类型	主要目标	队伍类型	主要目标
人口工作人才	总量达到250人左右，人才数达到200人左右，领军人才数达50名，包括市、区两级人口研究和人口管理服务人才以及高校、社会团体人口研究专家。	技术服务人才	总量达到200人左右，拥有中高级以上技术职称、业务拔尖、服务优质、一岗多能的人才数达到150名，拔尖人才达到30名左右。
党政管理人才	总量达到1 800人左右，大学本科以上学历人才数要达到1 500人，领军人才数达到100人，统筹解决首都人口问题能力明显提高，依法行政、科学决策水平明显增强，结构更加合理。	信息综合人才	市、区、街乡三级信息综合人员总量达到600名左右，拥有职业化、专业化和应用型特色的信息综合人才数达到480名左右，领军人才数达30名。
宣传倡导人才	总量达到500人左右，市、区县、街乡三级宣传队伍人才数达到400人左右，领军人才数达30名，拥有一批为我所用的宣传媒体高层次人才。	群众工作人才	总量达到10 000人左右，取得相关职（执）业资格的人才数达8 000名左右，高技能人才数达500名左右。

五、主要任务

（一）立足高端引领，培养引进领军人才

以人口战略研究、人口宏观调控和人口管理服务为核心，启动“高端领军人才百人计划”，加快引进和培养一批了解人口计生发展需求、掌握先进理论和技术、在促进人口长期均衡发展方面有突出贡献的高层次领军人才。整合政府部门、国内外专家和社会资源，拓展研究领域，注重研究人口规模与合理分布之间的关系，人口与经济发展、产业结构调整等之间的关系。积极开展和央属高等学校合作，与中国人民大学合作开展人口与社会学硕士、博士研究生培养项目，与吉林大学合作开展人口学、公共卫生管理学等硕士、博士研究生培养项目。积极筹划建立北京市人口发展研究中心（或首都人口发展研究院），依托中心（研究院）引进社会高端人才，使之成为首都人口计生工作的人才高地。加强人口计生高层次领军人才发展的统筹规划和指导，创新领军人才培养机制，构建专业学习、继续教育、国内培训与国际交流合作相衔接的开放式培养体系。加强实践培养，通过承担重大项目、开展重大政策研究、挂职兼职、轮岗等多种途径，为领军人才的实践锻炼和优秀人才脱颖而出创造条件。建立健全有利于领军人才创新发展的培养、引进、使用、交流、评价、激励机制，注重从系统内外引进能够引领事业发展、突破关键技术、服务人民群众的创新型领军人才。建立人口计生领军人才专家库，对入库人选进行动态管理。加大对青年英才的教育、培养和使用力度，

破除论资排辈、求全责备的观念，建设和发展创新文化，营造有利于人才充分发挥自身才能、宽容开放、鼓励探索的良好氛围。

（二）立足科学发展，加强党政管理人才队伍建设

不断深化干部人事制度改革，建立健全干部培养、选拔、任用工作机制。坚持德才兼备、以德为先的用人标准，继续开展系统内或系统外的干部交流和挂职锻炼，有计划地参与北京市领导干部面向社会公开招考工作，综合运用民主推荐和竞争上岗方式，选好配强处级以上领导干部，优化机关干部知识、年龄、职务等组成结构。完善干部考核评价机制，坚持公平、公正、公开的民主评价方式，建立各方面因素各类人群参与的考核评价模型，按照德、能、勤、绩、廉综合发展的要求，真正把那些品行端正、能力突出、工作扎实、廉洁勤政、有创新意识、群众认可的优秀人才选出来、用起来，努力造就推动科学发展的骨干队伍。大力推进政府工作人员素质教育，不断提高党政管理人才的政治鉴别能力、依法行政能力、公共服务能力、调查研究能力、沟通协调能力、应对突发事件能力、化解矛盾能力、心理调适能力和履行岗位职责所需的业务能力。加强中青年干部和后备干部的培养和使用，重视从基层和人口计生工作一线遴选党政管理人才。强化干部监督管理，加强党风廉政建设和廉洁从政教育，严格廉洁自律。

（三）立足扩大宣传，强化宣传倡导人才队伍建设

以“倡导婚育文明、构建和谐家庭”为主线，坚持正面宣传和系统策划，进一步扩大宣传倡导人才队伍的培养规模。深入贯彻中央和市委市政府精神，紧密围绕树立世界大城市人口发展理念，合理调控人口规模，推进首都人口健康和谐发展，大力加强宣传倡导能力建设和专业技能培训，加强人口形势和人口计生业务知识学习，加强对前瞻性问题的探索，加强对实践经验的提炼，积极将新媒体、新技术、新方法，运用于人口计生宣传倡导，促进对社会各阶层公众的公共服务。进一步加强人口文化宣传教育的媒体、环境、文化和资源体系建设，强化与各类媒体的合作力度，充分借助新闻出版、广播影视、文化艺术、网络传媒等传播平台，做好新闻宣传和社会倡导工作，营造正确的舆论导向和积极有力的社会氛围。利用人口文化园、首都市民生命全周期性健康教育计划、婚育新风进万家、新农村新家庭计划等项目载体，开展群众喜闻乐见、行之有效的各类宣传倡导，加强新型家庭人口文化建设，提高宣传倡导人才队伍的素质和技能。大力推进0～3岁婴幼儿早期教育人才培养。关注群众需求和儿童教育重点难点问题，建立一支具有较高管理经验、政策水平的管理者队伍和一支具有丰富知识背景、富于实践经验的专业人才队伍。完善新闻发言人制度，提高应对媒体、应对突发事件

的沟通交流能力。

（四）立足提升服务，重视科技服务人才队伍建设

满足首都人民对生殖健康的多方面需求，积极筹划成立北京市人口和家庭公共服务中心，建立以市级人口和家庭公共服务中心为龙头，区县人口和家庭公共服务中心为骨干，社区计划生育服务站为基础的人口和家庭公共服务体系。立足建设全国示范性的人口和家庭公共服务中心的战略高度，围绕生育、生殖健康、婴幼儿早教、青春期健康教育、孕前优生咨询指导主题，充分发挥首都人才资源优势，积极学习国际国内新的服务理念，不断引入适宜技术，进一步加强科技服务人才的队伍建设。创新培养模式，整合教育资源，促进部门合作，鼓励科技人才以技术转让、聘用兼职、考察讲学、担任顾问等途径为人口计生事业服务。加快实施专业技术人员知识更新工程，开展科技大练兵活动。指导人口计生科技人才建立完善个人职业发展规划，突破专业技术人员晋升难、待遇低的发展瓶颈，帮助技术人员解决后顾之忧，促进他们潜心研究和创新。鼓励计生技术服务骨干发展成长为全科医师，在实施国家人才规划重点工程目标的同时，提高人口计生优质服务的科技含量和工作水平。

（五）立足科学决策，完善信息综合人才队伍建设

建立健全适应市场经济体制要求的信息化人才培养、使用、流动机制。建立人口计生信息化人才库。全面推进“北京市全员人口统筹管理信息系统（北京金人工程）”建设。完善全员人口数据库，建立健全信息采集和更新机制以及数据质量评测体系，开展人口宏观决策信息化支撑体系建设，加快培育人口计生信息化复合型和实用型人才，为人口科学决策提供支持。以信息技术最新进展、应用成果及人口计生新需求为主要内容，加大信息综合人才的“四种能力”建设：即加强调查了解、全面准确采集人口数据的能力；加强随时维护、促进系统数据动态更新的能力；加强整合数据、分析预测人口发展趋势的能力；加强总结归纳，提供政府决策和科学管理依据的能力。加大对信息化建设的投入力度，加强对硬件设备的维护和更新，为信息综合人才的成长发展创造良好环境。加快推进人口信息统计师新职业建设，加强人口信息综合和信息发布工作。

（六）立足家庭发展，加大群众工作人才队伍建设

强化家庭在社会建设中的作用，以增强家庭发展能力、稳定社会发展为目标，不断加强群众工作队伍的知识化、专业化、社会化水平。健全职业培训和知识普及相结合的培养体系，进一步加强群众工作人员的政策理论水平，进一步加强群众工作人员的宣传咨询能力，进一步加强群众工作人员教育指导、服务关怀、化解矛盾调处纠纷的本领。建立群众满意度评价体系，督促群众工作人员不断更新知识提升素质。坚持落实避孕药具免费发放政策，提高药

具发放工作人员的专业知识和业务能力，确保广大群众能及时安全地享受到人口计生均等化服务。加强儿童早期教育指导师、生殖健康咨询师队伍和人口社工师队伍建设，组织专门培训和分级考试，推动更多的群众工作者尽快取得相关资质。加强计划生育宣传员队伍建设，研究制定完善管理和增加待遇的有关措施。加强计划生育协会等群众团体的建设，充分发挥他们在群众工作人才队伍建设中的重要作用。

六、重要工程

（一）人口工作人才培养工程

推进首都人口工作人才培养工程。认真落实中央关于全面做好人口工作的要求，坚持人口发展在经济社会发展中的基础性地位，加强政府在人口宏观调控中的职能作用，以建立健全人口发展调控机制和人口服务管理体系为抓手，加快推进人口行政管理体制、重大项目人口评估机制和人口预警机制建设，在人口战略研究、人口规划、人口政策法规总体设计、人口综合治理、人口宏观调控、流动人口服务管理等领域，培养和聚集一批服务于首都人口科学发展大局，在人口宏观管理与微观服务方面，敢于担当、敢于碰硬、敢于创新的人口工作人才，为首都人口全面协调可持续发展提供人才保证。

（二）人口和家庭公共服务人才培养工程

适应人口计生社会管理和公共服务转型拓展的需要，建设北京市人口和家庭公共服务中心，打造国际化城市为百姓服务的平台。到2020年，基本形成以市人口和家庭公共服务中心为核心，以区县人口和家庭服务中心为枢纽，基层人口和家庭服务中心为网点，辐射村（居）直达家庭的服务网络“全覆盖”。加强与相关政府部门和有关单位沟通协调和合作，以中心为依托，培养、吸引和集聚相关急需紧缺人才，依据全程服务链条的不同阶段提供有针对性的服务。同时，鼓励各区县创新，争取上下联动，整体推动发展，促进人口计生人才资源开发和人才队伍建设。

（三）“强基提质”和队伍职业化建设工程

推进“强基提质”工程，夯实基层基础工作，提高人口计生系统的依法行政和优质服务水平。在地方机构改革中，确保人口计生工作机构、编制和人员待遇落实。优化基层人员结构，大力吸纳应届大学毕业生加入乡村和社区人口计生工作队伍。加大教育培训力度，强化继续教育和终身教育，充分利用国内外教育培训资源，分批分级组织好全系统教育培训。稳步推进人才队伍职业化建设，完善“五位一体”的公共服务人才网络。建立并完善人口计生系统专业职称和职业序列，拓展职业发展空间，逐步实行职业准入制度。大力培育各类新职业的师资力量，积极开展培训考试和资格认证，打通职业升迁通道，落实相关待遇。争取中央财政专款支持和各级财政保障，为获得人口计生职业资格证书的人员提供一定比例的学习费用补贴，按国家规定增加激励性津贴或工资。设立生殖健康咨询师职业资格评审委员会。筹建人口计生职业技能鉴定中心（站），不断提高人口计生系统高技能人才职业化和国际化水平。

（四）人才培养平台建设工程

打造人才培养的良好平台，建设高水平多层次的人才培育体系。完善信息化网络教育平台，通过广播电视和远程教育，支持和开展人口计生全系统的学历教育和继续教育。大力推进在职研究生学历学位教育，鼓励机关和事业单位干部积极参加。积极争取国家人口计生委重大科研和重大工程项目、重点示范基地落户北京，进一步加强与党校、行政学院、高等学校、科研院所的合作，继续举办领导干部高级研修班，鼓励支持设立与加强人口管理与服务相关的研究中心，鼓励支持设立人口学、计划生育和生殖健康学等本科专业，推动建立一批硕士点和博士点，鼓励支持设立人口计生社会管理和公共服务网络转型拓展实践考察基地和实习培训基地。

七、组织实施

（一）加强组织领导

全市各级人口计生部门要深刻认识加强人才工作对促进事业发展的重要性和紧迫性，加强对人才工作的组织领导。《北京市人口和计划生育中长期人才发展规划》由北京市人口计生委负责组织实施，建立年度任务检查评估制度和办法，定期监测、跟踪进度、完善改进，为实现规划目标奠定基础。

（二）保障责任落实

全市各级人口计生部门要按照本规划的安排部署，结合实际情况，研究制定具体方案和实施措施，确保责任到位，任务到人，层层抓落实，保障首都人口计生人才规划的顺利实施。

（三）强化沟通协调

全市各级人口计生部门要进一步加强沟通协调能力，站在全局、整体的高度来考虑人才工作，强化与组织人事、宣传、卫生、教委、民政等政府部门的沟通协调，强化与大专院校、科研院所、相关企业、民间团体的合作，共同促进人口计生人才资源开发和人才队伍建设。

（四）加大资金投入

牢固树立“人才投入是效益最大的投入”的观念，加大资金投入，制订人才发展专门投入计划，确保人力资本投入高于事业投入增长幅度。人才工作投入占人口计生事业经费比重从2010年的3.8%增加到2015年的5.0%和2020年的8.0%。建立主要依靠财政拨款，多方吸纳社会资金，推动人才发展资金投入多元化的机制。给予人口计生各类人才项目奖励和基金支持，鼓励表彰在人口计生领域中作出突出贡献的各类人才。严格实行对资金使用情况的审计和监督检查，建立重大人才培养项目、重点人才工程专项资金管理制度，确保专款专用。

（五）实施督导评估

各级人口计生部门要建立一把手抓第一资源的目标责任制，提高党政领导班子综合考核指标体系中人才工作专项考核的权重，实行人口计生人才发展规划实施目标分级负责制度。建立人才发展规划年度评估制度，对规划的实施情况、取得的阶段性效果、出现的问题、改进的措施进行检查指导。定期组织人才规划实施交流会或研讨会，总结典型经验，推广普及，分析存在的问题，制定完善措施，群策群力，促进人口计生人才发展规划各项目标任务的落实。

附件：《北京市人口和计划生育中长期人才发展规划》任务分解方案

附件：

《北京市人口和计划生育中长期人才发展规划》任务分解方案

为贯彻落实《北京市人口和计划生育中长期人才发展规划（2011～2020年）》，现提出如下任务分解方案。

一、任务及分工

（一）关于人才队伍建设

1. 人口工作人才队伍建设。总量达到250人左右，人才数达到200人左右，领军人才数达50名，包括市、区两级人口研究和人口管理服务人才以及高校、社会团体人口研究专家。（研究室等相关处室）

2. 党政管理人才队伍建设。总量达到1 800人左右，大学本科以上学历人才数达到1 500人，领军人才数达到100人，统筹解决首都人口问题能力明显提高，依法行政、科学决策水平明显增强，结构更加合理。（人事处并各处室）

3. 宣传倡导人才队伍建设。总量达到500人左右，市、区县、街乡三级宣传队伍人才数达到400人左右，领军人才数达30名，拥有一批为我所用的宣传媒体高层次人才。（宣教处、宣教中心）

4. 科技服务人才队伍建设。总量达到200人左右，拥有中级技术职称、业务拔尖、服务优质、一岗多能的人才数达到150名，拔尖人才达到30名左右。（科技处、药具站）

5. 信息综合人才队伍建设。市、区、街乡三级信息综合人员总量达到600名左右，拥有职业化、专业化和应用型特色的信息综合人才数达到480名左右，领军人才数达30名。（规统处、信息中心）

6. 群众工作人才队伍建设。总量达到10 000左右，取得相关职（执）业资格的人才数达8 000名左右，高技能人才数达

500名左右。（人事处、计生协并各处室）

（二）关于组织实施

1. 全市各级人口计生部门，委系统内各处室、直属事业单位和计生协会要按照本规划的安排部署，结合实际情况，研究制定具体方案和实施措施，确保责任到位，任务到人，层层抓落实，保障首都人口计生人才规划的顺利实施。（各区县人口计生委、委机关各处室、事业单位、其他有关单位）

2. 人才工作投入占人口计生事业经费比重从2010年的3.8%增加到2015年的5.0%和2020年的8.0%；给予人口计生各类人才项目奖励和基金支持；严格实行对资金使用情况的审计和监督检查，建立重大人才培养项目、重点人才工程专项资金管理制度，确保专款专用。（行财处、驻委监察处）

3. 建立人才发展规划年度评估制度，对规划的实施情况、取得的阶段性效果、出现的问题、改进的措施进行检查指导。定期组织人才规划实施交流会或研讨会，总结典型经验，推广普及，分析存在的问题，制定完善措施，群策群力，促进人口计生人才发展规划各项目标任务的落实。（各区县人口计生委、委机关各处室、事业单位、其他有关单位）

二、基本要求

1. 分工项目的单位或部门要对项目贯彻实施负总责，按照任务分工要求，进一步研究细化措施，制定落实项目的具体办法和方案，提出阶段性时间进度要求，明确责任，确保完成好各项工作任务。

2. 每年定期由市人口计生委对《北京市人口和计划生育中长期人才发展规划》贯彻实施情况进行督促检查，通报进展情况。各参加单位或部门要及时解决贯彻实施过程中的问题，确保《北京市人口和计划生育中长期人才发展规划》的顺利实施。

北京市人口计生委关于深入学习贯彻胡锦涛总书记在中央政治局第二十八次集体学习时重要讲话精神的意见

（京人口发〔2011〕30号）

各区县人口计生委，市人口计生委机关各处室、直属事业单位，市计划生育协会：

2011年4月26日，中共中央政治局就世界人口发展趋势和全面做好新形势下我国人口工作进行第二十八次集体学习。胡锦涛总书记主持学习并发表重要讲话，为全面做好人口工作、促进人口长期均衡发展指明了方向。为深入学习贯彻胡锦涛总书记的重要讲话精神，全面做好新时期人口工作，全市人口计生系统要进一步深入贯彻落实科学发展观，坚定信心，真抓实干，勇于创新，奋发有为，把“敢于担当、敢于碰硬和敢于创新”的“三敢精神”贯彻落实到人口发展工作中。根据国家人口计生委《关于学习贯彻胡锦涛总书记在中央政治局第二十八次集体学习时重要讲话精神的意见》（人口厅〔2011〕54 号）精神，结合北京市实际，特提出如下意见：

一、深入学习理解讲话精神，增强全面做好北京人口工作的自觉性和使命感

在“十二五”开局之年，中央政治局就全面做好新形势下人口工作进行集体学习，充分体现了中央坚持以人为本的执政理念，坚持人口与发展综合决策，高度重视人口在经济社会发展中的基础性、战略性作用。胡锦涛总书记的重要讲话，高瞻远瞩、统揽全局、立意高远、内涵丰富，是全面做好新时期人口工作的指导思想和行动纲领，对于促进人口长期均衡发展，加快转变经济发展方式，实现全面建设小康社会奋斗目标，具有十分重大的意义。当前和今后一个时期，全市人口计生系统要把深入学习贯彻胡锦涛总书记的重要讲话精神作为中心任务，准确把握其精神实质和深刻内涵，切实把思想和行动统一到中央和北京市的决策和部署上来。

人口是影响经济社会发展的关键因素，关系北京建设中国特色世界城市和以更高标准建设“三个北京”的成功与否，关系经济社会发展的未来。当前和今后首都经济社会发展和社会管理面临的重大问题无不与人口数量、素质、结构、分布问题密切相关。“十二五”时期是首都人口发展的关键时期，既要把握宝贵机遇，又要应对严峻挑战。要深刻认识人口问题的长期性、复杂性、艰巨性，深刻认识人口在首都经济社会发展中的基础性地位，切实增强做好人口工作的自觉性和主动性。

根据胡锦涛总书记的指示和中共北京市委十届九次全会精神，面对新形势，全市人口计生重点工作要转型，要向人口调控、服务和管理转变，要根据人口老龄化程度提高、外来人口增加、经济转型、就业状况变化等情况制定人口发展规划；研究建立关于重大政策、重大项目和公共资源配置人口评估机制；人口服务管理从以对户籍人口的服务管理为主，向对常住人口和特定人群的服务管理拓展。把新时期人口工作的着力点转到“五个更加注重”上：更加注重把解决人民群众的困难摆在重要位置；更加注重服务管理城乡一体化和各类人群的全面覆盖；更加注重战略研究；更加注重政策统筹；更加注重人口信息化建设。

二、紧紧围绕“四个加强”扎实工作，确保各项工作落到实处

要按照胡锦涛总书记强调的“加强战略研究，加强政策统筹，加强工作协调，加强任务落实”的总体要求，不断深化改革创新、强化战略研究、加强队伍建设、转变工作作风，凝心聚力、扎实工作，确保市委市政府提出的各项战略任务圆满完成。

（一）加强人口发展战略研究，确保“十二五”时期人口规划任务落实

围绕首都人口长期均衡发展、完善人口政策等重大问题，开展加强人口发展战略研究、前瞻性研究，推动人口重大政策、重要法规的出台。建设人口发展研究成果数据库，加强成果转化利用。强化部门协作，充分利用专家学者力量，增强政策建议的针对性、操作性，为科学决策提供支撑。与国家人口计生委、国家发展改革委等部门合作，开展“特大城市人口规模调控（以北京市为例）课题研究”，总结借鉴国际和国内特大城市人口规模调控经验，研究提出城市化进程中，北京市人口调控总体思路。

（二）加强政策统筹和工作协调，不断完善人口行政管理体制机制

创新人口评估机制，坚持人口规划的基础性作用，实现产业发展、空间布局、土地利用、基础设施、公共服务、人口调控“六规统一”。健全人口政策协调制度，推动部门间、区域间的相关经济社会政策与人口政策有机衔接和良性互动。建立重大政策、重大项目和公共资源配置的人口前期前置评估、中期跟踪评估和后期效果评估机制，确保符合人口调控目标要求。重点加强对首都功能核心区、首都功能拓展区、城市发展新区重大政策、产业项目、住宅项目的人口吸引和疏解评估。建立更加科学的人口规模调控指标体系和人口调控责任制，明确有关部门、区县职责，实现横向多部门协调联动，纵向市、区县、街乡、村居四级联动。逐步增加和拓展人口计生部门在人口数据整合、政策统筹、工作协调、规模调控、信息服务等人口服务管理方面的职能。

（三）加强全员人口统筹管理信息系统建设，积极参与人口宏观管理与决策

按照“智慧北京”要求，在国家总体框架下，推进以户籍人口居民身份证、流动人口居住证为载体的全市联网、部门联动、覆盖城乡的“北京市全员人口统筹管理信息系统”工程（北京金人工程）。完善全员人口数据库，建立全员信息采集和更新机制以及数据质量评测体系。开展人口宏观决策信息化支撑体系建设，开发涵盖统计分析、人口预测和人口地理信息等决策类系统功能的人口宏观管理与决策信息系统。市人口计生委要整合公安、流管、民政等部门的人口信息资源加以分析汇总，定期向社会发布人口信息。

（四）加强系统队伍建设，提供坚强组织保障

着力提高干部队伍的素质和能力，加快推进人口计生网络能力提升和职能拓展。要加强人口计生队伍职业化建设和职业道德教育，认真落实人口计生中长期人才发

展规划，积极推进在职学历教育，认真做好换届后的区县和乡镇、街道人口计生委（办）干部的培训。研究制定《北京市人口和计划生育干部队伍职业化建设的指导意见》，加强分类指导和新职业培训，做好生殖健康咨询师等职业资格的相关工作，协调建立儿童早期发展指导师等新职业，加强家庭发展服务等社会工作人才队伍建设。组织实施“强基提质”工程，结合人口工作需要，引进人才，优化队伍，研究制定《北京市人口计生委关于深化干部人事制度改革的实施意见》，完善干部准入、选拔、任用、管理、考核、监督等工作机制。深入推进人口计生服务机构的标准化、规范化建设，强化宣传教育、技术服务、药具发放、人员培训、信息咨询、优生指导、随访服务、生殖保健八项服务职能。全面推进依法行政，深入持久开展基层文明执法专项检查活动，规范行政执法行为，完善层级监督体系，推动建立依法行政长效机制。推进人口计生基层群众自治，充分发挥计生协会等群众团体和社会组织的优势，进一步完善群众工作机制。

进一步加强政风行风建设，要把以人为本、执政为民的要求贯穿到党风廉政教育和政风行风建设中，引导全系统干部职工增强学习意识、责任意识、服务意识、效能意识和廉政意识。深入推进惩治和预防腐败体系建设，认真执行党风廉政建设责任制，进一步深化廉政风险防控管理。深入推进“阳光计生行动”和“诚信计生”工作，从群众最需要的地方做起，从群众最不满意的地方改起，不断提高人口计生服务管理水平。

（五）积极发挥计划生育协会作用

“十二五”期间，市计划生育协会以“幸福家庭、和谐人口”为核心理念，集中打造“六大工程”，开展创建幸福家庭活动。创建幸福家庭活动是构建以建设新型家庭人口文化为主线，以关注家庭每个成员健康和谐发展为基础，以关注民生为目的的公共服务体系。具体实施是以“六大工程”为抓手，即“文明倡导工程”、“宝贝计划工程”、“青春健康工程”、“健康生育工程”、“生育关怀工程”和“心灵家园工程”。积极推进市计划生育协会新“三定”方案的修订，促进协会健康有序发展。

三、以推进人口计生工作转型为重点，开创首都人口工作新局面

全市各级人口计生部门要围绕总书记提出的六项重点任务，结合人口计生工作转型的实际，打基础、转职能、抓宏观、促实效，扎实推进重点工作。

（一）全面加强基层基础工作，逐步完善生育政策，稳定适度低生育水平

全面加强基层基础工作，健全宣传教育、依法管理、村（居）民自治、优质服务、政策推动、综合治理的长效工作机制。要坚持党政一把手亲自抓、负总责，做到认识、责任、措施、投入“四个到位”；充分发挥人口和计划生育工作领导小组平台作用，实现多部门的齐抓共管；坚持目标

管理责任制，每年逐级签订人口和计划生育目标管理责任书，将任务一直落实到最基层，严格实行“一票否决”制度。坚持“国策上位”，积极推进《北京市人口与计划生育条例》修订工作，规范再生育审批和社会抚养费征收工作，提高依法行政水平。服务民生，将“半边户”纳入奖扶范围，将三级以上计生手术并发症人员纳入特扶制度。积极推进“诚信计生”与人口计生基层群众自治活动的全面开展。

（二）以加快人口与家庭公共服务体系建设为重点，实现优质服务全覆盖

新时期，人口计生工作要努力满足人民群众的新需求、新期待，让人口计生工作的发展道路越走越宽。面对群众多元化、迫切化、多样化的需求，不仅要积极发挥传统优势，更要创造新的优势；不仅要努力满足群众对计划生育、生殖健康的需求，更要努力为群众提高生活品质、增强家庭发展能力做工作、促转型、谋发展、增优势，让人口计生事业发展的道路越走越宽。要以积极构建人口和家庭公共服务网络为突破口，以全面开展“创建幸福家庭活动”为重要载体，打造人口计生公共服务品牌。

搞好顶层设计，构建人口和家庭公共服务体系。加快推进“北京市人口与家庭公共服务中心”项目前期建设。在建设世界城市的基准上，坚持创新和国内领先原则，创建人口家庭健康服务的新模式，即人口生命过程和家庭所有成员健康保健全覆盖；建立“e－健康”管理模式，突破传统的健康服务网络，实现智能化健康管理服务的目标；针对青少年性健康服务这一空白，通过打造青少年服务中心，在北京实现青少年性与生殖健康“一条龙”服务“零”的突破；逐步形成以北京市人口与家庭公共服务中心为龙头、区县技术指导中心为骨干、社区计生服务站为基础的公共服务体系。各区县结合实际，对人口计生公共服务资源进行有效整合，加快人口与家庭公共服务体系建设，实现优质服务全覆盖。

以开展创建“幸福家庭活动”为载体，深入推进优生优育优教系列工程。加强出生缺陷预防，抓紧在全市实现免费孕前优生健康检查“全覆盖”，筑牢人口质量第一道防线。继续实施“北京市健康生育计划”和“首都市民生命全周期性健康教育行动计划”。重视婴幼儿早期发展，启动0～3岁婴幼儿早期教育基地建设，培训育婴师。深入开展青春健康教育，实施青少年健康人格工程，开展独生子女社会行为教育，抓紧青少年健康教育基地建设，培训青春健康指导师。继续为采取长效措施的农村育龄群众进行免费健康体检。

健全药具发放网络。以群众“普惠易得”为原则，探索运用现代科技手段，依托社会力量和现代物流，实现药具配送、发放、领取的新模式。联合卫生部门，逐步建立以药具发放服务为基础的人工流产预防体系。

综合治理出生性别比。深入开展关爱

女孩行动，加大宣传倡导力度，切实转变群众婚育观念。积极推动制定促进社会性别平等的社会经济政策。加强部门协调，开展专项整治工作，严厉打击非医学需要的胎儿性别鉴定和选择性别的人工终止妊娠的行为。建立目标责任制，加大考核力度，确保“十二五”期间出生性别比明显下降。

（三）进一步完善和创新流动人口服务管理，引导人口有序分布，合理调控首都人口规模

按照“公平对待、服务至上、合理引导、完善管理”的要求，进一步完善流动人口服务与管理，保障流动人口合法权益。一是改善流动人口基本公共服务。逐步实现流动人口宣传倡导、计划生育、优生优育、生殖健康、奖励优待等基本公共服务均等化。二是加强流动人口跨区域管理，继续推进流动人口和人户分离人员“一盘棋”工作，不断完善环渤海“七省一区两市”流动人口服务管理区域协作机制。加强与周边省市及流动人口输出大省间的工作协作，引导外地劳动力有序来京就业。三是建立流动人口基础信息采集制度。按照流动人口“来有登记、走有注销、租有登记、退有核销”的要求，建立起以管理员日采集为主、部门信息为辅、多渠道社会化采集为补充的流动人口基础信息多元化采集体系。

（四）认真开展人口老龄发展趋势预测，积极参与应对老龄化工作，探索为老龄人群服务新模式

深化人口老龄化战略研究，探索提出实施积极、健康、保障、和谐的应对人口老龄化战略的对策建议。认真开展北京市人口老龄发展趋势预测研究，为积极应对人口老龄化提供依据。加大对计划生育老年人群奖励和帮扶力度，推进亲情牵手和生育关怀项目，尤其是对独生子女伤残死亡家庭，建立帮扶基金和志愿者基金；探索财政贴息贷款使用新模式，创新计划生育特殊家庭和特困家庭新的养老帮扶模式。

四、进一步加强宣传倡导和组织领导

（一）深入宣传倡导

把广大干部群众的思想和行动统一到中央精神上来，营造有利于全面做好首都人口工作的政策环境、工作环境和舆论环境。要以“创先争优”活动为载体，以学习讲话精神为契机，进一步加强全系统党员干部的光荣感、使命感和责任感，鼓舞干部队伍士气，引导大家积极献身新时期首都人口计生工作。

（二）切实加强领导

人口计生部门要充分发挥参谋助手和综合协调的职能作用，通过党委领导、政府负责、社会协同、公众参与的工作格局，加强和改善对人口工作的领导。应对人口形势的发展变化，充分利用人口和计划生育工作领导小组这一平台，继续坚持以前行之有效的经验和做法，并不断完善和拓展其职能，在加强政策统筹和工作协调上下大力气，切实做好人口发展工作。

（三）做好督促落实

要结合工作实际，进一步理清工作思路，研究制定贯彻落实的具体意见和实施方案，进一步深化、细化、量化各项目标，抓好任务分解和责任分工，明确方法步骤及推进措施，确保各项工作任务落到实处。要在统筹兼顾的基础上，明确重点，突破难点，加强工作指导，深化监督考核，落实责任主体，狠抓过程跟踪，实施责任追究，保证各项工作有力有序推进。

我们要以学习贯彻胡锦涛总书记重要讲话精神为契机，紧紧抓住首都“十二五”人口和经济社会发展的重要战略机遇期，创造性地开展工作，为建设人口均衡、资源节约、环境友好社会，为“三个北京”和有中国特色世界城市建设作出更大贡献。

二〇一一年八月三日

关于对从事人口和计划生育工作满20年的村（居）计划生育专干给予一次性补贴的决定

（京人口发〔2011〕31号）

各区县人口计生委：

多年来，在市委、市政府的高度重视和正确领导下，在广大基层计划生育干部的辛勤努力下，全市人口和计划生育工作与时俱进，开拓创新，取得了显著成效。低生育水平多年保持稳定，统筹解决人口问题向前推进，人口和计生公共服务能力有新进步，为首都人口与经济、社会、资源协调发展创造了良好的人口环境。

人口和计划生育工作成绩的取得，饱含着广大计划生育工作人员的辛勤劳动和无私奉献，尤其是长期工作在计生战线的基层计生专干，这些同志默默地战斗在人口和计划生育一线，不为名、不为利，不计个人得失，为计划生育事业辛勤耕耘，为我市的人口与计划生育工作作出了重大贡献。

“十二五”时期是首都人口发展的关键时期，首都经济社会发展和社会管理面临的重大问题无不与人口数量、素质、结构、分布问题密切相关。按照中央提出的“全面做好人口工作”要求，市委、市政府将合理调控人口规模、改进人口服务管理作为“十二五”时期破解首都发展难题的重大政治任务。面临新形势新要求，首都人口计生工作任务更重，全市人口计生系统全体干部职工必须进一步解放思想，开拓思路，积极开创人口工作的新局面。

为进一步调动广大基层人口计生干部的工作积极性，全面推进北京市人口计生事业的发展，北京市人口和计划生育委员会决定，对截至2011年8月31日，全市村（居）从事人口和计划生育工作满20年的计划生育专干给予一次性补贴。希望受表彰奖励的同志，继续大力弘扬人口计生系统“特别能吃苦，特别能战斗，特别能奉献，善于做群众工作”的优良传统，牢固树立全心全意为人民服务的宗旨，坚持脚踏实地、求真务实的工作作风，为全面做好新时期首都人口工作作出更加积极的贡献。

附件：2011年北京市从事人口和计划生育工作满20年村居计生专干名单

二○一一年八月二十五日

附件：

2011年北京市从事人口和计划生育工作满20年村居计生专干名单（62人）

朝阳区：（2）

王红艳　朝阳区十八里店乡周家庄村

富美萍　朝阳区十八里店乡十里河村

海淀区：（3）

安宝珠　海淀区四季青镇高庄村

代　兰　海淀区四季青镇振兴村

靳景英　海淀区西北旺镇屯佃村

丰台区：（4）

徐荣君　北京中都鼎业投资管理有限公司

王桂芬　丰台区卢沟桥乡菜户营村

宋月云　丰台区卢沟桥文化中心

尹玉梅　丰台区丰台街道东安街头条社区

门头沟区：（1）

邓文英　门头沟区龙泉镇西龙门村

房山区：（8）

刘俊杰　房山区城关办事处

郭立华　房山区琉璃河镇

李凤新　房山区琉璃河镇

孙美香　房山区窦店镇

王会清　房山区长沟镇

徐秀清　房山区青龙湖镇

李增久　房山区霞云岭乡

李振银　房山区霞云岭乡

通州区：（6）

焦志敏　通州区张家湾镇北大化村

王凤茹　通州区张家湾镇后坨村

孙文兰　通州区漷县镇大柳树村

蔺桂红　通州区宋庄镇沟渠庄村

宋亚茹　通州区台湖镇西太平庄村

王丽丽　通州区台湖镇大地村

顺义区：（10）

段振兰　顺义区李遂镇宣庄户村

郭春华　顺义区马坡镇西马坡村

吴雪英　顺义区马坡镇东马坡村

李景新　顺义区南法信镇十里堡村

董克荣　顺义区赵全营镇东绛洲营村
王宝霞　顺义区赵全营镇稷山营村
王会君　顺义区后沙峪镇后沙峪村
王金娥　顺义区后沙峪镇前沙峪村
唐淑敏　顺义区北小营镇马辛庄村
彭淑香　顺义区张镇驻马庄村
大兴区：(3)
孙广兰　大兴区长子营镇靳七营村
张桂苹　大兴区采育镇东潞洲村
季玉珍　大兴区采育镇庙洼营村
昌平区：(4)
孙玉凤　昌平区南口镇虎峪村
王爱伶　昌平区流村镇北庄村
张德贤　昌平区流村镇菩萨鹿村
李玉梅　昌平区兴寿镇象房村
平谷区：(2)
陈永凤　平谷区马昌营镇西陈各庄村
胡桂香　平谷区王辛庄镇翟各庄村
怀柔区：(7)
吴英杰　怀柔区怀柔镇钓鱼台村
李凤霞　怀柔区怀柔镇潘家园村
胡兴霞　怀柔区怀柔镇西三村
池兰平　怀柔区怀北镇椴树岭村
卢桂银　怀柔区琉璃庙镇西湾子村
单书香　怀柔区雁栖镇莲花池村
张国怀　怀柔区长哨营满族乡老西沟村
密云县：(8)
郭淑平　密云县不老屯镇不老屯村
王凤云　密云县不老屯镇陈家峪村
陈淑芹　密云县高岭镇下会村
齐雅芹　密云县太师屯镇上金山村
朱敬芝　密云县太师屯镇许庄子村
齐桂荣　密云县太师屯镇龙潭沟村
王秀平　密云县冯家峪镇白马关村
彭秀春　密云县西田各庄镇白道峪村
延庆县：(4)
王秀苹　延庆县井庄镇王仲营村
佟金娥　延庆县张山营镇佛峪口村
程云娥　延庆县千家店镇河口村
刘桂芳　延庆县千家店镇下湾村

北京市人口和计划生育委员会关于印发干部教育培训工作管理办法（试行）的通知

（京人口发〔2011〕32号）

各区县人口计生委，机关各处室、直属事业单位，市计生协会：

《北京市人口和计划生育委员会干部教育培训工作管理办法》（试行）经2011年8月25日市人口计生委第14次党组会审议通过，现印发你们，请认真组织落实，并及时反馈贯彻落实情况。

二〇一一年八月二十九日

北京市人口和计划生育委员会干部教育培训工作管理办法

（试行）

第一章　总　则

第一条　为培养造就高素质的干部队伍，推进干部教育培训工作科学化、制度化和规范化，依据有关规定，结合市人口计生委实际，制定本办法。

第二条　教育培训工作应全面贯彻落实科学发展观，围绕首都人口和计划生育事业发展大局，以增强执政意识和加强执政能力建设为重点，以大幅度提高干部素质和能力为目标，大规模培训干部，为全面做好人口工作、提升人口服务与管理水平提供思想政治保证和人才智力支持。

第三条　教育培训工作应遵循理论联系实际、以人为本、全面发展、注重能力、学以致用、改革创新、科学管理的原则。

第四条　本办法适用于市人口计生委机关、直属事业单位和市计生协会干部教育培训工作。

第二章　内容与形式

第五条　教育培训内容应坚持政治理论与业务知识并重，坚持学科理论与实践知识并重，坚持“大人口”知识与计划生育知识并重，不断创新和丰富培训内容，提高针对性，以适应新形势新任务和各级各类干部的培训需求。

第六条　处级以上领导干部重点提升贯彻科学发展观、全面做好人口工作的研究谋划、科学决策、统筹协调和改革创新的能力；科级及以下干部重点提高依法办事、公共服务、学习创新和处理复杂问题的能力。

第七条　适应现代教育培训发展趋势，创新方式方法，多形式、多渠道组织施训。

第三章　职责与任务

第八条　在委党组领导下，人事处归口管理干部教育培训工作，负责拟订教育培训规章制度，编制教育培训规划、计划并组织实施；负责教育培训工作档案和培训证书管理；重点组织机关公务员、直属事业单位和市计生协会干部和系统副处级以上领导干部的分类培训和对口交流；指导区县人口计生委推进干部队伍职业化培训和资质认定工作，组织市级师资培训和示范性培训。

第九条　按照“市指导、区落实”的原则，机关各处室、直属事业单位和市计生协会对区县人口计生委工作人员的业务培训，原则上应通过业务工作会的形式“以会代训”；或研提培训需求报人事处，由人事处协同各处室（单位）整合内容，集中时间、地点组织施训。各处室（单位）原则上不直接组织街乡镇以下基层干部培训，由区县逐级组织基层干部（含相关协作单位基层干部）培训。

确因推进全市重点工作需要，以项目形式组织专项业务培训的，应向人事处递交专项培训计划。

第十条　机关各处室、直属事业单位和市计生协会，应在每年年中申报下年度项目经费预算的同时，将培训需求和专项培训计划报人事处，人事处汇总提交委主任办公会审定，形成全委下年度教育培训工作计划。年度教育培训计划一经批准，应严格执行。

第十一条　出国（境）培训由办公室会同人事处组织实施，根据工作需要，科学设置境外培训项目，择优选派培训人员，精选境外培训机构，严格培训过程管理，提高培训质量和效益。

第十二条　机关党委负责制定全委政治理论教育计划并组织实施；负责党组理论中心组学习，集中学习研讨时间每年不少于12天。

第十三条　副处级以上干部每年参加培训的时间一般不少于110学时，5年内累计参加培训时间达到550学时以上；其他干部每年参加培训的时间，一般不少于100学时。

年度培训任务分解：

（一）组织全委干部集中培训不少于24学时；

（二）组织全委干部素质教育系列讲座不少于16学时；

（三）全委干部参加网上在线学习不少于40学时/人；

（四）争取调训机会，支持干部参加相关专业学习培训；

（五）仍不能完成规定学时的，通过在线学习学时补齐。

第十四条　机关各处室、直属事业单位和市计生协会，应根据工作和职业发展需要，创造条件和机会，安排本处室（单位）干部参加相应培训。

第十五条　干部必须遵守教育培训的规章制度，积极主动参学，完成规定学时。

第四章　登记与考核

第十六条　实行干部培训登记制度。培训登记分为电子档案登记和培训证书登记。

第十七条　电子培训档案由人事处负责管理与维护，各处室（单位）联络员及时登录《北京市人口计生委干部教育培训电子档案系统》填报培训信息。

第十八条　培训证书由人事处负责发放和审核，各处室（单位）联络员保管，参加培训时，将证书交于培训施教机构登记，作为电子培训档案的有效补充。

第十九条　加大对单位、个人教育培训工作的考核力度，将单位和个人教育培训任务完成情况作为年度考核、评选先进、晋职晋级的一项重要依据。

第五章　保障与纪律

第二十条　加强对教育培训工作的组织领导，将教育培训工作列入重要议事日程，统筹安排，整体推进，及时研究解决培训工作中遇到的困难和问题。

第二十一条　加强教育培训制度规范、教学评估、师资库建设、基地建设等基础性工作。

第二十二条　教育培训经费按照有关规定，列入部门年度财务预算，按照财政批复的预算和委主任办公会审定的年度教育培训工作计划执行。合理使用培训经费，提高经费使用效益。

第二十三条　人事处会同驻委监察处对干部教育培训工作和贯彻执行本办法情况进行监督检查。

第六章　附　则

第二十四条　本办法由市人口计生委人事处负责解释。

第二十五条　本办法自颁布之日起施行。

关于2011年度人口和计划生育基层群众自治示范村（居）评估验收的通知

京人口发〔2011〕36号

各区县人口计生委、计划生育协会：

为贯彻落实全国诚信计生暨人口计生基层群众自治工作座谈会精神，按照国家人口计生委、中国计划生育协会《关于2011年度人口和计划生育基层群众自治示范村（居）评估验收的通知》（人口政法传〔2011〕49号）要求，决定开展2011年度（第二批）人口计生基层群众自治示范村（居）评估验收活动。现将有关事项通知如下：

一、评估验收办法

（一）基层推荐。经村（居）自荐、乡镇推荐、区县验收，由市人口计生委组织抽查评估后，上报国家人口计生委。

（二）验收公示。国家人口计生委组成评估审核工作小组，对上报的单位进行抽查验收后，通过中国人口网、中国计划生育协会网站以及中国人口报公示10天。

（三）审核确认。经公示无异议的，报国家万村（居）示范活动领导小组进行审核确认。

二、名额分配

与2010年度名额分配相同。

三、通报授牌

第二批人口计生基层群众自治示范村（居）将在中国人口网、中国计划生育协会网站以及中国人口报上通报，并在今年底召开的中国计划生育协会七届二次全国理事会上授牌。

四、具体要求

（一）各区县人口计生委、计划生育协会要高度重视、周密部署，积极稳妥地开展推荐评估等工作，上报材料必须经过主要领导审查批准并加盖公章。

（二）要通过开展公开、公平、公正的推荐评估活动，总结推广好的经验和做法，不断推动人口计生基层群众自治万村（居）示范活动向纵深开展。

（三）各区县上报的单位要附上简要事迹材料（不超过800字）。审核确认的示范村（居）典型事迹将通过多种渠道进行宣传。

五、报送事宜

上报时限：2011年9月16日前。

联系人：北京市人口计生委政法处 蓝荣辉 钟晓军

邮寄地址：北京市西城区枣林前街70号北京市人口计生委政法处，邮编100053（信封注明“万村示范单位”）。

附件：2011年基层群众自治万村（居）示范点数额分配表（略）

二〇一一年九月五日

北京市人口计生委关于印发阳光计生行动规范和基层阳光计生行动示范单位标准暨阳光计生行动检查评估办法的通知

（京人口发〔2011〕37号）

各区县人口计生委，委机关各处室、直属事业单位，市计生协会：

为贯彻落实国家人口计生委《阳光计生行动实施方案》（以下简称《方案》），市人口计生委于2008年和2010年先后制定下发了《关于贯彻落实〈方案〉的意见》和《北京市人口计生系统阳光计生行动实施办法》，为规范全系统阳光计生行动的开展提供了基本依据。2010年10月，国家人口计生委制定下发《阳光计生行动规范》、《基层阳光计生行动示范单位标准》。为落实好这两个文件，进一步规范和深化全系统的阳光计生行动，市人口计生委在广泛调研的基础上，制定了《北京市人口计生系统阳光计生行动规范》、《北京市人口计生系统基层阳光计生行动示范单位标准》和《北京市人口计生系统阳光计生行动检查评估办法》（以下简称《规范》、《标准》和《办法》），并经委党组2011年第16次会议讨论通过，现印发执行。

《规范》和《标准》是以国家人口计生委下发的相关文件为依据，同时结合北京的实际制定的，内容有所扩展、标准有所提高、指标有所量化、规定更加具体、操作更加便捷，充分体现了首都引领地位的特点。

《办法》是依据《北京市人口计生系统阳光计生行动实施办法》中关于检查考核和国家人口计生委关于阳光计生行动的要求制定的，在内容上是对《北京市人口计生系统阳光计生行动实施办法》考核章节的完善和扩展，重点是将考核指标作了细化、量化，同时明确了考核的内容和标准。此外，还设置了《检查评估民主测评表》和《检查评估综合评定表》，使评议工作更加全面、更具操作性。

各单位在执行中，要根据通知精神和要求，紧密联系本部门、本系统实际，研究制定贯彻落实的相关办法和细则。要加强调研工作，注意发现执行过程中反映出来的问题，并将相关情况及时反馈驻委监察处。

二〇一一年九月十四日

北京市人口计生系统阳光计生行动规范

一、人口和计划生育政（事、村）务公开工作基本要求

（一）基本原则

人口和计划生育政（事、村）务公开工作要遵循以下基本原则。

1. 合法的原则

人口和计划生育信息公开应严格依照相关法律、法规的规定实施。对公开内容实行三审制度，即提交公开信息的单位初审、政务公开领导小组办公室复审、分管领导终审，防止不合法规、不符程序的公开，该公开的不公开，该保密的乱公开。

2. 便民的原则

公开的方式方法要便于群众知情、参与和监督维权；对于政策规定、办事程序等固定内容应长期公开；事项变更、办事结果等动态内容应及时公开。

3. 公正的原则

公开的内容和形式要体现维护社会公平正义的原则。凡涉及群众利益，需要社会公众广泛知晓或参与的人口和计划生育信息，应全面公开；只涉及部分人和事，按规定依申请公开；属于国家秘密或可能侵害个人隐私权的，一般不能公开。

（二）公开内容

1. 市、区（县）人口计生部门重点公开以下内容：

（1）国家和本级制定的人口和计划生育法律、法规和规章；

（2）本部门制定的人口和计划生育规章和规范性文件；

（3）本部门机构设置、职能；

（4）市、区（县）人口状况；

（5）本部门重大建设项目的批准及实施情况；

（6）本部门政府采购情况及年度预算、决算报告；

（7）人口和计划生育事业发展规划、专项规划及年度工作计划；

（8）人口和计划生育行政事业性收费的项目、依据、标准及调整、取消情况；

（9）人口和计划生育行政许可的事项、依据、条件、程序及办理情况；

（10）人口和计划生育突发事件应急预案、预警信息及应对情况；

（11）人口和计划生育群众工作纪律与检查考评工作纪律，信访举报和监督的方式、渠道及处理程序；

（12）需要社会公众广泛知晓或参与的其他事项。

2. 街道、乡（镇）应重点公开以下内容：

（1）人口状况；

（2）现行人口计生政策；

（3）奖励扶助、特别家庭扶助、优惠对象确认等程序；

（4）生育服务证、独生子女父母光荣证、流动人口婚育证办理程序；

（5）免费技术服务项目；

（6）行政处罚项目、社会抚养费征收依据、标准、程序；

（7）人口计生工作纪律规定、流动人口农民工维权、监督投诉、服务承诺等内容；

（8）需要社会公众广泛知晓或参与的其他事项。

3. 人口和计划生育办事（服务）机构应重点公开以下内容：

（1）机构设置和主要职责；

（2）办事（服务）项目、时间、流程、承诺和结果；

（3）工作人员基本情况、岗位职责、行为规范；

（4）免费的人口和计划生育技术服务基本项目；

（5）便民服务性收费项目、标准及依据；

（6）财务收支及经营情况；

（7）免费避孕药具发放和管理情况；

（8）重点项目落实情况及专项资金使用情况；

（9）人口和计划生育群众工作纪律；

（10）监督维权方式、渠道及处理结果；

（11）需要社会公众广泛知晓或参与的其他事项。

4. 人口和计划生育村（居）务公开应重点公开以下内容：

（1）国家和地方制定的人口和计划生育法律、法规和规章；

（2）各级人口和计划生育部门制定的有关法规性文件；

（3）本村（居）人口出生情况；

（4）计划生育奖优政策兑现情况；

（5）社会抚养费缴纳情况；

（6）奖扶及对农村部分计生家庭贴息贷款政策执行情况；

（7）计划生育村规民约；

（8）人口和计划生育群众工作纪律；

（9）需要村（民）广泛知晓或参与的其他事项。

（三）公开形式

1. 市、区（县）人口计生部门主要通过部门网站、政府人口网页和其他新闻媒体、新闻发布会、公告等形式公开；

2. 乡镇（街道）主要通过政务公开栏、电子显示屏等形式公开；

3. 办事（服务）机构主要通过电子显示屏、电子触摸屏、公开栏、办事指南、宣传折页等形式公开；

4. 村（居）主要通过公开栏、村（居）民大会或代表会议、印刷品等形式公开。

二、人口和计划生育政风行风评议工作基本要求

（一）请村（居）民“评计生”

1. 评议对象

区（县）、乡镇（街道）人口和计划生育办事（服务）机构。

2. 评议内容

（1）奖扶、贴贷等优惠政策落实情况；

（2）依法办事情况；

（3）服务承诺兑现情况；

（4）办事（服务）内容、程序、标准、纪律等公开情况；

（5）优质服务情况。

（二）请流动人口“评计生”

1. 评议对象

城市（含县城）人口和计划生育办事（服务）机构。

2. 评议内容

（1）办事（服务）内容、程序、标准、纪律等公开情况；

（2）落实计划生育免费基本技术服务、奖励优惠政策落实等情况；

（3）避孕药具、宣传资料的易得情况；

（4）为流动人口办理有关证件时有无“吃拿卡要”、刁难、以权谋私等现象；

（5）有无强迫流动人口返乡孕检的情况；

（6）其他依法办事情况。

（三）人口计生系统“下评上”

1. 评议对象

上一级人口和计划生育行政部门。

2. 评议内容

（1）履行职责情况；

（2）行政效能建设情况；

（3）作风建设情况；

（4）廉洁从政情况。

（四）参加当地政府组织的政风行风评议

1. 市、区（县）人口计生部门要积极参与本级政府组织的政风行风评议活动，以此推动本部门的作风建设；

2. 要针对评议中反馈的意见和建议，抓好整改落实；

3. 上级人口计生行政部门要加强指导，并将下级参评结果纳入当年人口计生工作目标管理考核和奖惩的重要指标。

（五）评议方法

请村（居）民“评计生”、请流动人口“评计生”以及“下评上”主要采取集中评议、走访座谈、问卷调查、网上调查、电话访谈等方式进行。

三、人口和计划生育监督维权工作基本要求

（一）“12356”阳光计生服务热线

1. 提供办事指南、政策法规咨询、接受群众投诉举报、意见建议等服务。确保自动语音服务24小时畅通、人工接听服务8小时工作时间畅通；

2. 热线接听人员具备良好的政治素质和业务技能，语言规范，服务态度好；

3. 来电登记、受理、反馈等工作流程健全，工作记录清晰、完整；

4. 定期对受理情况进行综合分析，为决策提供依据；

5. 领导班子成员带头上线，及时解答群众反映的问题。

（二）有奖举报

1. 奖励条件

对举报有下列行为之一，经查证属实的，应当给予举报人奖励：

（1）严重违反人口和计划生育法律法规的行为；

（2）违反《中国共产党纪律处分条例》和《公务员法》等党纪政纪的行为；

（3）违反群众工作纪律和检查考核纪律的行为。

2. 奖励实施

（1）各级人口计生部门应制定完善的举报奖励制度，充分保障举报人的合法权益；

（2）奖励标准按各级人口计生部门的有关规定执行；

（3）认真调查举报人反映的问题，及时向举报人反馈调查和处理结果，对符合奖励条件的及时兑现奖励。

（三）行风监督员

1. 行风监督员的选聘

（1）选聘条件：关心人口计生事业发展；与人民群众有密切联系；参政议政能力强。

（2）选聘范围：主要在各级人大代表、政协委员、社会知名人士、新闻工作者、人口计生工作者、育龄群众代表中聘请。

2. 行风监督员的职权

（1）主要职权：查阅行风建设有关文件；参加有关会议、检查和调研；收集和反映群众意见；提出批评意见和建议。

（2）监督重点。行风监督员重点对各级人口计生部门及其工作人员的下列情况实施监督：依法办事、文明执法情况；工作效率、工作质量情况；服务态度、服务承诺兑现情况；阳光施政、落实“三公开”、“四评议”和“五项监督维权制度”的情况；遵纪守法、廉洁从政的情况。

3. 行风监督员的管理

各级人口计生部门应定期召开行风监督员座谈会，认真听取监督员实施监督的情况和意见建议，研究解决监督工作中遇到的困难和问题，提出加强监督的要求。

（四）舆论监督

1. 各级人口计生部门要依法主动接受新闻媒体的舆论监督，及时调查处理新闻媒体揭露和反映的问题；

2. 重视网络舆情，及时、正确地处理网络反映的问题；

3. 建立健全与新闻媒体的沟通联络机制，定期或不定期地举办座谈会或研讨会，交流意见，沟通信息；

4. 对于社会关注的重大事项、人口计生工作的重大举措，应当通过新闻发布会、记者招待会等形式及时发布相关信息。

四、阳光计生行动制度保障

（一）组织领导制度

各级人口计生部门应建立健全组织领导机构，具体组织实施阳光计生行动；形成主要领导亲自抓、负总责，分管领导具体抓，业务机构各负其责的工作机制。坚持与业务工作同研究、同部署、同检查、同考核。所需经费纳入预算，保障工作正常开展。

（二）整改反馈制度

坚持以群众满意为标准，以群众最不满意、反映最强烈的问题为重点，及时分析群众反映的意见和建议，认真制定和落实整改措施，及时反馈整改结果。对群众反映的意见建议，由阳光计生行动领导机构梳理并分解到有关业务部门。业务部门要逐条对照检查，制定整改措施，明确整改时限和责任分工。整改结果要通过新闻媒体、新闻发布会、公告、公开栏、电子显示屏等形式公开，及时向群众和社会反馈。

（三）总结报告制度

市、区（县）人口计生委要把阳光计生行动开展情况列入年度工作总结报告，重大事项和重要工作情况要随时报告。“12356”阳光计生服务热线受理情况和有奖举报情况每月作一次分析汇总，并及时报送上级主管部门。

（四）检查考核制度

检查考核工作由阳光计生行动领导机构组织实施，与业务工作同检查、同考核。实行年度考核和平时检查相结合、明查与暗访相结合。检查考核要重点突出政（事、村）务公开、政风行风评议和接受监督三方面的情况。检查考核结果要纳入人口和计划生育目标管理考核之中，作为评先评优的重要依据。

（五）责任追究制度

有下列情形之一的，依照分级负责的原则，给予责任单位通报批评或取消本年度评先评优资格处理。

1. 不认真实施阳光计生行动，管辖范围内发生严重损害群众利益等突出问题的；

2. 不实行政（事、村）务公开或公开内容弄虚作假的；

3. 对群众所提意见建议不认真整改，以致问题继续发生的；

4. 不接受社会、舆论监督，造成不良影响的。

（六）档案管理制度

各级人口计生部门应建立阳光计生行动档案管理制度，对文件、计划、总结、报告、会议记录、统计报表及考评结果、奖惩资料等文字和声像资料立卷归档，专柜存放，专人管理。

北京市人口计生系统基层阳光计生行动示范单位标准

一、组织领导好

组织机构健全，主要领导亲自抓，班子成员集体抓，业务机构有专人负责；资金有保障，各项制度得到落实。

二、三项公开好

政务公开、办事公开、村务公开实现全覆盖；公开内容真实、全面、合法；动态内容及时公开，公开形式便民知情，群众知晓率达到90%以上。

三、评议整改好

认真组织开展“请村（居）民评计生”、“请流动人口评计生”、系统内“下评上”、积极参与政府组织的政风行风评议；虚心听取意见建议，扎实制定和落实整改措施；科学运用评议结果；群众满意度达到90%以上。

四、热线服务好

“12356”阳光计生服务热线24小时畅通（全天候提供语音服务，工作时间提供人工服务）；接线员语言规范文明；群众咨询得到满意答复，合理化建议得到采纳，举报投诉得到及时处理。

五、诚信履职好

人口计生各项奖扶优惠政策、免费及时服务项目得到落实；流动人口服务管理规范、到位。服务承诺兑现，服务态度良好，服务质量优良；法定奖励优惠政策落实率达到100%。

六、维护权益好

行风监督员的桥梁纽带作用得到充分发挥；有奖举报制度得到有效落实，群众权益得到维护。

七、纪律执行好

人口和计划生育群众工作纪律、检查考评工作纪律得到落实；无粗暴执法，无乱收费乱罚款，无弄虚作假，无以权谋私等违纪违法案件。

八、监督评估好

监督检查机制健全，定期开展评估，科学运用评估结果；及时总结经验，分析存在问题，按时上报工作情况。

九、行业作风好

人口计生部门在本级政府组织的政风行风评议中，获得参评部门中前10名的成绩。

十、全面管理好

将阳光计生行动纳入总体工作之中，做到有计划、有检查、有考核、有总结，报告工作及时，档案资料管理规范。

北京市人口计生系统
阳光计生行动检查评估办法（试行）

为规范阳光计生行动检查评估工作，推动《北京市人口计生系统阳光计生行动规范》、《北京市人口计生委阳光计生行动实施办法》的落实，促进系统政风行风建设，根据《北京市人口计生系统阳光计生行动实施办法》中关于检查评估的相关规定，特制定本办法。

一、检查评估内容及标准

检查评估内容以《北京市人口计生系统阳光计生行动实施办法》为依据，主要包括“组织领导”、“三项公开”、“四项评议”、“五项监督”四个方面。

1. 阳光计生行动的组织领导情况。

2. 政务公开、办事公开、村务公开情况。

3. 开展“请村（居）民评计生”、“请流动人口评计生”、系统内“下评上”以及参与当地政府组织的民主评议政风行风活动的情况。

4. “12356”阳光计生服务热线制度、行风监督员制度、实名举报奖励制度、舆论监督制度、层级监督制度的落实情况。

二、检查评估的方式

检查评估采取定期与不定期、明察与暗访、自查与抽查、跟踪监督与重点检查相结合的方式，运用“一看、二访、三听、四查、五评、六馈”的方法进行。看：主要是查阅阳光计生行动的有关文件、资料；访：主要是通过走访服务对象、组织问卷调查，了解行动落实情况和群众对行动的满意度；听：主要是听取阳光计生行动工作汇报和基层单位及群众的反映；查：主要是检查政务（办事、村务）公开、“四项评议”、服务（办事）机构承诺践诺、服务对象举报投诉以及监督维权等情况，查找活动开展中存在的主要问题；评：就是在完成看、访、听、查的基础上，按照评估指标对每个部门或单位阳光计生行动开展情况进行定量和定性的分析，做出评估结果；馈：就是将评估结果向被查部门或单位进行反馈，督促其及时整改。

三、检查评估的组织

检查评估工作在市、区（县）、街道（乡镇）人口计生委（办）党组（党委）或纠风工作领导小组的领导下，由市（区县）驻委监察处（纪检监察职能科室）牵头，机关相关处（科）室参加，组成检查评估小组实施检查评估。检查评估要分级组织实施，定期进行。市人口计生委负责对区（县）人口计生委的检查评估，区（县）人口计生委负责对街道（乡镇）人口计生行政管理部门的检查评估，乡镇（街道）计生办负责对村（居）的检查评估。市对区（县）每两年、区县对乡镇（街道）每年、乡镇（街道）对村（居）每半年进行一次检查评估。每次的评估结果既要上报，又要对下通报，以利于上下掌握情况，改进工作。定期检查评估实行百分制，其中自查占40%，检查占40%，民主测评占20%。

四、检查评估结果的确定

上级部门对下级部门实施检查评估后，要对每一个被检查部门或单位提出评估意见。评估意见根据下级部门自查、检查组检查、民主测评的总体情况，按照权重计算出评估总分，对该部门或单位形成综合评定意见，确定评估等次，并将评估结果反馈给被检查评估单位。

评估等次分为优秀、良好、合格、不合格四个等次。总分在90（含）以上的为优秀，80（含）至89分为良好，60（含）至79分为合格，60（不含）分以下的为不合格。

五、检查评估结果的运用

各级人口计生部门要将阳光计生行动检查评估纳入人口和计划生育工作目标考核之中。对阳光计生行动工作运行规范、制度落实、成绩突出、群众满意率高的部门或单位，要结合年终工作总结予以表彰；对检查评估“不合格”的单位要进行通报批评，并取消其当年参加人口和计划生育工作先进单位的评选资格。必要时要下达整改通知书，督促其完善措施、限期整改，并及时上报整改情况。

关于对各区县人口计生委诚信计生验收工作具体安排的通知

（京人口发〔2011〕38号）

各区县人口计生委：

为切实做好2011年度区县诚信计生验收工作，根据国家和北京市人口计生委的有关文件指示精神，现将验收工作具体安排通知如下：

一、验收对象及时间安排

验收对象为2011年度申报全面推进诚信计生工作达标的区县。相关区县应于10月20日前完成达标申报工作，正式上报市人口计生委。市人口计生委拟于10月下旬开始验收工作。

二、验收方法

为全面深入了解基层实际，本次验收考核涉及区县、街道（乡镇）和村（社区）三级，主要包括以下内容：

（一）工作汇报。由区县人口计生委、

街道办事处（乡镇人民政府）汇报全面推进诚信计生工作落实情况。

（二）查阅资料。对区县、街乡镇人口计生部门制定下发的有关诚信计生工作的文件、档案内容及基层诚信计生协议书、承诺书进行查阅。

（三）现场查看。主要包括现场查看基层诚信计生工作管理服务设施，组织基层群众问卷调查、育龄妇女座谈，查阅基层服务记录、档案和基层群众需求分析报告、信访资料，等等。

三、验收要求

（一）按照评估标准的要求，相关区县要准备验收所需的文件、资料。

（二）被抽查街道办事处（乡镇人民政府）要做好问卷调查、群众座谈等组织工作。

四、验收小组成员

组长：市人口计生委副主任　耿玉田

成员：市人口计生委办公室　胥德琪　李坤英

市人口计生委政法处　周新茹　蓝荣辉

市人口计生委规统处　臧萝茜

市人口计生委科技处　李朝俊　冯　雷

附件：区县诚信计生工作验收实施细则（略）

二〇一一年十月八日

五、整体工作篇

重点工作和重要会议

【北京市人口计生系统启动2011年“三下乡”活动】 1月12日，北京市人口计生委、大兴区人民政府在大兴区青云店镇联合举办2011年文化、科技、卫生“三下乡”活动启动仪式。国家人口计生委宣教司副司长石海龙、中国人口宣教中心副主任伦秀伟、市政府副秘书长侯玉兰、市直机关工委委员傅毅、市人口计生委党组书记杨林等领导出席了活动，市人口计生委副主任彭彧华主持了此次活动。市人口计生委向大兴区人口计生委和青云店镇人口学校赠送了笔记本电脑、DVD机、摄像机、投影仪等价值30万元的设备和宣传品。活动期间，走访、慰问了计划生育贫困家庭、独生子女家庭、计划生育专干家庭；举办了“生殖健康大课堂”活动，北京积水潭医院、北京妇产医院、北京同仁医院等医院的知名专家为育龄群众进行了免费体检和健康咨询。

【市委、市政府领导到市人口计生委宣布刘志任职决定】 2月24日，市委常委、市委组织部部长吕锡文，副市长丁向阳，市委组织部常务副部长史绍洁等领导到市人口计生委宣布市委、市人大关于刘志任市人口计生委党组书记、主任的决定，吕锡文部长、丁向阳副市长作了重要讲话。吕锡文部长在讲话中指出，“十二五”期间，人口、资源、环境中人口是一个大概念，不仅要控制好数量，还要重视人口质量，是科学发展观的大内容。因此，市委、市政府高度关注。刘志同志思维开阔，眼界开阔，站位高，能够对实际问题提出解决的办法，工作能力强，协调关系能力强，接触新事物快，推进工作有力度。刘志到市人口计生委主持全面工作是市委、市政府下决心的，是充分信任的。市人口计生委干部职工要认真贯彻市委、市政府关于加强人口服务与管理的决策部署，深入研究、把握规律、整合资源、拓展职能、推动北京市人口和计划生育工作取得更大成绩。丁向阳副市长在讲话中指出，北京市的人口计生工作十分重要，党中央、国务院对北京市人口规模调控和“十二五”期间人口工作非常关注。市委、市政府下决心要努力做好这方面工作。邓行舟、杨林做了大量工作，使全市的人口稳定在低生育水平。刘志有着多方面工作的能力，相信他能够干好。希望市委组织部今后还要大力支持和加强市人口计生委战略研究等方面的力量。

【北京市三个区成为国家免费孕前优生健康检查项目第二批试点区】2 月 24 日，国家人口计生委和财政部联合召开国家免费孕前优生健康检查项目第二批试点工作启动电视电话会议，部署启动第二批试点工作，北京市丰台区、平谷区、昌平区列为国家免费孕前优生健康检查项目第二批试点区。

【北京市人口计生委召开务虚会】3 月 4 日，市人口计生委党组书记、主任刘志主持召开北京市人口计生委务虚会。机关各处室、直属事业单位、计生协会的副处以上干部参加。各处室负责人和委员会副主任谈了今后工作思路及其对全市人口计生工作建议。刘志主任在讲话中强调，第一，要树立机遇意识、责任意识、团队意识和创新意识四个意识。第二，努力做好四个转变：一是思想观念转变，二是工作重点转变（主要是全面调控人口规模与结构和长期稳定低生育水平两个方面），三是机制体制的转变，四是工作作风的转变，提高执行力。第三，下一步的重点工作：一是做好建党 90 周年和建委 30 周年的庆祝活动；二是做好“7·11”世界人口日宣传及相关活动；三是进一步完善“十二五”人口发展规划；四是探索利用现代物流方式发放药具的方式和方法，争取成为全国的样板。

【北京市人口计生委社区基本公共服务工作获表彰】3 月 17 日，市社工委、社会办与市人口计生委就社区基本公共服务工作举行座谈会。市社工委委员、社会办副巡视员王智玲，市人口计生委副主任耿玉田和相关处室负责人出席了会议。会上，社会办向市人口计生委交送了《推进社区基本公共服务第一批重点社区各项目覆盖情况名册》，并通报了去年底在全市第一批 645 个规范化建设达标社区中开展的基本公共服务项目缺项和需求的摸底调查情况。市人口计生委主责的“社区计划生育服务”和“社区独生子女家庭服务”两个项目覆盖率分别达到 95.1% 和 94.9%，在 60 个服务项目覆盖率排名中分列第四、第五位。其中“社区计划生育服务”项目中的“发放免费避孕药具”覆盖率达到 99.4%，在 180 个具体服务事项及标准中的覆盖率排名第一位。

【北京市人口计生委高度重视全员人口信息系统开发工作】3 月 18 日，市人口计生委党组书记、主任刘志听取了全员人口信息系统开发阶段工作汇报。市人口计生委副主任丁勇、中国人口与发展研究中心、委信息中心、规划统计处、研究室等部门领导和相关人员参加。刘志主任指出：系统开发要兼顾国家的要求和北京市的需要，注意委内业务系统和全员人口数据库的衔接；要进一步精选指标，方便基层，注重系统安全；要注重情况和问题研究，加强应用。

【召开药具发放优质服务试点第一次工作会议】3 月 18 日，市人口计生委召开北京市药具发放优质服务试点第一次工作会议。市人口计生委副主任马旭，国家人口计生委科研所教授吴尚纯，海淀区人口计生委主任刘彦等领导参加。马旭副主任指出，药具发放要引入社会化发放，通过信息化整合，实施精细化服务，跳出现有的药具管理发放模式，用现代思维解决城市药具管理发放面临的问题，即“运用现代技术手段、探索现代服务模式、建立现代管理制度”。关于药具试点，他强调，要实现药具发放的社会化；组织现代网络环境下的药具服务；建立以药具为中心的人工流产三级预防体系；开展以医院为基础预防人工流产的国际合作；开展广泛的宣传、推介与推广活动；建立药具物流管理信息系统。他还介绍了在海淀区开展免费药具优质服务试点情况和迎接国家在海淀区召开“全国促进城市药具免费发放服务现代化”会议的设想以及急需解决的问题。

【国家免费孕前优生健康检查北京市试点区项目启动仪式在平谷举行】3 月 29 日上午，国家免费孕前优生健康检查北京市试点区项目启动仪式在平谷举行。国家人口计生委科技司司长张世琨、财务司司长薛启谊、北京市人口计生委主任刘志，副主任耿玉田、马旭，平谷区人民政府区长张吉福、副区长魏玉瑞，市财政局教科文处，平谷区、丰台区、昌平区人口计生委、财政局、卫生局领导出席了本次活动。张世琨司长指出：试点单位一定要珍惜机会，不辱使命，不怕困难，真抓实干，出色完成好各项工作任务。要高度统筹，高定标准，高效促进，在人均覆盖率、在各项科学规范指标上都要走在全国的前列。一定要比学赶帮、创先争优，个个争当排头兵，共同摸索出无愧于首都水平的高质量的好经验，给全国免费孕前优生健康检查工作带个好头。

【召开 2011 年人口计生工作大会】3 月 30 日，北京市召开 2011 年人口计生工作大会，总结了“十一五”和 2010 年的工作，对“十二五”开局之年的工作任务进行部署。国家人口计生委党组副书记、副主任赵白鸽，北京市副市长丁向阳出席会议并讲话，市政府副秘书长侯玉兰主持会议。丁向阳副市长要求，人口计生工作要注重人口的调控、服务和管理的转变。要根据北京市人口老龄化程度的提高，外来人口的增加，北京市经济转型，就业状况发生的变化，保持经济社会发展的可持续，提升地区竞争力，做好三种人的服务管理工作：一是“不丢人”，人口计生委要认真研究人口规模发展变化和“十二五”时期发展变化，要有观点、思路和办法；二是“抓小人”，坚持已有的政策不动摇，同时积极探索北京市在新时期的人口政策；三是“管大人”，在健康北京大框架下，发挥计生系统普及健康知识，延长健康寿命，加强青春期健康教育，药具发放和全民健康教育普及等方面的积极作用。国家人口计生委副主任赵白鸽对北京市人口计生工作给予充分肯定，同时要求在人口机制体制创新、新时期人口社会管理体系、信息化建设和人口发展战略研究等方面为全国起引领示范作用。她强调指出：一是要建立健全科学的人口规模调控指标体系，制订好人口规模调控工作方案；二是全面建成北京市全员人口信息库，随时准确掌握人口发展状况，为市委、市政府决策提供翔实的人口数据；三是建立重大项目人口评估机制和人口预警机制；四是建立“国策上位”的政策协调机制和“优先优惠”的利益导向机制；五是探索现代城市药具管理服务的新模式。

【召开全市人口计生系统反腐倡廉建设工作会议】4月1日，市人口计生委召开全市人口计生系统反腐倡廉建设工作会议。市人口计生委党组书记、主任刘志主持会议并作重要讲话。刘志主任指出，各级人口计生部门党委（党组）和领导干部要统一认识，坚定信心，狠抓落实，不断取得党风廉政建设和反腐败斗争新成效。他要求，2011年落实党风廉政建设和反腐败工作要重点做好八项工作：一是及时传达学习上级有关党风廉政建设和反腐败工作会议精神，联系实际做出全面部署；二是严明政治纪律，加强监督检查，保证中央重大决策部署的贯彻落实；三是认真落实“四个大兴”的要求，扎实推进机关党的作风建设；四是深入开展廉政风险防控工作，切实加强教育、监督和制度建设；五是规范阳光计生行动，促进系统作风建设；六是深入推进专项治理工作，严肃查处违纪违法案件；七是落实领导干部廉洁从政各项规定，促进领导干部廉洁自律；八是认真执行党风廉政建设责任制，确保各项工作落到实处。

【召开研究人口与家庭健康服务中心建设项目方案专题会】4月18日，市人口计生委召开专题会议，研究人口与家庭健康服务中心项目建设方案。党组书记、主任刘志出席会议，副主任耿玉田主持会议。会上，听取了项目立项依据、历史沿革及“一馆两中心”的功能定位等情况的介绍。会议明确了人口与家庭健康服务中心承担的主要工作：①生殖健康技术服务；②0～3岁婴幼儿早期教育；③青少年生殖健康指导服务；④中老年健康指导服务；⑤性与生殖健康指导服务；⑥北京市全员人口数据中心等。服务中心建成后，将成为集人口计生宣传教育、技术服务、培训展示为一体的人口与家庭健康综合性服务中心，成为北京市乃至全国青少年生殖健康教育基地，并可为国际、国家和北京市人口机构、组织提供服务。

【组织学习贯彻胡锦涛总书记重要讲话精神】4月26日，中共中央政治局就世界人口发展和全面做好新形势下我国人口工作进行第28次集体学习。胡锦涛总书记发表重要讲话，明确提出了“四个加强”的总体要求，提出了新时期人口工作六项重点任务。市委书记刘淇和市长郭金龙明确要求市人口计生委牵头考虑“十二五”人口工作规划。根据市委、市政府领导要求，市人口计生委党组及时召开会议，认真学习领会胡锦涛总书记讲话精神。5月16日，市人口计生委召开市、区（县）两级人口计生系统全体干部视频会议，学习胡锦涛总书记重要讲话，传达国家人口计生委党组中心组学习会议精神，布置全市学习贯彻胡锦涛总书记讲话的具体安排。会议要求，要把学习讲话精神和纪念中国共产党成立90周年、市人口计生委成立30周年、“7·11”世界人口日以及党的建设工作结合起来；把学习讲话精神和北京市“十二五”人口发展规划结合起来；把学习讲话精神和当前的实际工作结合起来。全市人口计生系统各级党组织要迅速掀起学习高潮，组织专题学习讨论，在系统内部树起学习的新风；市、区（县）两级人口计生委要结合实际，研究制定具体贯彻意见；要加强宣传，加大宣传力度。根据国家人口计生委党组书记、主任李斌讲话和市委、市政府领导的批示精神，结合北京人口发展实际情况，要重点做好十个方面的工作：①按照胡锦涛总书记的讲话精神，修改和完善北京市“十二五”人口发展规划；②抓紧开展五大方面重大人口政策研究和调研；③加快推进全市孕前优生健康检查全覆盖；④认真研究解决人口性别比偏高问题；⑤加强对流动人口的服务和管理；⑥关注养老服务体系建设；⑦加快北京市全员人口信息库建设；⑧全面开展幸福家庭活动；⑨加快人口机构体制创新；⑩办好7月份的三个重大活动。

【召开青春健康教育现场会】4月28日，市人口计生委在怀柔区召开青春健康教育现场会，总结“十一五”北京市青春健康教育工作情况，推广怀柔区的先进经验，为北京市第一个青春健康教育中心挂牌。中国人口宣教中心、北京市教委、首都文明办相关领导出席了会议。市人口计生委党组书记、主任刘志在讲话中指出，当前的工作重点：一是机制体制改革，北京市人口计生委正处于转型期，工作重心由传统计生工作转移到加强人口管理服务上，要进一步完善统筹解决人口问题的新机制。二是完成“十二五”人口发展规划，研究制订人口规模调控工作方案，建立科学的人口规模调控指标体系。三是全面完成“北京市全员人口信息管理系统”建设，深化数据开发利用，建立北京市人口宏观管理与决策信息系统，为人口科学决策提供支持。四是加强对流动人口的服务，围绕流动人口“一盘棋”工作目标，加强基层基础工作，完善综合治理和区域协作机制，推进流动人口计划生育基本公共服务均等化。五是有针对性地开展调研，关注全市的重大工作，从中解析出人口要素，研究对策，从而引导人口有序迁移和合理分布。刘志主任还强调，新型家庭人口文化建设工作要向“生命全周期”拓展，要加强0~3岁婴幼儿早期教育，强化老龄人口的健康教育，构建以家庭人口文化为核心，以家庭成员和谐健康发展为基础，以关注民生为目的的公共服务管理体系。“十一五”期间，按照市政府“健康北京——全民健康促进十年行动计划”的要求，市人口计生委制订“首都市民生命全周期性健康教育计划”，把生命全周期分为五期十段，分阶段推出性健康教育读本。市人口计生委高度重视青少年健康人格教育，不断推进青少年健康人格工程，当前已经形成“政府宏观指导，部门相互支持，人口计生委具体牵头”，以学校为重点、以家庭为基础、以社会为平台的三位一体的工作新局面。位于怀柔区的北京市第一个青春健康教育中心打造出“四线并进”的教育体系，即以青少年个体、家庭、团队、师资为主体，延伸出四条服务主线，并进式开展宣传教育工作，形成了个体引导、家庭指导、团体教育、师资培养于一体的多维度服务格局。

【积极推进“特大型城市人口规模调控”课题研究】5月4日，市人口计生委召开“特大型城市人口规模调控（以北京市为例）”课题专题会。市人口计生委党组书记、主任刘志，副主任徐捷、丁勇出席会议，办公室、研究室、流管处相关人员参加会议。会议听取了研究室关于“特大型城市人口规模调控（以北京市为例）”课题情况的汇报。此课题为2011年国家人口计生委重点课题，旨在落实中央有关特大城市要合理调控人口规模的要求，为特大城市调控人口规模提出工作思路和政策措施。该课题由国家人口计生委和市人口计生委组织国内著名专家联合开展研究。刘志主任强调：一要高度重视，密切配合，加强与国家人口计生委沟通；二要着重描述首都人口现状和特征，分析产生的原因及对首都科学发展的影响，提出可操作性政策措施；三要进一步细化课题研究提纲，抓住重点，尽快启动课题调研，形成阶段性成果。

5月18日，市人口计生委参加了由国家人口计生委副主任王培安主持召开的课题启动会。会议分别听取了国家人口计生委流管司副司长王谦关于课题研究柜架、调研工作方案的汇报和北京市人口计生委主任刘志关于北京市课题组研究柜架的汇报。王培安副主任指出，开展特大型城市合理调控人口规模研究，是贯彻胡锦涛总书记“4·26”讲话精神的具体体现，是落实国家“十二五”规划的重大举措。课题研究对推进全国城市化建设和加快人口计生工作转型具有十分重要的现实主义和深远的历史意义。王培安副主任强调，人口问题十分复杂，调研工作要在摸清情况上下工夫，在找准问题和分析原因上下工夫，在提出有针对性和可操作性政策建议上下工夫，努力使课题研究成果对特大城市科学发展提供指导。要注重抓好以下几项工作落实：第一，要组织好调研队伍，注重吸收人口、经济、交通、规划等方面的专家，加入到研究团队中来；第二，要完善调研计划，制定调研提纲，做好专家论证工作；第三，要充分借鉴国际经验，注重吸收首尔、东京、纽约在调控人口方面的成功经验；第四，要充分利用已有成果，对近几年许多专家对北京市调控人口规模的研究成果进行梳理，做到早出成果，快出成果，出好成果；第五，要做好调研的后勤保障工作。

10月12日，市人口计生委召开了人口规模调控课题研究启动会。会议由市人口计生委主任刘志主持，市人口计生委副主任徐捷介绍了课题研究背景和子课题研究的重点。会议重点研究特大城市人口规模调控（以北京为例）调研工作，部署了下一阶段相关委办局和各区（县）的调研任务。市发改委、市流管办、市教委、团市委等14个相关部门主管领导和西城、朝阳、昌平等6个区（县）人口计生委领导参加了会议。刘志主任指出，加强人口服务管理是当前和今后一个时期面临的重大任务，首都的人口问题不仅要从北京市层面去研究，而且要从国家和区（县）层面去研究。因此，经市领导和国家人口计生委领导批准，国家人口计生委和市人口计生委联合开展特大城市人口规模调控研究（以北京为例）。该课题分别从国家、市级、区（县）层面进行，全市的课题调研工作由市人口计生委牵头，相关委办局和各区（县）参加。各子课题调研要注重与“十二五”规划相结合，与本单位、本区（县）工作实际相结合，与近期工作和明年工作重点相结合，在摸清度数、找准问题上下工夫，以更高的站位，更宽的视野，更加注重政策创新，提出切实可行的政策措施。各子课题牵头部门要成立调研小组，尽快提出研究重点，形成调研框架，于2011年12月中旬形成中期调研成果。年底，市人口计生委召开各子课题成果交流会，进一步总结工作，明确明年的调研重点，为形成高质量调研成果奠定基础。

【中纪委驻国家人口计生委纪检组领导到北京市专题调研】5月5~6日，中央纪委委员、驻国家人口计生委纪检组组长勾清明对北京市人口计生系统政风行风建设情况进行专题调研，国家人口计生委纪检组副组长、监察局局长杨云凯，市人口计生委党组书记、主任刘志等领导陪同调研。5月5日下午，调研组听取和观看了海淀区青龙桥街道“阳光计生网站”建设运行情况和曙光街道“曙光和谐号”活动开展情况的汇报和演示。5月6日，听取了市人口计生委、密云县人口计生委、密云县河南寨镇和鼓楼街道政风行风建设情况的汇报，并实地考察了鼓楼街道人口计生政务服务窗口和密云县人口文化园。刘志主任在座谈中指出，一要坚决贯彻中央、中纪委和国务院第四次廉政会议精神；二要在全市人口计生系统内实现中心工作和纪检监察工作思路转变两项重点任务；三要严肃纪律，坚决执行国家法律法规和党的纪律，注重教育，警钟长鸣。国家人口计生委纪检组副组长、监察局局长杨云凯指出，北京市人口计生系统政风行风建设工作思路清、有特色、亮点多、认识高、体会深。希望并相信在新的领导班子领导下，在驻委纪检组监察处的组织协调下，北京市人口计生系统政风行风建设会再上一个新的台阶，继续走在全国前列，发挥首都的示范带头作用。中央纪委委员、驻国家人口计生委纪检组勾清明组长要求，各级人口计生部门领导干部，要认真学习贯彻胡锦涛总书记在中央政治局第 28 次集体学习时关于全面做好人口工作重要讲话精神，着重做好稳定低生育水平、加快人口信息化建设、完善利益导向政策体系、提高出生人口素质、综合治理出生人口性别比、加强和创新流动人口服务管理、推进创建幸福家庭活动、深化综合改革等工作。同时，要高度重视搞好政风行风建设：一是加强领导，高度重视行风建设和党风廉政建设；二是要大力推进阳光计生行动规范化建设，从源头上防止不正之风；三是继续加强廉政风险防控管理工作，切实抓好自身建设；四是要加强监督检查，确保重点工作的落实。

【非洲英语国家妇幼卫生促进官员研修班成员到延庆县考察】5 月 20 日，非洲英语国家妇幼卫生促进官员研修班成员 40 人到延庆县考察。这次研修班中有南非总统夫人农普梅莱洛·恩图利·祖马等，国家人口计生委国际合作司副司长张扬陪同考察。延庆县人口计生委党组书记王树勤、主任蒋秀芝就县计划生育生殖健康技术服务工作进行了详细的介绍，并陪同考察团成员实地考察了延庆县计划生育生殖健康技术服务中心。在延庆县妇幼保健院，考察团一行听取了院方在妇幼保健方面的工作实践和经验介绍，参观了各个服务场所。恩图利·祖马对延庆县计划生育生殖健康技术服务中心的工作产生了浓厚的兴趣，并就有关问题进行了诚恳交流。

【北京市人大组织召开“合理调控人口规模”重点建议督办座谈会并实地考察】在 2011 年召开的十三届四次人大会议上，吴守伦等 240 余位代表就北京人口规模调控提出了建议。5 月 25 日，市人大常委会副主任刘新成牵头召开座谈会，把关于“合理调控人口规模”的建议作为重点进行督办。市人口计生委党组书记、主任刘志向代表们汇报了建议承办情况和北京市调控人口规模的意见。一是进一步明确科学合理调控首都人口规模的目标；二是创新体制机制，推动人口规模调控目标落实；三是加快经济发展方式转变，降低经济增长对劳动力数量的依赖程度；四是加快新城建设，在区域协调发展中缓解人口压力；五是加强流动人口服务管理，促进人口有序流动；六是加快人口信息化建设步伐，为科学决策提供权威支撑。参加座谈会的人大代表对市人口计生委的答复比较满意，就北京市人口规模调控提出建议：一是人口规模调控已经到了非控不可的时期，市政府要高度重视，统筹各有关部门制定综合措施；二是认真开展人口战略研究和政策统筹；三是各部门出台政策规定、实施重大项目、开展公共服务等都应充分考虑人口因素，有利于人口规模调控。市政府副秘书长侯玉兰代表市政府向人大代表表态：人大代表建议对破解人口规模难题发挥了积极作用。各级各部门要从全局战略的高度认识合理调控人口规模的重要性和紧迫性，把握好推进经济发展和有效调控人口的平衡点，把人大代表的意见和建议吸纳到工作中去，进一步提高政府的社会管理和公共服务水平，力争在破解人口规模调控难题、推动科学发展上取得新的进展。市人大常委会刘新成副主任在讲话中肯定了市人大代表建议对推动首都人口规模调控工作的积极作用，同时指出人口规模调控工作的长期性、艰巨性和复杂性，强调市人大、市政府以及各个部门要密切合作，人大代表要发挥监督作用，按照胡锦涛总书记以及中央、市委市政府的部署，全面做好人口工作，共同推进首都人口规模调控工作的落实。6月20日，市人大常委会副主任刘新成率人大代表到顺义区考察人口规模调控工作。考察组先后到顺义区仁和镇平各庄村和南彩镇河北村现地考察，听取顺义区工作汇报并进行座谈。市政府副秘书长侯玉兰、市人口计生委主任刘志等领导陪同考察。

【举办全员户籍人口信息系统培训会】 5月16日至31日期间，市人口计生委规划统计处与信息中心联合举办了全员户籍人口信息系统培训会。此次培训分5批进行，每批培训2天，全市16个区（县）及其下辖各街道（乡、镇）人口计生部门约380名统计工作人员参加了培训。

【创新首都人口管理体制机制调研组赴无锡、上海专题调研】 6月8～11日，创新首都人口管理体制机制调研组赴江苏省无锡市和上海市进行专题调研。市人口计生委党组书记、主任刘志带队，市编办、市发展改革委、市公安局、市民政局、市统计局、市社会办有关人员参加。刘志主任指出，江苏省、上海市在人口管理体制机制方面作出了积极探索，特别是无锡市探索出了一条以“大人口观”为理念指导，以“人口委”为统筹机构，以“一证二合同三承诺”为管理手段，以常住人口公共服务均等化为改革方向的人口服务管理体制创新之路，非常值得北京市借鉴。刘志主任要求，要认真学习兄弟省、市的先进经验，紧密结合首都人口发展实际，进一步完善首都人口管理体制机制，为全面做好人口工作提供坚实的制度保障。调研组与江苏省人口计生委、无锡市人口计生委、上海市人口计生委进行了交流、座谈。市人口计生委副主任丁勇参加调研。

【举办庆祝建党90周年摄影展】 6月15日，中国计生协、北京市计生协举办的“庆祝建党90周年，展示和谐计生协会”摄影展在中山公园启动。中国计生协党组书记、常务副会长杨玉学专门为摄影展题词。中国计生协机关党委书记吴光华、专职副书记朱宝贵，北京市计生协常务副会长刘志和副会长彭彧华等领导参加了启动仪式，并亲切慰问了3户亲情牵手家庭。刘志常务副会长表示，关怀特殊困难的计划生育家庭，是计划生育工作的重要内容；市人口计生委、计生协正在探索帮扶困难计生家庭的新模式，计划以生育关怀基金的形式，使关爱困难家庭的工作长期化、机制化，切实解决这些家庭的实际困难，使他们真正享受到党和政府的温暖，也为参与这项工作的志愿者提供有制度性保障的培训、奖励等服务。摄影展自4月份开展筹备，面向全市范围广泛征集摄影作品，共收到摄影作品590余幅。经评委会的精心评审，共选出130幅参展摄影作品，其中一等奖10名、二等奖20名、三等奖30名、优秀奖70名。

【召开“乌兰察布市京蒙对口帮扶实施遗传优生检测项目可行性报告”专家论证会】6月14日，按照市人口计生委刘志主任的要求，市人口计生委副主任耿玉田组织首都遗传学专家和临床实验主任等，对“乌兰察布市京蒙对口帮扶实施遗传优生检测项目工作可行性报告”进行了专题研讨论证。协和医科大学遗传研究中心黄尚志教授、首都医科大学世纪坛医院临床检验室主任张曼教授、首都儿研所临床检验室主任宋昉、北京妇产医院副院长李坚等专家学者参加了论证。这个对口帮扶项目，以满足乌兰察布市遗传优生健康检查服务的需求为原则，以智力援助为主，采取来京进修和专家前往乌兰察布市讲课形式进行专业和管理方面的培训，协助建立规范的、适宜的遗传优生检测实验室。通过项目的实施，在三年内或者在“十二五”内，使乌兰察布市计生服务中心满足当地的孕前优生健康检查需求。通过对口支持，建立北京市人口计生委与乌兰察布市计生系统的密切联系，相互支持，信息共享。与会专家在讨论中认为，乌兰察布市京蒙对口帮扶实施遗传优生检测项目是一项很有意义的工作，具有前瞻性，并就进一步完善项目方案提出了意见建议。

【北京市政府领导视察人口计生工作】6月23日，在庆祝中国共产党成立90周年和北京市人口计生委成立30周年之际，丁向阳副市长和侯玉兰副秘书长到市人口计生委慰问计生干部和职工，并同机关干部进行了座谈。市人口计生委党组书记、主任刘志汇报了上半年工作和学习贯彻胡锦涛总书记关于人口发展重要讲话精神、市委十届九次全会精神情况和下半年重点工作。丁向阳副市长对人口计生委稳定低生育水平、加强人口的服务管理等方面做出的努力和工作给予肯定，并对人口计生工作提出了具体要求。一是人口计生部门管“人口”，要“打基础、转职能、抓宏观、重实效”，对全市人口管理要摸清底数、形成思路、找出办法。每个干部都要转变思想、适应发展，进一步推进人口工作转型。二是重点做好“十二五”时期人口发展研究和2025年前人口老龄化发展研究，针对人口规模变化带来的社会管理问题，人口老龄化的峰值和拐点与计划生育政策的衔接问题，拿出措施和办法。三是计划生育药具发放和服务要充分利用社区卫生服务站建立发放点，利用现代网络等手段，实现对所有人群服务全覆盖。

【召开纪念建党90周年暨北京市人口计生委成立30周年大会】7月4日，市人口计生系统召开庆祝建党90周年暨北京市人口计生委成立30周年大会，表彰了30年来为人口计生工作作出突出贡献的先进集体和先进工作者。原全国人大常委会副委员长何鲁丽出席大会，并作为人口计生系统先进工作者被授予奖牌。国家人口计生委副主任王培安和北京市副市长丁向阳出席活动并讲话。

【举办纪念世界人口日暨城市与人口主题报告会】2011年7月11日是第22个世界人口日，10月份，全世界人口将达到70亿。为此，7月6日，北京市政府主办、市人口计生委和市政府外办承办和组织了北京市纪念世界人口日暨城市与人口主题报告会。联合国秘书处经济和社会事务部人口司司长Hania Zlotnik、国家人口计生委副主任崔丽、北京市政府副市长丁向阳出席纪念活动开幕式并致辞，开幕式由北京市政府副秘书长侯玉兰主持，市人口计生委主任刘志、市政府外办主任赵会民出席。开幕式结束后，市人口计生委主任刘志主持“城市与人口”主题报告会，美国旧金山州立大学Richard Legates教授、日本国立社会保障人口问题研究所Toru Suzuki研究员和中国人民大学翟振武教授围绕世界特大城市人口问题发表主题演讲。市政府有关委办局、各区（县）政府负责人及各区（县）人口计生委干部共约400人参加。

【北京市药具发放工作模式卫生经济学评价课题启动】7月12日，“北京市药具发放工作模式卫生经济学评价课题启动会”召开。市人口计生委副主任马旭在会上指出，北京市正在实施的“城市现代化药具发放试点项目”，是国家级试点项目，是一种集药具发放、紧急救助、人流服务、宣传教育为一体的全新的药具发放模式，与传统的药具发放模式有很大不同。开展两种模式卫生经济学评价研究，有助于从经济学角度，分析投入产出效益，是做好国家级药具发放试点项目的有力支撑，这是在全国首次开展药具工作卫生经济学评价研究。卫生部卫生发展研究中心研究员、承接此次课题的负责人刘克军作课题说明，与会人员就课题实施方案、抽样调查等内容进行了深入讨论。东城区、西城区等6个试点区人口计生委主管主任、药具站长参加了会议。

【顺利完成流动人口动态监测工作】市人口计生委于7月14日启动流动人口动态监测工作，8月5日顺利完成。市人口计生委组成两个工作组对13个区进行抽检，街道（乡、镇）负责人对调查员交来的每份调查表中的内容进行审核，及时补充更正错漏项或填写错误。7月25日，进行问卷录入工作，共录入个人调查问卷4 000份，社区调查问卷194份。

【北京市人口计生委领导出席第二次全国人口和计划生育系统对口援疆工作座谈会】7月22日，第二次全国人口和计划生育系统对口援疆工作座谈会在新疆维吾尔自治区首府乌鲁木齐召开。北京、上海等19个对口援疆省、市人口计生委主任及相关人员参加会议。国家人口计生委副主任王培安要求，要进一步加大领导力度、强化责任落实、加强项目和资金管理、加强信息通报，将人口计生系统对口援疆工作落到实处。北京市人口计生委党组书记、主任刘志在会上作“计生见真情，民族增友谊”主题经验交流发言，并表示下一步北京市人口计生委将认真落实第二次全国人口和计划生育系统对口援疆工作座谈会精神，认真研究、加强联络、修订项目、扎实推进，将援疆工作落到实处。

【北京市人口计生委、市卫生局领导调研社区卫生服务工作】7月25日，市人口计生委副主任耿玉田、市卫生局副局长郭积勇到东城区调研社区卫生服务站“计卫联手”开展计划生育技术服务工作，先后到北京中医药大学附属东直门中医院和北新桥街道海运仓社区卫生服务站的“生命蓝岛”考察。郭积勇副局长对东城区依托社区卫生服务站“生命蓝岛”，开展计划生育避孕节育、生殖健康、优生优育的咨询指导、健康教育、免费发放药具等工作给予肯定。他指出：计划生育技术服务是社区卫生服务“六位一体”的内容之一，社区卫生服务机构应结合医务人员的专业特长，在提供免费发放避孕药具的同时，还应在开展避孕节育方法的咨询指导和健康教育方面创新亮点，找出社区“计卫联手”的结合点。耿玉田副主任就如何在社区卫生服务站开展“计卫联手”的技术服务工作提出四点意见。一是联合发文。通过调研认真研究北京市社区卫生服务站开展计划生育技术服务的规范和标准，市人口计生委和市卫生局两家联合出台《社区卫生服务站计生技术服务工作意见》。二是有效实现全覆盖。卫生局已经规范管理的社区卫生服务站同时挂社区计划生育服务站的牌子，每个社区卫生服务站应明确一名专兼职计划生育咨询服务的全科医生，开展规范化的社区计划生育技术服务工作。三是标准化建设。实现社区计划生育技术服务站的配置标准化，医务人员在生殖健康、避孕节育、优生优育咨询指导方面的标准化，免费领取避孕药具标识的标准化，生殖健康管理纳入居民健康管理的标准化。四是新的拓展。把各级人口计生委组织社区卫生医务人员专业知识和技能培训纳入卫生专业人员继续教育管理；研究落实“社区卫生服务站在医师指导下免费发放口服避孕药和紧急避孕药、综合医院设立免费发放网点、生殖健康和孕前优生咨询指导纳入家庭式健康管理”等项目。

10月28日，市人口计生委副主任耿玉田、市卫生局副局长郭积勇等领导一行来到平谷区，对平谷区近年来的计卫联手工作开展情况进行调研。调研组听取了区人口计生委和区卫生局近年来计卫联手工作情况汇报，实地考察了平谷镇社区卫生服务中心和赵各庄村社区计生卫生服务站。

【召开部分区（县）诚信计生工作研讨会】7月14日，市人口计生委召开了部分区（县）诚信计生工作研讨会，西城、海淀、丰台、门头沟、昌平、怀柔、平谷区和密云县人口计生委主管副主任、政法科长参加了会议。各区（县）介绍了在全面推进诚信计生工作中的做法、工作难点及建议。市人口计生委耿玉田副主任传达了国家人口计生委广西会议精神，肯定了各区（县）的诚信计生工作，并对下一步诚信计生工作提出了明确的要求。

【研究讨论财政贴息贷款调整工作方案】7月20日，市财政贴息贷款帮扶计生困难家庭协调小组办公室召开工作会议，讨论财政贴息贷款调整工作方案，部署收尾和过渡时期工作并进行任务分解。会议初步商定，尽快完成五方面的工作准备：一是与协作单位共同制定和发布关于调整财政贴息贷款工作的意见文件；二是制定贴息节余资金的使用和管理办法；三是制定收尾和过渡时期的工作管理与监察方案；四是清理已发布的相关规范性文件；五是探索帮扶计划生育家庭的新模式。五项工作准备完成后，上报市财政贴息贷款协调小组，根据协调小组的意见完成工作调整。

【召开半年工作总结暨创建幸福家庭活动启动会】8月12日，市计生协会召开半年工作总结暨创建幸福家庭活动启动会。中国人口福利基金会副理事长兼秘书长杨文庄、市计生协会常务副会长刘志、副会长彭彧华出席会议。来自全市16个区（县）计生协会的常务副会长、副会长、秘书长和北京市高校计生协会联合会的秘书长等70余人参加会议。中国人口福利基金会副理事长兼秘书长杨文庄在讲话中，高度肯定了北京市的工作，认为北京市创建幸福家庭工作思路清晰，视野广阔，既有高度，又有深度，既有前瞻性，又有现实性，既有理论指导，又有实际可操作性，创建工作走在了全国的前列。市计生协会副会长彭彧华说，市人口计生委和计生协在“十二五”期间，将以“幸福家庭，和谐人口”为核心理念，构建起以“建设新型家庭人口文化为核心，以促进家庭成员和谐健康发展为基础，以关注民生为目的的公共服务管理体系”，具体的工作平台和抓手为“文明倡导工程、宝贝计划工程、青春健康工程、健康生育工程、生育关怀工程、心灵家园工程”六大工程。彭彧华副会长强调，创建幸福家庭活动是北京市人口计生工作的重大创新，必将在统筹解决首都人口问题、促进社会和谐进步、实施“人文北京、科技北京、绿色北京”战略和建设中国特色世界城市等方面起到重要的作用。

【举办免费避孕药具网络发放系统工作培训】8月18日，市计划生育药具管理站、海淀区人口计生委联合在海淀区举办北京市免费避孕药具网络发放系统工作培训。国家人口计生委科研所所长马旭介绍了“北京市免费避孕药具发放综合服务平台”的设计理念，以及“药具发放、在线咨询、紧急救助、健康测评、网络视教”五大板块的核心内容。该服务平台已上线，进入试运行阶段，市民可通过互联网或手机网络预订避孕药具，并能享受紧急避孕、人工流产绿色通道、在线咨询等服务。这次大规模培训，为融合好100台网络避孕套自助机药具发放、互联网和手机互联网网络物流配送、15家医院人工流产绿色通道、紧急避孕救助、网络在线咨询等系统性工作奠定基础，为城市现代化药具发放项目试点的正式运行做好了准备。海淀区各街道、社区卫生站、15家试点医院、物流公司等相关人员200余人参加了培训。

【举办2011年青春健康项目骨干师资培训班】8月22日，市计生协会举办一年一度的青春健康项目骨干师资培训班，共有150余名来自区（县）的项目官员、项目教师参加。培训共4天课程，主要围绕《成长之道》教案六个章节的内容对参会者进行教学指导。北京师范大学心理学院分党委委员、认知发展研究室主任沃建中教授，北京中医药大学针灸推拿学院程凯副教授，中国人民大学社会医学与卫生事业管理教研室主任何红教授，分别举办了专题讲座。中国计生协国际部部长洪苹针对青春健康工作与当前青少年性教育状况介绍了其他国家的经验，并阐明项目今后的发展方向主要是营造有利于开展青少年性与生殖健康教育的社会环境，提高各级计生协会生殖健康教育和服务能力。

【市政府领导带队到西城区调研人口计生工作】8月26日，丁向阳副市长、侯玉兰副秘书长带领市发改委、市卫生局、市民政局、市人保局、市旅游局、市人口计生委主管领导到西城区调研。西城区委书记王宁致辞欢迎并简要介绍西城区经济、社会、文化等区域发展成果；区委副书记、代区长王少峰汇报了相关工作；副区长梁昌新、范宝、郭怀刚以及区对口部门的主要领导陪同。丁向阳副市长在调研中谈到人口工作时强调：北京市步入新的发展阶段，许多理念、思路和工作重点要发生变化。尤其是流动人口和户籍人口结构的变化将带来服务理念的变化，人口结构变化对北京的社会进程将产生深刻影响，对社会管理、城市安全和城市运行带来挑战。所以人口服务和管理要向实有人口转变，要加强对流动人口免费服务的宣传，提高包括流动人口在内的人口服务和管理水平。西城区是首都功能核心区，在西城区工作使命光荣、任务艰巨、地位重要。过去西城区许多工作都承担了先行先试的重任，当前，更要主动适应、主动转变。

【国家人口计生委调研组调研海淀区社区养老建设工作】8月26日，国家人口计生委办公厅主任张春生等一行就社区养老工作到海淀区调研。市人口计生委副主任徐捷、海淀区副区长陈双等领导陪同调研。

张春生主任表示，海淀区社区养老工作具有地域特色，令人很受启发。随着第一代独生子女父母陆续步入老年，做好计生家庭养老工作的重要性日益凸显。计生部门要密切与民政等相关部门的联系，整合行政资源，将计生家庭养老工作融入国家养老政策体系之中，保障计生家庭在各项政府养老服务中优先享受的地位。调研组实地考察了清华园街道社区服务平台建设使用情况，并与清华园街道干部座谈，重点听取了清华园街道工委书记高斌对社区养老工作情况的详细介绍。海淀区民政局副局长李杰和海淀区人口计生委主任刘彦作工作汇报。

【召开免费孕前优生健康检查项目工作座谈会】9月2日，市人口计生委召开国家免费孕前优生健康检查项目工作座谈会。耿玉田副主任在会上强调，要力争使免费孕前优生健康检查工作走在全国的前列，为首都人民造福。会议根据“一年试点、两年加速、三年全覆盖”的原则，初步达成共识：一是农业人口参检率达到80%；二是户籍人口参检率达到80%以上；三是力争提高夫妻一方京籍流动人口参检率；四是抓好半年以上在京居住流动人口参检工作。

【积极推进免费计生药具进社区卫生站】年内，市人口计生委积极推进免费计生药具进社区卫生站工作。一是做好药具供给测算，尤其是紧急避孕药测算工作，确保社区卫生站成为免费避孕药具常规供应的主渠道之一。二是编制来年预算，把免费避孕药具特别是避孕药使用师资培训和标准化建设纳入工作重点。三是加强协调，药具系统积极主动与社区卫生站沟通，摸清底数，掌握基本情况，并将其纳入药具发放网络电子导航系统。四是开展调研，研究社区卫生服务站药具发放定位、需求，构建规范化、标准化、人性化的药具服务体系，把创先争优落到实处。

【举办2011年生殖健康咨询师师资和咨询员培训班】9月15～23日，市人口计生委在南京人口国际培训中心举办2011年生殖健康咨询师师资和咨询员培训班。培训内容包括：第一，职业道德、管理知识和政策法规师资培训；第二，优生优育、生殖健康基础知识与咨询师资培训；第三，生殖健康咨询员培训。各区（县）人口计生委主管领导和相关负责人45人参加了师资培训，基层计生干部140人参加了生殖健康咨询员专题培训。

【召开人口文化宣教工作现场会】9月27日，市人口计生委在海淀区组织召开了北京市人口文化宣传教育工作现场会。国家人口计生委宣教司新闻处处长莫丽霞出席了会议，全市16区（县）的人口计生委主任、主管副主任、宣传科的干部和首都各主流媒体的记者近200人参加。市人口计生委彭彧华副主任从六个方面对北京市“十一五”人口文化宣传教育工作进行了总结：一是思路清，方向明，人口文化宣教工作开创新局面；二是抓务实，促创新，四大体系建设结硕果；三是抓规范，树品牌，人口文化主题活动一盘棋；四是下基层，开课堂，生殖健康走进千家万户；五是造氛围，促平等，关爱女孩行动深入开展；六是重投入，抓队伍，人口文化学校展新颜。市人口计生委党组书记、主任刘志强调，当前首都新的发展环境和新的历史使命，赋予首都人口计生工作一系列重大发展机遇，宣教工作一定要与时俱进，切实为全面做好人口计生工作营造良好的舆论环境。一是要切合主题，围绕中心做好工作；二是要突出重点，抓好重点；三是要视角向下，面向基层；四是要创新模式，放宽视野。海淀区、丰台区和怀柔区代表介绍了“十一五”期间结合区域功能定位和文化特色打造特点鲜明宣传品牌的做法。

【北京市人大常委会领导专题调研调控人口规模工作】9月28日，市人大常委会主任杜德印到市人口计生委调研“合理调控人口规模”工作。市人口计生委主任刘志做工作汇报。杜德印主任指出，第一，要明确思路，统筹组织，适应首都性质、功能和科学发展，合理调控人口规模，防止人口无序过快增长，促进首都和谐发展。第二，在市场经济条件下，把调控人口的前端和后端紧密结合，把人口规模调控和人口管理界定清楚。第三，把城市功能转型和城市建设统筹起来，找到首都人口发展的新路。第四，研究切实可行的措施，促进劳动力的有序流动。市政府办公厅、市流管办、市发改委、市统计局、市公安局等部门的领导参加了座谈，发表了很好的意见。市人大常委会副主任吴世雄，市人大常委会秘书长唐龙陪同调研。

【举办儿童健康指导师培训班】10月12~18日，市人口计生委在朝阳区举办儿童健康指导师培训班。培训内容包括：儿童健康指导师职业的社会意义、定位；儿童良好行为塑造与不良行为矫正的功能、理论基础、基本原理和方法；儿童智力与教育；儿童人格与教育；儿童意外伤害的预防和护理等。培训考试合格者，获得由国家人力资源和社会保障部“中国就业培训技术指导中心”统一颁发的国家职业证书。

【召开免费孕前优生健康检查试点区座谈会】10月25~26日，市人口计生委在丰台区召开北京市参加国家免费孕前优生健康检查试点区座谈会。市人口计生委副主任耿玉田出席会议，丰台、昌平和平谷区人口计生委主要领导以及计划生育技术服务中心主任参加了座谈会。耿玉田副主任指出，三个试点区的工作卓有成效。一是要坚定信心，积极推进。二是要集中精力，突破难点。先从项目入手，分步实施。三是要努力提高参检率，确定目标人群，有充足的经费保障。四是要开发软件和宣传品。耿玉田副主任强调，各试点区要积极推进国家免费孕前优生健康检查项目工作，努力建立北京市的评估标准体系，为创建北京模式而共同努力。

【组织开展诚信计生工作验收检查】11月2~11日，市人口计生委诚信计生工作验收组到申报诚信计生工作达标的西城、丰台、石景山、昌平、怀柔和平谷区进行验收检查。验收组由耿玉田副主任带队，办公室、政法处、规统处和科技处干部组成。验收采取听取汇报、查阅文件、问卷调查和群众座谈等多种形式。耿玉田副主任指出，受检区（县）对诚信计生工作都非常重视，围绕诚信计生积极稳妥、卓有成效地开展了各项工作。其他区（县）计划在明年实现诚信计生各项指标，届时北京市会提前一年实现诚信计生全覆盖。

【举办《人口志》篇目专家论证会暨培训班】作为第二轮《人口志》的承编单位，两年来，市人口计生委有条不紊地推进了各项工作的开展，组建了十家单位参加的联合编委会，召开了联合编委会成立大会，明确了各参编单位的写作任务及交稿时限（2011 年底前交稿）。为进一步推进《人口志》相关工作，11 月 29 日上午，市人口计生委召开《人口志》篇目专家论证会，邀请市地方志办公室主任王铁鹏、市志指导处处长运子微及干部邹小艳，市统计局副局长顾宪州，市委党校人口研究所教授侯亚非、博士尹德挺等人口学专家共同对第二轮《人口志》的篇目提纲进行论证。市人口计生委副主任徐捷主持了论证会。11 月 29 日下午，市人口计生委举办《人口志》培训班，邀请市地方志办公室副主任谭烈飞、市志指导处处长运子微就志书体例和撰写要求、修志中的资料收集和整理等问题进行了讲授。《人口志》联合参编单位——市发改委、市民政局、市民委、市公安局、市流管办、市人力社保局、市卫生局、市统计局、市人口计生委各处室和市委党校人口研究所的写作人员约 40 人参加了培训班。

【《北京市全员人口信息管理系统》建设圆满完成】11 月 30 日，市人口计生委组织建设的《北京市全员人口信息管理系统》（V1.1）通过终验。根据国家人口计生委的要求和北京市人口计生工作实际，在市经信委、财政局的大力支持下，从 2010 年 11 月开始，历时 13 个月时间，投入 1 000 万元，在《北京市育龄妇女管理服务信息系统》（WIS）基础上，升级建设成为《北京市全员人口信息管理系统》。这个系统是北京市人口计生工作的核心业务系统，是集人口辅助决策和计划生育业务应用于一体的市级重要政务信息系统，包括一个数据库（北京市全员人口个案数据库）和三个应用系统（户籍人口信息管理系统、流动人口信息管理系统和人口统计分析决策系统）。该系统运行在市电子政务外网。截至 2011 年 11 月，该系统形成的全员人口数据库覆盖了北京市 2 000 余万常住人口的个案信息，其中包括 1 230 余万人户籍人口个案信息和 770 余万人的流动人口个案信息。该系统在市、区（县）、街（乡和镇）、社区（村）四级应用，每日进行个案信息的实时变更，并通过国家人口宏观管理决策系统（PADIS）平台与 20 个省（包括直辖市）的全员人口信息系统进行实时信息交换，保证了全市全员人口数据库信息的及时性、有效性和可用性。

【召开首都人口规模调控课题框架研讨会】12月2日，市人口计生委副主任徐捷主持召开首都人口规模调控课题框架研讨会。国家发展改革委城市与小城镇研究中心副主任乔润令研究员，北京大学秘书长杨开忠教授，中国人民大学社会与人口学院院长翟振武教授，北京师范大学高山教授参加。徐捷副主任介绍了课题研究的基本情况和市政府对课题研究的基本要求，课题专家组组长北京大学陆杰华教授介绍课题框架的主要内容。

乔润令研究员认为，当前调控首都人口规模的重要抓手在于以下三个方面。一要注重产业升级和空间布局的优化。二要注重公共服务均等化的研究，通过创新服务管理体制机制，通过财税制度改革，逐步实现对常住人口和流动人口的公共服务均等化。三要注重京津冀乃至环渤海区域城市群建设，在区域层面优化城市功能和产业布局，引导人口合理分布。

高山教授指出，当前要调控首都人口规模必须实现三大转变。一是由“人治”向法治转变。这方面东京的治理经验值得借鉴，东京都的治理由三大法制体系组成，首先是最高级别的是首都规划法，由日本国会制定；其次是包括首都城市圈治理等四项法律组成的专项法；最后是由98部法规组成的配套法。完善的法制体系，确保城市规划落实，减少了个人因素对规划实施的干扰。二是由政府控制向政府和市场调控的转变。计划经济体制下，户籍制度就把人口管住了。现在是市场经济体制，怎么管理？首先要发挥市场对资源的基础性配置作用，发挥首都的辐射作用，大力发展高端产业；其次要发挥政府对人口管理的主导作用，借鉴日本的居民票制度，解决人口信息失灵和公共服务流转问题。三是由分治向统治的转变。现在人口管理涉及21个部门、100余项。如果各个部门都在管理，没有调控的意识，只靠一两个部门控制，权力再大也管不住。因此，要发挥人口规划的统治作用。首先要确保人口规划对其他专业规划的约束力，其次要保证人口规划指标对各个部门工作的约束力，最后要加强对人口规划的考核和评估。

杨开忠教授指出，首先要区分中心城区人口问题和整个市域人口问题的区别及不同的特征，为提出调控政策措施奠定基础。其次要重点研究市场经济体制下调控人口的办法。

翟振武教授认为，调控首都人口规模首先要分析首都人口增长的特点，由于首都的特殊性，不仅过去首都人口来得多，而且未来人口增长的压力大。其次要分析重点问题和一般性的问题，在人口问题中既有增量的问题、还有分布的问题，在城市功能中既有过度集中的问题、又有功能集聚不够和功能混杂的问题。最后要区分近期和远期需要解决的问题，要把这些问题分出轻重缓急，提出相应的措施，才有利于领导决策。

【北京市宝贝计划工程正式启动】 12月7日，市人口计生委、市计生协主办，东城区人口计生委、区计生协承办的北京市“宝贝计划工程”（0~3岁）早期教育启动仪式在东城区举行。中国计生协、中国人口福利基金会、市人口计生委、市计生协、市教委、市卫生局等部门的领导及东城区领导出席，市人口计生委副主任彭彧华主持。东城区获全市“市级早教示范基地”荣誉称号。市人口计生委主任、市计生协常务副会长刘志为东城区授牌，赠送了10万元的启动发展资金和5万元的早教教具。刘志主任要求，全市人口计生部门要积极协调相关部门与社会资源，利用人口工作网络和公共服务平台，全面、系统地推进以生理、心理、行为习惯和社会适应能力为主要内容的儿童早期教育，努力形成“政府部门主导、社会各界支持、婴幼儿家庭积极参与”的格局。刘志主任与东城区副区长颜华等领导共同按下了“北京市宝贝计划工程”启动球，标志着北京市“宝贝计划工程”正式启动。

【全国生殖健康咨询师考试北京考点工作圆满结束】 12月24日，全国生殖健康咨询师考试北京考点工作在北京工商大学圆满结束。这次考试有1 430人参加，主要是基层计生专干以及区（县）计划生育技术服务中心人员。考试内容包括基础知识和咨询技能两部分。国家人口计生委人事司巡视员付伟、人事司教育处副调研员侯丽红对北京考点进行了巡视。市人口计生委成立了考务工作领导小组，并下设办公室，主要成员由监察处、人事处组成。

【举办第二期儿童健康指导师培训班】 12月19~25日，市人口计生委组织举办了第二期儿童健康指导师培训班。全市16个区（县）的宣教人员、计生专干、中小学教师、幼教教师、校医、儿保医生、街道社工等共100人参加。培训结束后，学员还在相关老师的辅导下完成一篇实践性操作研究报告。

【举办社会抚养费征收暨半边户奖扶工作培训班】 12月26日，市人口计生委举办了全市社会抚养费征收暨半边户奖扶工作培训班。会议对计划生育“半边户”家庭纳入奖励扶助范围的工作进行了部署，并对具体政策、条件、工作程序、报表填写等做了详细的解释和说明。市人口计生委副主任耿玉田通报了2011年全市社会抚养费征收工作情况，对今后一段时期的行政执法工作提出要求：一是强化责任意识，加强依法行政领导；二是加强政策研究，建立完善人口和计划生育政策法规体系；三是加强队伍建设，规范行政执法行为；四是进一步规范社会抚养费征收管理工作；五是加强监督检查，维护群众合法权益；六是认真做好奖励扶助和特别扶助工作。

【召开经费投入保障机制工作座谈会】 12月28日，市人口计生委召开经费投入保障机制工作座谈会。各区（县）人口计生委和政法处、科技处、流管处负责人参加。

市人口计生委副主任耿玉田传达了全国人口和计划生育财务工作座谈会精神，对下一步起草《完善人口和计划生育投入保障机制实施意见》提出要求：一是人口计生经费投入考核目标应为“双指标”，即既要保持人口计生经费增长幅度高于经常性财政收入增长幅度，又要确保人均财政投入指标的增长。二是按照“财政为主，稳定增长，分级负担，分类保障，城乡统筹”的原则，重点细化分级负担和分区域保障的经费投入。三是认真落实四项“确保”，即确保法律法规规定的各项奖励扶助和优惠政策，确保基层人口和计划生育技术服务机构，确保计划生育经常性工作和确保免费基本技术服务经费的落实。四是“利益导向类”经费投入要以市级为主，“公共服务类”经费投入要力争全员覆盖，努力实现均等服务市民化；“能力建设类”经费保障要以建立健全包括队伍及信息化建设、基础设施和设备保障在内的工作规划和保障标准为基础；“管理运行类”经费支出要重点关注村（社区）聘计生人员、基层专干等。与会人员重点围绕人口计生经费的投入增幅，目标管理考核，市、区、街（乡）分级负担，经费开支范围和标准等问题展开了讨论。

【瑞士广播电台记者到西城区采访】5月18日，瑞士广播电台驻京分社记者一行3人到西城区采访。他们就中国年轻夫妇生育意愿和区、街计划生育工作开展等相关情况采访了西城区人口计生委主任彭秀颖等工作人员。瑞士广播电台为瑞士全国性公共广播电视机构，覆盖瑞士全境，收听率极高。

【法国专家组到怀柔区考察】5月3日，由法国事务部儿童家庭部弗洛斯·利亚诺斯女士和法国救助管理局简·路易斯先生组织的法国国际健康社会保护署专家组到怀柔区实地考察。专家组先后与市、区人口计生委领导就青少年健康教育、生殖健康服务、养老等问题进行了坦诚的交流，并考察了怀柔区计划生育生殖健康技术服务中心和青少年健康教育中心。

【非洲外宾到丰台区考察计划生育服务机构】6月27日，布隆迪共和国公共卫生与艾滋病防治部部长萨宾娜·恩塔卡鲁纳女士，率相关专家一行5人，到北京市丰台区计划生育技术服务中心参观考察，并与丰台区人口计生委工作人员进行了座谈和交流。非洲朋友参观了设在丰台区计划生育技术服务中心内的“幸福花季”青少年性健康教育基地。萨宾娜部长一行在考察了丰台区计划生育技术服务中心后，对中国政府从青少年抓起，运用官方和民间机构“两条腿”同步防艾、抗艾的做法，甚为赞同。

（赵艳侠）

党的工作和精神文明建设

【概述】2011年，北京市人口计生委机关党委按照市直机关党建工作的总体要求，在委党组的指导下，以科学发展观为指导，以纪念建党90周年和人口计生委成立30周年为契机，以“创新机关党建工作，服务首都科学发展”为主题，以“创先争优”活动、“三进两促”活动和“阳光计生”行动为载体，通过开展扎实有效的教育和活动，进一步提高党组织凝聚力，提高党员队伍素质，改进机关工作作风，更好地服务首都科学发展，为“人文北京、科技北京、绿色北京”和中国特色世界城市建设创造良好的人口环境提供思想和组织保证。

【开展党史党性党风教育】年内，为迎接建党90周年，开展了党史党性党风教育系列活动。为全委职工购买了《中国共产党简史》，为处以上领导干部购买了《中国共产党历史（上下卷）》。开展了“中共党史知识竞答”活动，组织参观了“一切为了人民”展览并集体观看了电影《建党伟业》，举办了纪念建党90周年、北京市人口计生委成立30周年征文活动，并组织了全系统的新党员入党宣誓、老党员重温入党誓词活动。组织收看了中央纪念建党90周年大会，及时传达学习胡锦涛总书记在庆祝中国共产党成立90周年大会上的重要讲话精神，举办了人口计生系统学习七一讲话精神辅导报告会。通过开展党史党性党风教育活动，使全体党员重温了中国共产党所走过的辉煌历程，增强了爱党爱国政治热情，坚定了服务首都科学发展的自觉性，把对党的信念转化成为履行职责、立足本职岗位，争创一流业绩的精神动力。

【组织创先争优活动】七一前，通过评选表彰全市人口计生系统“新时期最可爱的人”、先进基层党组织、优秀共产党员和优秀党务工作者活动，在全委营造学习先进、争当先进、赶超先进的氛围。组织党员干部贯彻落实市委、市政府关于调控首都人口规模的政策措施，引导党员干部深入实际调查研究，开展我为首都人口调控建言献策活动。组织离退休老干部与在职青年干部举行纪念建委30周年座谈会，请老干部回顾建委30年来的不平凡历程，使年轻干部了解人口计生工作各阶段的社会背景和取得的成绩，增强职业光荣感。

【组织经常性理论学习】制定了《2011年理论学习安排意见》，为各党支部订阅了《求是》、《大讲堂》、《理论热点面对面》等理论书籍和期刊。认真组织学习了4月26日胡锦涛总书记在中央政治局第28次集体学习中关于世界人口发展和全面做好新形势下我国人口工作的重要讲话，统一思想，充分认识我国人口问题的长期性、复杂性、艰巨性，不断增强做好人口工作的自觉性和主动性。全委干部还通过在线学习，系统学习了政治、经济、法律、行政管理等理论知识，综合素质得到进一步提高。

【开展“四级联创”活动】按照“上下互动、先锋同行、共建提高”的原则，市人口计生委机关党委与国家人口计生委机关党委、怀柔区人口计生委党组和花园、北宅、卜营村党支部四级党组织联合开展“四级联创共进步、城乡共建同发展”主题活动。市人口计生委为怀柔区花园村花卉种植基地捐赠8万元用于支持花卉生产。投资12万元为“城乡共建”结对的门头沟区潭柘寺镇赵家台村开办民俗旅游的100户计划生育家庭购买床单。为“一助一”活动牵手单位顺义区张镇北营村党员活动室赠送了电脑、录像机等设备。

【加强基层组织建设】年内，改选了党支部，并对党支部书记、委员进行培训，落实“一岗双责”，在实际工作中做到职能融合、工作结合、力量整合。组织参观“一切为了人民”展览，观看电影《建党伟业》。七一前夕，慰问了新中国成立前入党的老领导，看望了因病住院的老党员，组织了离退休党员参观考察活动。做好入党积极分子培养考察和发展党员工作，全年培养考察入党积极分子4名，接收新党员2名。

【深化送温暖活动】结合节日、纪念日组织召开多种类型的座谈会和活动，增强了干部职工凝聚力和履行职责的责任感。三八节期间，举办了“女性健康与工作压力”讲座并为女职工发放纪念品。干部职工过生日时，工会发去祝福短信并送上生日蛋糕。六一儿童节期间，为全委计划生育家庭送去了纪念品。八一建军节期间，给全体军转干部发了慰问信并组织茶话会，激励军转干部发扬部队光荣传统，为人口计生事业贡献力量。

【开展积极向上的文体活动】为进一步活跃机关气氛，组织全委春节团拜会，进一步活跃了机关的文化生活。为干部职工集中办理了健身卡，号召干部职工积极参与登山、乒乓球、羽毛球等群众性的健身活动。积极组织干部职工参加门头沟北京国际山地徒步大会、昌平秋季国际长走大会和奥林匹克森林公园健步走活动，并取得较好效果。五四青年节期间，组织全委青年人和延庆县人口计生委30余名青年联合行动，参加了“绿色引领、低碳生活、快乐骑行、从我做起”环野鸭湖骑行体验活动，体会首都“绿色北京”建设，倡导生态、健康运动方式。这些活动的开展，培育干部职工良好的体格与团队协作精神。

【开展各类公益活动】为激发干部职工的爱国热情和培养良好的道德风尚，七一前开展了共产党员献爱心捐款活动。10月份组织了以“冬衣送暖”为主题的捐赠活动，帮助对口支援的宁夏银川等灾区、贫困地区群众温暖过冬。按照首都文明委“做文明北京人”的要求，积极推进文明单位建设，形成热爱集体、热爱公益事业的良好风尚。

（邹建荣）

反腐倡廉建设

【概述】2011年，全市人口计生系统坚持以科学发展观为指导，全面贯彻落实党的十七届四中、五中全会，十七届中央纪委六次全会、国务院第四次廉政工作会议和全国人口计生系统反腐倡廉工作会议精神，全面推进阳光计生行动规范化建设，切实加强监督检查，着力推进反腐倡廉制度建设，不断完善惩治和预防腐败体系，全面加强新形势下人口计生系统作风建设和反腐倡廉建设，为人口计生事业健康发展提供保证。

【制定反腐倡廉建设工作要点】2月份，市人口计生委制定下发了《2011年党风廉政建设和反腐败工作要点》（以下简称《要点》）。围绕《要点》细化分解了40项具体任务，明确了每项任务的牵头部门和协办单位，强化各级领导干部在党风廉政建设中主体意识、责任意识，促进了党风廉政建设责任制的落实。

【进一步完善党务公开制度】3月份，市人口计生委党组先后制定下发了《关于落实“三重一大”决策制度的实施办法》、《关于党务公开的实施办法》等规范性文件。进一步健全和完善了党内监督制度，为重大决策、重要干部任免、重大项目安排和大额度资金使用的科学决策和党务公开工作提供了制度保证，促进了领导班子依法、民主、科学决策水平的提高。

【召开反腐倡廉建设工作会】4月1日，市人口计生系统召开了2011年度反腐倡廉建设工作会议。市人口计生委党组成员，机关各处室、直属事业单位副处以上领导，各区（县）人口计生委主任、书记、纪检组长、主管科室领导，局总公司有关负责人，共80余人参加了会议。会议传达了中纪委十七届六次全会、北京市纪委十届七次全会及全国人口计生系统反腐倡廉工作会议主要精神。市纪委监察局驻市人口计生委纪检组副组长、监察处处长刘学文代表市人口计生委党风廉政建设和纠风工作领导小组作了题为“转变观念、开拓创新、推动人口计生系统反腐倡廉建设健康发展”的工作报告。报告回顾了2010年度主要工作，并对2011年反腐倡廉工作进行了部署安排。市人口计生委党组书记、主任刘志到会作重要讲话，他指出，全系统党员领导干部必须深刻认识反腐败斗争的长期性、复杂性、艰巨性，既要看到反腐败斗争形势依然严峻复杂，又要看到反腐败斗争取得的明显成效，以更加坚定的信心、更加坚决的态度、更加有力的措施，把党风廉政建设和反腐败斗争推向深入。他强调，要抓好制度建设，要充分依托廉政风险防控管理和阳光计生行动规范化建设“两大抓手”，深入推进反腐倡廉工作。

【深入开展阳光计生行动】为贯彻落实

《国家人口计生委阳光计生行动方案》和《北京市人口计生系统阳光计生行动实施方案》，9月份，驻委纪检组协助市人口计生委制定下发了《阳光计生行动规范》、《基层阳光计生行动示范单位标准》和《阳光计生行动检查评估办法》3个指导性文件。各级人口计生部门，在推进阳光计生行动中，抓住工作核心，以完善政务公开、民主评议、社会监督为重点，以实行“阳光管理”、“阳光服务”、“阳光维权”为目的，让权力在阳光下运行，增强了计划生育基本国策的执行力和公信力，提高了人口计生工作依法管理和优质服务水平，促进了系统政风行风建设。阳光计生行动规范化建设得到国家人口计生委的充分肯定，也得到市政府的好评，在市政府2011年度绩效考评中被评为优秀创新创优项目。

【扎实推进廉政风险防控管理工作】按照市委关于廉政风险防控管理“向上、向下两个延伸”的要求，加强对落实《北京市人口计生系统廉政风险防范管理实施办法》和《北京市人口计生系统廉政风险防范管理考核办法》的监督检查。3月份，结合人员、岗位和工作任务的变化，重新梳理查找廉政风险点，对全体在职党员干部进行了深化廉政风险防控再教育，进一步强化党员干部的风险意识、廉政意识和责任意识，对风险点进行了级别划分，明确了三级风险防范责任，机关各处室和直属事业单位进一步完善规范业务流程，有力地推进了机关和系统的廉政风险防控管理工作。

【召开阳光计生规范化建设座谈会】6月至8月份，市人口计生委分别在丰台区、顺义区、密云县组织召开了城六区、城市发展新区、生态涵养发展区阳光计生行动规范化建设座谈会，就如何开展阳光计生行动规范化建设进行了深入研究探讨。

【召开阳光计生规范化建设现场会】10月13～14日，市人口计生委在海淀区、怀柔区召开了阳光计生行动规范化建设现场会，组织参观了海淀、怀柔两区4个“阳光计生行动”示范点，安排了9个区（县）、镇（街）、村（居）介绍开展阳光计生行动的经验，播放了6个区（县）阳光计生行动规范化建设电视专题片。同时，把全系统各单位上报的经验材料汇编成册，把各单位制作的专题片编制成专辑下发到全系统人口计生部门学习借鉴。通过交流研讨和典型示范，有力推进了全系统阳光计生行动深入开展，使阳光计生行动规范化建设迈上了新台阶。

【走进政风行风热线直播间】11月23日，驻委纪检组组长刘晓军带领机关相关处室负责同志，到北京首都之窗政风行风热线“走进直播间”栏目，介绍开展阳光计生行动的做法和经验，在网上与网民实时沟通交流全系统行风建设情况。

【开展专项治理和清理规范工作】积极开展专项治理和清理规范工作，先后研究制订《关于“小金库”专项治理工作实施方案》、《关于开展党政机关公务用车问题专项治理工作实施方案》和《关于开展清理和规范庆典研讨会论坛的活动方案》。在自查的基础上，将治理、清查和规范结果通过内网进行公示，自觉接受群众和社会监督。结合专项治理工作，市人口计生委还研究制定了《财务管理办法（试行）》、《财务报销实施细则（试行）》，进一步加强了财务管理制度建设。驻委纪检组监察处加强对专项治理工作的监督检查，实施全程监督，确保专项治理和清理规范工作的顺利进行。

【积极开展行政效能监察】 在驻国家人口计生委监察局的具体指导下，9～11月份，驻委监察处会同市人口计生委行财处、市药具管理站组成联合检查组，采取全面检查与重点抽查相结合的方法，对全市2008～2010年药具采购、服务、管理工作情况进行了行政检查，对总体工作做出基本评价，对进一步规范和科学管理计划生育药具工作，提高为群众办实事的能力提出了工作建议。此外，驻委监察处对市人口计生委“防病毒软件升级改造”、“北京市全员人口信息系统专项信息安全防护”、“北京市全员人口个案管理信息系统基础环境升级改造”、“小学生高段性健康教育书籍印刷”、“购置高清电视制作设备”等七个招标项目的评标过程实施了监督，强化了项目的规范化运行。

【加强纪检监察干部队伍建设】 驻委纪检组监察处注重系统专、兼职纪检监察干部的业务能力建设。8月份，举办了全市人口计生系统专（兼）职纪检监察干部理论业务培训班。培训班开设了反腐倡廉建设形势分析、行政投诉工作、效能监察工作、阳光计生行动规范化建设、调研报告写作等课程，聘请了中央纪委、驻国家人口计生委纪检组监察局、北京市监察局、北京市行政投诉中心等部门的机关领导和对外经济贸易大学中文学院知名教授担任教员。培训采用集中授课与分组讨论、总结讲评相结合，注重教学交流，保证培训质量。通过培训，进一步提高了纪检监察干部的理论素质和业务素质，为系统的反腐倡廉建设提供了人才支持。

【刘晓军组长带队赴区（县）调研反腐倡廉工作】 10月至12月，驻市人口计生委纪检组组长刘晓军率驻委纪检组监察处人员先后到15个区（县）人口计生委进行反腐倡廉建设调研。调研组一行认真听取了各个区（县）人口计生委党风廉政建设和政风行风建设的情况汇报，参观了部分区（县）阳光计生行动示范点。刘晓军组长充分肯定了各个区（县）人口计生委反腐倡廉建设工作成效，对进一步深入开展反腐倡廉建设、政风行风建设和阳光计生行动规范化建设提出了具体要求。

【编印下发《反腐倡廉建设调研报告选编》】 年内，驻委纪检组监察处编印并下发了《反腐倡廉建设调研报告选编》，会集了全市人口计生系统2006年以来反腐倡廉建设调研成果，共收录46篇课题研究报告和调研文章。这是继《反腐倡廉建设知识读本》、《反腐倡廉建设经验材料选编》、《反腐倡廉建设制度选编》之后，又一部反映北京市人口计生系统反腐倡廉建设成果的书籍，是市、区（县）人口计生部门几年来在贯彻落实市委、市政府、市纪委监察局、驻国家人口计生委纪检组监察局、北京市人口计生委和驻市人口计生委纪检组监察处关于加强反腐倡廉调研工作有关要求，结合系统反腐倡廉建设实际开展调查研究的部分成果。

（邱建明）

依法行政和利益导向

【概述】2011 年，北京市人口计生委按照《中华人民共和国人口与计划生育法》以及《北京市人口与计划生育条例》的要求，加强制度建设，完善法规体系，进一步规范行政执法行为，严格执法监督，不断加强依法行政工作，进一步提高了人口和计划生育依法行政工作水平。同时，不断加大对依法实行计划生育家庭的利益导向工作力度。

【制定人口和计划生育依法行政工作规划】年内，市人口计生委进一步加强政策调研工作，先后组织召开了各执法处室和基层干部座谈会，听取依法行政工作中的难点问题，并组织行政执法调研。根据调研总结的情况，7 月 27 日正式印发了《北京市“十二五”时期人口和计划生育依法行政工作规划》（京人口发〔2011〕28 号），对今后五年全市人口和计划生育依法行政工作重点和要求做出了明确规定。

【组织计划生育系统执法资格考试】1 月份，市人口计生委按照计划生育行政执法资格管理和岗位要求，组织了全市 2011 年度计划生育系统执法资格考试，共400 余人参加了考试，考试通过率达 100%。2 月份为通过考试的人员办理了执法证。往年通过考试取得的《计划生育执法证》，每两年查验一次。2011 年全市查验各级人口计生部门的《计划生育执法证》300 余个，基本实现基层计划生育行政执法队伍人员考核持证上岗。

【规范基层行政执法行为】按照市政府要求，市人口计生系统不断加大对行政审批、行政征收等行政执法工作的规范力度。根据基层干部对行政执法程序和各类执法文书的意见和建议，市人口计生委重新拟定了全市社会抚养费征收过程中使用的询问笔录、征收决定书等9 种执法文书模板并下发区（县）供参考使用。

【全面启动示范乡镇（街道）创建活动】年内，按照《国家人口计生委关于开展全国人口和计划生育依法行政示范乡镇（街道）创建活动的通知》，在基层自荐基础上，经过认真筛选，并经国家人口计生委认可，海淀区东升乡人民政府、丰台区丰台街道办事处、昌平区阳坊镇人民政府、大兴区西红门镇人民政府、顺义区北石槽镇人民政府、平谷区山东庄镇人民政府、延庆县沈家营镇人民政府等8个乡镇（街道）成为全国首批“全国人口和计划生育依法行政示范乡镇（街道）”。国家人口计生委为获得首批“全国人口和计划生育依法行政示范乡镇（街道）”的单位发放了奖牌。

【全面推进诚信计生工作】年内，为了扎实做好诚信计生工作，市人口计生委召开专题党组会研究落实，成立了由委主任刘志任组长的北京市诚信计生工作领导小组，下发了北京市诚信计生工作实施方案（京人口发〔2011〕16号）。7月14日，召开了部分区（县）诚信计生工作研讨会，耿玉田副主任传达了国家人口计生委广西会议精神，充分肯定了各区（县）全面推进诚信计生工后的阶段性成果，并对下一步工作做出了明确的指示。经过一年多的努力，全市推进诚信计生工作成效显著，有6个区（县）申请2011年诚信计生达标评估验收。根据国家人口计生委办公厅《关于报送诚信计生工作评估情况的函》和年度诚信计生工作安排，市人口计生委成立了诚信计生工作验收组，对第一批申报诚信计生工作达标的西城、丰台、石景山、昌平、怀柔和平谷6个区进行评估验收。申报达标的6个区均符合国家诚信计生的评估标准。

【加强执法监督，做好行政复议】年内，市人口计生委通过组织讲座、自学、集体讨论等多种方式，强化对行政复议法、行政复议法实施条例等相关法律法规的学习，进一步提高行政复议工作人员的调解、和解能力。全年市人口计生委共接受行政复议申请15件，经审查后决定受理14件，不予受理1件。受理的14件案件中，申请人主动撤回申请2件，审理后已作出复议决定的12件（均维持了区、县的行政决定）。对每一例行政复议申请，不仅坚持审查行政机关的决定是否合法，更要站在当事人的角度审查行政机关的决定是否合理。例如房山区杨某夫妇违法生育二孩复议案、昌平区张某夫妇违法生育复议案，在向复议双方充分调查了解的基础上，一方面对当事人的违法生育事实给予了确认，另一方面根据当事人的实际情况进行了协调，向当事人详细解释了生育政策和行政执法程序，当事人对人口计生部门的行政执法工作表示信服和理解，自动撤回了复议申请。对一些特殊案例，在复议期间进行了耐心认真的调解工作，同时协调区（县）在实际征收中给当事人适当降低征收额度的办法予以解决，当事人对复议调解工作表示满意。行政复议的每一例案件都按照市法制办的要求，对案件受理、案件审批、案件的结案等各项程序及时进行网上填报。

【认真贯彻落实国家奖扶新政策】根据国家人口计生委、财政部要求，市人口计生委与财政局联合下发了《北京市关于对本市“半边户”家庭农村居民一方实施农村部分计划生育家庭奖励扶助制度的通知》

（京人口发〔2011〕39 号），将一非一农家庭中的农民纳入农村奖励扶助对象范围，进一步完善了计划生育利益导向机制。

【对奖扶、特扶工作进行质量抽查】 上半年，市人口计生委奖励扶助办公室对 16 个区（县）奖扶、特扶制度的政策审核、程序流程、报表填写等情况进行了 20% 质量抽查。该项工作及时顺利完成，维护了群众的合法权益，受到社会公众的好评。

（况海涛）

人口战略研究

【概述】 2011 年，市人口计生委紧紧围绕市委、市政府工作重点，积极组织开展人口重大问题的前瞻性、实证性和政策性研究，牵头研究编制“十二五”人口规划，大力推进人口发展战略研究、综合改革和综合治理，成果显著。

【全力完成《北京市“十二五”时期人口发展和调控规划》编制工作】 按照市委、市政府领导的批示要求，由市人口计生委牵头，相关部门配合，研究编制了市级一般专项规划《北京市“十二五”时期人口发展和调控规划》（以下简称《规划》）。《规划》明确了调控人口规模、优化人口结构、促进人口合理分布的目标及创新人口行政管理体制、加快建立人口评估机制、推进人口就业结构优化、严格执行户籍准入制度、有效引导人口合理分布等方面的任务。经历文本编写、公开征求意见、专家评议、衔接论证、报市发展改革委审核等多个阶段后，形成《规划》送审稿。

【联合开展“特大城市人口规模调控”课题研究】 按照国家人口计生委的相关要求，市人口计生委会同相关专家学者组成调研组，联合开展了“特大城市人口规模调控（以北京为例）”课题研究，重点从国家和市级层面分别提出政策措施，缓解人口与资源环境的矛盾。为了完成课题任务，组织了 16 个区（县）及 12 个委办局，根据不同功能和职能定位，设置了 50 个子课题分别开展研究。

【联合举办北京市纪念世界人口日暨城市与人口主题报告会】 围绕纪念“7·11”世界人口日，7 月 6 日，市人口计生委与市政府外办联合承办了北京市纪念世界人口日暨城市与人口主题报告会。报告会邀请国内外著名专家围绕“推进人口均衡，建设世界城市”这一主题开展研讨，深入交流城市化进程中推进人口均衡发展的经验和做法，提高了区（县）和相关部门对人口在经济社会发展中的基础性作用的认识。

【建立人口评估机制和相关规定】 市人口计生委把建立重大项目、重大政策评估机制作为调控人口规模的重要措施之一。在各项调研的基础上，起草了人口评估机制和相关规定，初步明确了评估的内容，评估的程序和评估支持系统。

【指导区（县）办好人口论坛】 围绕“六普”结果的利用，指导区（县）依据功能定位，结合当地人口发展的重大现实问题举办人口论坛。通过举办论坛，整合政府、专家、社会资源，凝聚各方智慧，不断提高人口问题研究的水平，为统筹解决人口问题提供理论和智力支持。

【牵头推进健全人口管理体制等重点改革任务】 根据市发改委关于制定北京市2011年重点改革任务实施方案的函，由市人口计生委牵头推进“建立健全人口管理体制，严格落实目标责任制，研究实施居住证制度，进一步完善产业准入、房屋租赁管理、中心城区功能疏解等政策措施”等重点改革任务。市人口计生委积极协调，统筹推进，围绕重点改革任务，加强与相关委办沟通协调，结合各参与单位的职责，共同制订工作实施方案，明确了改革任务、分工和进度，顺利推进各项改革任务的实施，完成工作报告报送市发改委。

【顺利完成提案、建议的办理工作】 年内，“两会”代表、委员对人口问题关注空前提高，涉及调控人口规模的提案和建议数量多、要求高，办理难度大。市人口计生委与相关部门密切配合，与代表、委员加强沟通协调，协助市人大、市政协召开有关“人口规模调控”建议、提案的集中办理会，完成关于人口调控的人大代表建议16件、政协委员提案4件的办理工作。

【稳步推进综合改革】 研究制定了《市人口计生委关于进一步深化综合改革创新体制机制的实施意见》，明确了新时期首都人口计生综合改革的目标任务，创新体制机制的主要内容和措施方法。开展创建综合改革示范区（县）活动，涌现出一批新机制建设典型。经区（县）申报和专家评审，推荐平谷区、朝阳区为全国综合改革示范区（县）。

（周宏宇　季　红　蒋新宁）

规划统计和信息化建设

【概述】 2011年，全市人口计生规划统计和信息化工作，以服务政府决策、人口管理和社会公共服务为目标，以北京市全员人口信息管理系统建设为重点，以目标带项目，以项目促改革，先期推动了全市人口计生统计从育龄妇女管理向全员人口管理的转型，全员人口管理信息系统不断完善，全市各级联网运行，形成动态的市、区（县）、街（乡镇）三级人口和计划生育数据库，进一步促进了全市人口和计划生育信息化应用水平的提高。

【组织完成北京市全员人口信息系统建设】 在年初建成北京市全员人口个案数据库的基础上，年内组织完成了“北京市全员人口信息管理系统”的建设工作。全员人口信息管理系统是全市人口计生工作的核心业务系统，是集人口辅助决策和计划生育业务应用于一体的市级重要政务信息系统，包括一个数据库（北京市全员人口个案数据库）和三个应用系统（户籍人口信息管理系统、流动人口信息管理系统和人口统计分析决策系统）。该系统运行在市电子政务外网。截至 11 月，该系统形成的全员人口数据库覆盖了全市 2 000 余万常住人口的个案信息，其中包括 1 230 余万人的本市户籍人口个案信息和 770 余万人的流动人口个案信息。该系统在市、区（县）、街（乡镇）、社区（村）四级应用，每日进行个案信息的实时变更，并通过国家人口宏观管理决策系统（PADIS）平台与 20 个省（包括直辖市）的全员人口信息管理系统进行实时信息交换，保证了北京市全员人口数据库信息的及时性、有效性和可用性。系统的建成，为人口决策、人口管理和社会公共服务提供有力的信息支撑。该项工作被评为北京市市级国家行政机关优秀创新创优项目。市人口计生委被评为北京市电子政务单项应用奖——整合共享奖。

【推动人口计生统计工作转型】 6 月，组织了全市全员人口户籍信息系统和流动系统大培训。基层统计工作由过去只对育龄妇女信息采集逐步拓展为全员人口信息采集，实施人口统计与计划生育统计并行，推动了全市人口计生统计工作从育龄妇女管理向全员人口管理的转型，为全面推进全员人口信息采集和统计奠定了基础。

【深入探索全市人口信息分析综合工作】 在完成关于“加强人口信息综合和信息化建设”的年度绩效考核任务的过程中，深入探索全员人口信息的分析和部门人口信息综合工作。协调市统计局，首次编制完成了《北京市人口数据》手册，供市领导和相关部门辅助决策之用。先后完成“人口出生总量上扬”及“全员人口信息管理系统建成”两则集中年度出生趋势及人口总量数据的信息，被《昨日市情》和《北京信息》采用。

【加强重要信息系统安全预警维护工作】 针对全委信息系统建设中运维的安全问题，完成了“信息化安全工作管理规范和制度”的初稿，进行意见征求工作并提请专家论证后实施。根据市经信委的要求和安排，信息中心完成了北京市重要信息安全预警系统和 WIS 系统的维护工作。配合市政府机要系统的工作安排，进行了 2012 年机要文传系统的培训、设备更新培训及部署工作。

【研究制定全员人口管理规范】 为保证全员人口信息管理系统规范运行并充分发

挥信息辅助决策的作用，10月上旬启动了全员人口信息管理相关规范性文件的起草工作。经集中编写、相关调研、专家论证、十易其稿，形成了管理规范和技术规范的初稿。管理规范为《北京市人口和计划生育系统人口信息管理规范》（初稿），技术规范包括《北京市全员人口信息管理系统运行维护及安全管理规范》（初稿）和《北京市全员人口个案信息库管理规范》（初稿）。由于委员会事业单位的职责分工调整尚未完成，此规范尚未与新“三定”方案进行衔接。待下一步委内职责分工全部确定后，结合与“三定”方案的衔接，一并完善。

【建立健全人口计生信息化规章制度】 针对信息化工作的特点和需求，对全委信息化工作的相关管理规范进行了梳理，对系统运维、安全管理、系统建设、人员管理以及文档管理都重新定位，制定了新的工作和业务规范。发布了《信息中心内部公文流转管理办法》，编制了《信息化业务需求变更申请表》，对委内业务变更申请、审核和服务流程进行了规范。组建了业务处室信息化工作联络员工作队伍，明确了信息化联络员的工作职责，强化与各业务处室联系，及时准确地为各业务处室提供服务。

（崔　佳　任向群）

宣传教育

【概述】 2011年，北京市人口计生委宣传教育工作继续按照《关于加强和改进宣传教育工作的意见》提出的“倡导婚育文明，构建和谐家庭”活动主题，围绕委员会中心任务开展宣传工作，将胡锦涛总书记“在纪念建党90周年大会上的讲话”精神和“走转改”工作要求融入到具体宣传实践中，创新宣教理念，拓展宣教内容，拓宽宣教领域，不断加强和完善四大体系建设，努力为首都人口与经济、社会、资源、环境全面、协调、可持续发展创造良好的舆论环境。

【按照“走转改”原则指导基层宣传教育】 年内，市人口计生委在宣传教育工作中本着“走基层、转作风、改文风”的原则，提高供给媒体稿件、素材的质量，加大刊登、播出人口和计划生育内容的力度，不断提高已有阵地的影响力。年内，在《北京日报》、《京郊日报》深入报道“建委30周年”、“建党90周年”纪念活动，全面回顾北京市实施计划生育国策30年来取得的成绩，在全社会营造出了解计生、支持计生、践行国策的良好舆论氛围；大力宣传“幸福工程”、“生育关怀行动”、计划生育家庭贴息贷款等项目创业致富的基层典型和先进事迹，以点带面推进了宣传工作的开展。

【推进市区两级青春健康教育工作】4月2日，市人口计生委印发了《2011年“青春健康伴我行”系列宣传活动方案》，对市、区两级开展青春健康教育工作进行了部署。要求充分利用媒体、环境、人口文化和资源四大体系积极开展青春健康教育，重点开展“五个一”活动，即召开一个研讨会、举办一个展览、开展一次讲座、举办一次征文演讲活动和在区级媒体开设一个专栏节目。在市人口计生委的统一部署下，各区（县）人口计生委与宣传部、文委等相关部门密切合作，发挥区域优势，结合区域特点，注重群众参与，注重宣传效果，注重全面促进，开展了各具特色的人口文化宣教活动，青春健康教育掀起了新高潮。

【召开青春健康教育现场会】4月28日，市人口计生委在怀柔区召开了青春健康教育现场会，全面总结“十一五”时期北京市青春健康工作情况，推广怀柔区的先进经验，并为北京市第一个青春健康教育中心挂牌。

【编印小学生高段性健康教育书籍】年内，市人口计生委投入近300万元编写了小学生高段性健康教育书籍40万册，免费发放到全市小学生手中。这一项目的完成，标志着北京市青春健康项目对在校大中小学生全覆盖，对引导学生树立科学、健康、文明的性观念起到了积极的促进作用。

【举办大型主题纪念活动】为隆重纪念建党90周年和北京市人口计生委成立30周年，市人口计生委于7月4日、7月6日举办了大型主题纪念活动。在此期间，宣教处配合办公室、研究室参与了策划组织工作，并在《新华每日电讯》上专版刊登庆祝北京市人口计生委成立30周年纪念文章；在《北京日报》上专版刊登题为《不断开创首都人口计生事业新局面》纪念“7·11”人口日专版文章和题为《心系国策、志在发展》纪念“9·25公开信”发表31周年专版文章。同时，督促指导各区（县）广泛开展形式多样、切合区域实际、富于特色的宣传纪念活动。

【召开人口文化宣传教育工作现场会】9月27日，组织召开了人口文化宣传教育工作现场会，全市16区（县）的人口计生委主任、主管副主任、宣传科的同志和首都各主流媒体的记者近200人参加。会议对“十一五”时期人口文化宣传教育工作进行了认真总结，对“十二五”时期人口文化宣传教育的重点工作做了部署，要求围绕人口宏观调控和幸福家庭工程两大重点，围绕中心，面向基层，创新模式，全面做好人口计生宣传工作。

【推进婴幼儿早期教育试点工作】10月12~18日，市人口计生委举办了儿童健康教育指导师培训班，各区（县）及相关人员100人参加培训。经培训考试合格者获得了由国家人力资源和社会保障部中国就业培训技术指导中心统一颁发的儿童健康指导师职业证书。同时，市人口计生委督促、指导各区（县）继续开展早期教育试点工作，为“十二五”时期在全市全面实施0～3岁婴幼儿教育规划进行了有益尝试。

【媒体体系建设呈现新的面貌】市人口计生委注重构建人口计生宣传媒体体系，充分发挥新闻媒体的作用。年内，《中国人口报》、《北京日报》、《京郊日报》等首都媒体对“建党90周年、委员会成立30周年和世界70亿人口日”系列纪念活动进行了广泛的宣传报道；《北京日报》、《京郊日报》刊登专版展示了北京市人口计生工作30年的成就和业绩；《人口与计划生育》杂志刊登了人口计生工作领导专访，撰写专题文章对“十二五”期间北京市人口计生工作总体思路、人口计生工作的战略转移进行解读；《人口与计划生育》杂志连载了北京市人口计生系统创先争优的典型事迹。

【环境体系建设跨上新的台阶】年内，各区（县）充分利用已建成的内容健康、形式高雅、风格别致、具有不同区域特色的人口文化公园，以人口文化大院、生育文化胡同、生育文化一条街、人口文化漫画墙、广告、橱窗等为辅助，美化了宣传环境。市人口计生委转发了《国家人口计生委办公厅关于优化人口计生户外宣传环境的通知》，督促各区（县）按照国家人口计生委的要求，优化户外宣传环境，继2008年奥运会集中整治户外标语口号后，全市环境宣传又上了新的台阶。

【人口文化体系建设形成新的品牌】年内，市人口计生委继续发挥三级人口文化学校、人口文化活动室的人口文化宣传的阵地堡垒作用，投资50万元为10个区（县）各配备图书239套；鼓励区（县）开展人口文化一日游的宣传创新，海淀区、石景山区率先推出了人口文化一日游的项目，旅游点中广泛包括了人口文化园、人口文化长廊、人口健康文化苑、性与生殖健康科普展、人口安全教育基地等，形成新的人口文化宣传的品牌。

【资源体系建设取得新的进展】年内，市人口计生委注重统筹各级各类宣教资源，使宣教工作符合首都功能定位、顺应时代发展趋势。一方面强化部门联手，加强与相关部门的横向沟通与协作，不断开辟新的宣教阵地，拓宽新的宣教领域，形成了齐抓共管的新局面。另一方面充分利用首都智力资源优势，加强了与科研院所、大专院校的联系，并聘请知名专家、学者为人口计生宣教工作献计献策，提供智力支持。

（潘银苗　曹宏）

优质服务与科技

【概述】2011年，北京市人口计生系统优质服务和科技管理工作，按照年度工作计划，努力深化计划生育优质服务。组织生殖健康伴你行下乡服务活动，为育龄妇女开展义诊和妇科、B超、乳透等项目检查；组织全国计划生育优质服务先进单位“回头看”工作，查找差距，全力推动全市计划生育优质服务工作迈向新台阶；组织生殖健康课题研究工作，与中国人口与发展研究中心专家合作，在顺义、昌平等区开展了对未婚青少年实施紧急避孕效果的研究；积极组织国家免费孕前优生健康检查项目试点工作，实现了“孕前预防”的关口前移；开展农村长效节育育龄群众免费健康体检工作，并组织项目组领导及专家组将对项目进行督查；依法开展计划生育生殖健康技术服务机构校验工作，推进计划生育技术服务机构规范化、法制化管理和建设；积极开展婚育健康服务包免费发放工作，为新婚夫妇提供婚育健康服务。

【组织计划生育优质服务先进单位“回头看”】全市率先在全国实现了计划生育“国优”先进单位全覆盖目标后，国家人口计生委对北京市的全国计划生育优质服务先进单位工作实行“免检”。在委领导的领导下，优质服务和科技部门始终保持清醒的认识，认真组织计划生育优质服务先进单位“回头看”，找差距，以科技服务为先导，全力推动全市计划生育优质服务工作迈向新台阶。先后组织首都专家学者和区（县）人口计生委主管领导，就如何深化首都北京的计划生育优质工作进行了研讨。组织区（县）主管领导和计划生育技术服务站站长，开展深化计划生育技术优质服务交流活动，相互取长补短。组织区（县）人口计生委主管副主任和技术服务中心技术人员参加国家人口计生委开展的业务培训班等，比较扎实地推动了全国计划生育优质服务先进单位“回头看”工作。

【召开病残儿医学鉴定工作汇报暨培训会】1月4日，市人口计生委召开北京市2011年病残儿医学鉴定工作汇报暨培训会。会议总结了全市病残儿医学鉴定审批工作，各区（县）汇报了病残儿医学鉴定审批工作的开展情况，邀请协和医院和安定医院的专家教授开展了“优生咨询”和“现代生活和抑郁症”讲座。市人口计生委马旭副主任到会讲话。他强调指出：如何做好新形势下的病残儿鉴定审批工作，要在“三个结合”和“三化”上下工夫：一要把依法行政与维权相结合，二要把鉴定审批与再生育服务相结合，三要把病残儿家庭与出生缺陷一级预防工作相结合；疾病鉴定分类命名要规范化，再生育衔接和遗传登记要制度化，病残儿鉴定与审批管理工作要数字化。马旭副主任要求掌握好病残儿鉴定标准，向国家建议修订和完善病种和分类，做好病残儿家庭再生育风险的判定工作。

【依法开展计划生育生殖健康技术服务机构校验工作】 3月18日，市人口计生委制定下发了《关于对北京市计划生育生殖健康技术服务（指导）中心进行校验的通知》，要求依法规范计划生育技术服务，推进计划生育技术服务机构规范化、法制化管理和建设。市人口计生委组成由专家和科技处构成的评审检查组，4～7月，对全市人口计生系统计划生育生殖健康技术服务机构进行了第四轮校验。11月，组织召开了计划生育生殖健康技术服务机构校验总结会，16个区（县）主管副主任、服务机构负责人、计划生育生殖健康技术服务（指导）中心技术人员参加了会议。

【组织“生殖健康伴你行”下乡服务活动】 年内，市人口计生委组织生殖健康专家，分别走进丰台、门头沟、石景山、大兴和东城区开展了“生殖健康伴你行”宣传服务活动。活动中，北京积水潭医院、妇产医院、同仁医院的专家为当地育龄妇女开展义诊，进行了妇科、B超、乳透等项目的检查，为当地群众举办“生殖健康大课堂”讲座，并向参加活动的干部群众赠送了生殖健康宣传品。

【实施“国家免费孕前优生健康检查项目”】 3月25日，市人口计生委、市财政局出台了《关于开展国家免费孕前优生健康检查项目试点工作的通知》，确定丰台区、昌平区、平谷区为项目第二批试点区。孕前优生健康检查项目实现了“孕前预防”的关口前移。项目服务包括免费提供宣传教育、健康体检、风险评估、咨询指导、孕情监测及跟踪随访等19项服务。为了推进这项工作，成立了市区两级“国家免费孕前优生健康检查项目”领导机构。全市各试点区为实现公共服务均等化，将目标人群从国家要求的农村人口和流动人口扩增为符合计划生育政策的育龄夫妇（含城镇、农村户籍人口及流动人口）。截止到12月底，三个试点区共检查人数8 585人，完成总任务量的44%。其中丰台区4 411人，昌平区1 844人，平谷区2 330人。丰台区、昌平区、平谷区宣传覆盖率分别为85.6%、98%、98%；优生知识知晓率为85%、98%、90%；优生咨询指导率为100%、95%、100%；优生检查人群覆盖率为40%、31%、87%；早孕随访率分别达100%、100%、100%；妊娠结局随访率分别达为100%、100%、100%。

【国家免费孕前优生健康检查北京市试点区项目启动仪式在平谷区举行】 3月29日，国家免费孕前优生健康检查北京市试点区项目启动仪式在平谷区举行。国家人口计生委科技司司长张世琨、财务司司长薛启谊，市人口计生委主任刘志、副主任耿玉田和马旭，平谷区人民政府区长张吉福、副区长魏玉瑞，市财政局教科文处，平谷区、丰台区、昌平区人口计生委、财政局、卫生局领导出席了活动。会上，市人口计生委主任刘志强调，要严格按照国家统一要求，组织实施项目试点工作。各试点区要成立领导机构，负责本地区试点工作的组织协调和监督指导；要成立专家指导组，充分发挥首都的人才资源优势，做好项目试点地区人员培训、技术指导和质量控制；要加强经费监管，确保专款专用，规范经费流程，提高使用效益，切实把项目经费管理好、使用好。平谷区人口计生委介绍了实施国家免费孕前优生健康检查项目方案，平谷区卫生局、财政局领导也作了发言。

【“婚育健康服务包”项目顺利开展】年内，全市“婚育健康服务包”项目继续顺利开展。4 月 1 日，市人口计生委召开全市婚育健康服务包项目工作总结会。5 月 23 日至 6 月 14 日，市人口计生委会同市财政绩效考评工作组对 16 区（县）“婚育健康服务包”项目进行了绩效评价。截至 12 月底，全市约有 15 万对新婚夫妇自愿免费领取到婚育健康服务包。

【举办社区计划生育（卫生）服务站医师培训班】7 月和 8 月，分两期举办了北京市社区计划生育（卫生）服务站医师培训班，对 300 名社区卫生服务站从事计划生育技术服务的医师，区（县）计划生育生殖健康技术服务（指导）中心技术服务人员，以及区（县）民政局婚姻登记处工作人员进行了计划生育技术服务业务培训。市人口计生委刘志主任十分重视培训工作，要求从落实丁向阳副市长关于进一步“加强计卫联手”的高度搞好这一工作。市人口计生委耿玉田副主任在开班讲话中指出：社区卫生服务站是政府部门推动“民生关怀，计生关爱”的生力军，是直接服务人民群众的主体，加强对这支队伍的计划生育技术服务业务培训，是市人口计生委和市卫生局、市民政局高度重视的一项重要工作。培训班由首都生殖健康、计划生育优质服务和医学专家授课，重点讲解和培训了生殖健康和计划生育，生殖道感染，艾滋病防治，女性生理、生殖保健及青春期保健，男性生殖生理、男性避孕方法与生殖健康，计划生育知情选择、咨询技能，各种避孕方法、不良反应诊治、处理与监测，孕期保健、优生优孕等方面的内容，收到了较好的效果。

【召开北京市参加国家免费孕前优生健康检查试点区主任座谈会】10 月 25 ~ 26 日，市人口计生委在丰台区召开北京市参加国家免费孕前优生健康检查试点区主任座谈会。市人口计生委副主任耿玉田出席会议，丰台区、昌平区、平谷区人口计生委主任、党组书记、主管副主任以及计划生育技术服务中心主任参加了座谈会。会上，丰台区、昌平区、平谷区人口计生委主任先后对前期工作进行了总结，重点介绍了开展这项工作以来的主要经验、存在问题、解决办法和下步设想。耿玉田副主任对试点区的下一步工作提出了要求：一是要坚定信心，积极推进；二是要集中精力，突破难点，先从项目入手，分步实施；

三是要努力提高参检率，确定目标人群，有充足的经费保障；四是要开发软件和宣传品。他强调指出，各试点区要努力建立北京市的评估标准体系，为创建北京模式而共同努力。

【组织完成农村长效节育户籍已婚育龄群众免费健康体检项目】根据《北京市深化医药卫生体制改革2011年主要工作任务责任书》，农村长效节育户籍已婚育龄群众免费健康体检项目被列入年度医改任务。市人口计生委积极协调市财政局，下发了《北京市人口计生委关于2011年实施“农村长效节育户籍已婚育龄群众免费健康体检项目”的通知》（京人口发〔2011〕4号）。市财政按照体检人数每人105元的标准给予各区（县）体检经费补助，其中100元用于支付个人的体检费、消耗的医疗卫生材料以及外聘医务人员的劳务费，5元用于为体检群众提供早餐或食品以及体检数据的录入分析。为保证项目的顺利进行，从4月份开始，项目组领导及专家组将对项目进行督查，抽查了丰台、通州、大兴、怀柔4个区（县）。督查内容包括：是否按文件要求程序、内容体检，计划及宣传情况，资金专款专用情况，现场体检情况，体检结果录入统计情况。2010～2011年度农村长效节育户籍已婚育龄群众免费健康体检项目的任务量为23.3万人，实际完成24.57万人，均建立健康档案。49岁以下体检人数20.6万人，49岁（含49岁）以上体检人数3.94万人。

【组织参加六千人才计划进修】年内，市人口计生委选送西城区、怀柔区两名技术人员参加国家人口计生委六千人才计划进修。每人每期在市妇产医院进修6个月。

【荣获“全国避孕药具不良反应监测先进集体”荣誉称号】自启动避孕药具不良反应监测试点工作以来，平谷区连续多年不良事件百万人口报告率达300例以上，避孕药具不良反应监测试点工作取得良好进展，被国家人口计生委授予“全国避孕药具不良反应监测先进集体”荣誉称号。

【积极开展科技对口支援工作】按照市人口计生委刘志主任的要求，由市人口计生委副主任耿玉田牵头，科技处会同行财处组织首都遗传学专家和临床实验主任等，对“乌兰察布市京蒙对口帮扶实施遗传优生检测项目工作可行性报告”开展了专题研讨论证会；协助人事处、行财处开展了援助新疆和田培训班工作。

（冯雷　梅红光）

流动人口计划生育服务与管理

【概述】2011年，北京市流动人口计划生育工作在市流动人口管理委员会的统一领导下，全面贯彻国家人口计生委关于建立流动人口计划生育全国“一盘棋”的“三年三步走”（2009年省内“一盘棋”、2010年重点区域“一盘棋”、2011年初步实现全国“一盘棋”）目标安排，以统筹解决首都人口问题为动力，以完善工作机制、推进制度创新为重点，把维护流动人口合法权益与治理违法生育行为结合起来，把流动人口信息采集与加强重点人群服务管理结合起来，积极推进流动人口均等化服务试点工作，把加强市内合作与深化省际协作结合起来，进一步提高了流动人口计划生育服务管理水平。

【主持召开环渤海地区区域协作工作会议】8月，由北京市人口计生委牵头，在辽宁省沈阳市召开了环渤海（十省市）区域一盘棋工作会议。会上，北京市介绍了环渤海地区区域协作开展情况；十省市结合本省（区、市）工作，畅谈了开展环渤海区域协作工作设想和建议。国家人口计生委王培安副主任作了“立足省内一盘棋，推动体制机制创新，加快实现全国流动人口计划生育一盘棋”讲话。十省（区、市）主任签订环渤海地区区域协作协议书，国家人口计生委课题组汇报了环渤海经济社会一体化课题成果。会议要求，要加大信息化工作力度，为全国实现“一盘棋”奠定基础；建立健全协商沟通制度，破解社会抚养费征收难题；安排撰写环渤海地区流动人口生存状况报告，为地方党政领导决策提供参考。

【举办流动人口计划生育管理员业务培训班】为提高全市流动人口计划生育干部服务管理水平，8月23～25日，市人口计生委举办了全市流动人口计划生育管理员培训班。参加人员包括各区（县）人口计生委流管科长、流动人口计划生育管理干部及各级流动人口计划生育管理员70余人。培训内容主要是全国流动人口均等化服务标准及要求，流动人口服务管理及实施居住证制度对流动人口服务管理的影响，以住宅为载体人口规模预警预测等。

【举办流管系统管理干部计划生育业务培训班】为了与相关部门做好工作协调，进一步加强与流管系统的交流和合作，8月份举办了流管系统管理干部计划生育业务培训班。主要内容是宣讲《流动人口计划生育工作条例》，介绍人口与计划生育工作的形势和任务等，使流动人口管理干部进一步了解人口与计划生育业务知识，以便更好地配合计生部门做好工作。

【加强综合治理和重点帮扶工作】结合市政府综合治理联络点，做好对联系点的帮扶工作。一是深入基层进行调查研究，查找流动人口服务管理的薄弱环节，结合地区实际提出下一步管理措施；二是进行有针对性的帮扶活动。朱房社区地处城乡结合部，“平房多、农转非人员多、流动人口多”，管理力量不足，经费落实不到位。市人口计生委协同海淀区人口计生委进行了针对性的帮扶活动，由市人口计生委出资对该社区办公及服务管理设施进行了更新，并对流动人口服务管理场所进行了改建。同时，帮助社区建立健全了流动人口服务管理机制。

【为流动人口计划生育图书角增配图书】为提高流动人口的思想、道德、文化知识水平，普及流动人口计划生育及相关科普知识，根据国家人口计生委“关怀关爱”流动人口的有关精神和《北京市流动人口计划生育工作意见》的工作要求，为全市300个图书角配备30万元的图书（每个图书角1 000元），所配备的图书包括政策法规、技能培训、新婚必读、孕期保健、育儿必读、未成年人教育、生殖健康、防病治病、科学生活、流动人口就业指南、避孕节育、生殖健康等近150余种。

【实施重点地区流动人口监测工作】年内，全市流动人口动态监测，采取多阶段与规模成比例抽样相结合的方法，以流动人口规模为抽样标识选取40个乡（镇、街道），80个行政村（居）委会，每个行政村（居）委会抽取25户流动人口家庭，共收回问卷6 000份。在调查中，就被调查流入人口的基本信息、就业、社会保障、居住、子女教育、医疗卫生、计划生育、收入和消费、社会融合情况等进行问卷调查，问卷100余项。全市流动人口动态监测共进行两次，第一次是针对流动人口的生活及发展状况开展的监测；第二次主要针对新生代农民工的需求进行监测，以掌握相关社会经济政策的落实情况，更好地维护流动人口的合法权益。

【对流动人口在京出生实施监测】据出生监测统计，2010～2011年度，据167家有资质产科医院监测，流动人口在京出生6.91万人，其中男孩为3.74万例，女孩为3.18万例。符合法律法规生育人数6.1万人，计划生育率为88.2%。

（李乐华）

行政财务工作

【概述】2011年，北京市人口计生委行政财务工作在国家人口计生委的指导和市委、市政府的领导下，以科学发展观为指导，认真贯彻落实《中共中央国务院关于全面加强人口和计划生育工作统筹解决人口问题的决定》和《中共北京市委北京市人民政府关于深入贯彻落实科学发展观统筹解决人口问题的决定》精神，调整优化支出结构，着力保障改善民生，继续做好完善计划生育利益导向政策体系建设经费保障工作；认真落实“十二五”人口与计划生育经费投入目标，逐步完善财政资金科学化、精细化管理，不断提升财政资金效能；协调对口援助经费；做好委内后勤服务和车辆保障工作，保证全市人口计划生育各项工作的顺利完成。

【经费投入】年内，人口计生经费全年总投入2亿元，其中市财政拨款1.95亿元，其他投入0.05亿元。经费投入按照党组“存量调结构、增量保创新”的思路，服务于全市建设大局，以首都人口规模调控为研究方向，统筹解决人口问题；以保持稳定低生育水平为工作重点，继续坚持“大人口”工作不放松；以服务民生为目标，让计生家庭享受优生优惠改革发展成果。市内各功能区的财政投入继续纳入目标管理责任制考核，户籍人口人均计生经费投入指标分别是：首都功能核心区7.4元，首都功能拓展区12元，城市发展新区14.7元，生态涵养发展区14.7元，流动人口人均投入参照户籍人口人均投入确定。

【利益导向】积极配合全市计划生育利益导向政策体系建设，继续贯彻落实农村奖励扶助和全市独生子女伤残死亡家庭特别扶助制度，做好扶持农村计划生育低收入家庭财政贴息贷款工作。7月31日以前，将伤残特别扶助金、死亡特别扶助金全部注入个人账户。

【绩效评价】上一年度的“扶持5 000户农村计划生育低收入家庭致富、向高中生免费发放《青春健康读本》、向15万对新婚夫妇免费发放婚育健康服务包”三个项目被列入绩效评价财政考评项目。三个项目由市财政聘请会计师事务所实施绩效考评，总评“良好”。另一项“独生子女家庭特别扶助金”项目，由市人口计生委自评后被确定为绩效再评项目，自评和再评均为“优秀”。

【经费管理】在委领导的亲自指导下，重新修订了《北京市人口和计划生育委员会财务管理办法（试行）》、《北京市人口和计划生育委员会预算管理实施细则（试行）》、《财务报销细则》三个财务文件，于9月1日正式执行。根据《北京市2010～2011年深化医药卫生体制改革实施方案》，市人口计生委承担了为本市农村采用长效避孕措施的育龄公民提供免费健康体检工作，2年内对24.57万名群众提供了免费健康体检，体检工作由各区（县）人口计生委组织实施。市财政按每人100元的体检经费和5元的工作经费标准补助区（县）。市人口计生委下发了《北京市人口计生委关于实施“农村长效节育户籍已婚育龄群众免费健康体检项目”的通知》，明确规定市财政转移支付专项资金用途，要求专款专用，不能挪用。

【审计监督】年内，市人口计生委行财处协助市计生协完成更换法人经济责任审计。市计生协举行换届选举期间，按照相关要求，对前法人进行了经济责任审计，行财处受协会委托，聘请了第三方会计师事务所，完成了对 2002 ~ 2010 年协会法人的经济责任审计。行财处协助监察处完成了对“药具采购、发放及管理”项目的专项监察。12 月，迎接了市审计局对委财务工作的审计。

【对口援助】 4 月 19 日，市人口计生委与和田市人口计生系统共同举办了对口支援座谈会。5 月 10 日，与乌兰察布市政府对口援助和区域合作办公室专程来京商谈援助与合作的计生系统人员举行了座谈会。5 月 16 日，在纪念“5 · 12”地震 3 周年之际，与专程来京感恩的什邡市政府代表团举行了座谈会。5 月 24 日，在庆祝西藏和平解放 60 周年之际，市人口计生委与拉萨市人口计生委来京考察组举行了对口援助工作座谈会，并邀请了市对口援助和经济合作办公室的干部参加。7 月 23 日，国家人口计生委第二次援疆座谈会后，在乌鲁木齐市与兵团十四师人口计生委召开了座谈会，并编制了《北京市人口计生委与农十四师对口支援协作框架协议》。按照市对口支援办要求，年内还举办了基层服务站计划生育技术服务人员北京培训班。

【政府采购】 全年公开招标项目 9 项，预算金额 1 750 万元，分别是婚育新风宣传品制作印刷、购置高清专业电视设备、市人口计生委成立 30 周年纪念章制作、防病毒软件升级改选、《北京市全员人口信息管理系统》运行环境及集成、全员人口信息系统专项信息安全防护、小学高阶段健康教育书籍印刷、制作婚育健康服务包印刷项目、全员人口个案管理信息系统。实际完成政府采购项目 8 项，完成金额 1 444 万元。

【车辆管理】 全年安全行驶 50 多万公里，严格遵守交通规章和车辆按尾号限行措施，圆满完成了服务保障工作。召开了上年度交通安全工作总结会，并与个人签订了安全责任书。

（胡宗海）

干部教育和人事管理

【概述】 2011 年，北京市人口计生委组织人事工作认真贯彻落实委党组工作部署，充分发挥职能作用，围绕干部人事重点工作任务，全面推进机构编制改革、干部人事制度改革、队伍职业化建设和教育培训等各项工作，为人口计生工作转型发展奠定了坚实的组织保证和人才基础。

【稳步推进机构改革】 为调整理顺人口管理体制机制，促进人口工作有效整合、科学发展，推动市人口计生委转型发展，在刘志主任、丁勇副主任带领下，人事处、综合处协调编办、流管办、发改委、公安局、统计局等9个部门，全力推进北京市人口管理体制机制改革调研工作，并组织调研组赴无锡、上海调研考察。经委党组多次研究讨论，形成了《关于创新首都人口服务管理体制机制的编制方案》。在此基础上，与市编办多次沟通协商，提出市人口计生委职能拓展、调整并增加内设处室和人员编制等建议。10月20日，市机构编制委员会办公室回复了《关于同意调整市人口计生委职责内设机构和人员编制的函》（京编办行〔2011〕208号），同意市人口计生委关于强化统筹人口政策，协调推动人口与经济、社会、资源、环境协调可持续发展的职责；强化指导开展面向家庭的人口和计划生育公共服务职责。同意增设规划协调处，核增行政编制5名，其中处级领导职数1正1副，宣传教育处不再承担“协调出生人口性别比治理工作”的职责，研究室（综合协调处）、规划统计处、行政财务处分别调整职责更名为综合处、信息处、财务处，人事处加挂离退休干部处牌子。此外，经市人力资源和社会保障局批准，市计划生育协会列入参照《中华人民共和国公务员法》管理范围。经市机构编制委员会办公室同意，增加全额拨款事业编制12名，所需编制从市人口和计划生育干部培训中心调剂。

【科学规范干部人事制度】 为推进干部人事工作的科学化、规范化和制度化，先后制定印发《北京市人口计生委干部在职研究生学历学位教育管理暂行办法》、《北京市人口计生委关于因私出国（境）人员管理规定》、《北京市人口计生委工作人员考勤管理办法》、《北京市人口计生委关于在职职工病、事假期间工资、津贴、奖金待遇发放管理办法》。加强对干部选拔、任用、管理、监督等机制的探索，研究制定了《北京市人口计生委深化干部人事制度改革实施意见》（草稿），《北京市人口和计划生育委员会科级干部职务竞争工作办法》（草稿）。结合首都中长期人才发展规划和系统干部队伍实际，制定印发了《北京市人口和计划生育中长期人才发展规划》，提出各类人才培养计划和措施。

【加强干部选任调配工作】 按照市委统一部署和委党组要求，在全市公开招考信息中心主任，通过公开招考，选拔严进、王进孝等信息化管理人才进入市人口计生委工作。完成了7名处长的轮岗交流，办理4名干部调出、10名干部调入和5名干部晋升职务相关手续及起薪工作；挑选接收王凯峰、胡宗海两名军转干部分别到科技管理处、财务处工作。继续开展系统内干部挂职锻炼，并按照市委组织部、市人力社保局要求，安排1名干部到基层挂职锻炼。

【加强干部教育培训工作】 为加强教育培训工作的统筹管理，委党组制定印发了《北京市人口计生委干部教育培训工作管理办法》，对市区基层教育培训工作秩序进行了规范，明确了培训目标与任务、培训思路与重点。积极组织干部参加调训，先后有3名委领导参加了区（县）局级领导干部进修班和自主选学班次，3名处级干部参加了任职培训。充分利用北京市在线学习中心平台，组织全委干部参加网上在线学习，全部完成40学时的任务，考核通过率在市级机关中排名并列第一。举办了对口援疆首期基层技术服务人员培训班，计划用五年时间为新疆和田地区和农十四师培训基层人口和计划生育服务人员150人。

【加强干部队伍职业化建设】年内，结合干部队伍建设实际，研究制定了《北京市人口和计划生育干部队伍职业化建设指导意见》（草稿），明确提出了干部队伍职业化建设的努力方向。为落实国家人口计生"强基提质"工程，完成好2011年全国生殖健康咨询员统考任务，相继组织举办了全市局总公司计划生育专兼职干部基础知识培训班（140人）和全市生殖健康咨询师资及部分咨询员培训班（160人），积极鼓励和支持各区县广泛开展职业培训，对提高基层干部队伍素质和能力起到了有力的推动作用。按照国家人口计生委的统一安排，组织1 500名计生专干参加了生殖健康咨询师考试。

【开展创先争优活动】配合建党90周年和人口计生委成立30周年纪念活动，印发《关于开展评选表彰先进基层党组织、优秀共产党员和优秀党务工作者及在人口计生系统征集创先争优典型事例活动的通知》、《关于开展北京市人口计生系统先进集体、先进工作者评选表彰活动的通知》，整理形成《北京市人口计生系统"创先争优"典型事例汇编》和《北京市人口计生系统"新时期最可爱的人"事迹报告集》，并印发全市。召开大会在全市范围内表彰了50个先进集体、150名先进工作者、24名"新时期最可爱的人"，在系统内营造了学先进、比先进、争当先进的良好氛围。

（干婷）

办公室综合业务工作

【政务公开工作】为进一步提高人口计生优质服务水平，全市以开展"阳光计生行动"为载体，深入推进人口计生政务公开、村务公开、办事公开，积极主动进行政府信息公开，全方位做好服务工作。四级政务全公开，即市、区县、乡镇街道政府人口计生部门和村（居）委员会以不同形式进行政务公开，形成纵到底、横到边、上下联动、整体推进的工作体系。三级政府机构实行全程办事代理制。全程办事代理制是把各项行政审批、群众办事程序规范为"受理、承办、办结"三个环节，做到"一口受理、全程代理、内部运作、按时办结"。实现工作流程的"串联"到"并联”、“分散”到“集成”，使群众到政府部门办事由多次办变为一次办，由群众跑变为干部跑，由随意办变为规范办。具体形式是三级政府部门建立全程办事代理接待处，设有专门人员负责接待和办理，制定了规范的工作流程，并建立了工作人员行为规范和要求。市人口计生委在接待大厅设立了政务公开和全程办事代理工作室，有专职干部负责此项工作。2011 年，阳光计生行动规范化建设被市政府绩效管理办公室评为年度优秀创新创优项目。依法管理和优质服务水平明显提升，群众满意度达到95% 以上，90% 的人口计生部门在参加区县组织的民主评议行风中取得了前 10 名的好成绩。

【政府信息全公开】 在政府信息公开工作中，不断强化内外监督。设立举报信箱，在市人口和计划生育网站设立了“在线留言”，在报刊和电台公布了举报电话，并通过“政风行风热线”和政府“市长连线”平台，了解民意，倾听民生，接受社会监督，及时回收反馈信息；通过召开座谈会、发放征求意见卡、电话询问、信函联系、基层调研等方式，广泛征求社会各界的意见和建议，及时改进我们的工作。2011 年通过政府信息公开专栏主动公开信息52 件，其中全文电子化率达 100%。机构职能类 2 件，所占比例 5.56%；法规文件类 4 件，所占比例 7.69%；规划统计类 10 件，所占比 19.23%；业务动态类 39 件，所占比例 75%。按照北京市规定，8 月 15 日，将《北京市人口和计划生育委员会“三公经费”财政拨款情况》公开。移送规范性文件《关于对本市“半边户”家庭农村居民一方实施农村部分计划生育家庭奖励扶助制度的通知》。主动公开的文件电子化率 100%。在市政府中环办公楼办事大厅设置政府信息公开接待点和政府信息公开取阅点。依申请公开共发生 3 例。分别是关于独生子女费政策、课题调研资料和三公消费的依申请。按照规定的时限和程序，通过电子邮件和邮寄两种途径及时给当事人提供答复，没有产生不良影响。针对本委政府信息公开的行政复议申请0 件，行政诉讼案件 0 件。

【做好出国考察培训和接待工作】 全年安排出国培训考察团组 3 批，17 人次，随团5 人。接待中联部和国家人口计生委安排来京考察的国外政府或国外非政府组织 21 批 399 人次，主要有非洲国家卫生部长考察团、法国电视一台记者采访、津巴布韦国家卫生部长等。南非总统夫人、孟加拉卫生部长来京考察后表示要向北京学习，并邀请回访其国家。接待国内各省市来京考察 32 批 315 人次及四川什邡再生育宝宝一行。高标准地做好与中央在京单位和部队的联系和协调，走访 26 次。

【信访工作】 全年市、区县共受理群众来信、来访 29.53 万件次。市本级信访 1.63 万件次，占全市信访量的 5.5%；区县级信访 27.9 万件次，占全市信访量的 94.5%。市级集体访 10 批次，有上升势头，主要问题是要求解决村计生专干待遇问题和举报违法生育问题。在全市29.53万件次的信访中，市本级信访1.63万件次，占全市信访量的5.5%；区县级信访27.9万件次，占全市信访量的94.5%。

【档案工作】 收集2010年机关各处室及事业单位档案，进行筛选分类，整理档案500卷，为下一步装订、扫描做好前期准备工作。完成档案管理系统的终验；上报上一年度档案统计年报；完成年度档案行政自查报告。

（胥德琪）

北京市政府折子工程、人大建议和政协提案办理情况

【2011年承办市政府折子工程情况】 今年，我委承担市政府折子工程两项（第140、145号）：

第一项（第140号）："抓紧研究制定人口有序管理的一揽子政策措施，建立健全人口管理体制，严格落实目标责任制"。重点开展以下工作：

（一）研究制定人口有序管理的一揽子政策措施。一是修改完成了《北京市"十二五"时期人口发展和调控规划》的送审稿。二是与国家人口计生委联合开展特大城市人口规模调控（以北京市为例）的研究课题。三是开展首都经济圈人口布局研究课题。探索引导区域人口合理流动的途径，课题报告已完成。课题提出引导区域人口合理流动的政策建议：以优化功能产业分布为手段，充分发挥市场调节机制作用，完善区域人口管理合作机制。四是结合落实市委、市政府《关于2011年推进重点改革任务的意见》，加快创新城市精细化服务管理机制。

（二）建立健全人口管理体制。由市人口计生委和市编办牵头，联合市发改委、市流管办、市公安局、市民政局、市统计局、市社会办等部门，赴无锡、上海调研，形成《关于创新首都人口管理体制机制的调研报告》。市编办批复了市人口计生委新的"三定"方案，强化统筹全市人口政策，协调推动人口与经济、社会、资源、环境协调可持续发展的职责，强化指导面向家庭的人口和计划生育公共服务职责，明确了市人口计生委为本市人口工作的统筹协调部门。按照新"三定"方案的规定，调整了委内处室设置，成立了综合处、规划协调处、信息处等负责人口综合管理的处室，为人口工作转型提供组织保障。

（三）开展"北京市人口决策信息支持系统"研究。以市育龄妇女信息库为基础，整合市公安局户籍人口信息、市流管办流动人口信息，并在第六次人口普查中补充了部分个案信息，建成了北京市全员人口数据库。库内个案信息为1 980万人，覆盖

全市常住人口。依托该数据库，研究室与中国人口发展研究中心合作开展“北京市人口决策信息支持系统”研究。

第二项（第145号）：“加强与周边省区市协作，探索区域人口调控协调机制，促进人口有序流动”。

重点开展以下工作：

（一）加强区域协作，坚持务实稳步推进。一是稳妥开展异地联合执法。紧紧抓住流动人口违法生育社会抚养费征收难这个突出问题，与相关县市密切配合，开展异地联合执法工作。二是牵头环渤海区域协作，稳步实现区域一盘棋工作。

（二）流动人口计划生育工作机制的区域创新。一是初步形成了以物业管理为依托、以温馨驿站为平台、以市场管理组织为支撑、以地下室工作站为补充的涵盖楼宇、社区、市场、地下空间的多元管理服务工作机制，构建集心理疏导、政策咨询、计生服务、健康讲堂、健康体检、文体活动、就业咨询、防灾减灾等基本公共多元化服务体系。二是初步形成了以区县为基本单元的“平行协作面对面、上挂一级点对面、下移一级点对点”的协作工作机制。三是在流动人口违法生育处罚、末端力量整合、拓展区域协作内容实现了突破。

【承办“两会”建议提案情况】 2011年，市政府交市人口计生委承办的建议、提案共39件，总量创历史新高，包括人大代表建议27件、政协委员提案12件。其中11件人大代表建议，经市人大、市政府领导批示，作为重要建议集中办理，由市人大常委会重点督办。

建议提案反映问题较集中的主要有两方面：

（一）关于调控北京市人口规模、加强城市科学管理、有效缓解中心城区人口压力、引导人口合理分布等建议提案共有24件，与2010年相比，代表委员对首都人口规模调控的希望和要求更加强烈，涵盖内容更为宽泛，提出的建议和对策措施更为具体全面。

（二）关于加强对独生子女家庭的政策关怀及物质奖励、提高独生子女费标准、在征地拆迁中对独生子女家庭给予一定奖励、对独生子女伤残、死亡家庭给予更多关怀等建议提案共10件。

5月25日，市人大常委会组织召开关于“合理调控人口规模”的重点建议督办座谈会，市人口计生委党组书记、主任刘志同志向与会代表作了专题汇报，提出北京市调控人口规模的意见。会后，刘志同志陪同市人大常委会副主任刘新成及部分人大代表到顺义区调研。

9月28日，市人大常委会主任杜德印和相关委办局，就“合理调控人口规模”重点建议办理情况，听取市人口计生委的工作汇报。

北京市十三届人大四次会议第0041号建议的办理报告（B）

陈军代表：

您关于“加强控制人口，保障城市健康、协调发展”的建议收悉。对您提出的建议，我委高度重视，会同相关部门认真研究，认为您建议中提到的“北京的资源环境将难以承载人口迅速膨胀的速度，更难实现健康、协调发展和建设宜居、首善之区”契合北京实际，提出的建议对我们的工作也很有指导意义。围绕您的建议，现将办理情况报告如下：

一、关于首都功能定位

2005年国务院批复的《北京城市总体规划（2004～2020年）》明确城市性质为：“北京是中华人民共和国的首都，是全国的政治中心、文化中心，是世界著名古都和现代国际城市”，城市发展目标定位概括表述为：国家首都、国际城市、文化名城、宜居城市。2010年市政府开展了北京城市总体规划实施评估工作，认为这一目标定位有效指导了几年来北京的发展建设，符合北京实际和未来发展的要求，总体上应当继续坚持。

二、关于制定规划目标

市委市政府明确要求：全市在编制“十二五”各专项规划及区县规划过程中，要充分发挥人口规划的基础性作用，坚持产业发展、空间布局、土地利用、基础设施、公共服务、人口调控“六规合一”。《北京市国民经济和社会发展第十二个五年规划纲要》将人口调控工作独立成章，提出了合理调控人口规模，改进人口服务管理，引导人口合理布局三大任务。在编制落实总体规划的后续规划中，一要细化和落实应对措施，加强对我市常住人口，尤其是外来人口的控制与引导；二要重点开展基本生态控制区划定，加强社区公共服务设施的规划建设、市政设施承载力规划研究。

今年，各区县、各部门在制定“十二五”规划时，严格按照市委、市政府相关部署，把人口调控作为规划的重要任务，把相应目标分解到年度计划中，确保人口调控的政策措施得以落实。目前，人口规模调控任务重的12个区县在“十二五”规划中明确了人口规模调控的目标、任务和措施；我委正会同发展改革委等部门研究全市人口调控的目标，待“六普”数据公布后提交市委、市政府研究决定。

三、关于建立统筹调控人口的体制机制

您提出建立首都人口管理协调服务机构的建议对我们开展人口规模调控工作很

有启发。实际上，首都特殊的功能和定位，决定调控人口规模的复杂性和特殊性。首都人口调控不能仅靠某一部门，必须依靠中央、市委市政府和社会各界通力合作，齐抓共管。“十一五”时期以来，北京在全国率先建立了分工负责、条块结合、以块为主的四级流动人口和出租房屋管理体制，出台了人才引进、社会保障、“九养”等系列人口政策，在推进人口服务管理方面做出了新的探索。“十二五”期间，面对中央提出的全面加强人口工作和特大城市要控制人口规模的要求，我们以创新人口管理体制机制为抓手，推动人口调控工作的落实。当前，一是充分发挥市人口和计划生育领导小组、市流动人口和出租房屋管理委员会等协调机构的作用，加大统筹协调力度，形成工作合力。二是整合资源，通过拓展市人口计生委的职能，增加处室和人员编制，承担起全市人口管理服务综合协调职责；市政府已决定由市人口计生委整合公安、流管、民政等部门信息资源加以分析汇总，为人口调控奠定基础。三是建立健全人口规模调控责任制、人口政策协调机制、人口信息共享机制、重大项目人口评估机制和人口预警机制。

与此同时，积极推动成立由国家有关部委、驻京部队和市政府有关部门组成的“首都人口委员会”，主要是组织开展人口问题战略研究，制定首都人口发展中长期规划和年度规划，研究调控户籍人口机械增长和流动人口增长的相关政策措施，督促检查人口政策措施落实情况，推进首都经济圈和环渤海区域经济社会协调发展的配套政策等。

四、关于居住证制度

2010年，市流管办按照市领导对研究我市实施居住证制度的有关要求，组织开展了我市实施居住证制度的调研工作，起草了《关于我市实施居住证制度的调研报告》，提出了我市实施居住证制度的基本思路和实施建议。今年市政府将实施居住证制度纳入2011年全市立法调研项目，成立立法调研工作领导小组，由相关部门抽调人员组成专门工作组，集中力量开展立法调研和法规草案的起草工作。待公安部正式出台全国居住证制度实施办法后，结合北京市实际情况，适时出台我市居住证制度实施办法。

五、关于加快新城发展

新城发展是北京调控人口规模、疏解中心城人口、促进人口合理分布的重要举措。新城人口调控的核心是处理好外来人口的增长、管理和服务问题，防止低端人口的过度聚集。在市政府批复的各新城规划中依据总体规划确定的方向，在保持适度人口问题的基础上，按照新城高标准发展的要求和产业发展引导原则，积极提高人口素质、优化人口结构。

目前，在推进新城建设中着力抓好以下工作：一是继续做好各项规划工作，为新城承接中心城区人口与职能疏散奠定基础。做好《北京城市近期建设规划年度实施计划（2008—2009年）》等相关规划，协调好方向与布局、总量与结构、项目与时序之间的关系，发挥规划对城市发展空间布局统筹安排的综合引导作用。二是深入研究关于推进我市重点新城建设工作，积极创新并探索新城开发建设模式，保障新城规划的有效实施。三是强化统筹协调，使新城成为依托并带动区域发展的重要产业区；创新规划理念，使新城成为首都建设宜居城市的示范区。配合区县政府做好新城规划实施工作，通过全市性重大功能性项目和产业项目的引入，促进多种产业和各类公共服务相互支撑，实现产业、居住与公共服务功能的整体优化，特别是就业与居住相对均衡发展。四是优化配置公共服务资源，推动中心城区功能疏解，引导人口合理分布。大力推进中心城优质公共服务资源向新城转移。加大文保区人口疏解力度。加快建设定向安置房，完善基础设施和公共配套，为外迁人口提供便利服务。大幅提升新城的吸引力。促进重大功能性项目向新城配置，全面提升新城综合功能，集中力量打造“业城均衡”的综合新城，显著增强新城的承载力和吸引力，有效承接中心城功能和人口疏解。

总之，通过近年来“两会”代表、委员的呼吁，通过各级各部门和社会各界的努力，首都人口调控的目标、任务、措施进一步明确。代表们的建议有的已经列入首都城市建设规划，并取得初步成果。相信在人大代表的参与和支持下，政府和社会各界共同努力，人口规模调控工作一定能取得新进展。

再次感谢您对首都人口问题的关注和支持，我们将在今后的工作中根据您的建议，逐步完善人口规模调控的体制机制，促进首都人口、资源、环境的协调可持续发展。

二〇一一年四月十五日

主管领导签发：丁　勇

承办人及联系电话：季　红

代表意见：同意对建议的办理答复。

人口控制是目前北京作为“国家首都、国际城市、文化古都和宜居城市”所面临的迫切需要解决的大问题，必须引起高度重视。希望北京市各级政府能够在落实上下真工夫，切实保障北京健康、协调、永续发展。

代表：陈　军

2011年5月3日

（王文胜）

北京市计划生育协会工作

【概述】 2011 年是“十二五”规划开局之年，全市计划生育协会系统围绕首都人口计生工作的大局和中心任务，振奋精神，攻坚克难，成功召开了第五次全市会员代表大会，启动了创建幸福家庭工作，圆满完成了年度工作任务，并在自身建设和发展上取得了新的进步。

【幸福工程焕发新的活力】 年内，市幸福工程办公室调整了领导和工作人员，对《幸福工程管理办法》进行了修改和完善，组织了项目管理知识培训，举办了“母亲节”募捐活动，共收到 15 个区（县）上交募捐款 259 万元。

【国际合作项目效果良好】 年内，市计生协指导海淀区、丰台区和石景山区分别承接了欧盟和国际计生联资助的流动人口母婴健康项目、儿童早期发展项目和男性出租车司机性与生殖健康项目，在提高流动人口妇女和儿童的健康水平、促进城市流动儿童获得便利的有质量的教育、改善男性的生命、生育、生活质量等方面取得了明显进展。

【市计生协会人员实现参照公务员法管理】 4 月 19 日，市人力资源和社会保障局批准了市计生协列入参照公务员法管理范围。市计生协完成了参公人员公示、培训考试过渡、信息申报及登记备案工作。

【创建青春健康教育基地】 4 月 27 日，市计生协指导怀柔区成立市级首家青春健康教育基地。按照创建幸福家庭工作的整体安排，全市共建立青少年基地 36 家。

【召开第五次会员代表大会】 5 月 9 日，市计生协召开了第五次会员代表大会。会议审议通过了第四届理事会工作报告，进行经验交流和表彰，选举黎晓宏为市计生协会长，刘志为常务副会长，彭彧华为第一副会长，产生了新一届常务理事会和理事会。理事会换届和新一届领导机构的确定，为计生协事业发展及落实“三定”方案等工作奠定了坚实的组织基础。

【全面启动创建幸福家庭活动】 8 月 12 日，北京市创建幸福家庭活动全面开展。8 月 17 日，在朝阳公园成功举办了全国创建幸福家庭活动启动仪式。随后，创建幸福家庭惠民工程稳步实施。

【宣传倡导活动丰富多彩】 年内，市计生协围绕创建幸福家庭活动中心任务，广泛开展宣传教育活动。9 月 25 日、10 月 28 日，在《北京日报》用 4 个整版篇幅，两次宣传创建幸福家庭活动。围绕“5·29”会员活动日，市计生协会组织 16 个区（县）计生协开展了以“青春健康”为主题的科普摄影展活动。为纪念建党 90 周年，市计生协和中国计生协联合举办了以“庆祝建党 90 周年，展示和谐计生协会”为主题的摄影展。12 月 1 日，与北京中医药大学联合开展“预防艾滋病”大型宣传活动。

【创建“心灵家园”基地】 10月13日，市计生协指导西城区建成全市首家“心灵家园”基地。基地共占地160平方米、投资80万元，为特殊困难计划生育家庭的老人提供休闲娱乐和学习、活动的场所，保证计划生育家庭的老人老有所养、老有所乐。

【创建“宝贝计划”基地】 12月7日，市计生协在东城区举行了全市首家“宝贝计划”基地授牌仪式。市计生协还指导朝阳区、丰台区、怀柔区、顺义区、海淀区的“宝贝计划”工作，并培训了100名市级育婴师。

【开展幸福家庭生育关怀工程】 12月8日，市计生协与中国人保北京分公司签署“创建幸福家庭生育关怀工程”保险合作协议。内容包括关爱独生子女夭亡家庭暖心计划、关爱计生家庭安康计划、关爱幸福家庭健康服务计划，为计生家庭提供安全、健康和养老保障。同时，市计生协组织约3 600名志愿者与特殊困难计划生育家庭亲情牵手，为这些家庭送去物质帮扶与精神慰藉。至11月，全市计划生育家庭意外伤害保险工作筹集保费约1 200万元，为80多万计生群众提供了保险保障。

【北京高校计生协会联合会积极发挥作用】 年内，全市共有53所高校加入高校计生协会联合会。联合会积极参与市人口计生委、计生协的调研、培训活动，在组织高校专家“送知识、送技能、送健康”三下乡活动、“青春健康高校行”活动中发挥了重要作用。联合会还通过全国高校人口计生研究会的平台，积极开展省际交流，宣传北京市人口和计划生育工作。

【建立健全基层组织和流动人口协会组织】 市计生协强化组织和制度建设，年内共有25个村（居）被授予“全国人口和计划生育基层群众自治示范村（居）”荣誉称号。全市各级计生协大力发展新型计生协会组织，成立了高新企业计划生育协会联合会、房地产有限公司计生协、跨区域流动人口计划生育协会，建立了“信息互通、服务互补、管理互动”的区域流动人口计划生育服务管理工作新机制。

（杨翠欣）

六、北京市人口计生社会团体和研究机构介绍

北京市计划生育协会

一、机构简介

北京市计生协成立于1982年，是全市非营利性的群众团体。常务副会长为法定代表人。以协助党和政府动员广大群众自觉实行计划生育为目的，是党和政府联系群众的桥梁和纽带，协助政府统筹解决人口问题，促进人口长期均衡发展。计生协以全心全意为育龄群众和计划生育家庭服务为宗旨，以促进首都人口与经济、社会、资源、环境的协调发展和可持续发展为工作目标。

二、组织状况

2011年，全市共有计生协会组织1万个，会员总人数136万人。计生协的组织网络覆盖全市村居、社区、高校、非公有制企业以及外来流动人口集中地，是基层计划生育工作的生力军，也是全市最大的群众团体。

三、工作特色与职能

北京市计生协在工作实践中形成了良好的思路、标准和经验，主要是围绕“一个奋斗目标”：计生协会工作和服务水平要有一个大提高；把握“两个关键”：生命力在于活动、凝聚力在于服务；坚持“三自方针”：自我教育、自我管理、自我服务；严格“四条标准”：组织健全、活动经常、搞好服务、形成风尚；履行“五项职能”：带头、宣传、服务、监督、交流；实现“六个创新”：思想理论创新、组织形式创新、工作机制创新、服务领域创新、协调机制创新、工作方式方法创新。各级协会积极动员和组织广大理事、会员参与和宣传计划生育，为群众的生产、生活、生育提供优质服务，在计划生育、发展经济、扶贫开发、社区服务、精神文明建设和国际交流合作中发挥了重要作用。

四、主要工作

全面启动创建幸福家庭工作。8月12日，北京市创建幸福家庭活动全面开展；8月17日在朝阳公园成功举办了全国创建幸福家庭活动的启动仪式。随后，创建幸福家庭惠民工程稳步实施。青春健康工程、生育关怀工程全面推进，宝贝计划工程、心灵家园工程全市启动。

幸福工程帮助贫困计划生育母亲治穷治愚治病。从1996年起，全市各级计生协每年都在“母亲节”期间开展形式多样的

宣传、服务和募捐活动，共在本市 11 个区县和全国 18 个省市、自治区，26 个区县建立幸福工程项目点，投入项目资金 1 600 余万元，帮助 1.2 万多名贫困计生母亲脱贫致富。

关注人口安全，保护群众生殖健康。2000 年，北京市承接中国计生协与美国帕斯组织在部分省市和城市开展的青春健康国际合作项目，在中小学生中开展青春期教育。开展预防艾滋病知识的宣传和普及工作，提高了社会各界的预防艾滋病知识的知晓率和自我保护意识。

维护群众在计划生育中的合法权益。计生协会基层组织及时了解并反映群众对计划生育及相关问题的要求，向有关部门反馈，提出解决的建议。积极参与村（居）民计划生育自治工作机制的建设。开展妇女维权、关爱女孩等项目，以项目运作的方式带动群众走上少生快富、健康幸福的发展之路。

参与国际交流与合作，树立开放的城市形象。国际交流是计生协五大职能之一。北京市计生协先后接待了美国、瑞典、日本、韩国等 50 多个国家和地区以及国际计生联等组织的参观考察，加深了国际社会对中国和北京市人口计生工作的认识，进一步争取了国际社会的理解和支持。

（杨翠欣）

北京市人口研究所

一、机构简介

北京市人口研究所是中共北京市委党校和北京市人口计生委共同建立的一个科研机构。目前共有专职研究人员 12 名。其中，教授 3 人，副教授 5 人，讲师 4 名，具有博士学位的 8 名。

名誉所长：邓行舟

所　　长：姚光业　丁　勇

常务副所长：嘎日达

副所长：侯亚非　尹志刚　潘银苗　洪小良　马小红

2005 年底，北京社科规划办正式批准挂牌“北京人口发展研究中心”，成为北京市 36 个社科研究基地之一。

二、主要职能

参与北京市人口发展战略规划研究；承担市人口计生委定向课题及其他调研项目；为区县人口计生委提供调研、培训、咨询服务；参与人口计生系统干部理论培训；通过北京人口发展中心平台整合全市人口研究资源；参与首都人口论坛策划及研讨。

市人口计生委领导始终把北京市人口研究所作为一支重要的教学科研力量，纳入全市人口战略和计划生育公共管理研究以及领导干部培训工作之中。人口所积极努力配合市人口计生委开展工作，与各区县人口计生委形成了良好的合作关系，取得了一定成绩，为首都人口研究奠定了一定基础。

三、主要研究方向

以“立足北京、研究北京、服务北京”为科研原则，将研究领域定位在首都经济与社会发展中的人口与社会发展问题上。根据首都现代化“新三步”发展战略以及《2004—2020年北京城市总体规划》目标，北京市人口研究所的研究方向主要是：

（1）人口理论与方法；

（2）人口与经济社会资源环境可持续发展；

（3）人口流动与迁移；

（4）人口素质与教育、人口文化；

（5）人口问题与人口政策：老龄理论与老龄政策、首都人口发展战略、城市化问题与社会政策、城市贫困问题与社会政策、劳动就业与社会保障；

（6）北京人口发展史。

（周宏宇 季　红）

北京市人口学会

一、机构简介

北京市人口学会成立于1980年。目前，单位会员24个，个人会员50个。学会设有：常务理事会、理事会、监事会

二、学会第七届组织机构主要成员

会　长：翟振武

副会长：邓行舟　郭志刚　郑晓瑛　黄荣清　张车伟　侯亚非　杜鹏

秘书长：杜鹏（兼）

副秘书长：周彦杰　崔凤垣　苑雅玲

监事长：杜午禄

名誉会长：邬沧萍

顾问：冯立天　田雪原

三、工作领域

（1）组织、指导、推动会员研究人口理论、学习宣传人口政策和调研现实人口问题；

（2）组织会员参与学会承担的科研项目，为有关部门提供科研成果；

（3）召开不同形式、规模与内容的学术讨论会和现实人口问题座谈会；

（4）组织与中国人口学会和各省市的学术交流活动，组织对外学术交流活动；

（5）积极组织人口科学的科普活动；

（6）组织或推荐优秀科研成果参评活动；

（7）组织参加北京市社会科学联合会组织的各项学术活动；

（8）鼓励会员与北京市区、县加强联系，推动基层人口与计划生育工作的开展；

（9）成立学术专业委员会，开展学术咨询，编辑专业出版物。

（周宏宇　季　红）

七、论述篇

流动人口服务管理体制的改革创新
——北京、无锡、嘉兴模式引发的思考

随着我国政府执政理念由“发展型政府”逐步向“民生型政府”的转变，我国流动人口管理也开始了从管制到融合的演变。时至今日，通过体制改革，促进流动人口社会融合，已经成为新时期我国流动人口管理服务工作的主要目标。

一、流动人口服务管理体制的改革探索

为了积极应对人口流动对政府管理带来的新挑战，全国各地不断探索流动人口管理体制的改革路径，从全国范围来看，我国主要包括三种流动人口管理体制的改革类型：

1. “治安拓展型”主流管理体制——北京模式

这种管理体制由综治委或政法委牵头，主要办事机构设在政法委或公安局，在对流动人口的管理上强调治安及配套的管理优先。主管部门具有明确的执法权是这种模式得以存在的根基，“以房管人”是这种模式运行时采用的主要手段，党委统一领导是这种模式运行的有力保障。从全国各地“治安管理拓展型”管理体制总体的运行情况来看，主要具有以下两大特点：

第一，党委统一领导加大了流动人口服务管理的工作力度，但综合治理、治安防范的痕迹明显，部门之间自行协调的难度也不小。虽然“治安管理拓展型”管理体制随着主观和客观形势的变化进行了改革创新，但不可否认的是，“治安管理拓展型”管理体制的特点仍然是管理优先，服务为后，依然把流动人口作为综合治理的对象而非服务对象。此外，由于这种体制强调对流动人口的综合治理，对各部门采用的是命令式、以综合治理为中心的综合协调，所以依靠各部门自行协调很难达到预期的效果。

第二，“以房管人”抓住了流动人口服务管理的要害，但由于我国现阶段存在配套政策和手段的“制度真空”，从而导致政府部门目前处于被动管理的尴尬状况。从国际经验上来看，“治安管理拓展型”管理

体制中的“以房管人”其实是一个很好的人口管理思路。国外一些发达国家对国民的基本住房权进行了法律规定，要求人人达到最低人均居住面积的住房条件。如果一旦出现因增加房屋承租人数而导致人均居住面积低于法律规定时，那么房屋出租人与其个人诚信相挂钩的个人贷款、社会福利等多项重要权利将会受到严重影响。也就是说，在国外发达国家违规的成本很高，因此，完全可以通过控制一个城市的房屋建筑面积来达到控制城市人口规模的目的。然而，对我国目前的状况而言，在旧的制度因管理理念转变而被打破的同时，新的制度还未有效建立，所以很多政策的违规成本较低，“以房管人”的配套政策难以短时间内建立起来，所以现阶段我们迫切地需要改革流动人口管理体制，找到一个权宜之策，来改变目前流动人口管理乏力的状况。

2. “大人口机构统筹型”管理体制——无锡模式

这种管理体制在原有政府架构总体上不动的情况下，强调“大人口”观，由发改委或人口计生委牵头进行相关部门之间的协调，通过体制整合、职能整合、信息整合等手段加强对流动人口管理和服务的统筹。第一，职能整合。在精减、高效的机构设置原则下，重视发挥市人口计生委在人口服务管理工作中的“规划指导”、“综合协调”作用。无锡市人口计生委增加了“人口信息汇总分析管理”、“人口服务管理工作的综合协调”，“加强人口发展规划和政策研究”三项综合性职能，从市政法委、民政局、劳动和社会保障局、公安局划转9名编制至市人口计生委。第二，信息整合。无锡市建立了“社区化集中采集”，“数字化统一管理”、“按权限分类查询”、由市人口计生部门统筹协调的人口综合信息服务网络。此网络纵向连接各市（县）、区、街道（镇）和社区（村），横向连通公安、民政、劳动和社会保障、人口计生、税收、房管等相关部门。在信息采集的起点环节上，由各社区事务工作站（村社区服务中心）的工作人员采集各类人口综合信息，并上传至市人口综合信息管理系统，各相关职能部门可按权限进行信息的分类查询；在信息平台的综合管理上，由市人口计生委负责人口综合信息采集的技术指导、数据库和信息系统的管理运行，做好人口综合信息的实时监控、综合分析和人口政策研究等工作。

在传统的人口管理体制中，部门职能之间存在交叉，在碰到问题时，难免出现“有利大家上、有责大家让”的局面，“统筹人口发展规划与战略”以及“人口综合信息管理”两项职能在政府职能中常常处于虚置或缺位状态，而“人口服务管理的统筹协调”职能通常被放在党委系统的政法委，其工作重心在治安管理上，难以形成改善人口公共服务的工作合力，属于职能错位。无锡模式改革的靶点很明确：“将缺位的职能补位，将错位的职能归位”。以人口计生部门负责人口服务管理工作，更能体现以人为本、突出服务的新理念，符合建设服务型政府、推进基本公共服务均等化的要求，有利于人口计生委的职能向提升人口素质、优化人口服务转变。因此，以这样的标准来衡量，人口计生部门可谓现有条件下较优的资源调度者，实现了“一个部门对整个人口要素的宏观调控和服务管理的统筹协调”。此外，无锡的实践还进一步证明：统筹解决人口问题，不仅需要“部门联动”，而且还需要建立一种趋于制度化的“利益联动”。无锡通过“信息的共同采集、分权限共享”，让各个部门在信息使用上获得了便利与共享，推动了各个部门的实际工作，建立起了独立于部门领导变更的制度化人口管理新体制。因此，这样的改革找到了发展的着力点，在信息共享中实现了部门间的共赢。

“大人口机构统筹型”管理体制也是通过相关的法律法规来保障，但主要是针对流动人口问题而制定的规章制度，缺乏部门协调之间的规章制度，因此，“大人口机构统筹型”管理体制力图通过高层协调会议达到部门之间协调的目的目前还缺乏强力的保障。此外，“大人口机构统筹型”管理体制仅是某些区域的试点，虽然比“治安管理拓展型”管理体制更符合建立服务型政府的要求，但是在具体的实践中还有诸多不完善的地方。例如，尽管“大人口机构统筹型”管理体制的成员有高层会议或领导小组来指导，但是这一高层会议或领导小组究竟如何组建？是否有效？也就是说，高层会议或领导小组组建的有效性，直接影响相关部门协调的效率。因此，这种管理体制还需要在实践中不断创新和改革，接受实践的检验。

3. “专业机构协调型”管理体制探索——嘉兴模式

这种管理体制是通过成立单独的流动人口服务管理部门来加强流动人口的服务和管理，即“专业机构搭台，其他部门唱戏”。嘉兴做了两方面的努力：制定新居民政策，实践居住证制度改革；成立“新居民事务局”这一独立的专业化常设机构，主抓流动人口信息采集等相关工作。

这种管理模式的优势有四：第一，这种模式由新居民事务局一揽子采集新居民信息并搭建信息平台，其他部门各取所需的信息，充分发挥了该机构的统筹协调作用，增强了部门间的沟通联系和协作力度，有利于流动人口综合服务管理局面的逐步形成。对于人口计生部门而言，新居民服务管理的专业队伍为人口计生工作摸清了底数，夯实了基础，又确保了基层计生干部把精力主要用于优质服务之中；第二，这种模式通过机构设置上的改革，努力突破地方利益化和部门利益化，改变因政府部门林立而导致的审批部门、审批程序、审批环节过多的现状，更大限度地提高工作效能，而且节省改革成本，有利于改革路径的缩短；第三，这种机构改革将新居民事务从部门中适度分离，设立专司执行的部门，有利于实现决策权和执行权的相互监督和制约；第四，就现实需求而言，由于流动人口问题的复杂性，新居民与老居民一样，其需求涉及现实生活的方方面面以及政府管理的各个部门，因此，客观现实也需要有一个专门的部门有针对性地解决流动人口问题，这是以人为本、加强社会建设的重要实践。此外，嘉兴市的新居民事务局类似于美国移民局，在人员配备上特别注重通过公安、政法等部门领导及其下属人员的加入来构建和维护机构的执法权，有利于人口政策的执行和实施。

然而，“专业机构协调型”管理体制在实践中也遇到了困难和挑战。虽然成立了专门服务管理机构部门，但是实际上这一部门只是一种针对流动人口的协调机构。如何真正发挥专业型特点，切实做到部门之间、政策之间的协调和沟通还需要进一步研究和探索。

二、缪尔达尔循环积累理论视野下中国社会融合之“过程断裂”

尽管我国流动人口管理政策随着改革的推进而不断修正完善，但就全国目前的情况来看，流动人口管理仍然离社会融合的目标存在一定的差距，服务管理中的问题不少。这些普遍存在的问题需要从制度上找成因，特别是在主观管理理念已经发生变化的情况下，更需要探究作为经济社会发展重要生产要素的人口究竟在现实中应该怎么被看待？

诺贝尔经济学奖得主缪尔达尔在“循环积累因果关系理论”中分析到：在一个区域内引进新产业或扩大原有产业规模，将会创造更多直接或间接的就业机会，而人口的增加又意味着地方财富的增加，地方政府税收的增加又扩大了政府的现实消费能力，从而可以提供更好的公共服务，这也将促进第三产业的发展。另一方面，产业的发展也增加了熟练劳动力的储备，进而吸引相关劳动力指向型的企业进驻该区域，该区域成为重要的增长极。作为发展过程中的衍生效应，增长极的形成过程中还可以促进技术创新和发明创造，这些又进一步带动相关产业的发展，从而形成良性循环。从循环积累因果关系理论中我们可以看到，如果一个国家人口与经济的良性循环一旦建立起来，那么这个国家的经济发展将会加速；相反地，如果一个国家人口和经济的循环体系出现了断裂，那么这个国家的经济发展和社会建设都会受到一定程度的影响。由此可见，人口发展与经济发展密不可分。长期以来，我国在流动人口管理领域很难取得突破性进展的一个重要原因，那就是没有跳出人口内部管理的框架，更高地从人口与经济发展的循环体系中寻找答案。因此，探究流动人口管理体制必须把人口流动与经济社会发展关联起来分析。

与国外区域经济聚集和人口聚集的良性循环形成过程相比，中国目前采取的是绕开人口系统福利“抄近路”的发展方式。也就是说，经济的增长没有引发人口福利的增加，人口的增加也没有带动当地经济的增长，因此，地方政府在吸纳人口上的动力明显不足。结合现阶段的实际情况，我国在人口与经济的循环体系上存在三种“过程断裂”，从而造成了流动人口的社会融合严重受阻：

第一，鼓励就业环节存在断裂，地方政府绩效考核体系有待调整。对我国发达地区而言，引进产业时往往从提高区域人均 GDP 等考核指标出发，引入的产业和企业通常属于资本密集型，从而造成在产业发展与吸引人口方面存在一定程度的断裂，也就是说，在经济聚集的同时不能形成很好的人口聚集。

第二，地方税收环节存在断裂，地方政府吸纳人口的动力有待强化。国外很多国家采取的是“消费偏好型发展模式”，对消费环节征税，人口增加意味着政府财源的增加，对地方政府吸引人口迁入该区形成了良好的正向激励，而我国采用的是“生产偏好型发展模式”，征税以生产环节为主，因此，人口增加对地方政府而言，通常意味着公共服务供给和财政压力增大，地方政府对于流动人口具有一种“本能”的排斥力。

第三，举家迁移环节存在断裂，社会福利分配体系有待完善。由于现行制度上的障碍，劳动力迁移通常只能以个体而不是家庭为主，所以新增劳动力对住房以及其他服务的需求往往无法得到有效释放，既不能拉动当地的消费，又使得流动人口的社会融合受阻。

显然，目前我国人口管理的基本理念，仍是把人口作为一个经济发展和社会稳定的单一要素来进行单向控制，而非系统调控，再加上客观国情国力和政治经济体制约束性条件的存在，以致我国流动人口管理体制并没有严格按照人口要素有利于经济社会发展、有利于人民福祉的标准来构建。因此，如果我国不能及时弥补缪尔达尔循环体系中存在的三种“过程断裂”，那么我国就很难在人口流动中实现经济发展和社会融合的双赢局面。

三、新形势下流动人口融合政策之改革构想

完善流动人口的社会融合是践行科学发展观和全面建设小康社会的必然要求。在新形势下，我国应遵循以人为本、循序渐进和民生优先的原则，逐步完善流动人口融合政策。

1. 以财政政策为杠杆，增强地方政府吸纳人口的根本动力，修复“财税环节”的断裂

依据缪尔达尔的循环积累因果关系理论，我国“财税环节”上的断裂源于政府部门吸纳人口的动力不足，即人口增加并不能导致地方财政的增加。针对我国“财政税收”环节存在的断裂，目前应重点抓好以下两项工作。第一，加快完善现行转移支付制度，改革现行财税体制。把人口流向作为确定财政转移支付方向以及征税的重要依据，确保人口流入地获得足够的

财税资金，改善当地的基础设施和公共服务水平，增强产业集聚和吸纳人口的能力。第二，改革资源价格形成机制，形成环境补偿机制，确保人口流出地通过财政、价格、就业机会等方面的方法得到补偿，形成促进人口转移的内在动力。

2. 以产业、就业政策为核心，发挥政府绩效考核的导向性作用，修复“就业环节”的断裂

依据缪尔达尔的循环积累因果关系理论，我国“就业环节”上的断裂源于政府绩效考核导向的单一性。因此，为了修复此断裂，必须着力改革产业引导的绩效考核体系，人口流入地应增加吸纳人口就业的考核指标，强调政府部门在经济增长之外的社会责任，而人口流出地则应增加鼓励人口输出的考核指标，强调政府部门在对流动人口职业技能培训上的义务。

3. 以人口的职能整合和信息整合为抓手，消除人口流动的体制性障碍，修复“迁移环节”的断裂

依据缪尔达尔的循环积累因果关系理论，我国“迁移环节”上的断裂源于社会融合的制度性排斥。为了修复“迁移环节”的断裂，我们应该从以下两个方面着手逐步消除人口流动的制度性障碍。

（1）积极实践居住证制度，实现政府“被动管理”到对象“主动登记”的转变。

“治安管理拓展型”管理体制中“以房管人”的工作思路为我国未来的人口管理指出了方向。但正如前面分析所述，在目前的情况下，我国很难在短时间内建立起与“以房管人”相配套的福利体系，对管理客体的约束性不强，因此，现阶段我们必须采取权宜之策，借鉴“专业机构协调型”管理体制中所使用的居住证制度，尝试在财政允许的前提条件下，把流动人口的需求进行分解，然后使之与不同阶段的居住证相挂钩。对于关系国计民生、最基础性的需求，在居住证的初期就给予，而关于福利性的需求，如低保、救助、政府保障性住房、户籍等，都可以在居住证的最高阶段再给予，以杜绝“福利旅游”现象的出现。这样，通过居住证制度的改革，抓住流动人口的需求要害，准确掌握流动人口信息，整合部门之间的人口服务管理职能，就能够逐步实现政府“被动管理”到对象的“主动登记”的转变，在政府决策和规划之时真正做到“情况明、数据准”。

（2）充分考虑政策供给的优先序问题，逐步解决流动人口的民生性需求。

在现阶段，我国的经济发展程度还不高，距离发达国家的经济发展水平还有一段不小的差距，因此，我们必须结合我国的实际情况，冷静地思考一下流动人口政策供给的优先序问题。从全国各地的调查情况来看，子女教育、就业、住房、养老和医疗都是流动人口最为关心的民生需求，但结合我国现阶段的国情国力，我们觉得在政策供给的优先序上，务必注意以下三大问题：

一是在这一系列的民生性需求中，“基础教育的需求”以及某项或某几项“基本医疗服务的需求”应该得到优先性的保证。把握住这两大需求，一方面抓住了流动人口需求的要害，有利于准确采集流动人口的信息；另一方面流动人口及其第二代的科学文化素质、身体素质需求得以满足，能够从总体上更好地保证我国未来人力资本存量和增量的稳定与提高，有利于不断增强我国在未来国际市场上的竞争力。

二是由于人口流动以就业和收入为中心，因此，政府部门应在国家宏观经济发展战略布局的指导下，积极构建全国统一性的劳动力市场，强化政府部门在劳动力信息市场上的指挥棒功能，为流动人口提供准确、可靠的劳动力需求信息，弥补多年来政府部门在引导人口流动上的功能缺位，从而满足流动人口的就业需求，促进流动人口在区域之间的合理分布，让流动人口共享改革开放的发展成果。

三是在做好以上两件政策供给的“大事”之后，国家可以逐步完善流动人口的社会保障制度，优先建立健全农民工的工伤保险、基本医疗保险和养老保险制度，并完善全国社会保险关系的转续制度，逐步消除人口流动障碍。

4. 以改革创新为动力，打破传统人口管理模式，统筹解决人口服务管理与经济发展转型的问题

长期以来，我国大体都是在实行以公安、政法委牵头的传统人口管理模式，而这些部门具有明确的执法权是这种模式得以存在的根基。然而，无锡模式中通过人口计生委统筹人口服务管理，嘉兴模式中通过新居民事务局协调人口相关事务，同样也取得了成效，而且这两种模式更能体现以人为本、突出服务的新理念，符合建设服务型政府、推进基本公共服务均等化的根本要求。因此，无锡和嘉兴模式的改革探索再次告诉我们：面对当前人口服务管理的新形势，政府部门必须树立“大人口观”，改革传统的人口管理体制，创建出一个与经济社会发展、城市转型要求相适应的专业化、社会化、网络化、高效化的新型人口服务管理体制，这样才能真正实现由人口管理向人口服务管理的转变。

（作者：尹德挺　北京市人口所博士）

关于社会管理框架中的人口管理创新的理论思考

加强和创新社会管理、协调社会关系，业已成为党和政府面临的迫切任务。2011年新年伊始，党中央特别指出必须进一步完善流动人口和特殊人群管理和服务，建立健全实有人口动态管理机制。（人民日报，2011年2月20日）随后，中央再次强

调我国经济发展和社会管理面临的重大问题与人口数量、素质、结构、分布问题密切相关，各级党委和政府要把人口工作摆在更加突出的位置。（人民日报，2011 年 4 月 28 日）所有这些深刻表明我们党对人口管理工作的高度重视。

转型期的中国，人口问题凸显，同时更是处于人口发展的重要战略时期，人口始终是中国追求发展的全过程中面对的重大问题（翟振武，2007），当前人口管理的任务尤为艰巨繁重。为适应我国人口与经济社会发展的新形势、新情况，必须加强和创新人口管理工作。“在社会管理框架中突出人口管理的创新”作为一个现实性的主题，日益受到理论界和实际工作者的高度关注与重视。创新和加强人口管理是建设服务型政府和推进社会和谐建设的必然要求，旨在国家经济社会发展战略中充分考虑人口因素的新变化，科学谋划相关人口管理政策，统筹解决人口问题，保持社会稳定发展。如何从理论与实践结合层面上来认识人口管理，以确定其定义、任务、特点和作用等内容，对更好地提高社会管理科学化水平具有相当的重要性和紧迫性。

一、人口管理的定义与内涵

长期以来，理论界对人口的内涵和对管理的定义都有着不同的诠释。因此，确定人口管理的概念及其主要内涵是加强和创新人口管理工作的前提和基础。在中国的语境下，广义的人口管理是指一切干预人口现象、人口问题和人口发展过程的相关政治决策、经济行为和社会活动；狭义的人口管理受社会管理体制的制约，关注人口发展变化特征，以及人口与资源、环境、经济、社会等各方面的关系，侧重从人口问题治理的角度进行谋划，主要是指政府及社会组织为促进人口系统协调运行，对人口过程的不同面向、人口系统的组成部分和人口发展的各个环节进行规范、协调、服务的过程，旨在促进人口均衡发展。关于人口管理的内涵理解必须强调和重视以下三层内涵。

第一，人口管理的第一层内涵是其功能定位。人口管理的首要作用是应对人口困境、促进人口长期均衡发展。我国人口发展现实困境是人口形势复杂、理论指导局限、战略规划偏差和工作机制滞后这四个方面综合作用的必然产物（陆杰华、朱荟，2010）。通过人口管理创新，加快人口结构调整的步伐，使人口、社会与经济相适应，推进人口均衡型社会的建设，最终实现全体社会成员共享和谐社会。从这一点来看，人口管理的内涵必须兼顾社会发展和公共服务均等这两类社会建设的突出特点。

第二，人口管理的第二层内涵是其客观属性。人口管理的客观性是由人口问题的本质决定的，而不以决策者的意志为转移。人口问题是人口发展过程与经济活动、社会建设的要求不协调不同步而形成的社会现象，在不同社会发展阶段有所变化，在一定时期内并不会随着人口管理政策的调整而彻底消失。这就要求特定阶段的人口管理既要满足人口问题的动态变化，不能墨守成规；也要保持连贯性和可持续性，以适应人口发展的长期性和人口问题的滞后性的客观规律。

第三，人口管理的第三层内涵是其分类原则。人口管理的重点和难点是与社会流动、劳动就业、收入分配、教育福利等多层次多面向的社会体制和社会规范相配套，共同作用于社会管理的整体格局。因此，人口管理的政策建设必须要秉承分类指导原则。不同人群、不同地区和不同阶段的人口状况和人口问题各异，应有针对性地提出人口管理政策措施。

二、人口管理的对象和主要任务

在传统计划经济模式中，人口管理的对象是指在政府行政手段的外在约束下受管控的特殊人群，如人口生育管理中的育龄妇女、人口迁移管理中的流动人口、人口就业管理中的下岗人员等。而以坚持以人为本的创新型人口管理模式下，人口对象则覆盖了全体社会成员，人口全人群、生命全过程覆盖是其重要特征之一。人口管理创新的核心在于寓管理于服务之中，针对不同社会群体，深入了解群众需求，实现人口管理的公共服务均等化。现阶段人口管理的任务主要应包括以下几个方面。

第一，以人口登记管理为主体的长效管理机制。人口信息登记主要包括出生与死亡的户口登记、户籍登记、婚姻登记、迁移登记、出入境登记等常规统计，以及每十年一次的全国人口普查工作及相关全国范围的人口抽样调查等。人口信息是国家科学决策和制定政策的依据和前提，人口登记管理是有效掌握国情的基础工作，对国家社会管理、制定方针国策具有重要的意义。

第二，以人口均衡发展为目标的统筹管理战略。人口管理的核心是要解决人口与经济、社会、环境不协调的问题，重点是把人口问题引入管理规划范畴，以实现人口均衡发展。实现人口均衡发展，要求在人口管理的实际工作中实施兼顾多重任务格局的统筹管理战略。新中国成立以来，我国的人口管理主要以生育控制为主要任务，控制人口数量成为第一要务。现阶段，在稳定低生育水平的同时，人口管理的主要任务必须注重人口结构管理、人口资源管理和人口分布调节的并举，将人口结构性问题引入管理规划范畴。如何全面认识和理解这样的多重任务格局、在实际工作中如何正确把握？这需要政府及有关部门在人、财、物三个方面提供制度保障，完善现有人口管理体制、整合人口管理资源，通过方式方法的创新增强人口管理的实效，使人口均衡发展具有能动性和可持续性。

第三，以流动人口管理为重点的服务管理体系。现阶段我国人口管理的任务重点是流动人口，将流动人口管理置于加强和创新人口管理的重要位置，力争从思想观念和管理模式上实现“三个转变”：一是管理对象的转变，由户籍人口和暂住人口双轨制管理向社会实有人口管理服务的转变；二是管理主体的转变，由政府管理为主向政府依法行政、职能部门各司其职、社区依法自管、社会组织广泛参与的社会化管理服务模式转变；三是管理内容的转变，由以社会控制为主的重管理轻服务的治安防范式管理向以统筹规划为主的寓管理于服务之中的综合服务管理并重转变。以理念转变引导流动人口管理实践的创新，由此全面提升人口管理的社会化、信息化、人性化的管理服务水平。

第四，以增强家庭发展能力为导向的社会政策和公共服务体系。家庭是社会的细胞，也是社会和谐与人口均衡发展的微观基础，对于社会管理和人口管理而言，家庭既是重要的支撑点，也是关键的落脚点。应该重塑家庭价值，充分发挥家庭的社会功能，把家庭作为社会政策和社会福利制度的基本对象单元，构建以家庭为重点的社会政策和公共服务体系应该成为我国社会发展领域改革的重要内容，同时也是人口管理的重要任务之一。

此外，现阶段人口管理的任务还包括其他特殊群体，如老年人、妇女儿童、残疾人及长期居住在华的外国人等。因此，从这个意义上讲，人口管理的对象也将随着形势的变化不断外延，其主要任务也随之变化。

三、当代中国人口管理的演变

自从新中国成立以来，党和政府根据我国独特的经济、政治、社会和文化背景，以及人口发展状况和问题，针对本国国情制订相应的人口管理方案，充分应用各种人口管理政策来集中表达国家在一定时期内经济与社会发展的需要，进而干预人口发展变化的轨迹，实现人口再生产的转变。考察各个时期人口管理相关政策措施，可以看出我国人口管理的历史演变进程具有鲜明的时代感和节奏感。笔者认为，自新中国成立以来中国人口管理大致分为以下三个阶段。

第一阶段是新中国成立至1976年“文革”结束的第一个30年人口管理的初步探索时期。这一阶段新中国成立，百废待兴，工业化和城市化发展缓慢，经济社会基础薄弱，在前苏联鼓励生育政策的影响下，决策层并没有考虑到在发展经济的同时需要开展控制增长的人口管理工作。虽然在这一阶段后期，高层领导对人口生育管理的重要性已有所意识，但与传统生育观念、人口生育惯性以及自然灾害后的补偿性生育机制，特别是“文化大革命”社会动荡，这一时期的人口管理缺乏稳定的社会环境和政治条件，人口管理缺少相应的制度保证，第一次人口转变尚未完成，人口发展处于较低水平。

第二阶段是1978年改革开放开始的第二个30年，以生育管理为主要内容的控制时期。以1980年中共中央发表《关于控制我国人口增长问题致全体共产党员、共青团员的公开信》为标志，第二个30年间我国全面开展以计划生育为主的人口管理工作，在社会经济发展水平尚不发达的情况下，有效地控制了人口的过快增长，使生育水平下降到更替水平以下，实现了人口再生产类型的历史性转变，进入了世界低生育水平国家行列，全国少生了4亿人口，使“世界60亿人口日”的到来推迟了4年，为世界人口的稳定与发展作出了积极的贡献（田雪原，2009）。

第三阶段以2006年《中共中央国务院关于全面加强人口和计划生育工作统筹解决人口问题的决定》为标志，现阶段是以实现人口均衡发展为目标的服务时期，开启了我国人口管理工作的新纪元。新时期的人口管理主要任务是在稳定低生育水平的基础上，统筹解决人口问题，即工作目标上由控制人口数量为主转向统筹人口与经济社会、资源环境协调发展，统筹解决人口的数量、素质、结构和分布问题，促进人的全面发展。未来一个时期人口管理将以体制机制改革为工作创新的重要载体，并大力推进信息化建设，努力实现人口发展领域的公共服务均等化。

四、现阶段人口管理的主要特点

人口管理属于上层建筑的领域范畴，必须根据社会建设的要求和人口发展的状况而不断创新。随着改革开放的进一步深入，我国社会的政治能力、经济水平、社会结构、利益格局等各方面都发生了深刻的变化，对与之配套人口管理提出了新的需求。与此同时，当前我国人口格局正发生巨大的变化，各种人口问题交织，面对新的复杂的人口形势，现阶段人口管理主要有以下五个方面的特点。

一是注重人口管理理念的转变。现阶段人口管理逐渐摆脱了以政府为主导对人口发展进行全面控制的管理体制，迈向以“大人口观”为指导，注重公民权利导向的服务与管理并重的改革方向。“大人口观”注重以人为本，强调在人口管理的制度建设、机制完善、资源调配、人员培养等方面，坚持公众权利普及化和公共服务均等化，赋权于民，构建社会管理框架中人口管理的新框架。

二是加快实施人口管理的体制变革。其基本路径是从政府绝对控制的行政本位转向公共服务为主的人文本位，现阶段人口管理遇到了诸多现实困难，只有注重政府和公众的双向互动，增强人口管理的服务型、自主性与规范性，坚持用发展和改革的办法，才能更加有效地解决现阶段人口管理中遇到的新情况、新问题。

三是始终坚持生育管理的基本立场。2010年“六普”统计数据表明，我国人口流动增速迅猛、老龄化加速、分布不均加剧、出生性别比失衡等人口结构性问题突出，同时仍继续承受人口总量世界第一的压力。现实情况昭示我们，在人口管理的基本立场上必须始终坚持计划生育基本国策，稳定人口低生育水平，促进人口长期均衡发展。

四是统筹解决人口管理的重点难点。

我国人口与发展问题现实情况复杂，人口数量、结构与分布等问题交织，人口、资源和环境之间的关系紧张，人口与经济社会的可持续发展成为难题。因此，在现阶段人口管理的道路上，必须抓住关键问题，坚持两个统筹，统筹人口与经济社会、资源环境的协调发展，统筹解决人口数量、素质、结构、分布等问题。

五是探索人口管理的综合决策新格局。当前我国人口均衡型社会建设仍面临一些严峻的挑战，突出表现为理念陈旧、主体单一、方式简单、保障不足（周文彰，2011），各类人口问题凸显，加强人口管理工作任重而道远。现阶段应积极探索人口与发展综合决策的人口管理模式，坚持国家指导与群众自愿相结合，完善“党委领导、政府负责、社会协同、公众参与”的人口管理格局，提高人口科学管理水平。

五、人口管理在社会管理中的地位与作用

社会管理主要是政府和社会组织为促进社会系统协调运转，对社会系统的组成部分、社会生活的不同领域以及社会发展的各个环节进行组织、协调、服务、监督和控制的过程。（李学举，2005）人是社会的主体，一切社会生活都是建立在一定数量和质量人口的基础之上。因此，从本质上来说“社会管理说到底是对人的管理和服务”。（人民日报，2011 年 2 月 20 日）在社会管理框架中将人口管理的地位和作用提到突出位置，对坚持以人为本，深入了解群众需求，不断创新服务手段，扎实推动社会管理与服务创新，实现社会和谐发展，有着非常重要的现实指导意义。人口管理在社会管理中的地位与作用主要体现在以下两大方面。

第一，创新人口管理机制是构建新型社会管理模式，确保社会建设既充满活力又和谐稳定的有效路径。近年来，地方政府维稳和公民维权的社会突发事件时有发生，这暴露出当前的社会管理机制在某些方面存在着一些不确定的风险因素。面对市场化、工业化、城市化进程中多发的社会矛盾和多方面的潜在风险，真正的难题在于如何化解管制型社会管理模式的内在矛盾。中国社会管理治理模式的基础在于人口管理，只有通过人口管理的创新，维护公民权益、促进机会公平、加大公共服务，建立新型社会管理体制，实现社会管理从国家权力本位到社会权力本位的转向，才能解决现有社会管理体制中的风险源头。

第二，人口因素越来越成为促进社会建设、提升综合国力的决定性因素，人口资源是国家经济社会发展的重要战略性资源，人口管理的基础性、先导性和全局性的地位和作用越发突出。改革开放的 30 年来，我国创造了经济高速发展和人口全面发展的两大“中国奇迹”（赵白鸽，2010），其中最主要的一个原因是合理实施人口管理，妥善解决人口问题，并充分利用了人口红利的资源优势。目前人口形势的严峻

性依然不容忽视，在人口总量持续增长的同时，我国人口结构性隐患正在成为影响经济社会发展与和谐稳定的主要矛盾。未来十几年是我国加速发展，迈向中等发达国家的黄金战略期。此时，在国家发展和社会建设战略中充分考虑人口因素，通过人口管理的创新实践，因势利导，把握好新时期人口变动趋势，为国家未来发展注入强大动能。相反，如果人口管理的决策失误，任何一个人口问题将会引发一系列的经济社会问题，制约现代化进程、影响社会和谐稳定。因此，需要把人口管理定位于最基础的国家战略，与时俱进、努力创新相关人口管理政策和措施。

六、小结

今后一段时期是我国全面建设和谐社会的关键时期，国家致力于构建服务型政府，大力呼唤以人为本，注重保障和改善民生的新型人口管理方式。但是我国现行人口管理工作制度安排陈旧、主体内容单一、公共服务体系长期滞后，这就迫切需要政府在创新体制机制，搭建工作体系，集成政策资源，改进服务管理等方面多做探索。

在实践中创新人口管理，可以尝试从宏观、中观、微观三个层面展开工作。一是宏观层面的法制和政策建设，更加重视人口管理相关政策的顶层设计和总体规划，加强政策制定与管理立法的统筹协调；二是中观层面的基层力量整合，依托基层政府的职能转变，完善基层人口服务管理体系，形成基层人口管理和服务的合力。三是微观层面的加强社会参与，政府积极探索解决民众最关心和最现实的人口管理相关问题，引导社会成员自觉配合人口管理，从行政事务和群众生活两方面入手，扩展人口管理的主体和内容，形成新型合作式人口管理模式。

人口管理所面临的种种挑战既是人口发展本身的问题，更是转型期社会管理与社会建设的问题。从更大的范围来看，高度重视和努力创新人口管理工作是梳理社会与政府关系的关键，更为即将到来的国家高速发展冲刺期做好人力资源准备。创新人口管理和加强人口服务，以缓解经济发展与社会建设不同步状况，推进人口与经济社会协调发展，使得全体社会成员共享改革发展和社会进步的成果，真正做到“学有所教、劳有所得、病有所医、老有所养、住有所居”。

参考文献

［1］胡锦涛．扎扎实实提高社会管理科学化水平、建设中国特色社会主义社会管理体系．人民日报，2011－2－20.

［2］胡锦涛．加强任务落实不断开创人口工作新局面、为经济社会发展创造更加有利的人口环境．人民日报，2011－4－28.

［3］陆杰华，朱荟．建设人口均衡型社会的现实困境与出路．人口研究，2010（3）．

［4］李学举．加强社会建设和管理、促进社会和谐与发展．求是，2005（7）．

［5］田雪原．中国人口政策 60 年．社

会科学文献出版社，2009.

［6］赵白鸽，赵瑞．努力开创人口计生工作改革发展的新局面．中国党政干部论坛，2010（5）．

［7］周文彰．加强对社会建设和社会管理的研究．行政管理改革，2011（3）．

［8］翟振武．中国人口科学发展与展望．中国人口科学，2007（5）．

（作者：陆杰华，北京大学社会学系教授；朱荟，北京大学社会学系博士研究生。）

北京市流动人口发展趋势研究

规模庞大的流动人口不仅作为最活跃的生产要素推动了北京经济的高速发展，而且还引发了北京城市的一系列社会变迁。流动人口规模、构成、素质和行为的转变，将会对北京市社会经济的可持续发展产生重大而深远的影响。因此，有必要根据流动人口发展的现有信息和历史趋势，对北京市未来流动人口发展的基本态势做出科学判断，为北京市政府有效引导人口有序流动、合理分布，提供准确可靠的预测数据。

一、流动人口总量预测的方法介绍

目前，关于流动人口的预测还没有一个如同人口预测那样成熟、稳定的模型。我国流动人口预测所使用的方法，主要分为以下几类：一是历史趋势外推法，二是主因素法，三是多因素法。这几种方法各有利弊。

历史趋势外推法。该方法是对流动人口规模的历史数据的变化趋势进行拟合，然后外推。这包括了曲线拟合和目前较为流行的“等维灰数递补动态预测”模型等。这种方法相对简便易行，需要收集的数据少，只需要流动人口的历史数据，为其假定一个变化的趋势，而不需要其他相关数据的支持，也避免了因为其他相关数据的误差所带来的预测不准确性。缺点也是显而易见的，流动人口受到太多因素的影响，历史的趋势是靠不住的，一个政策的、经济的改变也可能会引起趋势的逆转。在外部预期的经济环境、人口环境和政策环境不发生较大变化的情况下，历史趋势外推法得到的结果有一定的参考价值。

主因素法。该方法是利用一个或两个与人口流动密切相关的因素的变化趋势来推测流动人口的总量变化。这一方法包括利用城镇化趋势来推测流动人口的变动，或是利用农村劳动力转移的趋势来推测流动人口的变动。城镇化是一个国家工业化和现代化的必由之路，西方发达国家在历史上也经历了浩浩荡荡的城镇化过程，流动人口是我国户籍制度下的城镇化的一种特殊的表现形式。在目前的制度环境不变的情况下，我国城镇化的进程极大地表现在了人口流动上。与此类似，农业劳动力向工业转移的过程与人口流动密切相关，农业劳动力跨区非农就业时便成了流动人口。这一方法是可行的，但它的准确性依赖于其所假借的另一因素预测的准确性，两者之间稳定的线性关系也是预测成功的关键。

多因素法。人口流动的变化受到许多因素的影响和制约，包括经济、政策、人口、文化等。因此，多因素法是最理想的方法，若能建立流动人口与各社会经济因素之间的一种线性或非线性模型，便能在充分考虑各种影响因素的基础上预测出流动人口规模变化，但其难度也越大。经济因素就有城乡收入水平差别、国民收入、各个产业产值或比重、就业的弹性系数等，究竟哪几个因素最重要，可以纳入模型?何况经济增长的宏观预测本身就是一个难题，世界经济环境、投资规模和结构、政策变动因素都对其有很大影响。各因素变量之间会出现较强相关性，即在建立多元回归模型时，共线性问题会影响到预测本身的准确性，可信程度将大大降低。

尽管各种方法均有利弊，若能从多个角度建立预测模型，相互作为参照，便可以极大提高流动人口预测的准确度。

二、从北京市历年流动人口的发展趋势角度的预测（历史趋势外推法）

（一）Logistic 曲线拟合法的预测结果。[①] 该方法预测结果显示 2020 年北京市的流动人口的规模预计将达到 880.83 万人[②]

由于影响流动人口变动的因素极其复杂多样，并这些因素具有较强的相关性，共线性问题会影响到预测本身的准确性，这就限制了诸如多元回归等预测方法的使用。在这种情况下，根据历年流动人口数量，运用 Logistic 曲线拟合外推未来流动人口的数量是一种较为可行的方法。

自然界存在着这样一种事物的发展规律：在其发展初期，数量或规模增加得越来越快，到了一定时候，其增长速度达到最大，随后数量或规模的增加逐步慢下来，最终数量或规模不再增长，从而稳定在数量或规模的极限值处。

分析北京的人口发展情况发现，首先，受城市发展、就业机会增加、就业回报较高以及公共服务环境改善的影响，北京市外来人口的虹吸效应日益彰显，导致大量的外来人口潮水般的涌入。尤其是北京市经济上的高速增长态势对外来劳动力产生了较强的需求和吸引力。从 2001 ~2008 年，北京市人均 GDP 年均增长率 11.68%。从就业弹性系数来看，进入新世纪以后，经济增长对暂住人口的就业弹性系数开始提升，2000 ~2005 年北京市 GDP 对流动人口从业人员就业弹性系数为 0.367 796。这意味着 GDP 每增长一个百分点将带来 0.37% 的新增就业岗位，这对流动人口的刺激是

① 本部分的部分文字引自中国人民大学段成荣的“流动人口预测结果”，2010。

② 该方法预测的流动人口指离开户籍所在地半年以上的常住流动人口。

巨大的。

同时，《京津冀都市圈区域规划研究报告》提出，京津冀应从总体上形成一个与产业集群发展相吻合的空间结构。随着“京津冀都市圈”的逐步起步，天津和河北省各地市将分流一部分外来人口。北京市的流动人口问题可以通过区域协调发展的途径逐步协调与解决，北京市流动人口在未来不会无限的集聚。

因此，受经济结构及发展水平的影响，以及公共服务环境的改善等环境的影响，北京市的流动人口数量在未来一个时期内将继续保持增加的势头。同时，随着区域产业结构的改善以及京津冀区域内协调发展的推进，区域内其他城市的发展将分流一部分流动人口，流动人口进入北京的增长幅度会逐步降低或围绕某一水平而上下波动，并趋于稳定。故未来北京市外来人口趋势是：数量增长，速度放慢，且会达到一个饱和或稳定的程度。

基于以上分析，特选取 logistic 曲线作为北京市外来人口的预测模型。假定流动人口规模将表现出生长拟制特性，其增长速度在最初很快，后逐年放缓。根据 1985 ~ 2009 年历年流动人口的数量，运用 logistic 曲线拟合历史数据并外推的方法得到 2020 年北京市的流动人口的规模预计将达到 880.83 万。

（二）年均增长率和年均增长量的方法的预测结果。[①] 年均增长量的方法预测结果显示，2020 年我市流动人口将达到 1 000 万左右。年均增长率的方法预测结果显示，2020 年我市流动人口将达到 1 600 万左右

1. 年均增长量方法结果：从长期的增长量来看，1985 年以来，我市流动人口总量呈现持续增长的趋势，从 1985 年的 23.1 万人到 2010 年的 707.3 万人，25 年间增长了 684.2 万人，年均增长 27 万人左右。依此速度，预计到 2020 年，我市流动人口将达到 977.3 万人左右。在全国城市化进程和我市经济发展的带动下，特别是建设世界城市的定位要求，未来一段时间内我市流动人口的增长趋势仍将继续保持，流动人口的总量仍将继续增加。从短期的增长量来看，2006 ~ 2009 年常住人口年均增长 58 万，户籍人口年均增长 16 万，流动人口年均增长 41.9 万，依此速度，预计到 2020 年，我市流动人口将达到 970 万人左右。综合以上两种结果可见，2020 年我市流动人口将达到 1 000 万左右。

2. 年均增长率方法结果：从长期的年均增长率来看，1985 年以来流动人口的年均增长率为 12% 左右，依此速度，预计到 2020 年，我市流动人口将达到 1 800 万左右。从短期的年均增长率来看，2006 ~ 2009 年流动人口的年均增长率为 9.9%，依此速度，预计到 2020 年，我市流动人口将达到 1 440 万人左右。取以上两种结果的均值可

① 该方法预测的流动人口指离开户籍所在地半年以上的常住流动人口。

见，2020 年我市流动人口将达到 1 600 万左右。

（三）“历史最大调控力度”推算法的预测结果。[①]该方法预测结果显示，到 2020 年末北京市流动人口将增至 800 万人左右的规模[②]

“六五”以来，只有“九五”时期北京市人口增长出现了放缓趋势。与“八五”时期相比，该时期常住人口年均增加量下降了 10. 52 万人、增长率下降 2. 16 个百分点；同期户籍人口年均增长量下降 0. 18 万人、增长率下降 0. 04 个百分点。我们认为，这一下降水平反映了北京市人口总量政策的“历史最大调控力度”，用这一水平抵减“十一五”的年均水平，作为未来北京市人口的年均增加量和年均增长率，得到“强化调控”情景。按照“强化调控”情景的年均增加量推算，2020 年北京市常住人口和户籍人口分别为 2 227 万人和 1 426 万人，常住外来人口接近 800 万人。按照“强化调控”情景的年均增长率推算，2020 年北京市常住人口和户籍人口分别为 2 228 万人和 1 441 万人，常住外来人口 787 万人左右。

（四）二次曲线拟合法的预测结果。该方法预测结果显示，北京市 2020 年流动人口的总量将达到 856. 7 万[③]

利用 1985 年以来北京市流动人口数据进行二次曲线拟合，发现按照目前流动人口的增长趋势，北京市 2020 年流动人口的总量将达到 856. 7 万，根据曲线拟合 95% 置信区间的结果，2020 年北京市流动人口规模的上限规模为 1 205 万人；90% 置信区间的上限规模为 1 134 万人。

与流动人口相比，北京市户籍人口的增长速度相对缓慢，考虑到近两年来北京市户籍人口净迁入速度已显著放缓，在户籍政策不出现较大松动的前提下，预计未来 5 ~ 10 年间北京市户籍人口净迁入规模将保持在 10 万 ~ 12 万人的水平，此外，受未来几年北京市人口出生小高峰的影响，北京市户籍人口自然增长在 2010 ~ 2015 年间也将维持在 5 万人以上的水平。2015 和 2020 年北京市户籍人口总量将分别达到 1 336万人和 1 401 万人，与此对应，2015 年北京市常住人口将突破 2 000 万大关，2020 年达到 2 258 万的较高水平，此外，按照目前户籍人口和流动人口变动趋势，未来 10 年流动人口占总人口的比例仍将持续上升，2020 年流动人口占总人口的比例将接近 38% 。[④]

总之，2020 年北京市的流动人口的规模 logistic 曲线拟合方法结果为 880. 83 万

---

① 本方法引自 2010 年中国人民大学承担的北京市国民经济和社会发展第十二个五年规划课题——“十二五”期间北京市人口、资源、环境协调发展研究，并对数据进行了更新。

② 该方法预测的流动人口指离开户籍所在地半年以上的常住流动人口。

③ 同②。

④ 本结论引自中国社会科学院王广州“关于人口总量变动趋势的预测”，2010。

人，年均增长量的方法为1 000万左右，年均增长率的方法为1 600万左右，“历史最大调控力度”推算法为800万左右，二次曲线拟合法为856.7万。对以上结果取其均值，我们认为从北京市历年流动人口的发展趋势角度的预测，2020年北京市的流动人口的规模在1 028万人左右。

三、从人口环境和经济环境角度的预测（主因素法）

从人口环境和经济环境出发进行预测的结果显示，北京市流动人口的规模2020年将增长到900万人左右。①

流动人口的规模变化受到许多因素的影响和制约，或者说流动人口的变化是在一系列的大环境下产生的，包括经济环境、人口环境、制度环境等。在这种情况下进行流动人口的预测，必须为其构造几个重要的，也是必要的大环境，本方法着重从人口环境和经济环境出发，人口环境指人口结构变化带来的劳动年龄人口的变化，而经济环境主要指经济发展带来的就业量的变化。这一预测方法包含两个重要的假设前提：第一，农村向城镇转移的流动人口的生育和死亡行为按照农村的模式和水平进行；第二，流动人口从农村向城镇转移后，所生育的子女依然是流动人口的身份，属于第二代移民。对于第一条假设，实际上流动人口的生育水平介于农村人口和城镇人口之间，因此，可能会对流动人口的生育产生高估，好在人口预测中的农村和城镇生育水平不断缩小，这种高估数量不会很大。第二条假设是符合目前我国的户籍制度的，子女的户口登记地跟随父母。

利用分城乡的人口预测和农业部门、非农业部门就业结构预测，结合跨区域劳动力转移参数、随迁人口参数和户籍转移参数，计算得出全国流动人口的规模2020年将达到22 475万人。进一步在北京流动人口比例占全国流动人口比例4%，（以全国流动人口两亿计算，据国家人口计生委数据）不变的假设条件下得出北京市流动人口的规模2020年将增长到899万人。②

四、从城镇化角度的预测（主因素法）

从城镇化的角度进行预测的结果显示，北京市流动人口的规模2020年将达到850万左右。③

城镇化是一个国家工业化和现代化的必由之路，西方发达国家在历史上也经历了浩浩荡荡的城镇化过程，流动人口是我国户籍制度下的城镇化的一种特殊的表现形式。在目前的制度环境不变的情况下，我国城镇化的进程极大地表现在了人口流动上。城镇人口比例的增长主要来源是农村向城镇人口的转移。利用城镇化速度的预测，我们可以从一个侧面了解农村向城

① 该方法预测的流动人口指离开户籍所在地半年以上的常住流动人口。
② 本结论引自中国人民大学段成荣的“流动人口预测结果”，2010。
③ 该方法预测的流动人口指离开户籍所在地半年以上的常住流动人口。

镇转移人口的数量，最终得到流动人口的数量。

利用分城乡的人口预测和我国城镇化水平预测，结合城镇化过程中城乡人口迁移贡献率的相关系数计算出全国流动人口的规模，进一步在北京流动人口的比例占全国流动人口比例不变或略有增长两种假设条件下得出北京市流动人口的规模。在第一种假设的情况下，2020 年北京市流动人口上限将增长到 730 万人，在第二种假设的情况下，2020 年，北京市流动人口上限将增长到 890 万人。①

另外在假定目前的户籍制度不发生较大改变的情况下，到 2020 年，北京市流动人口规模上限将达到 900 万人左右。由此可知，在户籍制度不变的情况下，北京市流动人口不但不会减少，还可能有较大幅度增长。这样的现象不仅将会发生在北京，也将发生在上海、广州等大城市。事实上，过去有不少关于北京市流动人口的预测都表明，大多数学者都过于保守估计了北京市流动人口的增长速度。如亓昕（1999）认为 2010 年北京流动人口将达到 311 万 ~ 389 万人；董光器（2003）预测北京市 2020 年的外来人口规模为 350 万人；侯亚非等（2004）预测 2010 年、2020 年的北京市流动人口的规模分别为 371 万人、382 万人；童玉芬（2005）预测北京市流动人口的规模在 2010 年、2020 年分别为 417 万人、402 万人。

我国人口流动的长期趋势不会改变。首先，人口向城镇转移的过程是伴随着工业化进程的劳动力流动过程，只要我国的工业化进程在持续，城镇化的进程就不会倒退；其次，发达国家的发展经验表明，历史的车轮一定会载着农民进城，所有发达国家的城镇化水平都超过 70%，有的国家的城镇化水平已经超过 85%，而我国的城镇化水平才 47%。

同时，必须指出的是，流动人口受政策、经济等宏观环境的影响很大，北京市流动人口增长的速度也会受其影响。第一，随着北京市房价的一路走高，北京市的生活成本显著上升了，这限制了外来人口在北京安家落户。第二，随着京津冀一体化进程，北京地区的劳动密集型产业有向周边地区转移的可能性，但和其他地区不同，北京市的流动人口在制造业就业的只有 20%左右，所以，产业转移对北京流动人口规模的限制作用有限。第三，随着社会户籍制度改革的呼声越来越大，北京市未来也有可能会放松对落户条件的限制。

另外，如果从全国城市化进程及我市流动人口占全国人口的比重来进行预测，按照目前我国城市化进程每年约为 1% 的速度推算，到 2020 年预计全国城市化率将会达到 60%，期间城市对流动人口的需求以及吸纳的总量会越来越大。在这一进程中，

---

① 本结论引自中国人民大学段成荣的“流动人口预测结果”，2010。

综合有关部门测算和专家意见，全国农村还有1.5亿富余劳动力需要转移到城市，而我国人口峰值时间约在2030年左右，因此在未来20年内，全国劳动力供给总量还会逐年增加。如按未来一个时期全国每年新增流动人口750万计算，以及现在北京流动人口总量占全国流动人口总量的比重(4%，以全国流动人口两亿计算，据国家人口计生委数据)，如不采取有效调控措施，我市流动人口还会以年均30万人的速度增长。①

综合以上结果，取其均值，从城镇化的角度进行预测的结果显示，北京市流动人口的规模2020年将达到850万人左右。

五、从我市流动人口数量与GDP的相关关系角度的预测②（主因素法）

从我市流动人口数量与GDP的相关关系来预测的结果显示，到2020年北京市的流动人口规模将达到1 100万人左右。③

流动人口的大量增加对于促进我市经济发展起到了重要作用，我市经济的发展也带来更多的就业岗位、吸纳更多的流动人口来京工作，二者相辅相成并呈现正向相关关系。2002~2009年，我市GDP年均增长幅度在12%左右；与此同时流动人口也高速增加，根据计算，我市GDP每增长1%，流动人口增加4.5万人，二者变动的趋势基本吻合。如果按照市政府确定的2010年GDP增长9%的目标计算，并且未来一段时间始终保持这一增长速度，我市流动人口将会以年均40.5万人的速度增长，到2020年我市流动人口将达到1 100万人。④

综合多种预测结果，如不采取有效调控措施，在未来一段时间内，我市流动人口总量将保持持续增长的趋势，到2020年北京市的流动人口规模将达到850万~1 100万。具体来讲，从北京市历年流动人口的发展趋势的角度进行预测的结果显示，到2020年北京市的流动人口规模将达到1 028万左右。从人口环境和经济环境出发进行预测的结果显示，到2020年北京市的流动人口规模将达到900万左右。从城镇化的角度进行预测的结果显示，到2020年北京市的流动人口规模将达到850万左右。从我市流动人口数量与GDP的相关关系进行预测的结果显示，到2020年北京市的流动人口规模将达到1 100万人左右。

由于以上所有预测采用的流动人口的界定是指离开居住地半年以上的常住流动人口，如果按照近年来2名常住外来人口对应3名全部流动人口的经验，到2020年末北京市全部流动人口总量将达到1 200万~1 600万人的规模。

综合全国城市化进程、北京经济社会

① 本结论引自北京市流动人口服务管理办公室“流动人口发展趋势分析”。
② 同①。
③ 该方法预测的流动人口指离开户籍所在地半年以上的常住流动人口。
④ 依据市流管办提供的数据2010年底半年以上流动人口总量为707.3万人计算所得。

发展、北京市流动人口历史增长趋势以及有关专家学者的预测分析，我们判断，如不采取有效调控措施，在未来一段时间内，我市流动人口总量将保持持续增长的趋势。

参考文献

［1］刘秀花．北京市流动人口的主要特点．市场与人口分析，1996（1）．

［2］亓昕．北京未来流动人口预测方法探讨及发展趋势．人口与经济，1999（3）．

［3］鲍思顿，段成荣．北京市流动人口数量变动历史趋势分析．西北人口，2001（1）．

［4］翟振武，段成荣，毕秋灵．北京市流动人口的最新状况与分析．人口研究，2007（2）．

［5］朱富言，李东．北京市流动人口数量变动趋势分析．西北人口，2008（4）．

（作者：闫萍　北京市委党校社会学教研部，北京市人口所）

北京市东城区社会养老服务现状、问题及对策研究

随着北京市人口老龄化加速发展，高龄化、空巢化日益严重，需要照料的失能、半失能老人数量剧增，因此加强社会养老服务体系建设的任务十分艰巨。近年来，在党和政府的高度重视下，北京市出台政策措施，加大资金支持力度，使社会养老服务体系建设取得了不断发展。为了对东城区的社会养老服务情况进行深入了解，2011 年 8 月，利用分阶段整群抽样方法对东城区 1 500 位老年人发放了“东城区老年人口状况抽样调查”的问卷，进行入户调查，并对部分社区养老服务提供人员和社区养老工作者进行了访谈。

一、东城区老年人口基本状况

（一）东城区老年人口规模

东城区老年人具有规模庞大、老龄化程度较高的特点。户籍人口中老龄化程度最高，而外来人口的老龄化程度则很低。

2010 年第六次全国人口普查调查数据显示，东城区常住人口中老年人口占 16.70%。老年户籍人口占户籍人口总数的 20.21%。

表 1　2010 年东城区分年龄各类老年人口状况

年龄	现有人口		户籍人口		常住人口		外来人口	
	人	%	人	%	人	%	人	%
60 ~ 64	40 960	26.5	50 209	26.08	40 304	26.26	4018	45.13
65 ~ 69	26 082	16.87	31 115	16.16	25 769	16.79	2172	24.4
70 ~ 74	31 056	20.09	37 281	19.36	30 958	20.17	1436	16.13
75 ~ 79	28 546	18.47	35 252	18.31	28 505	18.57	722	8.11
80 ~ 84	17 343	11.22	22 343	11.6	17 360	11.31	341	3.83
85 +	10 585	6.85	16 345	8.49	10 580	6.89	214	2.4
总计	154 572	100	192 545	100	153 476	100	8 903	100
性别比	85.64		86.3		85.28		109.91	

（二）东城区老年人口结构

1. 年龄结构

2010 年第六次人口普查调查数据显示，户籍及常住老年人口都呈现出随着年龄的增长而人口规模稳步减少的年龄结构。即 60 ~ 64 岁的老年人数量最多，其次是 70 ~ 74 岁的老年人，再次为 75 ~ 79 岁的老年人，85 岁以上老年人所占的比例最少。（见表 1）

2. 性别结构

2010 年第六次人口普查调查数据显示，常住老年人口的性别比为 85. 28。其中男性老年人口为 7. 06 万人，占男性常住人口的 15. 54%；女性老年人口为 8. 28 万人，占女性常住人口的 17. 82%（见图 1）；户籍老年人口的性别比为 86. 30。其中男性为 8. 92 万人，占男性户籍人口的 18. 85%；女性为 10. 34 万人，占女性户籍人口的 21. 54%（见图 2）。

常住、户籍老年人口在随年龄变化的性别分布上具有相似的特点。首先，在 60 ~ 64 岁阶段，男性人口都多于女性，但是 65 岁以后，女性人口所占的比例开始高于男性。其次，70 ~ 74 岁年龄组的老年人性别比达到最低，此后开始有所回升，至 85 岁有所下降，性别比随年龄增长呈现出倒钟形结构。

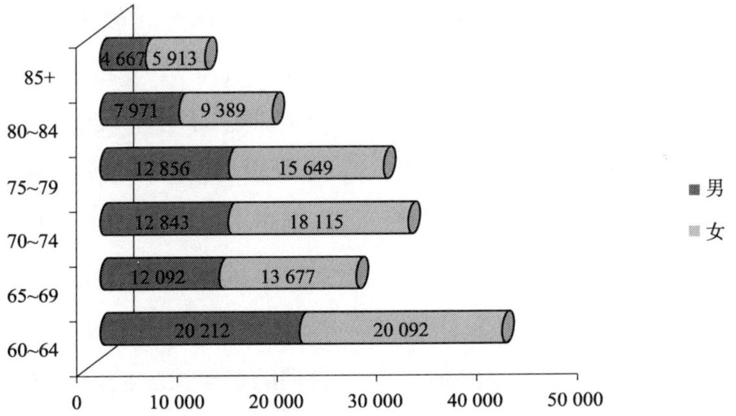

图 1　东城区常住老年人口性别年龄结构

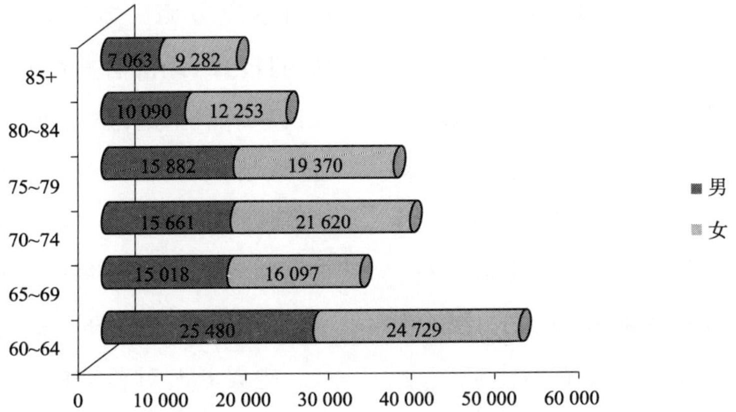

图 2　东城区户籍老年人口性别年龄结构

二、东城区社会养老服务的现状及问题

本部分通过对1 500份“东城区老年人口状况抽样调查”问卷中养老服务部分调查结果的分析以及对社区养老服务提供人员和社区养老工作者进行的访谈的分析，对东城区老年人养老服务的现状和问题进行了梳理。以下是本次调查的结果。

（一）东城区老年人养老服务的现状

1. 长期照料

配偶是老年人首要的日常照料者，子女和子女的配偶也在日常照料中扮演了重要角色。94.4%患有慢性疾病的老年人的日常生活有人照料，其中生活完全不能自理的老年人都有人照料。认为照料者中最重要的是配偶的老年人的比例为57.6%，认为儿子最重要的比例为16.5%，女儿为13.1%。认为日常生活照料者中第二位重要的是儿子的老年人的比例为34.7%，女儿为20.9%，儿媳为13.7%，配偶为2.3%。在照料者中占据第三位重要的地位的人员中，儿媳所占的比例为20.9%，女儿所占的比例为14.4%，（外）孙子女和其他亲属所占的比例分别约为10%。

对于完全不能自理的老年人来说，所需要的照料更加长期和艰巨。在照料者来源上呈现出多方共同照料的特点。并且照料也主要由自己的亲属完成，由街道人员、保姆或养老机构等提供照料服务的比例极低。一个不能自理老人通常有三个或三个以上亲属共同照料。在亲属中，女儿扮演了照料的重要角色，68.2%的不能自理老年人中由女儿提供日常照料；对于失能老人和一般老年人，日常照料的内容和强度有所不同，因此提供日常照料的人员也出现了差异，年老的配偶已无法承担繁重且长期的照料任务，需要子女甚至孙辈共同完成照料任务。

2. 空巢老人

空巢老年人的比例较高。调查中，52.9%的老年人不与子女同吃同住，是空巢家庭，但其中又有6.1%的老年人与（外）孙子女同吃同住，是隔代家庭。空巢老年人中77.3%是有配偶的，有配偶并和配偶生活在一起的老年人占75.7%。子女在外地并非造成老年人空巢的主要原因，90%以上的老年人子女还是生活在北京，只是居住地点不同，另有3.4%由于无儿无女而形成的空巢老人家庭。

空巢老人的生活自理状况普遍较好。89.4%的老年人能够完全自理，生活不能自理的老年人比例仅为0.8%。近90%的老年人对于自身的健康状况都比较认可。在经济状况方面，多数老年人也比较满意，认为自己的经济有些困难或很困难的老年人占9.7%。在住房方面，74.3%的老年人有产权属于自己的房子。可见健康状况较好、自理能力较强、经济收入有保障、有自己独立居住的房屋，是这些老年人能够坚持空巢家庭或选择空巢家庭的重要原因。

空巢老人对目前的生活状况持满意态度的比例很高。对生活状况比较满意、很

满意的空巢老人共占63.3%，不满意的老年人的比例仅为5.3%。36.9%的老年人不愿意和子女居住在一起，39.7%的老年人表示是否与子女住在一起无所谓。子女结婚离开家庭是造成老年人空巢家庭的主要原因，同时，空巢家庭也是一些老年人不愿意和子女居住在一起而自由选择的结果。空巢或许对这些老年人来说并非问题，反而是老年人较强的经济实力和健康心态的体现，使得老年人能够不受子女家庭的约束而自在地颐养天年。

3. 社区服务

（1）基础设施较为完善。80%以上的老年人家附近有商场或小商店、公园、医院诊所、银行或储蓄所，55%左右的老年人家附近有食堂或餐馆，36%左右的老年人家附近有集市，有宗教场所的比例为15.7%，家附近有老年人协会的老年人所占的比例为5.5%。72.1%的老年人认为社区医疗站对自己的健康促进发挥了一定作用，但认为挥发了重要作用的为24.9%。这说明基础设施还是比较完善的，对于大部分老年人日常的购物、储蓄、就医等生活来说是比较便捷的，对老年人的日常生活也起到一定的积极作用。

除这些基础的生活设施外，社区组织也相对普及。72.5%的老年人居住的社区中有老年人协会，55.9%的社区中有老年人维权小组，75.6%表示自己居住的社区中有民事调解小组。明确表示社区内没有以上组织的老年人所占比例有限，均不高于7%，此外一些老人对这些社区组织存在与否还不清楚。

（2）活动场所和社区服务利用率不高。老年人对活动场所的利用率不高，尤其是对日间照料机构的利用率很低，参加过的只有7%，但经常参加的只占2.9%。三成左右的老年人家庭附近没有老年大学/学校、老干部活动中心和托老所，1/4左右的老年人家庭附近没有老年活动室或活动场地。老年人经常利用的活动场所是老年活动室，其次为运动场地。

与基础设施较为完善不同，社区服务的配备状况不是很理想，约六成老年人对此表示没有或不清楚，同时，老年人对社区服务有一定的需求，但是利用率却不高。老年人中服务需求最高的是老年饭桌和送饭服务，其次是上门看病服务，第三是老年人服务热线服务。对于上门做家务、法律援助、上门护理、康复治疗的需求也超过二成以上。这体现出较为明显的年龄特点，由于年老不变，因此老年人需求率较高的服务也是一些为老年人提供便利、减轻负担的服务，是一些具有援助性、支持性特点的服务。老年人中利用过的服务最多的就是老年饭桌或送饭服务，以及上门做家务的服务，其余服务的利用率仅为3%左右，陪同看病、帮助购物、聊天解闷、康复治疗等服务的利用率连2%都不到。

因此，为提升对老年人的服务质量，一方面应当完善社区基础设施、加强基层组织建设；另一方面也应当积极向老年人宣传，从而增加基层组织、活动场所和社区服务的利用率，切实发挥它们的作用。

4. 居家养老服务

（1）对养老机构需求不高。对养老机构印象较好的老年人所占比例为 12.5%，对此印象一般的比例为 36.3%，印象不好的为 4.7%，不了解养老机构的老年人比例为 40.1%。14.5% 的老年人愿意入住养老机构，一半以上的老年人明确表示不愿意入住养老机构，还有 1/3 的老年人认为说不好。子女对于老年人入住养老机构也不持支持的态度，仅有 7.9% 的子女愿意自己的父母入住养老机构，32.7% 的老年人不清楚子女对此持什么样的态度。由此可以看出，大部分老年人对养老机构不了解，也不愿意入住。

如果入住养老机构，月费用为 1 500 元以下的养老机构是大部分老年人普遍能够接受的，能够接受高于 2 000 元的入住费用的老年人比例不超过 5%。上文描述过的老年人的收入状况决定了老年人可以接受的养老机构入住费用的高低。

（2）对居家养老服务需求较高。在养老方式上面，81% 的老年人更倾向于选择居家养老的方式，10.1% 的老年人选择社区养老，更愿意选择机构养老的老年人只有 8% 左右。由于上文曾分析过老年人对于养老机构的不了解和不接受，以及入住费用的限制，使得更多的老年人对于居家养老有着较大的需求，对能够在社区和家庭这种熟悉的环境中养老的需求程度要远远高于对机构养老的需求程度。

近 70% 的老年人对于居家养老服务中子女或亲属的生活照料感到满意，不满意的比例仅为 1.3%。对居家养老服务的各服务项目感到不满意的比例较低，多数仅为 3% 左右，对社区医疗服务、社区文体设施和老年教育感到不满的比例稍高，分别为 8.5%、8.2% 和 5.5%。老年人不仅对居家服务需求较高，对居家服务的认同度也比较高。

83.4% 的老年人希望在本社区内设置一个居家养老的专职机构，81.1% 的老年人希望在本社区内能够搭建一个社区为老服务的网络信息平台，对这两项不希望设立的老年人分别只占 1.3% 和 1.5%。老年人最希望获得的为老服务信息是健康和医疗服务信息，希望获得的比例为 85.4%；其次为生活照料服务信息（如家政服务），比例为 61.3%；第三位为文化娱乐教育信息，为 54.3%。这些方面表明老年人对医疗、照料和精神文化的需求程度是很高的。此外，对法律知识有需求的老年人为 49.7%，希望获得志愿者服务信息的老年人比例为 36.3%，还有一些老年人（1.7%）希望获得其他的信息。

（二）东城区社会养老服务存在的主要问题

本部分依据上面的数据分析中发现的问题，结合问卷中开放性问题的填答情况，并整理对部分社区养老服务提供人员和社区养老工作者的访谈结果，总结出东城区社会养老服务体系中目前存在的主要问题。

1. 宣传力度不够，社会对社区居家养老尚未形成共识，居家养老服务的社会意识还比较淡薄

一方面，老年人对社区居家养老服务的知晓率普遍较低，居家养老理念还得不到老年人的普遍认同，居家养老服务机构与居家老人之间的信息沟通亦不顺畅，导致部分有服务需求的老人得不到服务。另一方面，受传统观念的影响，部分老年人“花钱买服务”的生活理念和消费习惯没有形成，对于收费的服务项目并不很接受，有偿服务难以开展，这导致居家养老服务的社会影响力和参与度不高。

2. 服务队伍业务素质和专业化程度不高，专业化、规范化建设有待提高

社区居家养老的推进，亟须一批具备专业知识和技能的人员来从事服务工作。目前社区居家养老服务队伍提供的大部分服务主要集中于满足老年人的基本日常生活需要，缺乏精神护理、心理支持、情感慰藉方面的专业服务人员。服务规范、行业自律和市场监管有待加强。

志愿者服务队伍建设相对滞后，由于组织、激励和培训机制不健全等问题，开展志愿服务的随意性较大、不规范、养老助老服务的质量不高，其在居家养老服务中发挥的作用还比较小。

3. 条块分割，服务资源整合共享难度大，所提供的服务内容有限

尽管社区居家养老服务组织和管理体系已基本建立，但各类服务资源缺乏有效整合的问题日益突出。社区内的医疗卫生、文化教育、生活照料、家政服务、康复保健、信息资讯等服务资源分属不同部门和条块管理，存在着利益关系的矛盾，因此缺少有效的沟通与协调，未从根本上打破部门限制，没有形成开展居家养老服务的合力。

4. 社会化程度较低

养老服务应该充分动员和组织社会力量参与，但由于种种原因，社会力量发挥作用的条件和环境还不充分，养老福利服务社会化程度不高。

5. 养老服务的内容与服务对象的需求时有脱节

社区的许多养老服务对象往往是低龄老人、健康老人、能自理的老人，而忽视了那些不能完全自理和完全不能自理的老人。服务设施和服务项目对许多高龄老人和卧病在床的老人已不适用，而适用的托老院所、护理康复中心以及上门进行专业护理服务等却又很少或者根本没有正常使用。

社区服务大多为老人提供生活服务，满足其生存需求，忽视了老人的精神需求和发展需求。

6. 社区为老年人提供的休闲活动缺乏组织性和社会参与性

虽然现在街道提供了一些体育锻炼项目，但大多数老人休闲娱乐活动内容还是比较单一，社区活动缺乏一定规模的组织

性和社会参与性。

7. 老人生存环境亟须改善

随着年龄的增加，老人们的分辨能力也在下降，一些不法分子借此对老人进行欺骗，卖低劣产品给老人，在法律、民事上蒙骗老人，不容忽视。

由于老年人空闲时间多，对休闲环境的要求比较敏感，老年人周围的环境卫生混乱，会影响老年人的生活质量。如某些小区的交通情况混乱，无障碍通道被占用，影响老年人的出行。

三、完善东城区社会养老服务的相关建议

东城区的人口老龄化形式已经比较严峻，面对新形势，探索一套既适应首都中心城区社会经济发展的现代化建设，又能以社区为依托并适合当代老龄社会特点，能够满足老年人各种需求的新型养老服务体系已经刻不容缓。

1. 加大宣传力度，营造居家养老服务的良好社会氛围

在对老年人的抽样调查和对基层老龄工作者的座谈中发现，老年人对居家养老的认可程度还是比较高的，但是，老年人对目前的社区的居家养老服务的知晓率比较低，社区的养老服务的利用率不高。目前很多老年人没有正确的理解政府发放养老（助残）券所传达的消费观念，认为发放现金比较好，这与宣传不到位有一定的关系。因此在居家养老服务宣传中，应该让老人了解相关政策和程序，这将有利于服务的互动性的提高和有效性的发挥。

2. 政府主导，社会参与，提供多层次服务

政府要充分发挥宏观统筹作用，在匹配养老服务资源与养老服务需求、实现服务有效传递的过程中，切实履行政府的主导职责，努力实现有限资源的效益最大化。在构建服务网络过程中，可通过社区服务定期入户调查和老年人与社区服务中心联系的方式，做好老年人照顾需求分析，充分了解老年人的实际需要，可以通过与老年人签订服务协议的形式为不同层次、类别的老年人提供多样化服务。防止供需脱节，避免摆花架子和形式主义。

政府可以通过建立准入制度、项目管理制度，以购买服务、合同外包、委托等多种形式，鼓励和支持各类民间组织、企业和个人从事居家养老服务，发挥他们在为老服务中重要的作用。但是政府部门要做好评估和管理工作，保障为老服务的高效率。

开展社区老人自愿或有偿互助服务，充分依靠老年群体的人力资源，建立低龄老人照顾高龄老人制度，鼓励以今天为别人养老服务换取明天他人为自己服务的“储蓄型”养老志愿服务。

志愿者也可以参与到为老服务中来。

3. 提升养老服务信息化水平，做到管理和服务的动态化

应建立社区居家养老信息网，做好居家养老的需求调查、资料建档、信息发布、

信息反馈等工作，为居家养老服务的需求方和供给方搭建信息交流平台，当服务人员不足或急需时，在社区间进行调剂。同时充分发挥信息网站的宣传作用，及时推广居家养老服务的新举措、新进展，扩大居家养老服务的社会影响力，提高社区居家养老的社会关注度和参与度，从而推动社区居家养老服务走上可持续发展之路。

4. 加快和落实相关政策，改善老年人口居住和出行条件

继续推进廉租房制度，优先解决住房面积小，经济困难，设施缺乏的老人家庭；加速旧城区改造建设，将基本生活设施缺乏的困难老人家庭纳入社区为老服务体系，当前是纳入居家养老服务体系中；加快社区无障碍设施建设，帮助有特殊困难的高龄老人家庭改善居家设施；制定政策，鼓励和引导子女和老人就近居住。

5. 有效整合资源，实现社区居家养老服务资源共享

完善社区居家养老服务体系，必须对服务资源进行优化整合，使其发挥最大效用。一是应高度重视居家养老协调机制的构建和完善，政府应成立专门的居家养老协调机构，负责协调社区居家养老推进过程中出现的利益分配和调整问题，为推进居家养老服务工作提供更多的发展空间。二是应进一步强化社区共建制度，明确社区辖区单位的共建职责和任务，建立表彰和激励机制，充分挖掘社区现有的可供开展居家养老服务的资源。要争取将驻社区各个企事业单位的养老资源（如场馆、设施）纳入居家养老可使用范围，形成协力共建、资源共享的社区居家养老发展环境，提高养老资源的综合效用。

6. 注重精神需求，丰富老年人的精神文化生活

调查发现，老年人的自我实现需求比较强烈，“要健康、要价值”的老年人比例越来越高。因此养老服务应更多地关注老年人的精神需求。

增加社区活动的种类和内容：为老年人举办多种多样的讲座，如电脑知识以及养花、书画、医疗保健教育等，既满足老年人工作、休闲、娱乐的需要，又开发利用老年人的人才资源；根据老年人的特点，开展各类适合老年人的文体娱乐项目；提倡和支持老年人和青少年共同开展文化活动，使老年人的知识、经验和智慧在文化艺术活动中得以传播，真正实现老有所为。

确保活动的场所，增加活动布点：设施条件较好的文化馆、站，要开辟适宜老年人文化娱乐的活动场所，吸引更多的老年人参加活动，对他们的自娱自乐活动要提供方便。

参考文献

［1］郭平，陈刚主编 . 2006 年中国城乡老年人口状况追踪调查数据分析. 中国社会出版社，2009.

［2］全国老龄工作委员会办公室，中国老龄协会编 . 中国老龄工作年鉴（2010）. 华龄出版社，2010.

[3] 李兵，张恺悌主编．中外老龄政策与实践．中国社会出版社，2010.

[4] 全国老龄工作委员会办公室编．全国居家养老服务理论与实践．华龄出版社，2008.

[5] 北京市第六次全国人口普查数据公报。

（作者：闫萍　北京市委党校社会学教研室、北京市人口所博士；崔京民　东城区统计局）

八、区县工作篇

东城区

【概述】2011年，东城区人口和计划生育工作在市人口计生委的精心指导和区委、区政府的正确领导下，以胡锦涛总书记“四个加强”的总体要求为引领，以深化“统筹、协调、整合、汇集”职能转变为核心，以“夯实基础工作、深化优质服务、落实惠民政策、促进家庭发展”为重点，在“构建统筹解决人口问题体制框架、加强区域人口问题研究、落实重点改革任务、深化综合改革、开展阳光计生行动、拓展优质服务、促进家庭和谐幸福”等方面取得了可喜的成效，为推进“首都文化中心区、世界城市窗口区”建设创造了良好的人口环境。

统筹协调。为了更好地统领全区“大人口”工作，区人口计生委起草了《中共东城区委东城区人民政府关于“十二五”时期统筹解决人口问题的指导意见》（以下简称《意见》），经第15次政府常务会议和第32次区委常委会议审议通过。《意见》确立了以“五四三”为核心的人口统筹工作机制。“五”即实施五项基本战略：一是实施人口规模调控、城市功能转移和人口疏解基本战略；二是实施稳定适度的低生育水平基本战略；三是实施提高人口素质基本战略；四是实施维护人口安全基本战略；五是实施流动人口平等服务管理基本战略。“四”即完善四项长效机制：第一，完善“人口宏观管理”决策机制；第二，完善“统筹解决人口问题”工作机制；第三，完善“以证管人、以房管人、以业控人”人口管理机制；第四，完善“提高家庭福祉”人口服务机制。“三”即落实三个重点项目：首先，稳步推进以居民住房改善和历史文化名城保护为重点的人口规模调控和人口疏解工程；其次，建立健全“人口基础信息”公共平台；最后，全面启动“和谐家庭发展”促进工程。《意见》从区委、区政府的战略高度明确了东城区未来五年统筹解决人口问题工作的体制机制，以法律文书的形式将人口工作的主要任务纳入“十二五”规划。

依法行政。清理清查规范性文件，修订《东城区社会抚养费征收实施细则》。统一了征收社会抚养费和再生育子女审批文书案卷报送要求及审批程序，明确区、街行政审批职责。制作《政策法规工作手册》，将计划生育全程办事代理材料交接、代理材料目录、个人诚信和法律责任告知等列入规范管理内容，便于基层开展自学和培训。印制人口和计划生育便民服务事项系列宣传折页，凸显指南服务功能。严格落实《人口与计划生育行政执法人员资格备案制度》，组织相关人员学习公共法律知识，参加执法资格考试，确保每个街道至少有2名具有委托执法资格人员。对到期委托执法证件及时报市人口计生委年审，收回退出执法岗位人员的执法证。将执法人员基础信息列入了执法资格档案，建立电子管理信息。与商泰律师事务所签订《法律顾问聘请合同》，依托专业人士处理执法纠纷。制定发布《关于印发〈东城区违法生育有奖举报办法〉通知》，调动群众监督的积极性，有效遏制违法生育行为的发生。制定《东城区人口计生委关于聘请行风政风监督员办法》，聘请20名行风监督员，自觉接受社会监督。实行信访限时办结制和行政问责制，推行计划生育执法责任制和责任追究制。年内，共办理再生育子女审批425例，病残儿鉴定16例，一次性经济帮助17例，共下达征收决定书112例。没有发生行政复议和行政诉讼案件。

优质服务。以提高家庭发展能力、促进家庭幸福和谐为落脚点，开展生殖健康“三进”工程。一进社区。受中国社区卫生协会委托编写《社区计划生育指导技术规范》，并在全国率先试行，使社区计划生育生殖健康服务步入科学化、正规化的轨道。二进机关。在商务部、人力资源和社会保障部、北京市公安局、北京移动、中国海洋石油、北京网通等单位开展知识讲座和咨询活动，提高生殖健康知识和服务信息的知晓率和获得率。三进家庭。采取政府购买服务的方式满足家庭对计划生育、生殖健康需求。与区社区卫生服务管理中心签订协议，由社区卫生服务站全科医生定期为辖区育龄群众开展咨询指导和宣传服务，规范社区重点人群走访工作内容和流程，记录重点人群走访情况，实现家庭计划生育、生殖健康服务点与面的有机结合。年内，举办生殖健康讲座70余场，惠及育龄群众4 000余人，发放宣传资料、避孕药具数万份。

流动人口服务与管理。围绕流动人口“一盘棋”工作目标，完善区域协作机制，与流出地较为集中的浙江、河南、内蒙古等地签订协议，实行双向联动服务管理机制，落实双向管理职责，及时交互信息、沟通工作。作为北京市社会管理创新综合试点区，区人口计生委积极探索人口计生网格化管理新模式，协调区创新办、流管办、社区办、信息办和街道网格管理中心，搭建服务管理四级平台，融合、共享信息资源，推动人口和计划生育工作在网格服务管理新模式下的运行。在流动人口计划生育工作中坚持“五个一”，即一封信，传递问候与关怀；一份宣传纪念品，普及计划生育政策和生殖健康知识；一次送温暖活动，多形式、多渠道送出关爱；一次集中清查服务活动，督促流动人口借返乡之机办理《流动人口婚育证明》；一次集中宣传报道，推广流动人口计划生育工作的创新经验。4 月起，区人口生殖健康指导中心实行流动人口环情孕情检查全部免费制度，进一步提高流动人口生殖健康水平及服务覆盖率，实现“同服务、同管理”。截至 10 月 31 日，生殖健康指导中心共接待流动人口孕情检查 9 518 人次，其中集中孕检1 814人次，免费孕检 8 599 人次。将“流动人口计划生育图书角”纳入“东城区政府为民办实事”工作，解决流动人口“借书难、看书难”、文娱生活单调的问题，并以此为平台开展计划生育宣教活动。全区共建立流动人口图书角 43 个。举办“生育文化亮篁街暨东城区流动人口生育文化年启动仪式”，开展“一封家书寄情思”活动，增强流动人口对人口计生活动的参与感。与流管办、卫生局、教委等部门联合开展流动人口计划生育关怀关爱专项行动，为流动人口提供在社区卫生服务站和生命蓝岛体检、就医优惠，区生育文化园、国学教育园、休闲娱乐园、特色公园的免费参观游览等优质服务。与北京市人口发展研究中心合作，对 500 名流动人口开展生育意愿调查，为科学开展流动人口服务提供依据。

青春健康工程。广泛开展了以“亮心计划”为主要内容的“关怀独生子女素质教育”系列活动，培养青少年良好品德情操、心理素质、行为习惯和社会适应能力。与区教委合作，利用“东城区未成年人思想道德教育委员会”的组织框架开展青少年健康人格教育，确定一年一主题的工作模式。向全区4.6万名中学生下发性健康教育书籍，在东直门中学召开“呵护花季·分享成长”座谈会，邀请教师和学生代表畅谈对青春期的思考及读后感，为深入开展“青少年健康人格”工程起到推进作用。积极开展《人口直通车》有奖征文活动，与区教委联合举办“青春健康伴我行——我的青春故事”征文演讲活动，促进全社会关注青少年健康教育。举办东城区“青春健康项目”骨干师资培训，国家级“青春健康项目”骨干教师作了精彩的授课演示。以“首都市民生命全周期、性与生殖健康行动、青春健康教育”为主题，举办“在阳光下成长——东城区青少年青春健康教育摄影展”。与北京市青少年法律与心理咨询服务中心联合举办“爱心伴你成长——东城区关怀独生子女素质教育系列活动成果展”，受到市人口计生委、团市委肯定，荣获“青少年公益事业杰出贡献奖”。

宣传教育。年内，区人口计生委与《北京日报》、《北京晚报》、《中国人口报》等近 10 家主流平面媒体以及北京电视台、中央电视台、北京人民广播电台、腾讯网等媒体搭建了宣传平台，构建了三重立体化的媒体宣传体系。与“腾讯网——育儿频道”签订战略合作协议，搭建网络公益传播平台，向全社会公众宣传东城区早教项目、普及早教知识。受市人口计生委委托筹备举办“幸福家庭和谐人口——北京市0～3岁宝贝计划工程新闻发布会”，发布北京市0～3岁宝贝计划工程及东城0～3岁婴幼儿家庭早期教育项目启动消息，对项目阶段性成果和经验做介绍推广。

队伍建设。年内，狠抓了班子建设，增强工作合力。一是加强班子成员理论学习，从讲政治的高度处理一切问题，从思想上达到团结和统一。二是认真执行民主集中制原则，定期开好民主生活会，坚持经常开展批评与自我批评，及时沟通思想，认真吸纳每个成员的意见和建议。三是合理分工，明确责任，一级抓一级，一级对一级负责。完善规章制度，强化内部管理。靠纪律约束人，靠制度管理人，使各项工作在制度的规范下有序运行。严格履行党风廉政责任制，制定《廉政风险防范管理实施细则》和任务分解方案，建立系统的廉政风险防范管理机制，把党风廉政建设与业务工作同部署、同落实、同考核。开展了生殖健康咨询师、流动人口网格助理员等专题岗位培训，积极开展工作调研业务指导，进一步健全了“区、街、居、网格”四级服务管理网络，为做好新时期人口计生工作奠定人力资源基础。

人口研究。行政区划调整后，区委、区政府亟待准确掌握新区人口现状，科学判断人口发展趋势，为科学决策和促进人口与经济社会协调可持续发展提供必要的数据支撑。区人口计生委紧紧围绕这一需求，开展了《东城区以“住宅”为载体人口规模预警预测研究》，分别在政府政务会和区委常委会上作了专题汇报。该研究成功突破了“开放型、小区域”的人口规模预测的瓶颈，破解了“人口频繁流动、信息快速变动”的难题，从“住宅”这一全新的角度，开展了人口规模预警预测研究，实现“三个创新”和“三个全覆盖”。即创新了人口统计载体，实现了现有住宅统计空间全覆盖，建立了人口规模与住宅数量的换算关系模型；创新了人口预测方法，实现了未来住宅统计时间全覆盖；创新了人口研究内容，实现了住宅属性分析全覆盖。《东城区以“住宅”为载体人口规模预警预测研究》方法和经验在全市乃至全国都具有典型性、示范性和创新性，受到了市区领导、人口专家和相关部门的高度重视和充分肯定。

信息化建设。全面推进全员人口信息系统的建设与应用，按照市人口计生委的部署和区政府折子工程的要求，建成东城区全员人口信息库，现有全员个案数据119万余条，育龄妇女个案数据39万余条。以全区17个街道205个社区的计生干部为对象，以课程讲解、案例练习、问题答疑为手段，开展全员人口信息系统业务培训。完善“适时采集、动态监测、按时传送、数据准确”机制，提高数据资源开发利用率，为辅助决策、加强服务管理奠定了基础。

药具工作。开展《北京市东城区机关企事业单位育龄人群避孕药具需求与利用的调查研究》，为提升药具工作管理服务水平提供科学依据。制定《东城区计划生育药具发放网络布局及管理运维实施方案》，结合东城区网格化管理特色，按照行政区划及属地原则，全面规划发放网点布局，将全区药具发放网点整合为249处，实行“三级管理、四级服务”，把网格纳入到网点三级管理之中。将传统管理形式与现代物流管理理念相结合，变单点式管理为统一标识、统一模式的集约式管理，为达到区、街、网点、客户的无障碍信息沟通奠定基础。搭建药具发放服务与管理信息网络平台，以科学的信息化手段贯通药具管理体系，15分钟服务圈落实到位。

协会工作。北京市人口协会与区红十字会签署协议，建立“生育关怀行动”基金，为计划生育困难家庭排忧解难。年内，给予8名关怀对象慰问金共28 000元。实施“计划生育家庭意外伤害保险”，保障计划生育家庭利益。全区现有6 247户投保，保费193 080元。为全区1 500名低保及特扶家庭的育龄妇女免费体检，提高其身体健康水平。开展“亲情牵手”活动，组织志愿者与全区独生子女伤残、死亡家庭结成“亲情牵手”家庭。区计生协会在中秋节前夕对“亲情牵手”家庭和志愿者进行了慰问。积极组织“幸福工程”活动日活动，募集捐款75万余元。指导基层计生协会，结合自身优势开展丰富多彩的“5·29会员活动日”及母亲节纪念活动。选送优秀摄影及实物作品参加《庆祝建党90周年，展示和谐计生协会摄影展既幸福工程成果展》，10幅作品获奖。做好协会年检工作，实现一个公章、一个账户的统一管理模式。为全区17个街道205个社区制作统一的协会会员之家中英文标牌，规范协会管理。

【人口和计划生育数据】 2011年统计年度，全区共出生上报6 453人，计划生育率为98.7%。

【开展元旦春节期间走访慰问活动】 1月10日，区人口计生委开展“送《福》亲情牵手家庭”活动。在春节前夕，为全区46户牵手家庭送去了《大“福”字年历》和米、面、油、鸡蛋、木耳、蘑菇等年货。

【举办“青春健康项目”骨干师资培训会】 1月18～19日，区人口计生委与区教委联合举办了东城区“青春健康项目”骨干师资培训会。会上介绍了“青春健康项目”开展情况，国家级“青春健康项目”骨干师资刘莹和陈萱分别为大家作了精彩的“青春健康教育”授课演示。

【北京市人口计生委领导到东城区调研】 4月21日，市人口计生委常务副主任徐捷一行到东城区东直门街道调研网格化社会服务管理创新试点工作情况。市人口计生委办公室主任胥德琪、规统处处长臧萝茜、流管处处长张瑞霞、研究室主任潘银苗、中国人民大学社会与人口学院院长翟振武教授、北京市社会科学院研究员景体华教授等一同调研。座谈会上，东直门街道办事处主任肖刚汇报了以“管理网格化，服务零距离”为理念的网格化城市管理服务新模式。调研组就社区网格化管理的工作内容、方式、经费运转、居民服务项目、人员信息采集等内容进行了座谈和研讨。

【国家人口计生委领导到东城区调研】 5月10日，国家人口计生委发展规划与信息司副司长郭震威等领导，在市人口计生委副主任丁勇的陪同下，到东城区东直门街道、东花市街道，就网格化社会服务管理创新工作和新时期人口计生工作进行专题调研。丁勇副主任就人口信息数据库的建立与应用、人口管理与服务体制改革等工作进行介绍，东直门街道工委书记汤钦飞、区人口计生委主任李评修代表东城区作了工作汇报。郭震威副司长认为，东城区在人口调控工作上取得的成效，为人口管理与服务工作进一步推进提供了宝贵经验，具有借鉴意义。

【国家卫生部专家到东城区调研】 5月12日，国家卫生部卫生发展研究中心研究员刘克军、国家人口计生委科学技术研究所项目主管彭左旗等领导一行，在北京市计划生育药具管理站站长李兵、副站长梅红光的陪同下，到东城区人口计生委就计划生育药具管理服务工作的组织管理、机构设置、基层服务网络建设、发放流程等工作进行专题调研。专家组一行还到北新桥街道办事大厅和民安社区进行了实地考察。

【举办“爱心伴你成长——关怀独生子女素质教育系列活动成果展”】 5月14日，区人口计生委、区计生协与北京市青少年法律与心理咨询服务中心联合举办“爱心伴你成长——东城区关怀独生子女素质教育系列活动成果展”，以此作为献给中国计生协成立31周年的一份特殊礼物。市人口计生委副主任彭彧华、市计生协秘书长胡兰、团市委权益部副部长郭琳娜出席活动。这次成果展通过视频短片、展板、折页以及学员和家长分享感受和体验等多种形式，对三年来的成果进行了总结和回顾。团市委权益部郭琳娜副部长给东城区人口计生委、区计生协会颁发“青少年公益事业杰出贡献奖”。

【中国计生协领导到东城区调研】 5月25日，中国计生协副会长苗霞、中国计生协生育关怀基金管理委员会办公室副主任王丽娟和办公室项目官员时玲来到东城区，就“生育关怀基金”情况和独生子女伤残、死亡家庭的养老服务项目进行了调研，市计生协秘书长胡兰陪同调研。区人口计生委党组书记王力宇，区计生协、部分街道、社区计生协秘书长和协会工作者代表参加了座谈。苗霞副会长对东城区“生育关怀行动基金”的募集、管理和使用的做法和对“独生子女特别扶助家庭的需求调查”都给予了充分的肯定，并希望与东城区建立长期联系，共同做好独生子女伤残、死亡家庭的养老服务工作。

【北京市人口计生委领导和专家组到东城区校验并指导工作】6月21日，市人口计生委副主任耿玉田、科技处处长李晓沪，市级计划生育专家组成员王玉英、韩丽晖等一行到东城区计划生育生殖健康指导中心进行校验并指导工作。检查组听取了东城区计划生育生殖健康技术指导中心近三年工作汇报，实地检查了中心行政管理、服务规范、流动人口免费技术服务、服务人员资质和生殖健康咨询服务能力、硬件设施配置、消毒隔离及信息系统，现场对咨询服务人员进行了技术考核和指导。检查组现场反馈了校验结果，他们认为：东城区计划生育生殖健康技术指导中心环境温馨，工作规范严谨，工作流程合理，处处体现以人为本、以家庭为中心的服务理念，宣传教育特色突出，覆盖人群广泛，达到国家和北京市校验标准。

【举办流动人口女性健康知识讲座】7月5日，在东华门街道知名餐饮企业“大碗居”开展了“流动人口女性健康知识讲座”。讲座由社区卫生站张站长主讲，他结合青年女性的特点，就乳腺癌的自我筛查、痛经的预防和女性关心的穴位美容等内容，进行了深入浅出的讲解。讲座中上下互动，气氛热烈。参加讲座的流动人口女青年纷纷表示，讲座的内容贴近她们的生活实际，通俗易懂，有效实用，让她们感受到了“第二故乡”的温暖。

【举办“关爱女孩——我的成长之路”演讲比赛】7月6日，举办了“关爱女孩——我的成长之路”演讲比赛，来自东华门街道12个社区的15名选手参加了比赛。选手们以自身的经历为主线，讲述人生轨迹，抒发真情实感，感动了在场的每一位观众。比赛评出一等奖一名、二等奖两名、三等奖三名。

【举办“女孩手工作品展”】7月6日，组织了“女孩手工作品展”，展品有十字绣、绘画和手工艺品等60余件作品，吸引了200多名市民参观。作品里有的制作精美，有的构思巧妙，有的充满童趣。还有的作品是用旧报纸、易拉罐和用过的酸奶瓶制作的，既好看又环保，这些作品都出自36名11～16岁的女孩之手。

【召开0～3岁婴幼儿早期教育推进会】7月8日，在朝阳门街道召开0～3岁婴幼儿早期教育推进会和部门联动早教进社区现场会。市人口计生委副主任彭彧华、区人口计生委主任李评修、东城区早教项目首席专家（北京儿研所教授）梁雅珠出席会议，区教委、卫生局、妇联和17个街道主管领导和科长，21家幼儿园园长参加了会议。会上朝阳门街道办事处副主任伊淑红、大方家幼儿园园长作了早教工作典型经验发言。市人口计生委副主任彭彧华对东城区早教工作给予了充分肯定，认为东城区的早教资源及家长对早期教育的KAP分析研究报告是扎实开展早教工作的强有力的基础，赞誉东城区的早教工作彰显了部门联动、资源整合的特色，希望东城区将该项目组织好、实施好，使之成为全市的窗口。会议结束后，与会者一起参观了朝阳门街道的早教基地。

【举办纪念“7·11”世界人口日系列活动】7月11日，为纪念第22个世界人口日，区计生协与东华门街道计生协联合开展以“流动的协会、流动的家，关爱女孩你我她”为主题的系列宣传活动。区人口计生委副主任、计生协副会长安虹和东华门街道副主任刘文维参加了活动。

【开展“北京市全员流动人口信息系统”社区应用培训】7月8～14日，区人口计生委开展了为期一周的“北京市全员流动人口信息系统社区应用培训班”，全区205个社区的计生主任和社区服务站信息录入人员分9批共450人参加了培训。培训分成两个部分，第一部分是对“北京市全员流动人口信息系统”操作步骤的讲解和演示。第二部分是对“北京市全员流动人口信息系统”在流动人口计划生育服务与管理工作中信息采集、信息登记、信息维护、信息协查、信息通报的具体应用。

【北京市人口计生委、市卫生局领导到东城区调研】7月25日，市人口计生委副主任耿玉田、市卫生局副局长郭积勇到东城区调研社区卫生服务站“计卫联手”开展计划生育技术服务工作。他们先后考察了北京中医药大学附属东直门中医院在接诊大厅和妇科门诊设立的开放式、物流配送的免费避孕药具和宣传品自取柜，与医务人员了解了育龄群众自取避孕药具和宣传品的情况。随后到北新桥街道海运仓社区卫生服务站的“生命蓝岛”，了解开展计划生育避孕药具发放、咨询指导和健康教育工作情况，现场观摩了“社区卫生服务信息系统”的计划生育服务信息的功能和运行使用情况，听取了社区卫生服务站计卫联手开展计划生育技术服务工作汇报。

【召开计划生育免费药具进药店座谈会】8月3日，区人口计生委在区药品监督管理局召开“计划生育免费药具进药店座谈会”。区药监局副局长盛东生、市场监督科科长刘觐，区人口计生委副主任李杰、辖区内10家药店负责人以及区药具站全体人员参加了座谈会。会上，李杰副主任介绍了东城区计划生育免费药具进药店的背景、目的及意义，计划生育药具发放网点的建设布局情况以及计划生育免费药具进药店的初步设想。区药监局领导表示，将大力支持“计划生育免费药具进药店”工作的开展，要求各药店认真做好前期准备，为做好此项工作作贡献。

【启动育龄群众生殖健康现状调查】8月25日，区人口计生委与中国医学科学院、中国协和医科大学北京协和医院在中国移动通信北京分公司多功能厅联合召开了生殖健康进机关暨东城区育龄群众生殖健康现状调查项目启动仪式。中国移动通信北京分公司领导在启动会上致辞，中国医学科学院、中国协和医科大学北京协和医院项目负责人朱兰教授详细介绍了合作项目《北京地区女性性功能流行病学调查》开展的背景、意义和操作流程。区人口计生委鲍亚范主任在讲话中对该项目实施提出了安排和要求。在启动仪式现场，中国移动通信北京分公司120余名育龄妇女认真填写了女性妇科疾病与性功能调查表。协和医院妇产科朱兰副主任结合自己多年的妇科行医经验，为在场的女性朋友们上了一堂精彩而又实用的健康课。课上大家积极提问，气氛热烈，效果良好。

【探索人口计生网格化管理新模式】年内，全区将管辖地域的205个社区划分为589个社会管理网格，由专门网格工作人员对社区实施24小时动态管理。区人口计生委积极探索人口计生网格化管理新模式，将流动人口计划生育六项任务纳入网格化管理。一是宣传和督促离开北京去外省（市）经商、务工的流动人口到街道办理《流动人口婚育证明》；二是协助社区查验流动人口成年育龄妇女《流动人口婚育证明》；三是宣传告知流动人口已婚育龄妇女享受“免费技术服务”、“采取长效避孕节育措施流动已婚育龄妇女一次性奖励”政策；四是组织动员已婚育龄妇女参加免费孕情保健检查；五是核实提供经营场所、出租房、务工单位的情况，协助街道与相关单位、个人签订流动人口计划生育管理责任书；六是协助社区开展全员流动人口信息采集登记。区人口计生委以网格为手段，通过培训网格助理员，把基层人口和计划生育工作落实到网格，创新服务管理模式，实现人口计生管理和服务精细化、智能化。

【召开政风行风监督员聘任大会】9月14日，区人口计生委举行政风行风监督员聘任大会。区人口计生委主任鲍亚范出席并讲话。本届政风行风监督员共聘任20人，由区人口计生委在区人大代表、政协委员、社会知名人士、新闻工作者、机关干部、工人及流动人口当中选聘。政风行风监督员都是来自街道、社区、企事业单位等与百姓最为接近的基层，将在两年的任期内行使人口计生领域的政风行风监督权。

【举办“北京市全员人口信息系统”培训班】9月14～20日，举办了为期一周的“北京市全员人口信息系统”培训，全区17个街道205个社区的计生干部全部参加了培训。此次培训采取分街道培训的方式，分为讲解、案例练习、问题答疑三个步骤进行，使社区计生干部在录入中遇到问题能及时得到解决。同时保证每人一台计算机，以保证培训质量，确保在今后实际工作中，全区人口信息录入的准确性、及时性。培训结束后，街道、社区计生干部对系统操作基本掌握，培训效果显著。

【举办“青春健康伴我行——我的青春故事”征文演讲活动】9月22日，区人口计生委与区教委在北京市第177中学联合举办“青春健康伴我行——我的青春故事”征文演讲及表彰活动。市人口计生委宣教处处长刘凤婷到会，区人口计生委主任鲍亚范出席并致辞，全区中学生代表、人口计生干部代表300余人参加。活动现场，7名演讲者分别代表家长、教师和学生，以

"青春健康"为主题，结合自身经历，围绕"温暖集体·成长动力"、"青春之路·良师为伴"、"阳光青春·快乐成长"、"青春之路益友相随"、"生命阳光·呈现关爱"、"我是会合作的"、"青春之花在社会实践中绽放"7个选题，进行了声情并茂的精彩演讲，台下掌声不断。为期三个月的"青春健康伴我行——我的青春故事"征文演讲活动，吸引了全区各中学的上万名中学生积极参与，各校推荐优秀稿件千余篇，经区专家审核推荐200余篇参与全市评奖。

【召开计划生育药具发放服务平台培训会】 9月28日，区人口计生委召开"计划生育药具发放网络运维实施方案暨计划生育药具管理与发放服务平台操作系统培训会"，17个街道的计生科长、药具干部及部分社区药具干部参加了培训。培训会上，详尽解读了《东城区计划生育药具发放网络服务管理实施方案》（东人发〔2011〕32号），聘请开发东城区计划生育药具管理与服务网络系统的技术公司讲解了《东城区计划生育药具管理与服务网络系统的介绍及操作规程说明》，并进行了现场答疑。

【学习《中华人民共和国行政强制法》】 11月3日，区人口计生委召开主任办公会，会议主要内容是学习《中华人民共和国行政强制法》。会上，法制科长对《中华人民共和国行政强制法》的制定背景、审议过程及颁布实施时间进行了系统的介绍，重点对《中华人民共和国行政强制法》七章71条内容进行了解读。区人口计生委主任鲍亚范要求全体干部及系统工作人员要深入学习，全面贯彻；理顺本单位各项执法工作，严格规范各项执法工作的执法主体。

【组织社区卫生服务机构年度绩效考核】 11月10～21日，区人口计生委与区卫生局联手对辖区内的社区卫生服务机构的计划生育技术服务工作进行年度绩效考核。区域合并后，区人口计生委和卫生局制定下发了《2011年度计划生育技术服务考核标准》，并联合发文《东城区社区卫生服务技术指导规范》，对社区卫生计划生育服务的人员配备、硬件设施、工作内容、工作标准及考核指标都进行了梳理，保证了社区计划生育技术指导工作有序开展。这次年度考核采取了随机安排和现场抽签的方式确定考核的社区卫生服务机构顺序，考核组成员对新东城的6个社区卫生服务中心和58个社区卫生服务站进行了现场考核指导，促进了社区卫生服务机构规范化、科学化、标准化建设。

【举办生殖健康咨询师专题培训班】 12月上旬，区人口计生委举办了东城区生殖健康咨询师专题培训班。国家人口计生委科研所科技处刘庆处长出席开班仪式并讲话，区人口计生委副主任安虹作了动员。为了保证培训质量和效果，区人口计生委和国家人口计生委科研所合作，聘请国家级师资，培训课程紧扣《生殖健康咨询师国家职业资格培训教程》，主要内容有：人口计生队伍职业化建设和生殖健康咨询师职业标准；生殖健康咨询职业道德、性健康教育；人际交流与咨询技巧；性与生殖健康综合咨询、避孕节育基础知识和咨询技能、出生缺陷干预、生殖道感染的预防；人口和计划生育政策咨询服务等。来自17个街道、社区的百余名计生工作人员参加了培训，并全部通过了结业考试。

【承办“宝贝计划工程”（0~3岁）早期教育启动仪式】12月7日，由市人口计生委、市计生协主办，区人口计生委、区计生协承办的北京市“宝贝计划工程”（0~3岁）早期教育启动仪式在东城区举行。中国计生协、中国人口福利基金会、市人口计生委、市教委、市卫生局等部门的领导出席启动仪式，16个区（县）人口计生工作者代表100余人到会，东城区获全市首家“市级早教示范基地”殊荣。启动仪式由市人口计生委副主任、市计生协第一副会长彭彧华主持，十余家新闻媒体现场采访报道。东城区副区长、区计生协会长颜华在启动仪式上致辞；区人口计生委主任鲍亚范介绍了东城区开展的“0~3岁早期教育促进项目”情况。市人口计生委主任刘志为第一个获得北京市“宝贝计划工程”市级早教示范基地的东城区授牌，赠送了10万元的启动发展资金和5万元的早教教具。刘志主任与副区长颜华等领导一起按下标有“北京市宝贝计划工程”字样的启动球，现场响起热烈的掌声，标志着北京市“宝贝计划工程”正式启动。

【全面考核评估街道人口计生工作】12月中上旬，区人口计生委进行了为期两周的街道人口与计划生育工作考核评估验收。区人口计生委分为两个工作组分赴17个街道，主要按街道全年工作汇报、综治部门研讨、街道及社区基础资料核查、人口问卷调查等几个步骤进行考核评估验收。这次是新东城合并后第一次系统验收，不仅加强了区人口计生委和街道计生办的沟通，更全面了解掌握了17个街道计生工作的开展情况以及各自的特色，为进一步规范业务流程与标准，以及下一步深入指导工作奠定了基础。区人口计生委主任鲍亚范参加了评估验收工作。

（王承岩）

西城区

【概述】2011年，西城区人口计生工作在区委、区政府的领导下，在市人口计生委的指导下，坚持以科学发展观为指导，以区划调整为契机，以实施《西城区“十二五”时期人口发展规划》为起点，以创新工作机制体制为重点，以“小人口不放松，大人口抓统筹”为总体要求，在加大统筹，科学管理，深化服务上下工夫，确保全区低生育水平继续稳定，全力做好人口和计划生育工作，全面完成了各项计生工作指标。

统筹解决人口问题。区委、区政府高度重视人口工作，下发《西城区2011年人口和计划生育工作要点》，对各相关部门统筹解决人口问题进行职责分解，严格坚持一把手“亲自抓、负总责”和“一票否决”制度。每年1月和9月安排两次区委、区政府专题会听取人口计生工作汇报。区人大、区政协每年安排视察、调研人口计生工作。每年区、街两级中心组学习，都安排人口理论和人口形势内容；处级班、中青班都安排人口理论课程。为建立区域统筹解决人口问题的新机制，下发了《北京市西城区人口和计划生育领导小组关于调整成员单位及职责的通知》（西人计发〔2011〕1号），根据调控人口规模、提高出生人口素质、加强流动人口服务与管理、积极应对人口老龄化、稳定低生育水平五项大人口任务，成立了“调控人口规模专门工作组”、“提高出生人口素质专门工作组”、“流动人口服务与管理专门工作组”、“应对老龄人口问题专门工作组”、“稳定低生育水平专门工作组成员”五个专门工作组。各专门工作组积极发挥作用，建立联席会制度，明确各成员单位在统筹解决人口问题的职责分工，形成区内各相关部门协调配合统筹解决人口问题的良好局面。

人口问题研究。年内，制定了西城区“十二五”人口发展规划，依据辖区“十二五”时期面临的五大人口挑战，确定全区人口发展和计划生育事业水平保持北京市领先地位，常住人口增速低于全市平均水平、人类发展指数处于全国前列的发展目标。牵头制定了《落实市政府重点改革任务实施方案》，提出通过文保区项目和公共服务功能推动人口疏解的建议。以大栅栏街道杨梅竹斜街保护修缮项目为案例，探索研究中心城区文物保护与人口疏解的有效模式，完成了《文保区人口疏解研究报告》。积极参与国家人口计生委重点调研课题《特大城市调控人口规模研究——以北京市为例》的子课题《中心城区有机更新与疏解人口政策》的课题研究。

依法行政。年内，为了统一法制工作规范和工作模式，制作和下发6 000册《西城区计划生育工作手册》，统一了行政审批工作内容，规范审批工作流程，统一明确街道大厅行政审批事项。明确了17件事项在街道大厅统一办理或受理，进一步明确了办理流程，建立行政审批材料质量管理考核评估机制。实行审批材料报送质量和全员人口信息库信息变更情况双打分双通报制度。全年批准再生育一个子女800例。

流动人口服务与管理。年内，充分发挥流动人口服务和管理专门工作组的作用，制定并出台《西城区流动人口服务与管理专门工作组联席会议制度》。全面部署西城区流动人口诚信计生工作，制定流动人口诚信协议书。加强流动人口服务与管理，形成“一盘棋”格局。一是加强省际交流，印发了《西城区2011年流动人口计划生育“一盘棋”工作方案》，与流入人数较多的省份和地区加强广泛的交流与合作，签订流动人口诚信计生协议。二是加强市内区域合作，积极与房山、大兴、丰台、昌平、石景山等区（县）人口计生委建立联系，草拟合作框架，探索市内人户分离人员计划生育服务和管理长效机制。多次联系落实西城旧城保护和居民住房改善工程人口迁移基本信息工作，为市内人户分离的计划生育服务和管理工作打下良好的工作基础。三是加强区内协作，与区流管办共同印发了《关于建立流动人口计划生育服务管理协调配合工作机制的意见》，建立了区、街、居三级流动人口计划生育服务和管理的长效工作机制。继续加大《流动人口计划生育工作条例》宣传力度，制作政策折页、办事指南、联系卡、宣传海报等各类宣传印刷品共 34.2 万份；其中印制宣传折页 18 万份；制作《新居民服务卡》3 万份；制作海报 1.2 万张；制作便签 2 万份；编发《流动人口工作指南》2 000 册。年内共组织流动人口孕检 1.24 万人次，其中免费孕检 1.11 万人次；免费四术 115 例，支出 19 000.43 元。区、街两级共查验流动人口婚育证明 4.13 万人次，监测核实在辖区出生婴儿 706 人，计划生育率为 99%。

宣传教育。年内，宣教工作坚持“传播人口文化，倡导婚育文明，构建幸福家庭”的指导思想，推进重点项目，凸显“全人口覆盖、全过程引导、全方位服务”人口计生宣教新理念，完善“媒体、环境、文化、资源”宣传教育体系建设，推动人口和计划生育宣传工作不断深化。一是开展多层次的人口理论学习，宣传形式推陈出新。为参加理论中心组、处级研修班、中青班后备干部培训班的领导和学员举办人口形势报告会和《“十二五”人口规划解读》专题讲座；组织机关、街道计生干部和社区专干收看《部长访谈录——专访国家人口计生委李斌主任》节目，并组织了讨论，使全区计生干部明确人口计生工作面临的新形势和新任务。在充分利用《西城人口报》和《西城人口计生》等刊物宣传人口计生工作的基础上，还通过网络、电视、微博、手机报、制作动漫短片等途径进行宣传。并在全市 400 条公交线路的 1.2 万辆公交车上，早晚高峰两次播放人口计生宣传内容。二是借助传统节日和计生宣传日，形成“主题宣传月和人口文化宣传周”特色宣传服务活动品牌，开展主题系列宣传活动。元旦、春节宣传月，开展“计生福字进万家”活动，开展了走访慰问活动；世界人口日宣传服务周，开展“培育婚育文明，构建幸福家庭”系列活动，举办展览和讲座；纪念“9·25”宣传服务月，举行“共享人口发展成果，共创西城美好未来——纪念《公开信》发表 31 周年”大型活动。完成了“启动一个幸福宝宝计划，组织十场青春期家长大课堂，开展百名计生专干人口文化一日游，发放万张‘婴幼通’”的既定工作目标。三是完善人口文化宣传软硬件建设，努力打造人口文化宣传环境。开展计生户外宣传环境清理规范和优化创新工作，建立宣传机制、完善宣传内容，规范宣传用语，拓展宣传载体，形成了以优化促检查，以检查促宣传，以宣传促优化的良性循环工作机制。建立了媒体资产管理系统，实现了照片、声像资料管理的常态化和资源共享。加大了宣传员配备密度，按60户一名宣传员配备，全区人口计生宣传员调整补充全部到位。

技术服务。年内，同区卫生局重新研究修改《关于全面加强社区计划生育优质服务工作的实施意见》，并下发各社区卫生服务中心，指导社区计划生育工作。为社区卫生服务中心（站）负责计划生育技术咨询人员举办“口服避孕药的依从性管理”、“优生咨询和孕期保健”知识培训。开展社区计划生育工作调研，对全区15个社区卫生服务中心和大部分卫生站进行走访，了解社区计划生育工作开展情况。继续开展社区计划生育服务先进站及先进工作者评比表彰活动。

青春期教育。年内，举办第十二届青春期教育家长培训和第八届儿童健康教育家长培训班，共举办初中、高一家长培训6场，小学一、四年级家长培训9场，全区1.26万名家长参加培训。开展第二届校园心理剧评选表彰活动，有18所学校的26个剧目参评，31名指导教师、226名学生参与。为全区中小学生免费发放《用科学解读你的迷惑》图书1万册，为原宣武区初中学生免费发放了4 000本《青春期的故事》、《给雨季的你一把伞》图书。区青春健康中心全年咨询4 000人次，其中面谈咨询占到10%。

信息化建设。年内，区信息办在积极推进立体交叉数据中心建设过程中，主动指导人口专题信息库建设，并在资金和技术上给予充分保障。区人口计生委积极推进人口动态监测系统（二期）建设，制订《人口专题信息库建设方案》，研究政府部门信息定期对接分析机制，加快促进政府部门人口信息的整合和共享。全区户籍人口127万人基本信息已全部登记入机。此外，完善目标管理考核评估信息系统，对目标管理考核评估方案中的各项指标进行了梳理、分解，按照三线考核的原则，即领导线、部门线和计生系统线，明确了考核方案中要完成的任务和指标，构建统筹解决人口问题的考核评估指标体系，引导人口工作的科学管理，实现年底考核与日常工作完成效果相结合。对区人口计生委门户网站进行整合并改版升级，制定了《西城区人口计生委网站管理制度》，加强了网站维护管理，确保网站发布内容及时、准确和规范。建立依法落实政策情况信息库，对违法生育人员、征收社会抚养费情况信息、再生育审批情况、特别扶助人员分别建立信息库。区人口计生系统媒体资产管理系统正式上线运行。

诚信计生。年内，积极开展诚信计生工作，制发《关于全面推进诚信计生工作实施方案》（西人口发〔2011〕20号），召开西城区人口计生系统诚信计生工作启动会。发送《致全区居民的一封信》9万封，制作《西城区诚信计生服务手册》2万册，印制宣传折页30万份，便签2万个，海报1.2万份，发放流动人口诚信计生服务卡6 000张。以促进实有人口全面参与诚信计生为重点，分别签订户籍人口诚信计生双向承诺书2 730份，流动人口诚信计生双向承诺书1 043份，已婚育龄夫妇参与率达92%。初步建立了“双向承诺、互为守信、民主监督、依法自治”的诚信计生群众自治模式。

【人口和计划生育数据】 2011年统计年度，西城区户籍人口135.07万人，其中户籍育龄妇女31万人；流动人口29.91万人，其中育龄妇女11.64万人；户籍出生上报1.03万人，计划生育率98.91%，人口出生率7.61‰，死亡率3.77‰，自然增长率3.84‰。

【举办签订人口和计划生育工作责任书大会】 年初，召开全区人口和计划生育工作签订责任书大会，区长与各领导小组成员单位签订人口和计划生育目标管理责任书。会上，对各领导小组成员单位和15个街道在2010年目标管理考核评估中，选出的区级先进集体303个，先进工作者411人，进行了表彰奖励。

【全区统一开展孕情普查工作】 3月至6月，全区统一开展孕情普查工作，对全区育龄妇女怀孕、生育、避孕措施情况及育龄妇女人户分离情况进行普查。

【举办“关爱生命全程·构建和谐家庭”主题摄影比赛】 区人口计生委与区文联、区计生协联合举办“关爱生命全程·构建和谐家庭”主题摄影比赛活动。共征集作品1 500余幅，评出一、二、三等及优秀奖120幅。将获奖作品与西城区“十一五”人口计生成就回顾相结合，制作成展板，在北海、陶然亭、大观园、区政府办公楼举办2个月巡展。

【开展“西城人口文化一日游”活动】 年内，区人口计生委组织街道计生专干112人进行“西城人口文化一日游”活动。通过组织参观西城区青春健康中心，参观莲花河、南礼士路两座区人口文化雕塑园，游览宣南博物馆、什刹海人口文化胡同游及参观恭王府活动，宣传青春健康教育知识，展示人口文化特色。

【接待法国媒体参观采访】 年内，区人口计生委接待了法国电视台海外频道（中国圆）栏目组来西城区进行青春健康教育现场采访。法国媒体还与学生家长就中国青少年心理健康教育进行讨论，对家长、学校给予高度评价。

【举办“青春健康伴我行”活动】 5月23日，区人口计生委、区计生协、西长安街街道计生协在西单文化广场举办“青春健康伴我行——青春健康同伴教育进西单商业区”活动启动仪式。在西单文化广场、图书大夏、中友百货等13家万平方米以上的商厦组建了青春健康志愿者队伍。

【区计生协考察团出访芬兰、瑞典】 6

月26日至7月7日，区计生协考察团一行6人，应芬兰国家社会福利保障中心和瑞典斯德哥尔摩卫生医疗管理局的邀请，就青春期的性健康教育、生殖健康服务、性病及艾滋病防治、社会养老服务等方面工作，赴北欧进行了为期12天的考察交流活动。

【启动“儿童早期发展促进行动——幸福宝贝计划”】 7月8日，在陶然亭幸福时光幼儿园启动了“儿童早期发展促进行动——幸福宝贝计划”。区人口计生委制订了“幸福宝贝计划”实施方案，设计了幸福宝贝的LOGO，在7个街道建立儿童早期发展试点，发放《0～3岁科学育儿》图书1.6万本、《儿童成长监测图》1万份和《婴幼通》网络测评软件1万份，全面普及婴幼儿早教知识，指导家庭科学育儿。以0～3岁婴幼儿早期发展模式研究为主线，对区内千户0～3岁婴幼儿家庭进行入户基线调查。启动西城区儿童早期发展课题研究，并纳入《西城区可持续发展课题研究》课题。

【举办“新的面貌、新的幸福、新的希望—新希望家园”视频互动联欢会】 7月20日，区计生协会与展览路街道计生协会联合举办“新的面貌、新的幸福、新的希望—新希望家园”视频互动联欢会。活动展现了“政府引导、部门联手、社会参与、专业支持、受助助他”的特扶家庭关怀模式，及子女夭亡家庭成员走出阴影、走向社会、拥抱生活的精神面貌。

【开展户籍人口婚育“六助”行动】 年内，依据区政府为民办实事工程安排，为户籍人口开展婚育“六助”行动。一助宝宝健康。围绕普及优孕优生知识、预防初生缺陷，举办健康生育快乐园讲座61期，2 677人参加培训。为1 567人发放叶酸，共计7 529瓶，投入52.33万元。指导街道开展儿童早教活动，举办了“迎六一宝宝展示”系列活动，有近五百婴幼儿家庭参与活动，受益群众3 000余人。二助家庭健康。开展“社区家庭生殖健康干预工程”，为辖区2 000名独生子女困难家庭育龄妇女开展生殖道感染检查。三助男性健康。在北京健宫医院对困难家庭独生子女父亲2 106人进行生殖健康普查。四助特殊人群。为特扶家庭中有需求的60～64岁老人免费办理公园门票112张，投入8 978元；为特扶家庭中有需求的65岁以上老人免费办理移动小帮手31部，投入4 030元。五助生殖健康。5.7万有需求的育龄群众享受了免费避孕药具服务。六助家庭幸福。制作标有服务机构电话的康熙御笔“福”字30万张，春节期间送福给西城人家。

【开展流动人口婚育“五免”服务】 年内，为全区流动人口提供五项免费婚育服务。一是为流动人口已婚育龄妇女一年提供两次免费孕情检查，共计8 881人。二是举办健康生育快乐园活动，普及优生优育、生殖健康知识，共计292人参加。三是为流动人口图书角增配《婚姻与家庭》等图书，投入2.25万元。四是为292名流动待孕妇女免费提供叶酸增补剂，共计876瓶。五是为流动人口育龄人群免费发放避孕药具，发放避孕套31.9万支。

【推进社区健康生命全程服务工程】 区人口计生委协调和利用社会资源，建立以孕前宣传教育为重点的预防出生缺陷社区综合监测和服务体系，构建涵盖“青春期、婚前期、孕前期、孕早期、孕中期、分娩期、产后期和婴幼儿期（0～3岁）”的健康生命全程服务链条。一是广泛开展“生殖健康大课堂”活动，全年组织开展妇女更年期自我保健专题讲座12期，参加人数700余人；生殖健康大课堂讲座举办12期，参加人数2 180人；漂亮妈妈沙龙举办12期，参加人数2 514余人。二是在北京医院公共卫生专家的指导下重新修订了孕前信息档案，补充完善了生育后的信息，形成了一张完整的从孕前到出生后的档案，并对全区社区计生专干进行了信息档案填表规范和软件录入的培训，全年共建立孕前信息档案4 209份。三是以“健康生育快乐园”为载体，深入社区、中央国家机关、金融街白领高端人群、流动人口中，为已婚待孕夫妇开展孕前保健宣传咨询、服务指导。全区共组织“健康生育快乐园”讲座141期，有生育意愿的年轻夫妇5 937人受益。

【开展社区家庭生殖健康干预工程】 年内，区人口计生委组织开展了男性生殖健康普查活动，组织2 106名40～60岁的困难独生子女父亲在北京健宫医院进行生殖健康体检。组织开展了妇女生殖健康体检工作，根据对全区妇女生殖健康摸底调查，确定2 000名35～49岁低保、无业、失业及流动人口已婚育龄妇女在西城区妇幼保健院进行生殖健康体检。对重点人群启动街道综合救助机制进行干预治疗及随访，体现了计划生育公共服务的公益性和均等化。

【统一规范计划生育法制基础工作】 年内，一是编发《西城区计划生育工作手册》6 000册，实现两区合并后的业务工作的整合、统一和规范。二是修订计划生育办事指南，以系列折页的形式向街道、社区和驻区单位发放。对网站和24小时自助语音电话相关内容进行调整。三是对两区合并后的人口计生部门行政执法主体、执法依据和执法职权进行全面清理，并将结果在部门网站进行公开。明确区级人口计生部门行政执法主体1个，执行现行有效的法律、法规、规章16部，人口计生部门行政执法职权9项，其中行政处罚事项6项，其他行政执法职权3项。配合区政府法制办依法废止了原西城区政府办《关于发放计划生育工作津贴的办法》（西政办〔2001〕44号），同时清理部门规范性文件12件，修改后重新公布部门规范性文件1件。

【开展计划生育/生殖健康优质服务“八送”活动】 年内，为驻区国家机关开展计划生育/生殖健康优质服务“八送”活动。一送计划生育政策法规；二送优孕优生产品；三送孕期及产后保健；四送避孕节育知识；五送免费安全套；六送科学育儿知识；七送青春期性健康知识；八送生殖健康讲座。组织驻区单位计生干部和街道计生办药管员参观免费药具生产线。实现区、街、社区免费避孕药具管理网络系统三级联网，落实全区免费避孕药具网点351个，年内共发放避孕套3 774箱。

【“新希望家园”被确认为北京市首家“心灵家园”】10月13日，市人口计生委、市计生协在国宾友谊酒店举行“心灵家园”授牌仪式，并确认西城区“新希望家园”为北京市首家“心灵家园”。

【召开流动人口计生协会经验交流会】11月14日，区计生协会召开流动人口计生协会经验交流会，部署推进流动人口建会工作。会上，广安门外街道“茶城一条街”流动人口协会、西长安街街道和平门社区流动人口协会、什刹海街道三轮车工协会、椿树街道“三缘”（地缘、亲缘、业缘）小组等，分别就协会工作介绍交流了经验。

【参加2011年度西城区社会组织评估】12月13日，区计生协参加了2011年度西城区社会组织评估。经区评估委员会审核，西城区民政局确认，区计生协被评为西城区5A级社会组织、创建学习型社会团体先进单位。

【采取多种方式救助计生困难家庭】年内，按照《西城区计划生育困难家庭救助专项经费管理使用办法》规定，区计生协建立西城区计划生育困难家庭的基础信息。元旦、春节期间，区、街两级计生协共走访慰问计生困难家庭、人口计生工作者5 567户（人），发放慰问金、慰问品共计202.8万余元。在“9·25”纪念活动中，继续对全区的计生困难家庭进行救助，有471户居民受益，其中计生专干26户，流动人口96户，紧急救助5户，累计发放救助款将达53万余元。并为拥有本市户籍、65周岁以上的特扶对象办理移动“小帮手”电子服务器，为有需求的60～64岁的特扶对象新办、续办公园年票。

（肖胜伟）

朝阳区

【概述】2011年，朝阳区人口计生工作在市人口计生委的悉心指导下，在区委、区政府的领导下，全面贯彻中央十七届五中、六中全会和胡锦涛总书记关于人口工作的重要讲话精神，落实“两个《决定》、两个《意见》”精神，围绕“新四区”建设、全国文明城区创建等中心工作，以统筹解决人口问题、促进人口长期均衡发展为目标，以改革创新和创先争优为动力，立足长远、夯实基础、关注民生、注重实效，积极推进人口有序管理。年内，起草编制了《朝阳区“十二五”时期人口发展及服务管理规划》，开展了人口发展综合评价指标体系研究，全面落实人口管理目标责任制，顺利完成实有人口调控目标。

组织领导。区委、区政府高度重视人口和计划生育工作，将人口调控任务纳入街（乡）经济社会发展任务书，做到人口指标与经济社会指标同下达、同考核。深化实有人口库建设和利用，建立人口季度通报制度，形成《朝阳区人口情况统计分析工作暂行办法》，强化对人口变化的动态监测和管理。召开区人口和计划生育领导小组会、人口和计划生育工作会暨婚育新风进万家活动全国示范区工作启动会，明确了“十二五”时期朝阳区人口和计划生育事业发展的指导思想、基本原则和2011年工作任务，推进全区人口工作全面开展。主管区长先后主持召开了近10次人口专项工作调度会，推进人口管理基础工作长效机制建设。经区长办公会和区委常委会分别审议通过，以区政府名义印发了《朝阳区“十二五”时期人口发展及服务管理规划》。

法制建设。加强依法行政，先后建立完善了《朝阳区再生育一个子女审批制度》等9项业务制度；修改补充了行政审批、行政征收等流程图，依法办理各项独生子女家庭奖、特扶申报、审核工作，实现全年审批、办理、发放合格率100%。进一步拓展基础工作互评互查和案卷评查内容，采取“请上来、走下去”的方式，夯实全区基层法制工作。统揽全局、排查化解矛盾问题，以群众工作统揽信访工作为宗旨，逐步完善《朝阳区矛盾排查分析制度》、《朝阳区信访工作制度》。秉承“热心接待、耐心讲解、诚心帮助”的服务态度，切实为群众解决实际问题。坚持调研先行、稳步推进的工作方式，加强与法制办、信访办、公安分局、街（乡）的沟通协调，妥善处理疑难个案和历史遗留问题，及时化解矛盾冲突，全年无集体访及重大越级访事件发生。年内，共办理《北京市生育服务证》2.23万个，《独生子女父母光荣证》8 806个。落实市、区人口与计划生育各项奖励金1 672.5万元，惠及群众5.99万人。全年应诉行政诉讼两例，行政复议两例，无纠正和败诉案件发生。

宣传教育。年内，朝阳区被中宣部、中央文明办和国家人口计生委等13个部门确定为“第四阶段（2011～2015年）全国婚育新风进万家活动”示范区。为全面推进婚育新风进万家工作，朝阳区成立由18个部门组建的区婚育新风进万家活动领导小组，建立联席会议制度，出台了朝阳区关于全面推进婚育新风进万家活动全国示范区工作的意见、方案、折子工程，大力传播“科学、文明、进步”的婚育观念，促进新时期家庭人口文化建设。推进0～3岁早期教育，在常营、三间房等地新增10个项目点。强化文化阵地建设，规范人口文化教育场所，开展讲座3 266次，受众人群20余万人次。在朝阳公园、垡头、东湖等地，建成11处新风系列人口文化长廊和文化广场，大力倡导“文明、优生、健康、致富、奉献”的幸福家庭理念。举办“创建幸福家庭摄影和儿童绘画作品展”，开展“青春伴我行”系列活动，繁荣区域人口文化。联合区委宣传部、区教委、区团委等部门在校园开展“青春伴我行”系列活动，与区委宣传部、区教委联合在西藏中学共同举办了“青春飞扬、健康成长——青春健康行动暨《成长的烦恼》、《最美的花季》赠书仪式”。充分利用媒体宣传，以朝阳有线、《朝阳报》、朝阳人口计生网为平台，围绕人口计生中心工作开展人口文化传播。

流动人口服务与管理。积极利用流动人口出生监测系统，增进育龄妇女生育情况、政策属性等信息交流，加强与流出地的协作，全年流动人口在朝阳区出生总数为1.71万人。不断深化区域协作，本着“户籍地征收为主，现居住地配合”的原则，先后与河北省沧州、滦平等地开展联合执法工作。积极配合外省、市依法打击“两非”行为，联合卫生局、卫生监督所等部门开展联合执法行动，查处江西、安徽两省移送的“两非”案件。与顺义区共同召开“人口和计划生育区域协作推进会”，开辟人户分离人员管理新模式。大力推进均等化服务，拓展流动育龄妇女生殖健康体检免费项目，增加了乳腺B超、妇科TCT等检查项目，为流动人口已婚育龄妇女免费体检。大力倡导流动人口自治管理，引导商务楼宇、集贸市场、非公企业等成立流动人口计划生育协会组织。深化规范市场工作，对通过验收的24家流动人口计划生育工作规范市场进行回头看检查，进一步规范了集贸市场中流动人口的服务与管理。

生殖健康。年内，投入资金100万元，为年满49周岁实行计划生育的农村和城市无业已婚育龄妇女提供免费健康体检2 522例，更年期取环手术676例。不断完善服务流程，全面推行“七个一”服务（即发放一封慰问信、建立一份健康档案、开展一次健康体检、进行一堂更年期知识讲座、实施一次取环手术、发放一本更年期书、做好一次术后回访）。免费为农村长效育龄妇女提供体检7 797例，投入资金177万元。继续深化出生缺陷一级预防干预工程，开展“免费孕前优生健康检查”项目试点，免费提供孕前优生健康检查及相关服务，不断提高干预覆盖面。积极协调婚姻登记处为新婚夫妇发放新婚礼包。

人口问题研究。完善人口研究工作机制，加强与科研机构的合作。与北京国际城市研究院形成了长期战略协作关系，选择10个典型区域的社区（村）建立了首批“人口发展监测试验基地”，围绕区域人口发展中的热点、焦点、难点问题开展专项研究、系统研究和跟踪研究。开展2011年街（乡）实有人口变动因素调查，预估实有人口变动数量，分析实有人口变动影响因素。围绕“六普”数据的开发利用，依托中国人民大学，科学分析、预测人口发展趋势。围绕探索解决人户分离导致政府公共服务难以落实的问题，依托北京市人口研究所力量，开展人户分离人员专题调研，并在10个街（乡）开展入户调查。研究制定人口服务管理综合考核评价指标体系，对以街（乡）为空间单元的区域人口发展状况进行评价，并逐步实现调控任务分解和管理绩效考核，保障人口调控更加科学、规范、有序地开展。年内，《朝阳区人口考核指标体系研究》被确定为北京市《特大城市人口规模调控》课题的重要子课题之一，朝阳区组建近20个职能部门参与的研究课题组，对研究成果进行深化研究。

规划统计。坚持统计质量日常检查，利用WIS系统逻辑审核、查询、过滤等功能，对各街（乡）的育龄妇女建卡率、信息准确率、人户分离人员入机率等数据定期检查，以保证信息库质量的不断提升。按照改革创新的原则，完善人口计生考核评估体系。研究制定日常管理考核项目，明确了以日常考核为主的考核评估体系和机制。增设创新项目申报，鼓励街（乡）开创品牌项目，推动人口计生事业健康发展。全面开通四级网络，积极协调区信息办，为全区519个社区（村）安装政务专网，并对全区社区（村）干部进行“全员人口管理信息系统”四级应用培训，保证了户籍、流动两套全员人口管理信息系统的有效运行。

队伍建设。着力加强职业化队伍建设，通过参加南京人口发展专题培训、组织朝阳区计划生育四级网络培训，大力提升人口计生队伍综合素质。年内，朝阳区1/3的村（居）专干参加了生殖健康咨询师资格培训和考试。制定《2011年朝阳区人口计生委党风廉政建设和反腐败主要任务分工》，明确了班子成员在党风廉政建设和反腐败工作中的责任和任务，签订党风廉政目标责任书，落实领导干部“一岗双责”。深入推进“阳光计生”活动，推行党务、政务公开，确立了公开内容，范围、方式，完善群众监督机制，畅通群众诉讼渠道，保证人口计生工作健康发展。

协会工作。广泛开展生育关怀行动，两节、“5·29”、中秋节期间共走访慰问2 000户计划生育困难家庭和991户空巢家庭，投入资金129.87万元。加强计生协会组织建设，出台了《朝阳区基层计生协会组织评估认定工作实施方案》，并对全区1 335个基层协会进行评估认定。注重两新组织和流动人口聚集地计生协会组织的建立，新建75个流动人口、非公企业计生协会，发展7 600余名新会员。巩固活动阵地，创建市、区两级示范会员之家240个。

【人口和计划生育数据】 年内，全区常住人口为365.8万人，比2010年末增加11.3万人，同比增长3.2%。户籍人口193.2万人，育龄妇女47.60万人；全年户籍人口出生1.87万人，符合政策生育率98.63%，出生率9.77‰，出生性别比为105。死亡人口6 615人，死亡率3.47‰。人口自然增长1.2万人，自然增长率6.31‰。低生育水平持续稳定。

【国家人口计生委宣教司领导到朝阳区调研】 1月24日，国家人口计生委宣教司副司长石海龙到朝阳区调研。区人口计生委汇报了“十一五”时期宣教工作的情况和“十二五”期间宣教和婚育新风进万家示范区工作的总体思路。石司长在听取了汇报后，对朝阳区的人口宣教工作表示肯定。他指出，近年来朝阳区人口计生宣传教育工作坚持“围绕中心、服务大局”的原则，各项工作取得了积极进展。进入新的时期，人口计生宣传教育工作在组织领导上需要关注和加强，在理念和方式上需要更加解放和创新，在规模上需要更加广泛和普及，在深度上需要扎实和持久，在手段上需要更加科学和有效。要积极加强人口计生高层倡导，开展宣传阵地建设；坚持组织社会宣传活动，加强家庭人口文化建设；拓展新兴宣传载体，加强宣传教育品牌建设；推动人口文化产品创作，加强队伍能力建设。要加强组织领导和部门配合，积极发挥宣传教育在统筹解决人口问题中的重要先导作用。

【召开人口发展专家研讨会】 2月15日，区人口计生委在朝阳宾馆召开2011年朝阳区人口发展专家研讨会。北京大学、人民大学、首都经贸大学、中国社科院、北京城市发展研究院、北京市人口所等首都人口学界的专家学者，市人口计生委领导以及朝阳区流管办、发改委、农委、社会办等部门有关领导共30余人参加了研讨会。会上，区人口计生委史素珍主任向各位专家学者简要介绍了朝阳区“十一五”以来的人口计生工作开展情况。随后各位专家和领导纷纷结合自己的研究领域，围绕如何加强区域人口调控、如何深入推进家庭人口文化建设以及组织筹办第四届朝阳区人口与发展论坛三个议题展开积极热烈的研讨。市人口计生委丁勇副主任对朝阳区在人口发展及研究工作方面取得突出成绩给予了高度评价，并就“十二五”规划的编制、论坛的组织筹办进行了指导。

【召开人口管理工作调度会】 2月25日，张春秀副区长主持召开人口管理工作调度会。区人口计生委、发改委、信息办、流管办、农委、教委、社会办、公安分局、统计局、民政局等部门有关领导参加了会议。会上，区人口计生委首先从区级实有人口库建设基本情况、巩固成果的主要措施、下一步工作设想三方面汇报了实有人口库建设的进展情况。张春秀副区长在会上指出，实有人口库是支持全区发展决策的重要数据平台，要强化实有人口库的权威性，明确部门职责，全力保证数据的准确性与及时性。要建立数据动态维护机制，逐步完善数据项内容。各部门领导围绕如何进一步完善实有人口库建设的体系、机制积极提出思路、建议，并表示将积极配合，努力做好各项工作对接。

【召开人口和计划生育领导小组会】 3月10日，召开了区人口和计划生育领导小组会。会议由领导小组副组长张春秀副区长主持，24家成员单位主要领导参加了会议。会上，对2011年全区人口计生工作报告、人口计生工作考核评估工作、婚育新风进万家活动的相关文件、朝阳区“十二五”人口发展与服务管理规划四个方面的工作事项进行了审议和讨论。领导小组组长程连元区长在讲话中指出，要牢固树立经济社会发展离不开人的理念，并结合区域实际对未来5年朝阳区人口发展的形势进行分析，明确下一步工作重点；要立足于世界城市实验区的定位，系统研究国际国内经验、规律，抓好人口管理创新，力争使朝阳区的人口服务管理工作走在全市前列。

【召开人口和计划生育工作会】3月23日，朝阳区在北京会议中心召开了“2011年人口和计划生育工作会暨婚育新风进万家活动全国示范区工作启动会”，会议由常务副区长吴桂英主持，有关街道、地区办事处主要领导、主管领导、计划生育干部，社会单位及家庭代表参加了会议。会上，区人口计生委史素珍主任作2011年全区人口计生工作报告，十八里店乡长张启顺作典型发言，区委组织部常务副部长王小毛公布了2010年度人口和计划生育目标管理考核评估结果，区委宣传部常务副部长苏民宣读了《朝阳区关于全面推进婚育新风进万家活动全国示范区工作的意见》。国家人口计生委宣教司副巡视员王华宁、市人口计生委副主任徐捷分别作了讲话，肯定了朝阳区人口计生工作在“十一五”期间取得的成绩，并对“十二五”时期的工作提出了明确的指导意见。

【北京市人口计生委领导到朝阳区调研】5月5日，市人口计生委徐捷副主任一行莅临常营、十八里店乡调研人户分离和流动人口工作。区人口计生委崔贵然副主任陪同调研。常营和十八里店乡领导汇报了人户分离及流动人口工作的开展情况、在人户分离及流动人口服务管理工作中存在的问题与困难，介绍了下一步人户分离和流动人口服务管理工作的设想。市人口计生委徐捷副主任对朝阳区人户分离和流动人口的各项工作给予了充分的肯定，并就人户分离稳中创新，流动人口统筹推进，人口计生工作融入大局，发挥在统筹解决人口问题中的作用等方面提出了指导性意见。

【深化区域协作，推进双向管理】5月20日，朝阳区与顺义区联合召开人口和计划生育区域协作推进会。市人口计生委流动人口服务管理处李乐华副处长、朝阳区人口计生委史素珍主任、顺义区人口计生委秦士友主任及部分街（乡、镇）计生干部参加了会议。会上，双方围绕“大人口”调控机制建设和人户分离人员统筹管理服务问题展开了深入讨论，并对下一步人户分离人员计划生育工作拟实施的新举措交换了意见。朝阳区委托顺义区管理的人户分离育龄妇女387人，朝阳区孙河乡与顺义区后沙峪镇现场签订了168人的人户分离育龄妇女计划生育管理委托协议。

【印发《“十二五”时期人口发展及服务管理规划》】6月27日、9月30日，经区长办公会和区委常委会审议通过后，以区政府名义印发了《朝阳区“十二五”时期人口发展及服务管理规划》。规划提出“十二五”期间在全市先行先试建设人口均衡型社会，着力推进调控人口规模，实施人口总量有序管理；继续落实基本国策，稳定适度低生育水平；推行四个结合工程，全面提升人口综合素质；优化人力资源结构，打造国际化人才高地；合理调整人口分布，优化人口空间布局；提升公共服务水平，推进人口基本公共服务均等化；创新人口管理体制，完善人口综合协调机制七项重点任务。

【举办“中国幸福家庭万里行”出发仪式】为了贯彻落实胡锦涛总书记在中央政治局第28次集体学习时关于“建立健全家庭发展政策，切实促进家庭和谐幸福”的重要指示精神，8月17日，国家人口计生委、中国人口福利基金会和中国计生协等在朝阳公园举行“中国幸福家庭万里行”出发仪式。中国人口福利基金会会长王忠禹、国家人口计生委有关领导、部分省（市）人口计生委的领导、市人口计生委领导、区委和区政府领导，中央和北京市的媒体以及各界群众500多人参加出发仪式。这次万里行活动首站北京，随后将先后奔赴河北、西藏、青海、黑龙江、吉林、新疆和四川等省份。“中国幸福家庭万里行”车队从朝阳公园出发，标志着“中国幸福家庭万里行”正式拉开序幕。

【召开人口发展综合评价指标体系研究专题调度会】8月18日，区政府召开专题调度会，研究完善朝阳区人口发展综合评价指标体系。张春秀副区长，区政协副主席、北京国际城市发展研究院院长连玉明，北京国际城市发展研究院副院长朱颖慧及区人口计生委、区发改委、区教委、区市政市容委、区流管办、市国土局朝阳分局、区水务局、区房管局、区民防局、区财政局10个部门主管领导参加了会议。会议由区人口计生委主任史素珍主持。会上，连玉明院长首先就人口发展综合评价指标体系研究阶段性成果做了汇报。朱颖慧副院长按“以业控人、以房管人、以证管人、以财管人”的“四管”人口服务管理模式将研究体系进行了指标分解，并作了解释说明。各部门围绕指标体系的完善发表了意见和建议。张春秀副区长在会上强调指出，朝阳区立足区域发展全局，一直致力于探索统筹解决人口问题道路。建立人口发展综合评价指标体系，旨在寻找一套相对科学的、符合实际的、有利于人口有序管理的考核评价体系，使人口发展更加符合区域功能定位，促进人口与经济社会均衡发展。各部门要高度重视此项工作，结合工作实际，保证数据提供的及时性和准确性，并不断增强与完善数据基础工作。

【北京市人口计生委领导到朝阳区调研】8月26日，市人口计生委刘志主任、徐捷副主任、丁勇副主任一行莅临朝阳区调研人口计生工作。区信息办王臻主任、区人口计生委史素珍主任及委领导班子成员、中层以上干部参加了调研。首先史素珍主任从领导重视、大人口统筹推进、计划生育民生工作深入推进、队伍建设等方面简要地介绍了近年来朝阳区人口计生工作的开展情况。王臻主任从实有人口库建设思路、实有人口库建设进展、下一步工作计划等方面汇报了朝阳区实有人口库开发、建设、利用情况，并进行了操作演示。区人口计生委肖志锋副主任从对朝阳区人口问题的基本判断和人口发展综合评价指标体系设计思路、构建原则、基本框架、指标说明、评价结果运用、实证研究等方面汇报了朝阳区人口发展综合评价指标体系研究成果。市人口计生委领导对朝阳区人口计生各项工作尤其对调研中汇报的重点工作给予了高度肯定，并就进一步深化朝阳区实有人口库的建设和应用、进一步深化和丰富评价指标体系、加快新时期人口计生工作观念和思路的转变、推进机构改革、加强队伍建设等提出了指导性意见和建议。

【举办“文明朝阳·幸福家庭”主题活动】9月28日，由区人口计生委主办的以“文明朝阳·幸福家庭”为主题的朝阳区“新风锦园”启动暨创建幸福家庭摄影和儿童绘画作品展开幕式在朝阳公园隆重举行。各街道、地区办事处领导和全区人口计生工作者400多人参加了大会。区人口计生委以绿色、科技、人文理念打造出的“新风锦园”，成为朝阳公园园中新景，为朝阳公园增添新的文化游园内容。中国计生协秘书长李艳秋、市人口计生委正局级委员王晓光，区人大副主任李国、副区长刘军胜、政协副主席郑煌为“新风锦园”揭幕，标志着朝阳区人口文化园工程正式启动。作为这次活动的重要组成部分，区人口计生委举办了“朝阳区创建幸福家庭摄影和儿童绘画摄影展”，把群众参与人口文化建设，创建幸福家庭的成果进行展示。展示的图片以生育、文明、健康为主题内容，用影像描绘出朝阳家庭幸福和谐的生活、朝阳人文明健康的精神风貌和朝阳区建设“新四区”的发展成果。作品凝结着对家庭幸福的理解与追求，对生活的赞美与热爱。同时展出的还有由北京创新协会启蒙教育创新专业委员会和《现代教育报·启蒙专刊》共同主办的第五届“启蒙杯”中国国际儿童美术才艺大赛获奖作品。

【举办街道系统实有人口库开通部署暨使用培训会】12月2日，区人口计生委、区信息办、区社会办联合召开街道系统实有人口库开通部署暨使用培训会，各街道实有人口库工作主管领导、责任科室负责人及工作人员参加了会议。会上，介绍了实有人口库前期开发建设及系统使用情况，并就实有人口库平台及基本功能进行了演示；从注重人口信息安全、加强人口管理基础工作，积极开发利用人口信息等方面工作进行了部署。这次区级实有人口库对街道系统的全面开通，增加了地图查询等功能，为街道及时便捷掌握地区人口总体情况、增减原因、发展趋势以及各类人群现状、变动原因等提供了有效的统计分析工具。

【国家人口计生委领导到朝阳区调研考察】12月16日，国家人口计生委流动人口服务管理司司长王谦一行到朝阳区调研考察，市人口计生委和区有关领导陪同。考察组一行来到朝阳区建外街道，实地参观了商务楼宇服务中心。区人口计生委主任史素珍简要介绍了朝阳区区情和朝阳区“大人口”工作开展情况，着重从课题研究背景、对朝阳人口问题的基本判断、课题研究指导思想、课题研究目标、考核评价体系设计思路、考核指标体系构建原则、考核指标体系基本框架及指标说明、考核评价结果的运用以及实证研究等方面详细介绍了朝阳区人口考核指标体系研究初步成果。区委常委、副区长刘军胜从“四规合一”、经费引导、产业调控、居住形态管理、民生需求满足、社会管理创新六个方面介绍了朝阳区政府采用的人口调控举措及收到的良好效果。在座谈过程中，考察组领导详细了解了朝阳区在实施人口调控过程中遇到的问题和困难，对朝外街道建立健全商务楼宇人口服务管理的做法给予了好评。考察组认为，朝阳区在“大人口”服务管理、人口规模调控等方面进行了一系列开拓性、创新性的尝试，在全国具有很好的示范引领作用。

【举办第四届“朝阳人口与发展论坛”】12月28日，由区政府主办，区人口计生委、区统计局承办的第四届“朝阳人口与发展论坛”在朝阳规划艺术馆隆重开幕。国家人口计生委流动人口服务管理司司长王谦、市人口计生委主任刘志、市相关部门领导，区长程连元及四套班子领导，市各区（县）人口计生委主任，首都人口学界专家，以及新闻记者200余人出席了论坛。论坛由副区长张立新主持，王谦司长、程连元区长做开幕式致辞。刘志主任作题为《创新服务管理体制机制，构建大人口工作格局》的主旨演讲；陆杰华教授、李建民教授、杨杰副队长、王虹副教授、连玉明院长分别从人口发展与社会管理、人口发展与经济结构、人口发展国际比较、人口规模调控、人口发展评估考核等不同角度作了主题演讲，对朝阳区人口发展中遇到的各种问题、面临的挑战进行了深入剖析，并提出了应对措施。领导和专家们的发言既高屋建瓴，又切合实际，为朝阳区建设“人口均衡型、资源节约型、环境友好型”三型社会指明了方向，为朝阳区实现“科学发展、民生共富”的奋斗目标提供了重要参考。论坛期间，区长程连元等领导为首批“北京市朝阳区人口发展监测试验基地”进行授牌，并将逐步扩大“人口发展监测试验基地”试点范围。

【全面落实人口管理目标责任制】年内，区政府对各街（乡）实有人口调控任务进行细化分解，并将人口调控任务纳入街（乡）经济社会发展任务书，做到人口指标与经济、社会指标同下达、同考核；将“实施人口调控、落实人口管理责任、实现人口信息共建共享”分别列入街（乡）和综合治理部门年度人口和计划生育责任书；将健全人口基础信息采集共享机制，强化对人口变化的动态监测和管理列入区政府折子工程。各部门、各街（乡）认真落实工作责任，通过强化人口基础管理、规范人口统计登记，开展重点村整治、控制违法建设、腾退出租大院、推进村庄社区化管理、加强出租房屋和地下空间管理、整治低级次产业等，取得了明显的效果，全面完成了人口调控目标，全区实有人口总量同比下降 18.4 万人，降幅为 4.37%，实现了在保持经济高速增长的同时，有效调控人口规模。

（王卫昕）

海淀区

【概述】2011 年，海淀区人口计生工作坚持“统筹解决人口问题、稳定适度低生育水平、促进人口长期均衡发展”的工作思路，主动融入核心区建设大局，全力打造“国策关怀”家庭健康促进计划，完成全年各项工作任务 。其中宣传教育，流动人口计生服务管理，阳光计生行动，计生药具现代发放模式探索，青春性健康教育等工作走在了全市和全国的前列。

统筹解决人口问题。科学谋划区域人口发展，编制并实施“十二五”时期人口发展规划，明确落实人口发展各项目标任务。年初，组织召开区人口计生领导小组会及“统筹解决人口问题”工作会，层层签订统筹解决人口问题目标管理责任书，明确各综合治理部门、各单位的“大人口”任务。将海淀区人口形势分析、完善计划生育利益导向政策体系等议题列入区政府常务会议专题讨论，主管区长多次带队到街道（乡、镇）调研人口计生工作，保证各级各部门工作任务的落实。充分发挥区统筹解决人口问题专家顾问团作用，编制工作要点和目标管理评估方案，明确工作方向和重点任务。组织召开综合治理部门联席会议和工作交流会，推动解决制约工作的重点难点问题，形成人口工作齐抓共管的格局。年终，区委常委会、区政府常务会专题听取“全区人口计生工作汇报”，保证了目标管理责任的落实。聘请人口专家翟振武教授为区理论中心组讲解人口学理论，受到区领导的关注。

宣传倡导。继续以“倡导婚育文明、构建和谐家庭”为宗旨，深入推进“丝雨”工程。加快海淀区人口文化园的宣传，开展“人口文化一日游”活动。进一步规范三级人口文化阵地，全区社区（村）宣传教育“三个一”工程覆盖率达 85% 以上。深入开展各类人口计生宣传活动，“第八届海淀文化节——海淀区和谐家庭文体才艺演出”，“知国情·懂国策·明法规——人口计生知识普及竞赛”等活动，得到各级领导的高度评价，全区近万名群众参与。继续拓宽宣传途径，打造“海淀区网上人口学校”综合网站，推进“电子杂志”，开展“有奖点击”活动，网站访问量3.7万余次。加大出生缺陷一级预防的宣传干预力度，实施“健康生育计划”，继续与民政局合作向新婚夫妇发放2万余个“婚育健康服务包”。关注0~3岁早期教育，通过开展“早教巴士”、亲子游戏等活动，开展早教探索。

人口计生公共服务。逐步构建覆盖全区的“一中心、三基地、多分支”的人口家庭服务平台，不断提高家庭自身发展能力。加快建设面向家庭的“海淀区人口和家庭公共服务中心”，强化“婴幼儿素质综合培训、青少年健康人格指导体验、家庭健康指导与服务”等功能。充分发挥“三基地”即“首都市民生命全周期健康教育基地”、“海淀区青少年性健康教育基地”和“海淀区预防意外妊娠宣传指导中心”的作用，带动街道级人口家庭服务机构建设。全年“三基地”共接待咨询、参观上万人次。坚持生殖健康技术服务易得理念，继续做好育龄妇女健康查体工作，全年共为2万余名流动人口提供孕检服务。与区公共委合作，将两癌筛查纳入农村长效节育户籍育龄妇女的体检项目，共为8 720名群众提供服务，同时完成对810名村（居）计生干部的健康体检。在全国率先开展“计划生育药具发放网络与优质服务建设”试点项目，开发网上“免费避孕药具发放综合服务平台”，通过药具发放、在线咨询、紧急救助、健康测评、网络视教五大模块，形成现代化避孕药具发放综合服务网络，以进一步提高广大群众的生殖健康水平。年底，“全国计划生育药具免费发放公共服务全覆盖推进会（现场会）”在海淀区召开。

利益导向。在落实市、区已有计划生育惠民政策的基础上，率先将夫妻双方一方为农业户口的计划生育家庭列入奖扶范围内，全年共有490余个家庭获得此项奖励扶助。加大对困难群众的帮扶力度，区级配套投入每人每月80元的独生子女伤残家庭特别扶助金。经第209次区政府常务会审议，推出三项利益导向政策：一是与区民政局进行政策统筹，加大对计划生育困难家庭的帮困力度，将城市低保家庭和城乡低保边缘家庭（持《北京市低收入家庭救助证》者）并符合其他帮困条件的计生家庭纳入帮困范围，同时将一次性帮困金由每户1 000元增加到每户5 000元。二是建立独生子女特扶家庭养老帮扶机制，为具有海淀区正式户口、年满65周岁的独生子女死亡、伤残家庭父母提供养老服务，并给予65~75岁的特扶对象每人每年2 000元、75岁以上的特扶对象每人每年5 000元的养老补贴金。三是继续在市级查体年外为基层计生专干进行一年一次全面健康体检。以上三条政策，区政府每年投入400余万元。

依法行政。进一步规范和完善审批生育第二个子女、征收社会抚养费等各类计划生育行政执法行为。召开高校人口计生工作推进会，推动各高校建立健全人口计生工作制度。稳妥推进"中国青年政治学院职工违法生育二孩"等特殊事件的解决，积极应对行政复议4件、行政诉讼5件，无行政复议被纠正和行政诉讼败诉案件。积极开展打击"两非"工作，按时推进人大、政协提案建议的答复工作。加强政务公开和政府信息公开工作，深化"阳光计生行动"。5月，驻国家人口计生委纪检组长勾清明一行对青龙桥、曙光两个街道的"阳光计生行动"进行专题调研；10月，市"阳光计生行动"现场会在海淀区召开。年内，区人口计生委获区依法行政先进单位、区信访工作先进单位等称号。东升乡被授予"第一批全国人口和计划生育依法行政示范乡镇（街道）"称号。

基层管理。认真贯彻落实中央、市、区关于加强和创新社会管理的指示，鼓励人口计生服务管理的创新，将基层创新项目纳入年度目标管理评估范围，并由相关科室给予专业指导和评估，推动全区人口计生服务管理工作。进一步规范基层基础工作，正式启用《海淀区人口和计划生育工作手册》和《海淀区人口计生工作记录本》。与区档案局合作，进一步规范基层与民生相关的人口计生档案材料。广泛开展基层群众自治村（居）示范创建活动（上报19个社区、村），开展全国依法行政示范街道（乡、镇）创建活动和"诚信计生"活动，逐步推进人口计生行政执法工作的制度化和规范化建设。

流动人口服务与管理。进一步加强区域合作，与13个地、市签订流动人口计划生育双向服务管理承诺书；试点开展镇、街道级双向协作，全年与10个县签订双向协作承诺书，推动了区域协作向纵深发展。加大跨区域联合执法的力度，开展联合执法16例。深化流动人口示范单位创建活动，在前三年流动人口计生服务管理示范单位创建的基础上，进一步完善示范创建标准，全年共申报28个示范单位。针对城乡结合部违章建筑多、租住人员多、大房东多等特点，积极探索流动人口管理新模式。在青龙桥地区流动人口聚集社区试点成立出租房屋房主计生管理协会，通过协会会员对租房户的宣传教育和服务，引导群众自我管理、服务和监督，取得了一定效果。筑牢信息服务保障基础，充分发挥流动人口出生监测系统作用，加强与综合治理部门及协作医院的合作，做好流动人口在京出生监测工作。加强对PADIS（人口宏观管理与决策性信息系统）平台的指导，实行季度通报制度，全年共登记新增、提交重点对象协查信息15万条。加强高技术企业人口计生法律法规和生殖健康知识的宣传，投入5万余元，为百度等21家高技术企业的"职工书屋"建立"流动人口计生图书角”，配备计划生育图书及光盘。

队伍建设。加强干部队伍建设，编印《海淀区居（村）委会计划生育干部上岗必读》，组织全区900余名居（村）计生专干持证上岗考试。继续加大干部培训力度，开展全区人口计生干部综合业务培训，推出“人口计生业务培训超市”和“全员人口信息系统社区（村）应用培训”，全年累计培训街道（乡、镇）和居（村）计生干部3 500余人次，提高了人口计生干部队伍的整体素质。围绕庆祝建党90周年，开展“颂歌献给党，建功核心区”——“我是党员我带头”主题宣传实践活动，以及“六查六比六争当”优质服务年活动。组织“忆党史、炼红心、作奉献、当先锋”主题教育红色之旅，及全委“迎七一、唱红歌”活动。稳步推进了入党积极分子的培养和党员发展工作，进一步壮大党员队伍。制订党支部党务公开实施方案，增强了党内监督的有效性。开展廉政风险防范管理，建立健全党风廉政建设责任制，将党风廉政建设和反腐败斗争纳入到全委整体工作中，做到与业务工作同部署、同检查、同落实。

人口问题研究。积极发挥人口问题研究作用，不断完善以“人口分析”和“政策研究”为抓手的统筹解决人口问题决策支持系统。由主管区长召集区发改委等相关部门分别于5月和12月各召开一次“海淀区人口形势分析会”，从人口规模调控、中小学教育、资源承载力等角度，对人口问题进行分析并形成分析报告提交区政府常务会讨论，形成人口问题研究的常态化运作。结合全区工作重点，开展“海淀区产业结构变化与人口发展状况分析”课题研究，提出“要确立‘以产调人’的调控思路，通过细分行业对第三产业进行人口调控”等政策建议，并形成报告在《海淀研究》上发表，为区委、区政府的决策提供了参考。结合重点和难点工作，深入社区（村）开展“腾退改造中保护计生家庭利益问题”、“社区（村）三中心建立后流动人口计生服务管理工作”等课题研究，提出的建议被区政府采纳并转相关部门落实。进一步发挥区人口计生信息刊物在理论研讨、工作交流中的作用，不断提高信息报送质量，其中“海淀区中关村街道实施中关村人家庭幸福促进行动”被《昨日市情》采纳。

信息建设。按照北京市要求，全面落实市、区、街道、社区四级全员人口信息系统建设工作。与区农工委、社会办、信息办联合印发《关于做好北京市全员人口个案管理信息系统建设及政务网络保障工作的意见》，为工作的开展奠定了基础。在区政府的领导下，街道（乡、镇）共投入900余万元，确保落实社区（村）网络联通及硬件设备配备工作。年内，全区社区（村）网点的网络连通率92%以上，计算机等硬件设施全部落实到位。继续加强与区公安分局、流管办等部门的数据共享，全年共录入户籍人口信息240余万条，流动人口信息21万条。

协会工作。截至年底，全区共有各级计生协会组织1 427个，协会会员14.05万名。针对非公企业计生管理薄弱问题，相继在中关村东区和中关村西区成立高技术企业计生协会联合会，吸纳北京瑞星科技有限公司等20余家高技术企业、中关村大厦等7个大厦为理事单位，会员上千名，形成“政府主导、部门配合、企业参与、员工受益”的新型高科技企业人口计生服务管理格局。推进计划生育家庭意外伤害保险工作，年度（2010年9月～2011年9月）区级财政投入保费64.57万元，投保家庭3.11万户。继续做好“生育关怀——金辉计划”助老服务项目，向140余户独生子女伤残及死亡的计划生育家庭提供每月10小时家政服务、医疗卫生保健和订阅报纸杂志等服务。深化青春健康教育，扩展小学高年级青春健康教育试点校范围，由原来的12所扩展到28所小学，指导督促试点校开展学校青春健康教育课程试验活动。持续推进“生殖健康快车进校园”活动，受益学生1 800人次。承办中国计生协青春健康全国巡演启动会暨青春健康同伴社成立仪式，中国计生协会党组书记、常务副会长杨玉学，市人口计生委主任刘志，海淀区政协副主席王洪秀等领导出席启动会。年内，已有11所高校成立了青春健康同伴社，实现了学生自我教育和自我管理。在英国救助儿童会、中国计生协指导下，实施并推动英国救助儿童会流动人口社区母婴健康项目，通过搭建流动人口社区健康宣传员网络，成立社区“流动人口”健康活动中心，为1 000名流动儿童健康体检等工作，对基本公共服务均等化起到了积极的促进作用。“5·29”期间，在全区开展600余场文艺演出活动，募集幸福工程善款70余万元。

【人口和计划生育数据】年内，全区户籍人口226万人，流动人口140万人。户籍人口出生2.1万人，性别比108，政策符合率98.2%，完成区长与市长签订的人口计生目标管理责任书各项内容。流动人口在海淀区出生1.5万人，其中居住在海淀区的约占半数，性别比116，政策符合率90%。各项计划生育事业经费投入得到较好保证。

【召开全区人口计生领导小组会】1月25日，区人口计生领导小组组长、区长林抚生主持召开“海淀区2011年人口和计划生育领导小组会”。会议听取了副区长陈双对全区2010年人口计生工作情况的汇报，审议并原则通过了《海淀区2010年度人口和计划生育目标管理评估及先进评比结果》、《海淀区2011年人口和计划生育工作要点》和《海淀区2011年度人口和计划生育目标管理评估方案》三份审议稿。全区23个成员单位的主要领导参加了会议。区长林抚生要求：要认清形势，树立信心，集中精力破解人口难题；要明确任务，在服务大局上更有作为；要确保组织落实，强化人才保障，继续加强人口计生工作，为建设具有全球影响力的科技创新中心营造良好的人口环境。会后，以区政府名义印发《海淀区2011年人口和计划生育工作要点》。

【加强全员人口信息系统建设】 1月，按照市人口计生委要求，与区农委、社会办、信息办联合印发《海淀区关于做好北京市全员人口个案管理信息系统建设及政务网络保障工作的意见》，同时，将社区（村）政务网络联通等网络建设内容纳入海淀区2011年人口和计划生育目标管理评估中，为全员人口信息系统的建设奠定了良好的基础。截止到年底，全区670余个社区（村）网点的网络连通率达92%以上，计算机等硬件设施全部落实到位。

【深入推进小学高年级青春健康教育】 2月，举办海淀区小学高年级青春健康教育交流研讨会，28所试点校的近80位干部教师参加会议。区人口计生委与区教委联合印发《关于在第三批拓展试点校进一步开展青春健康实验课程的通知》，指导督促各试点校区计生协会统一为新拓展的16所试点校配发了青春健康教育书籍和光盘，颁发了项目证书。组织教委、试点校骨干教师成立编写组，多次召开编写工作会，启动小学高年级青春健康教育学生用书编写工作，研讨制定学生用书教育大纲。

【召开统筹解决人口问题工作会】 3月22日，召开“海淀区2011年加强人口计生工作统筹解决人口问题工作会”，区长林抚生、市人口计生委副主任徐捷、区政协副主席王洪秀等领导出席。全区人口计生领导小组成员单位，综合治理部门的领导以及街道（乡、镇）领导，计生办干部200余人参会。会议总结了2010年全区人口计生工作，表彰了荣获市、区级人口计生工作先进集体和先进个人，并全面部署了2011年工作。徐捷副主任对海淀区工作给予了充分肯定，并提出新的希望。林抚生区长强调指出：要坚持资源整合，加大对人口问题研究力度，促进全区人口长期均衡发展。要坚持以人为本，推进人口计生公共服务，特别围绕计划生育家庭优生优育、抵御风险、家庭发展、利益保障优先等方面的现实需求，不断加大利益导向的力度和覆盖面。要坚持创新发展，增强管理能力，探索加强对高技术企业、高校学生等特殊人群的服务管理，推进流动人口工作。会上，区长林抚生与部门代表签订了2011年度《加强人口计生工作统筹解决人口问题目标管理责任书》。

【全面启动并实施流动人口社区母婴健康国际合作项目】 3月31日，海淀区正式启动英国救助儿童会流动人口社区母婴健康项目，将肖家河社区和西北旺社区确定为项目点。项目严格按照项目计划统筹监督项目点的工作实施与进展情况，通过加强培训、建立骨干网络、成立社区“流动人口友好”健康活动中心等方式，推进了项目的实施。截至12月，该项目共开展健康促进骨干培训课程8次，举办社区讲座及宣传活动11次，共有1 000名0～5岁流动儿童、500名社区卫生工作者、705名流动妇女直接受益。

【举办全区人口计生系统业务培训会】 4月6~8日，举办全区人口计生系统业务培训会。国家人口计生委宣教司副司长石海龙、中国人民大学教授刘爽、国家行政学院教授李兴国等领导和专家，分别就“婚育新风进万家”、计划生育综合改革以及干部公众形象塑造等课题，为全区人口计生系统200余名干部进行培训。会上，对2006~2010年海淀区“婚育新风进万家活动”先进单位和个人进行了表彰。石海龙副司长充分肯定了海淀区人口计生系统“十一五”期间的宣教工作，并要求积极总结提炼经验，稳步推进各项工作的深化，不断创新，使“婚育新风进万家”活动继续在全国起到好的示范作用。

【国家人口计生委领导到海淀区专题调研】 5月5日，中纪委委员、驻国家人口计生委纪检组长勾清明一行对海淀区青龙桥、曙光两个街道“阳光计生行动”进行了专题调研。驻国家人口计生委纪检组副组长、监察局局长杨云凯，市人口计生委副主任徐捷等领导陪同调研。勾清明组长对青龙桥街道“阳光计生网站”、曙光街道“曙光和谐号”行动给予充分肯定。调研组还就政风行风建设工作与街道领导和人口计生干部进行了深入座谈交流。

【中国计生协青春健康全国巡演启动会暨青春健康同伴社成立仪式在海淀区举行】 5月27日，中国计生协青春健康全国巡演启动会暨青春健康同伴社成立仪式在海淀区举行。中国计生协常务副会长杨玉学宣布青春健康全国巡演正式启动、青春健康同伴社正式成立，市人口计生委主任刘志在启动会上致辞。与会人员观看了中国计生协青春健康工作十年回顾专题片，北京中医药大学、中国人民大学、中央民族大学等高校志愿者展示了青春健康同伴活动的理念，与会领导共同开通了“人人网”青春驿站公共主页。海淀区政协副主席王洪秀、中国人民大学社会与人口学院院长翟振武等领导参加了启动仪式。

【召开人口形势分析会】 由主管区长召集区发改委等相关部门于5月和12月各召开一次“海淀区人口形势分析会”，区人口计生委、统计局、发改委、公安海淀分局、流管办、教委、卫生局、民政局、人力社保局、国土局、水务局、北部办等部门的相关领导参会。各部门通过对人口问题相关工作的研讨，从人口规模调控、中小学教育、资源承载力等角度，对人口问题进行分析并形成分析报告，提交区政府常务会讨论。

【区政府常务会专题听取人口形势分析报告】 7月4日，海淀区第189次区政府常务会专题听取了《关于2010年及2011年上半年全区人口形势的报告》。区人口计生委主任刘彦汇报了全区人口发展的基本特征，分析了当前资源承载力限制、流动人口出生性别比偏高、老龄化加重等五方面主要问题，并提出适度调控人口规模和分布、完善社会保障、推进全员人口信息管理系统建设等六项对策建议。代区长隋振江指出，人口工作关系到全区经济社会发展的方方面面，是做好其他各项工作的重要基础。区人口计生委对人口发展趋势进行阶段性的总结和分析是一件非常有必要、有意义的事情，该报告提供的相关人口数据及分析很有价值，要求分管区长牵头相关部门，对建立区域性人口调控协调机制、研究人口形势对教育的影响及对策等问题进行梳理，再专题报区政府会议研究。

【举办“幸福家庭·和谐人口”家庭才艺会演】7月6日，举办以“幸福家庭·和谐人口”为主题的家庭才艺文艺会演。国家、北京市相关部门领导以及全区800余名人口计生系统干部参加了活动。这场演出作为海淀区第八届文化节的一个重要组成部分，得到了区内文艺团体、学校及计划生育家庭的广泛支持和热情参与。

【深化流动人口计划生育示范企业创建工作】7月7日，组织召开“流动人口计划生育示范企业经验交流会”，驻区十余家大型企业代表及企业所在地街道（乡、镇）计生办主任参加会议。会议总结了近三年海淀区流动人口计划生育示范企业创建工作总体情况，羊坊店街道、翠微大厦作了经验介绍。翠微大厦股份有限公司创建的企业流动人口管理模式，有力地推动了流动人口计划生育工作的深入开展。年底，甘家口大厦、当代商城、超市发集团都参与到创建示范企业活动中。

【开展“知国情·懂国策·明法规”人口计生知识普及竞赛活动】7月至9月，开展了“知国情·懂国策·明法规”人口计生知识普及竞赛活动。全区分五个预赛区，分别由紫竹院街道、田村路街道、北太平庄街道、上地街道、海淀街道承担赛区的组织工作。经过预赛的角逐，西三旗、苏家坨、海淀街道、曙光、田村路五个代表队进入决赛，曙光街道代表队获得冠军。同时，在《海淀报》第四版上开展了“知国情·懂国策·明法规”人口计生知识有奖答题活动，共回收答卷1.01万份。

【区理论学习中心组专题学习人口发展内容】9月2日，海淀区理论学习中心组举办第77次专题学习会，中国人民大学社会与人口学院院长翟振武作了题为《当前人口发展形势与问题》的专题讲座。代区长隋振江、人大主任周来升、政协主席彭兴业等区领导参加学习。

【市人口文化宣传教育工作现场会在海淀区召开】9月27日，“十一五”北京市人口文化宣传教育工作现场会在海淀区召开。区人口计生委主任刘彦作主题发言，与会人员现场参观了“和之园”人口文化园。

【成立中关村西区计划生育协会联合会】9月27日，区计生协会、海淀街道联合主办“魅力西区·国策添香——中关村西区计划生育协会联合会成立暨现场观摩活动”。市人口计生委副主任彭彧华、区人口计生委主任刘彦、海淀街道办事处主任朱春生等领导出席活动。中关村西区计划生育协会联合会拥有银科、中关村等7个大厦理事单位，会员466名，会长和秘书长分别由大厦领导担任。联合会将通过宣传倡导、健康促进等系列活动，为地区广大企业员工提供优质便捷的人口计生宣传服务，基本形成“政府主导、部门配合、企业参与、员工受益”的人口计生服务管理格局。

【举办全员人口信息系统应用培训班】为更好地推进全员流动人口信息和建设，海淀区于10月10日～11月29日举办全员人口信息系统应用培训班。对全区673个社区居（村）委会计生专干进行专题培训，提高了基层计生干部对全员人口信息系统的应用能力。

【北京市阳光计生行动规范化建设现场会在海淀区召开】10月13日，北京市人口计生行动规范化建设现场会在海淀区召开。中纪委监察部驻国家人口计生委纪检组监察局监察专员李戎，市人口计生委副主任徐捷、委员王晓光、驻委纪检组组长刘晓军，副区长陈双等领导出席现场会。会上，区人口计生委主任刘彦介绍了海淀区阳光计生行动规范化建设行动进展情况。青龙桥、曙光街道作为阳光计生行动示范单位，分别介绍了阳光计生行动规范化建设的经验。参会人员共同参观了曙光街道人口计生文化异形橱窗。

【海淀区接受国家人口计生委专项评估检查】11月18日，国家人口计生委流动人口司副巡视员苏荣掛带队，对北京市开展《流动人口计划生育工作条例》贯彻落实情况暨全国流动人口计生服务管理“一盘棋”工作进行专项评估检查，海淀区代表北京市城区接受评估检查。评估组通过听取工作汇报、查验相关资料、在八里庄街道颐慧佳园、鼎力两个社区召开基层工作人员和流动人口座谈会等方式，对海淀区流动人口工作进行了评估检查。评估组充分肯定了海淀区各项工作，认为海淀区作为北京市人口大区，立足于核心区建设开展流动人口计生服务管理，理念超前，特色鲜明，工作扎实，已初步建立起流动人口计生服务管理“一盘棋”格局。

【全国计划生育药具免费发放公共服务全覆盖推进会在海淀区召开】年内，海淀区在全国率先开展“计划生育药具发放网络与优质服务建设”试点项目。11月22～23日，全国计划生育药具免费发放公共服务全覆盖推进会在海淀区召开。由海淀区和市人口计生委、国家人口计生委科研所联合开发的“北京市免费避孕药具发放综合服务平台”得到认可。该平台通过药具发放、在线咨询、紧急救助、健康测评、网络视教五大模块，形成了现代化避孕药具发放综合服务网络。会议期间，国家人口计生委、国家发改委、财政部、卫生部的领导及全国各省（区、市）代表参观了中关村街道东里南社区、区民政局婚姻登记处、花园路街道花园路社区卫生服务中心。

【海淀区政府常务会专题听取人口计生

工作和完善计生利益导向政策体系汇报】12月5日，代区长隋振江主持召开第208次区政府常务会议，专题听取了《关于2011年全区人口计生工作及完善计划生育利益导向政策体系的汇报》。会议原则通过了2012年推进三项人口计生利益导向政策建议：一是进一步加大对计划生育困难家庭的帮困力度，扩大帮困范围；二是每年为村（居）计生干部进行一次免费体检；三是建立独生子女特扶家庭养老帮扶机制，为特扶对象提供养老服务，并由财政出资给予特扶对象养老补贴金。

【总结推广基层群众自治村（居）示范创建活动经验】12月20日，组织召开海淀区人口和计划生育基层群众自治示范村（居）创建经验交流会。会上，对两年来示范创建工作进行了系统的总结，并表彰了10个全国示范创建村（居）。中关村知春东里社区居委会和东升乡清河村委会进行了经验交流。推荐西北旺镇屯佃村、羊坊店街道铁西社区、紫竹院街道厂洼社区、马连洼街道百草园社区、西三旗街道宝盛里社区5个村（居）为全国人口和计划生育基层群众自治示范村（居）。

【加强流动人口服务管理双向协作工作】年内，与河北省11个市、哈尔滨市等13个地市签订流动人口计划生育双向服务管理承诺书。并指导街道（乡、镇）与四川南充市、安徽霍邱市等地签订10个街道（乡、镇）级双向协议，推动了区域协作向纵深发展。加大跨区域联合执法的力度，开展联合执法16例。

【做好育龄妇女健康查体工作】全年共为2万余名流动人口提供孕检服务。与区公共委合作，将两癌筛查纳入农村长效节育户籍育龄妇女的体检项目，共为8 720名群众提供服务，同时完成对810名村（居）计生干部的健康体检。

【海淀区委常委会听取人口计生工作汇报】12月30日，海淀区区委书记赵凤桐主持召开十届区委常委会第四次会议，专题听取“2011年全区人口计生工作情况汇报”。会议充分肯定了2011年全区人口计生工作，认为在高校、高新技术企业、流动人口服务管理等方面开展了具有区域特点的探索，取得了显著成绩。赵凤桐书记提出五点要求：一是要统筹全区人口相关数据，积极推进全员人口信息系统的建设，努力实现人口数据的统一和共享。二是教育、卫生等相关部门要针对新出生人数迅速增长情况，提前做好谋划，积极应对，做好相关服务管理工作。三是要加大老龄设施建设，积极应对全区老龄化压力。四是要逐步完善高新技术企业计生管理格局。五是要继续完善计划生育利益导向政策体系，各单位在出台惠民政策时，要充分考虑人口问题，切实维护计划生育家庭的利益。

【人口和计划生育工作获奖情况】在年度人口和计划生育工作目标管理评估中，全区17个计划生育综合治理部门、22个街道、7个镇均为达标单位。其中，中关村街道、四季青镇荣获海淀区人口和计划生育工作示范单位。区委办公室等5个综合治理部门、万寿路街道等11个街道、东升镇等两个镇、永定路街道八西社区居委会等19个社区（村）及驻区单位共37个单位被评为海淀区人口和计划生育工作优秀单位。政府办公室等10个综合治理部门、北下关街道等5个街道、西北旺镇等2个镇、苏家坨镇周家巷村委会等332个社区（村）、驻地区单位，共349个单位被评为海淀区人口和计划生育工作先进单位。殷胜兰等585人被评为海淀区人口和计划生育先进工作者。

（程晓红）

丰台区

【概述】2011年，丰台区人口计生工作紧紧抓住稳定低生育水平，统筹解决人口问题，促进人的全面发展这一主题，按照胡锦涛总书记在中央政治局第二十八次集体学习时关于人口工作的重要讲话精神，深入推进幸福家庭工程，夯实基础管理工作，切实加强队伍建设，各项工作取得积极进展。为区域经济社会发展和“一轴两带四区”建设创造了良好人口环境，圆满完成了既定工作任务。

组织领导。区委、区政府重视统筹解决人口问题，把人口计生工作列入区委区政府重大督查项目。区政府与各基层单位签订了责任书，区各项考核评比坚持计划生育“一票否决”。召开人口与计划生育工作领导小组会，就首都人口发展形势，全面做好新形势下丰台区人口计生工作进行了深入研究部署。会议明确提出了控制人口总量、优化人口结构、改进人口分布、改善人口服务、完善人口服务管理体制机制的总体要求。

基础管理。按照“十二五”规划的主要目标和主要任务，切实抓好基础工作，继续稳定了低生育水平。进一步完善制度机制，强化街（乡、镇）之间的协作关系，加强村（居）之间、社区之间的协作配合，完善计划生育村（居）民自治工作。抓好人户分离管理工作，推进依法行政工作，努力解决违法生育问题。积极做好奖励扶助工作，扎实开展全员人口信息库建设工作。取得全区100多万的户籍人口信息，导入到市全员人口信息库中，并组织各街（乡、镇）和社区（村）对导入信息进行修改完善，圆满地完成了建库工作。

队伍建设。开展干部培训，提升人口计生干部的综合素质。邀请国家、市人口计生委领导和专家就优生优育、依法行政、计生信访、国家免费孕前优生健康检查项目及流动人口计划生育基本服务均等化试点工作等内容做专题报告，对街（乡、镇）

人口计生干部进行培训，对全区的社区（村）计生专干进行集中培训。开展“阳光计生”和“诚信计生”工作，下发了《丰台区诚信计生工作方案》。以纪念建党90周年为契机，开展《党旗飘扬》征文等活动。完成了所属两个事业单位工资纳入区财政规范管理工作。

依法行政。做好信访工作，排查信访矛盾，保持了和谐稳定的局面。加强街（乡、镇）之间的协作关系，加强村（居）之间、社区之间的协作配合，完善计划生育村（居）民自治工作。做好人户分离管理工作，加大人在户不在育龄妇女的信息登记力度，进一步摸清人在户不在人员底数。加强与其他区县沟通，互相提供户在人不在信息。进一步加强与周边区县协作，继续抓委托代管，做好跨区人户分离人员计划生育管理。在奖励扶助和特别扶助方面圆满完成任务。

人口问题研究。年内，重点围绕提高出生人口素质、优化人口结构、分布和实现人口调控目标等问题开展研究，提出了有针对性、实用性的对策建议。在认真总结工作经验的基础上，研究如何推进幸福家庭工程，重点在完善内容、整合项目、建立长效工作机制和成效测评等方面进行了调查研究。在调查研究的基础上，完成了《丰台区“十二五”时期人口发展与调控规划》和《丰台区“十二五”人口和计划生育事业规划》修改完善工作。

幸福家庭工程。年内，深入开展幸福家庭工程被列为区政府折子工程项目。为全区有生育意愿的已婚育龄夫妇进行免费孕前优生健康检查被列为区人口计生委承担的区政府为民办实事项目。幸福家庭工程是丰台区人口计生服务民生的品牌工程，是统筹解决区域人口问题的重要载体。实施流动人口免费生殖健康体检项目，全年体检了5 000人；落实北京市“农村长效节育户籍已婚育龄群众免费健康体检项目”，出资154万元，为1.04万人进行了免费健康体检。年内丰台区被列入第二批“国家免费孕前优生健康检查”试点区，出资131万元，为2 064对夫妇进行了检查。出资33.65万元，为全区农村1~18岁、1.12万户、3.35万人投保“国寿计划生育家庭意外保险”。开展纪念“5·29”和“幸福工程——救助贫困母亲”募捐活动，募集资金11.45万元。召开全区科学育儿工作会议，与国家人口计生委召开工作研讨会，建立儿童发展评估指导体系。儿童发展评估以体格发育、能力评价、气质分析三个方面为主要内容。体系中使用的“儿童发展评估指导系统”是全国教育科学“十五”规划课题主要研究成果，是一套科学、系统且操作简便的软件工具。通过家长培训、测评指导、亲子教育、网络服务和援助中心等路径形式，把早教工作真正做实做好。通过全区30个科学育儿示范基地，整合街（乡、镇）力量，加强早教工作。青春期健康教育“特色课堂”——丰台区青少年青春期性健康知识普及项目，受益家长及学生达万余名，初步辅导学生450人，讲座后家长同意孩子参与后续青春期辅导人数为95%，有顾虑家长占5%，前期接触的孩子中愿意参与青春期辅导的占100%。项目的开展赢得了学校、家长和孩子们的认可与好评。

宣传教育。开展健康生活主题年宣传活动，利用“7·11”世界人口日，通过现场访谈、小品、情景剧等形式，开展幸福家庭工程成果展示活动。利用“9·25”公开信发表31周年纪念日，开展丰台区“百名幸福家庭之星”、“幸福宝宝”评选活动。这些活动既展示了幸福家庭工程的成果，又提高了群众参与幸福家庭工程的积极性。

流动人口服务与管理。以落实流动人口计划生育基本公共服务均等化试点工作为契机，深化流动人口计划生育服务工作。下发了《丰台区流动人口计划生育基本公共服务均等化试点工作实施方案》、《流动人口计划生育基本公共服务均等化工作规范》，建立健全试点工作各项制度，规范流动人口基本公共服务运行机制。以幸福家庭工程为平台，将服务项目拓展到流动人口。组织流动人口生殖健康大讲堂，开展优生优育、科学育儿知识讲座300余场，近万名流动人口参加。建立流动人口家长学校，在商务楼宇建立计划生育工作站，已建成了36个。推进流动人口信息化建设，完成了流动人口全员数据库社区（村）层级的使用培训，按时间节点完成80余万流动人口信息采集核查工作。加强了流动人口在京出生监测服务管理工作。

药具工作。实施《国家计划生育药具发放网络与优质服务建设试点项目》，完成了全区药具三级网点的疏理、清查工作，打造了15分钟药具服务圈。

【人口和计划生育数据】年内，户籍人口出生8 426人，与去年同期相比少出生167人，计划生育率98.98 %。人口自然增长率3.07 ‰。

【开展“国家免费孕前优生健康检查”项目试点工作】1月4日，区生殖健康技术服务中心开展“国家免费孕前优生健康检查”项目试点工作。其主要服务内容包括：优生健康教育、病史询问、体格检查、临床实验室检查、影像医学检查、风险评估、咨询指导、早孕及妊娠结局追踪随访等。

【召开企业座谈会及流动人口慰问活动】为做好流动人口宣传服务，推进公共服务均等化工作，1月13日在丰台区科技园区召开企业座谈会及流动人口慰问活动。区人口计生委副主任于艳丽、王继云，科技园区领导、流管科长、药具站长参加了座谈。

【召开人口与计划生育领导小组会议】3月16日，丰台区召开全区人口与计划生育领导小组会。区委书记、区人口与计划生育领导小组组长李超钢出席会议，区委副书记、区长崔鹏主持会议。会上，副区长李丽萍向领导小组汇报了全区2010年人口计生工作和2011年的工作重点。李超钢书记在会上作了重要讲话。他指出，人口计生工作必须积极适应新的形势，准确把握政策要求，把统筹解决好人口问题作为主题，在强化责任、夯实基础、完善机制、创新方法等方面争取更大的成效，从而促进人口与经济、社会、资源和环境的协调发展。

【国家人口计生委专家组调研药具工作】4月11日，国家人口计生委药具管理中心专家调研组、市药具站站长李兵、办公室主任马兰等一行9人到丰台区药具站对药具的管理和发放等情况进行调研。此次专家调研组以召开座谈会的形式，通过与区、街道及社区基层药具工作人员的交谈，了解各级药具管理服务机构的现状，听取了各级人员对“管理服务规范”和“监督评估指标”的建议。

【召开人口和计划生育工作大会】4月12日，丰台区2011年人口计生工作大会在京丰宾馆召开。大会总结“十一五”时期人口计生工作情况，部署“十二五”时期人口计生发展思路和2011年重点工作。市人口计生委副主任耿玉田，区委常委、宣传部长顾晓园，副区长李丽萍出席会议。区宣传部长顾晓园在会议上强调，2011年，是中国共产党成立90周年，是实施“十二五”规划的开局之年，也是推动全区“一轴两带四区”建设、加快实现丰台区强势崛起的重要之年，对人口计生工作提出了新的更高要求。要充分认识在“十二五”开局之年抓好人口计生工作的重要意义，必须坚持计划生育基本国策不动摇，坚持人口与资源、环境协调发展不动摇；在人口计生工作上创新理念，创新举措，要出经验、出特色、出品牌。各级人口计生干部要把思想和行动统一到区委、区政府的决策上来，形成齐心协力推动工作的强大动力，确保人口计生各项工作落实到位，取得实效。

【组织计生系统干部培训】4月26～27日，区人口计生委举办了全区街（乡、镇）计生系统干部培训会。区人口计生委全体干部和街（乡、镇）主管领导及计生干部，参加了为期两天的工作培训。这次培训主要针对计划生育优质服务、基层计生信访工作以及推进流动人口服务均等化等有关问题展开。

【联合举办校园心理剧大赛】5月12日，由区人口计生委、区教委、区计生协会等部门联合举办的校园心理剧大赛在北京市第十二中学落下帷幕。《青春之约》、《抉择》等曲目荣获一等奖，区人口计生委主任李小娟、区教工委书记宋金忠等出席活动并为获奖者颁奖。

【市人口计生委领导到丰台区调研工作】5月17日，市人口计生委主任刘志到丰台区开展调研工作。当天，丰台区同步启动了流动人口计划生育基本公共服务均等化、国家免费孕前优生健康检查项目及国家计划生育药具管理发放网络与优质服务建设等三大试点工作，全力打造“健康生活主题年”。

【开展计划生育基本公共服务均等化试点工作】5月31日，区政府出台了《丰台区流动人口计划生育基本公共服务均等化试点实施方案》（以下简称《方案》），全面开展流动人口计划生育基本公共服务均等化试点工作。依据《方案》规定，区内流动人口将享受到优生优育服务、生殖健康服务、奖励优待服务、便民维权五项计划生育均等化服务。

【组织社区（村）计生干部培训】6月8～10日，区人口计生委在区委党校举办了2011年社区（村）计生干部培训，全区21个街（乡、镇）和社区（村）计生干部400多人参加了培训。培训主要针对流动人口服务与管理、计划生育政策法规、科学育儿工作及如何做好免费孕前优生健康检查项目工作等内容展开。

【北京市人口计生委领导到丰台区调研“幸福家庭工程”情况】6月17日，市人口计生委副主任彭彧华一行到丰台区调研“幸福家庭工程”工作情况。区人口计生委党组书记张玲、主任李小娟陪同。彭彧华副主任对丰台区人口计生工作取得的成绩给予充分肯定，并提出三点意见：一是继续保持求真务实的工作作风，确保人口计生各项工作落实到位，取得实效；二是通过实施“幸福家庭工程”，进一步树立新时期人口计生系统为民、求实、清廉、高效的良好形象；三是对“幸福家庭工程”要总结、提高、凝练、发展，不断深化和挖掘“幸福家庭工程”深刻内涵，提升为计生家庭优质服务的能力。

【布隆迪共和国部长到丰台区参观考察】6月27日，布隆迪共和国公共卫生与艾滋病防治部部长萨宾娜·恩塔卡鲁纳女士，率该国相关专家一行5人，来到丰台区计划生育生殖健康技术服务中心参观、考察，并与区人口计生委工作人员进行了亲切友好的座谈、交流。

【开展庆祝建党90周年活动】围绕建党90周年，以“落实城南行动计划，党员在行动”为主题，开展重温党的光辉历史的理想信念教育。开展庆祝建党90周年《党旗飘扬》征文编纂活动和“我身边的共产党员”讲述活动；在机关建立3个图书角；开展“读一本好书”活动；到怀柔区第一个建立党支部的庙上村开展学习教育，并在党旗下重温入党誓词。6月27日下午，党支部在圣地苑会议室隆重召开纪念中国共产党成立90周年大会。会上，表彰了创先争优活动中涌现出的优秀党员，举行了《党旗飘扬》征文书籍颁发仪式，进行了“向党说句心里话——百万党员寄心语”活动和“共产党员献爱心”向生活困难党员和爱心助老项目捐款活动。

【开展纪念“7·11”世界人口日活动】7月11日，召开纪念“7·11”世界人口日大会。来自全区的400多名老、中、青各界群众，用自己喜闻乐见的形式，热情讴歌伟大的中国共产党，赞美计生国策，晒出各自的幸福生活。

【举行流动人口儿童早期发展项目启动

仪式】7月15日，区计生协会、和义街道办事处和救助儿童会联合在黄亭子宾馆主办“流动人口儿童早期发展项目启动仪式”。出席活动的领导有中国计生协国际部部长洪苹、市人口计生委副主任彭彧华、区人民政府副区长李丽萍、区人口计生委主任李小娟、救助儿童会中国项目部协调员高瀚远（John Giszczak）等。

【卫生部和国家人口计生委专家组到丰台区调研药具发放工作】8月1日，卫生部卫生发展研究中心刘克军主任、国家人口计生委科学技术研究所王媛媛博士、市药具管理站副站长梅红光等一行5人来丰台区药具站，对避孕药具发放成本进行了现场调研。区人口计生委副主任王继云、区药具站站长霍金红及丰台街道计生办主任陪同调研。

【召开人口计生半年工作会】8月11～12日，区人口计生委召开2011年人口计生工作半年工作会。副区长李丽萍，区人口计生委班子全体成员、各科科长、全区21个街（乡、镇）主管领导和计生办主任参会。

【举办网上审批系统培训】8月18日，区人口计生委和区信息中心在区科技馆联合举办了丰台区网上审批系统培训，全区21个街（乡、镇）计生办主任和具体负责审批的人员参加了培训。

【开展“小金库”治理迎检工作】8月30日，区纪委监察局、财政局、审计局组成的“小金库”治理督导抽查工作小组，对区人口计生委三年来开展“小金库”治理工作的情况进行了督导检查。督导小组通过听取汇报，查看资料、账目、会议纪要和谈话等形式，对区人口计生委三年来治理工作和落实《丰台区2011年“小金库”专项治理工作实施方案》情况进行了全面检查。督导小组认为，区人口计生委在“小金库”专项治理工作上领导重视，措施有力，积极探索构建防治“小金库”长效机制，“小金库”专项治理工作措施落实到位，取得实效。

【召开“幸福家庭之星”评选表彰会】9月23日，区人口计生委主办的纪念《公开信》发表31周年暨幸福家庭之星表彰大会及全区计生专干文艺会演在丰台青少年剧场举行。大会总结了人口计生工作的成功经验，宣传了人口计生工作取得的成就。会上，新一届百名“幸福家庭之星”代表受到表彰，来自全区21个地区的宝宝代表高兴地戴上了印有幸福宝宝标志的荣誉牌。

【在商务楼宇建立流动人口计划生育工作站】9月26日，丰台区首个商务楼宇流动人口计划生育工作站和计划生育协会，在卢沟桥街道辖区的“国润商务大厦”宣告成立。计划生育工作站的成立，使工作在这里的外省、市企业员工可得到均等化人口计生公共服务，困扰进京创业白领和科技人才多时的因身处异地难以享受到及时、周到的婚前指导、生育服务和儿童早教等问题，在丰台区得以破解。区、街人口计生部门将这些高端知识分子人群纳入了经常性的工作范畴，他们和北京人一样享受到政府提供的各项优生优育服务的同时，将逐步掌握科学的人口计生知识，树立先进的生育理念，促进家庭幸福、社会和谐。

【北京市人口计生委领导到丰台区调研】 11月8日，市人口计生委副主任徐捷、流管处处长张瑞霞到丰台区调研流动人口计划生育基本公共服务均等化工作，并对开展流动人口基本公共服务均等化试点工作进行指导。区人口计生委党组书记张玲、主任李小娟陪同调研。

【北京市人口计生委验收评估诚信计生工作】 11月9日，市人口计生委副主任耿玉田率领各处室负责人，来到丰台区验收评估诚信计生工作。副区长张婕，卢沟桥乡乡长李惠松、主管副乡长王永伟，区人口计生委主任李小娟、副主任于艳丽参加了考核评估。这次验收考核涉及区、街（乡）和村（居）三级，采取工作汇报、查阅资料、现场查看等方式考核评估，验收内容包括依法行政、服务承诺、群众满意度等方面。

【召开推进幸福家庭工程专家咨询会】 11月18日，区人口计生委在西国贸宾馆召开推进幸福家庭工程专家咨询会。来自国家人口计生委、中国人口福利基金会、市人口计生委和北京大学、中国人民大学、南开大学等高校的10余名知名专家学者，会聚丰台，就深入推进丰台区幸福家庭工程展开研讨。副区长张婕出席研讨会。会上，区人口计生委主任李小娟介绍了近年来丰台区开展幸福家庭工程的情况，各位专家就深入推进幸福家庭工程提出了宝贵的意见和建议。

【广州市人口计生委一行到丰台区考察】 11月21日，广州市人口计生委一行30人，在黄锦辉处长带领下，到丰台区考察流动人口计划生育基本公共服务均等化试点工作。市人口计生委流管处张瑞霞处长陪同考察，区人口计生委主任李小娟、副主任于艳丽与考察团进行了交流座谈。

【召开人口和计划生育工作总结汇报会】 12月5日，召开2011年度人口和计划生育工作总结会。副区长张婕出席会议，并重点听取了乡（镇）人口计生工作汇报。全区各街（乡、镇）主管副职，部分乡（镇）长，区人口计生委负责人和人口计生干部70余人参加了会议。

【丰台区领导下基层调研人口计生工作】 12月6日，区委常委、宣传部长顾晓园，副区长张婕在区人口计生委党组书记张玲、主任李小娟等陪同下，到云岗街道办事处调研城乡结合部地区计划生育综合治理、流动人口计生服务、推进幸福家庭工程等项工作。座谈会上，云岗街道办事处主任陈阳汇报了2011年地区人口计生工作情况。

（宋新华）

石景山区

【概述】2011年，石景山区人口和计划生育工作，认真贯彻胡锦涛总书记关于人口工作的重要讲话精神，按照市人口计生委工作部署，紧紧围绕“大调整、大建设、大发展”的主基调，坚持以“稳定低生育水平、统筹解决人口问题、促进人的全面发展”为主线，以深入推进人口计生工作转型发展为重点，以加强和创新社会管理服务工作为契机，统一思想，理清思路，狠抓落实。进一步加强工作转型，全面做好人口工作意识得到强化；进一步加强统筹协调，人口工作综合治理机制得到落实；进一步加强任务落实，“十二五”规划发布实施工作稳步推进；进一步加强人口研究，制约人口发展的突出问题取得新的进展；进一步加强经常性工作，人口和计划生育服务管理更加深入扎实。较好地完成了年度各项任务，促进了人口计生工作的转型发展、科学发展、和谐发展，实现了“十二五”时期人口计生工作的良好开局。

统筹协调。充分发挥人口与计划生育领导小组的作用，重新调整了区人口与计划生育领导小组成员单位，制定了《石景山区2011年统筹解决人口问题职责分解》，明确了各成员单位在统筹解决人口问题中的工作职责，并以红头文件的形式下发各成员单位贯彻落实。进一步完善联络员制度、人口信息联席会议制度和信息通报制度，推动统筹解决人口问题各项任务的落实。召开了区2011年人口和计划生育工作会，认真总结分析了人口计生工作形势，研究部署了“十二五”开局之年的各项任务，与40个领导小组成员单位签订了综合治理责任书。

人口研究。上半年，根据区人口发展现状，特别是针对人口规模调控、人口结构优化、流动人口服务管理和人口老龄化等方面面临的突出问题，召开了由19个相关单位联络员参加的课题部署会，确定了16个调研课题，明确了各单位的课题题目、主管领导和执笔人。下半年，加强了对《石景山区加强养老服务体系建设应对老龄化问题研究》、《石景山区人口发展现状分析及发展战略思考》、《关于石景山区人口调控管理的实践与思考》三个重点课题的研究，在探索人口规模调控的有效途径方面，先后两次召开相关部门主管领导参加的专题协调会，各有关部门分别提交了专题研究报告，区人口计生委在充分调查研究的基础上，整理汇总了《关于我区人口调控管理工作情况的汇报》材料，并于9月30日和10月9日分别向区政府常务会和区委常委会作了专题汇报。12月1日召开了人口问题研讨会，认真分析了区人口发展的现状及趋势，总结了区人口调控管理工作的经验与做法，提出了进一步加强人口调控管理的对策和建议。区人口计生委组织撰写的《关于石景山区人口现状分析及发展战略思考》和《关于石景山区养老服务体系建设及应对老龄化问题的研究报告》分获区2011年度优秀调研报告一、二等奖。

优质服务。年内，区人口计生委与区卫生局联合在妇幼保健院联合召开了“2011年石景山区社区计生（卫生）服务站计划生育工作推进会”。会议总结了2010年社区计生（卫生）服务站计划生育工作，部署了2011年工作要点，并对评选出的社区计生（卫生）服务示范站进行了表彰。三个示范站进行了计划生育、生殖健康优质服务活动展示。会上还向各社区计生（卫生）服务站下发了《2011年石景山区社区计生（卫生）服务站计划生育技术服务工作规范》，进一步规范和完善社区计生（卫生）服务站计划生育技术服务功能，提升服务水平。社区计生（卫生）服务站40余人参加了会议。2010年9月~2011年4月开展了“男性出租车司机生殖健康项目”，以500名男性出租车司机为目标人群，开展健康体检、生殖健康宣传、教育与服务，提高男性保健意识服务等，受到了广大司机师傅的普遍欢迎，得到了国家、北京市计生协领导的肯定与好评。7月，启动了以优生健康教育为主要内容的“金种子”工程，开展了包括赠送新婚祝福和优生优育宣传大礼包、举办“金种子”优生大课堂、0~3岁婴幼儿智力开发指导等优质服务活动。9月，组织9名人口计生干部赴南京参加为期9天的2011年国家生殖健康咨询师培训班，57名人口计生干部进入国家预报名库。10月27日，举办了“关爱都市白领·创造健康生活——石景山区‘10·28’男性健康日‘走进高科技园区’暨健康火炬传递活动”，为园区白领送去男性健康知识和服务。同时，进一步加强了药具管理和服务工作，提出了“四个优化”的工作思路，即优化药具发放服务，满足不同人群的需求；优化药具宣传服务，提高群众对药具知识及政策的知晓率；优化知情选择服务，提高避孕方法科学性；优化药具随访服务，保障育龄群众生殖健康。按照“多渠道、全方位、开放式、全覆盖”的免费药具发放工作要求，进一步建立和完善免费发放网点共315个，新安装免费避孕药具自助发放机152台，并将各网点图片导入“北京市药具服务电子导航系统”。

流动人口服务与管理。在区域协作工作上，通过汇总、分析大量孕检信息和出生流动人口监测数据，筛选出重点协作区域；采用广泛牵手、重点联动的方法确定试点地区。修改充实签订《石景山区流动人口计划生育工作服务与管理双向协作协议书》，每月最后一个工作日对协查信息进行汇总通报；每半年通过电话、邮件等形式共同探讨服务管理的问题和方法。在人户分离人员管理服务上，建立人户分离人口“信息联通、管理联接、服务联动”的区域协作新机制，加强与重点区（县）人口计生部门之间的政策协调、基层联动和沟通合作，突破了人户分离人员计生服务管理难点，提升了人户分离人口的管理与服务水平。在信息系统建设上，为更加有效地使用北京市全员人口管理信息系统，每月对系统使用情况进行汇总、反馈。还开展了流动人口全市信息核查采集工作，制定了《石景山区流动人口信息核查、采集工作方案》，在计划生育前台办公系统一期建设的基础上，搭建了二期前台办公系统，完善了流动人口孕检信息，提高了孕检信息的真实性和反馈率。加大流动人口出生检测力度。出台了《关于进一步做好我区流动人口出生监测工作的指导意见》和《关于规范流动人口出生监测工作的建议及奖励办法》，规范流动人口出生监测工作。在基层基础工作上，进一步修改完善了《石景山区流动人口计划生育管理服务手册》，研究制定了《石景山区流动人口计划生育工作评估标准》，创建了流动人口服务管理“四种模式”，并于11月10日召开了石景山区流动人口服务管理“四种模式”推介会。

信息管理。年内，市全员户籍人口管理信息系统已延伸到社区并投入运行，户籍人口基础信息量明显增加。为此，及时组织各街道完善市全员人口信息系统户籍人口信息，加强对信息系统使用的指导培训，及时对户籍人口信息补充和更新，提高信息的覆盖率和准确率。在区人口信息平台的推广应用、数据更新上加大工作力度，于4月20日召开了相关部门统计科长参加的座谈会，对人口统计分析数据项进行修正，并根据“六普”结果进一步完善。特别是在区人口信息平台的推广应用、数据更新、发挥效能等方面加大统计分析力度，探索新的工作载体。联合区统计局、教委、人保局、卫生局等部门，编辑《石景山区人口统计分析手册》，以新闻发布会的形式定期发布人口统计分析，并在《石景山报》上刊载“人口统计分析”专栏，以数字说人口，突出人口数字在平台上的体现，并积极探索建立人口电子地图。

人口文化。进一步完善了《人口视窗》和《婚育知识进万家》两个媒体宣传栏目。将《人口视窗》栏目的专题内容改为故事性更强的电视节目，将《婚育知识进万家》改版为《人口新瞭望》，同时，还在《石景山报》每季度出一期人口计生工作专版。广泛开展多种形式的人口文化宣传活动，5月25日，在石景山区华奥学校，启动了“爱心图书传递暨青少年性健康教育巡展”活动。活动以“流动的图书·爱心的传递”为主题，将1 000册图书在全区10所流动人口学校中按顺序进行传递，最后图书存放在华奥学校人口国情教育室。第22个世界人口日，在老山东里社区举办了为期一周的人口计生30年专题展览活动，展览以“岁月、经历、希冀”为主题，通过展板、摄影、书画、老物件、电视片等内容，详细记录了自新中国成立以来人民生活的变化和人口计生工作取得的成就。9月23日，区人口计生委以“我们的节日”为主题，举办了纪念“9·25”《公开信》发表31周年活动，活动以团队和个人展示为主旋律，3支计生团队和6名计生工作者先后走上舞台，满怀深情地讲述了自己的工作理念，以及对计生工作的情怀，带领大家回顾了全区人口和计划生育的工作历程。

依法行政。进一步完善了《石景山区人口计生委行政执法责任追究制度》、《石景山区人口计生委行政问责制度》、《石景山区人口计生委行政审核审批制度》、《石景山区人口计生委文书规范制度》四项制度。将各种证明样式制作成《一次性告知书》，将审批所需要的各种材料和证明一次性告知当事人，切实把好执法文书填写、执法程序、适用法律、证据采集保存、资料整理归档等“关口”。进一步做好信息公开工作，按照有关规定和要求，及时公开人口计生信息42条；进一步做好信访接待工作，切实维护群众的合法权益。做好社会抚养费征收，兑现奖励扶助、特别扶助等工作。

生育关怀。年初，在鲁谷社区启动了“温暖国策百里行”活动，号召全区计生干部在春节期间广泛开展为困难计生家庭送温暖走访慰问活动，把党和政府的温暖及时送给广大计生家庭。活动以计划生育困难家庭和计划生育干部特困家庭为重点慰问对象，12部车辆同时发车，深入全区200户计生困难家庭进行慰问，并向每户发放节日慰问品及300元慰问金。为将人口计生“济困工程”进一步落到实处，年内，区计生协会还与中国人寿保险股份有限公司北京分公司联合，为全区计划生育特别扶助家庭投保计划生育家庭意外伤害险。区计生协会与各级计生协会共为全区符合参保条件的2 986人、1 226户计划生育家庭办理了意外伤害保险，保险总额为36 780元。

队伍建设。组织班子成员和计生干部，及时传达学习胡锦涛总书记在中央政治局第28次集体学习时关于人口工作的重要讲话，进一步加深对人口在经济社会发展全局中重要地位和作用的认识，明确新形势下全面做好人口工作的总体部署和要求，增强了做好新时期人口工作的自觉性和责任感。在机关干部中广泛开展“三比三争三创”（比学习，争当勤奋学习的表率，创建学习型机关；比工作，争当敬业奉献的表率，创建服务型机关；比创新，争当科学发展的表率，创建创新型机关）的创先争优活动和“四个一”（一份优秀的调研报告，一场有影响的宣传活动，一项群众满意的优质服务，一篇高质量的信息报道）的评比活动。纪念“9·25”《公开信》发表31周年，开展了以“我们的节日”为主题的纪念活动，苹果园街道、八角街道、金顶街街道分别以创新型团队、服务型团队、和谐型团队的角度，向全区计生干部介绍了他们的工作理念和经验，从而形成了良好的工作激励机制，调动了计生队伍的工作积极性。另外，还重视加强干部队伍的能力素质建设。组织9名人口计生干部赴南京参加为期9天的2011年国家生殖健康咨询师培训班。按照市人口计生委《关于开展2011年生殖健康咨询师职业资格考试的通知》要求，全区100余名人口计生干部踊跃报名，最后确定57名人口计生干部进入国家预报名库。6月1～2日，举办了为期两天的计生系统干部培训班，全区共有204名计生干部参加培训。通过培训，使广大计生干部进一步明确了新时期人口计生工作形势、任务和要求，交流了近年来各街道和社区人口计生工作的经验与体会，增强了全面做好人口工作的使命感和责任感。

【人口和计划生育数据】年内，全区常住人口63.4万，其中北京市户籍人口42.1万，流动人口21.3万，常住人口规模继续扩大，流动人口规模略有增长。户籍人口出生3 185人，其中计划内出生3 169人，计划生育率99.5%，人口自然增长率4.91‰。与2010年相比，户籍人口出生明显增多，共增加491人，计划生育率仍保持较高水平，人口自然增长呈上升趋势。60岁以上老年人口达到8.8万人，占常住人口的13.88%，人口老龄化步伐进一步加快。

【召开人口和计划生育工作会】4月7日，召开2011年人口和计划生育工作会。会议总结了2010年人口和计划生育工作，研究部署了2011年“十二五”开局之年的任务。市人口计生委主任刘志、代区长夏林茂出席并讲话。刘志主任在讲话中指出，石景山区在全市率先建立人口计生工作整体协调机制和与区情结合的人口战略研究机制，是石景山区的工作特色和成绩，值得肯定与借鉴。他强调：“十二五”期间，人口计生工作面临巨大的转型，人口计生委要承担起首都人口管理办公室的职能，真正担负起首都人口发展规划、规模调控和综合协调各项任务，成为首都人口发展规划的职能部门。夏林茂代区长提出三点意见：一要统一思想，提高认识，充分认识人口工作在经济社会发展中具有基础性和战略性地位，增强做好人口计生工作的使命感和责任感。二要明确任务，突出重点，在调控人口规模、优化人口结构和加强流动人口的服务管理三项重点工作上下工夫。三要开拓进取，团结协作，在组织领导、统筹谋划和工作落实上形成合力，努力开创人口工作的新局面。

【学习贯彻胡锦涛总书记重要讲话】5月初，组织班子成员和计生干部，传达学习胡锦涛总书记在中央政治局第28次集体学习时关于人口工作的重要讲话。通过学习，大家感到推进人口计生工作要进一步强化“四个落实”：一是强化重点任务落实，着力在“全面”上下工夫。要跳出计划生育“小人口”的圈子，正确处理计划生育与人口工作的关系、重点任务与全面工作的关系，转型创新、以点带面、全面发展，把“全面做好人口工作”的要求落到实处。二是强化具体措施落实，着力在“协调”上下工夫。要发挥好人口管理办公室的职能作用，真正担负起人口发展规划、规模调控和综合协调的各项任务。三是强化经常工作落实，着力在“融合”上下工夫。注意把人口计生工作融入到社会管理和服务的大格局中，借助有关部门一些公共服务机制、载体、组织等平台，共同做好经常性的人口管理服务工作。四是强化人员队伍落实，着力在“提质”上下工夫。继续开展创优争先活动，着力提高人口计生干部队伍的能力素质。

【创新人口计生工作综合改革“四大机制”】年内，全区建立了人口计生工作综合改革“四大机制”：一是综合决策机制。将人口工作列入区委常委会、区政府常务会的议事日程，列入区政府折子工程，坚持每年召开高规格的全区人口计生工作会议，签订目标管理责任书，落实一把手亲自抓、负总责。二是统筹协调机制。调整区人口与计划生育领导小组成员单位，把各项任务分解落实到各成员单位。三是信息沟通机制。建立领导小组联络员制度、联席会议制度和信息通报制度，共同推进区全员人口信息库建设，实现信息互通，资源共享。四是战略研究机制。围绕人口与经济社会发展的重点难点问题，联合各成员单位共同开展人口战略研究，通过召开人口论坛、研讨会等形式，促进研究成果转化，为区委、区政府科学决策提供依据。

【把人口计生工作融入社会服务管理之中】树立“大人口”理念，把人口计生工作融入社会服务管理之中，实施人口计生工作与社会服务管理“一体化”。一是目标管理“一体化”。把人口计生工作纳入区政府年度折子工程，纳入加强和创新社会服务管理行动计划，进一步明确和细化各成员单位人口计生工作职责，修订和完善人口计生工作目标考核实施办法，形成统筹解决人口问题的合力。二是组织网络“一体化”。将人口计生工作纳入社区网格化管理体系、纳入社会单位组织体系、纳入社区志愿者服务体系，充分发挥各网格管理员、各类协管员、各类志愿者、各楼门组长、各社区民警等人员的作用，进一步强化人口计生属地化管理责任，扩大和充实人口计生工作队伍。三是信息资源”一体化”。按照“信息互通、管理互补、服务互动”的要求，进一步加强与区信息、公安、人社、民政、教委、流管等部门的协调，建立由区经信委等14个相关部门组成的信息联席会议制度，定期交流和反馈人口基础信息，切实实现与各委办局业务系统相连接的信息资源共享，为区委、区政府宏观决策和各部门业务应用提供人口基础数据支持和服务。四是服务设施“一体化”。在继续发挥区人口文化学校、街道人口文化中心、社区人口文化活动室和社区卫生服务站等主阵地作用的同时，把人口文化和计划生育服务作为社会公共服务的重要方面，进一步整合和利用教育、卫生、民政、社保等部门和企事业单位、驻区部队等优质公共服务设施，不断提高人口和计划生育优质服务水平。五是政策对接“一体化”。在抓好现有各项计划生育奖励扶助政策的同时，进一步统筹协调各相关部门，做好最低生活保障、社会救助、子女入学、下岗再就业等普惠政策与人口计生政策的衔接，切实体现党和政府的关怀，促进社会和谐和家庭幸福。

【发布《石景山区“十二五”时期人口发展和调控规划》】根据市、区“十二五”规划和各有关专项规划，以及“六普”结果，继续完善区“十二五”人口发展规划，对规划内容进行了进一步的修改和完善，在充分论证的前提下，科学调整了“十二五”时期人口发展的部分指标。然后，按照区规划编制工作领导小组的统一安排，于6月正式发布了《石景山区“十二五”时期人口发展和调控规划》，并将规划任务分解落实到相关职能部门，明确相关部门的工作职责，督促相关单位把各自的专项规划与人口规划相结合，使人口规划真正落到实处。规划共四个部分万余字。第一部分为规划背景，第二部分为指导思想、基本原则和主要目标，第三部分为主要任务，第四部分为保障措施。规划提出了有效调控人口规模、着力优化人口结构、提高人口健康素质、提升流动人口管理服务水平、优化老年人口发展环境、提高劳动就业和社会保障水平、促进人力资源开发利用等七项主要任务，明确了到2015年底，全区常住人口规模控制在72万人以内，其中，户籍人口43万，居住半年以上的流动人口29万的人口调控目标。

【石景山区委常委会听取人口调控工作专题汇报】10月9日，区人口计生委就人口调控管理工作向区委常委会进行专题汇报。区委书记荣华结合当前人口服务管理工作的重点难点问题提出三点意见：一是统一思想，提高认识，加大人口的宣传力度，使人口意识渗透到各部门的各项工作之中；二是科学管理，指导到位，从区域经济社会发展的角度超前思考、谋划人口计生工作；三是协同配合，整合资源，在“三管”基础上突出石景山“以站管人”的特色，做好人口调控管理工作。会上，部分常委还就区域人口承载力、特殊人群的服务管理等问题提出意见建议。

【编辑和定期发布《人口统计分析手册》】为进一步发挥人口信息在经济社会发展中的基础作用，联合区统计局、教委、人保局、卫生局等部门，编辑和定期发布《石景山区人口统计分析手册》（以下简称《手册》）。《手册》分两部分。第一部分为人口状况专题，包括人口的总量、结构、流迁和发展变化趋势。其中重点分析人口结构指标，不仅包括性别年龄结构，也包含人口的婚姻结构、文化结构、产业结构和职业结构等。第二部分为社会建设专题，包含教育、卫生、人力资源开发、就业和社会保障、残疾人和社区六大专题。通过定期、翔实的数据统计分析这个平台，更好地发挥人口计生部门综合职能作用，进一步加强与各有关部门的协调与配合，充分整合利用“六普”信息资源和成果，及时反映全区人口发展和社会建设的状况和变化情况，为区领导和各职能部门掌握详细的全区人口和社会建设状况提供依据。首期发布是结合纪念“7·11”世界人口日，通过“大人口”走进演播室的形式，发布了《2011年石景山区人口统计分析手册》。

【承接“男性出租车司机生殖健康国际项目”】由国际计生联资助，中国计生协和北京市计生协支持，石景山区计生协承接了“男性出租车司机性与生殖健康国际项目促进工程”任务。该项目自2010年10月至2011年3月，历时6个月时间。项目的目标人群为500名25～55岁男性出租司机。项目内容是通过健康体检、举办各类知识讲座、参观生殖健康展览、发放宣传品、生殖健康基线调查等活动，为出租车司机提供男性健康生理与心理服务等一系列活动，提高男性出租车司机对生殖健康知识的认知、预防、保健的水平和男性责任的意识。4月14日，召开了“男性出租车司机生殖健康国际项目”总结会。总结会上，就持续开展男性生殖健康服务工作进一步形成共识，决定深入拓展项目，扩大服务人群，完善服务内容，全面提高男性生殖健康意识，在全社会形成关注男性健康的氛围，促进家庭和谐幸福。

【召开流动人口服务管理“四种模式”推介会】11月10日，召开流动人口服务管理“四种模式”（楼宇、社区、市场、出租楼房地下室）推介会。会上播放了石景山区流动人口服务管理“四种模式”专题片，系统展示了“四种模式”的工作原理，详细介绍了“四种模式”的研究背景、工作机制、推广意义和年度工作目标等，并确定对“四种模式”分别在4个单位进行先行试点，计划2012年覆盖全区40%的楼宇、社区、市场、出租楼房地下室，2013年达到70%，2014年实现全覆盖。市人口计生委党组副书记、副主任徐捷认为，“四种模式”的提出，找准了流动人口的需求特点，希望石景山区能够发挥优势，找出符合自身特点的工作方法，为全市流动人口服务管理工作探索新的经验。副区长杨东起要求各相关单位认真贯彻落实好会议精神，认真总结试点经验，归纳疏理问题，突破重点难点，确保实现流动人口服务管理“四种模式”推广目标。

【召开人口问题研讨会】12月1日，举办“聚焦人口发展，促进社会和谐”人口问题研讨会。研讨会由“探索人口特征，深化社会管理”和“破解人口难题，加强人口服务”两个板块组成，每个板块分别由3个单位主题发言。在“社会管理”专题中，区人口计生委围绕人口发展战略选择，住建委以解决人口发展与住房供应矛盾，发改委就调控人口规模推进区域全面转型提出了对策和建议。在“人口服务”专题中，人力社保局、民政局和经信委分别就首钢搬迁调整富余人员分流安置，积极应对老龄化和人口地理信息系统主题建言献策。通过探索人口特征，破解人口难题，为统筹解决人口问题搭建起联动平台，探索统筹解决人口问题的有效途径。

【启动优生健康“金种子”工程】 7月起，启动了以优生健康教育为主要内容的“金种子”工程。这项工程是一项政府主导、计生负责、专家支撑、群众参与的系统工程。其主要内容包括四方面。一是“新婚寄语”。对新婚夫妇进行健康教育、发放增补叶酸、赠送新婚祝福和优生优育宣传大礼包、普及“三优”知识等，使新婚夫妇树立优生从孕前开始的理念。二是“科学备孕”。举办“金种子”优生大课堂，开展免费唐氏综合征筛查，对再生育家庭进行跟踪服务。三是“幸福之旅”。开展孕期健康教育、早孕随访、产后随访教育等。四是“智慧之星”。开展0～3岁婴幼儿智力开发指导，包括婴儿的语言开发、肢体动作协调、空间认知、潜能开发等。为更好地开展和推进这项工程，区人口计生委建立了“金种子优生指导中心”，辖区各街道也相继建立了“金种子优生指导站”。并成立了专家师资队伍，由具有专业知识的妇科、儿科、男科、心理、营养相关专家和具有一定资质的婴幼儿教师及计划生育技术服务人员组成。

【开办《人口新瞭望》部门刊物】 为进一步加强人口工作的统筹协调，及时传达、宣传人口工作的重大方针政策，反映各部门、各街道人口计生工作的重要活动，总结交流人口计生综合治理单位的经验与做法，从4月起，在区政务办公网《部门刊物》板块增设了《人口新瞭望》刊物，每月出版一期，年内共出刊了8期。刊物内容主要包括人口形势、工作动态、基层工作等信息。《人口新瞭望》的创刊，为区委、区政府及有关职能部门及时了解人口工作形势，研究制定经济社会发展政策措施提供了决策参考，搭建了一个新的平台。

【举办纪念“世界人口日”专题展】 为纪念第22个“世界人口日”，区人口计生委在老山东里社区举办了为期一周的人口计生30年专题展。在展览启动仪式上向群众介绍了世界人口将达到70亿人的现状，呼吁人们树立大人口意识，共同面对70亿人口的压力，建设我们的世界城市，促进人口和谐发展。参加仪式的市、区领导和群众在祝福墙上粘贴了代表祝福地球的千纸鹤。此次展览以“岁月、经历、希冀”为题，通过展板、摄影、书画、老物件、电视片等内容，详细记录了自新中国成立以来人民生活的变化和人口计生工作取得的成就。通过这种丰富多彩的展览形式回望过去的岁月，感触亲身的经历，远眺未来的希冀，促进人口计生工作的深入发展。市人口计生委彭彧华副主任，区人大副主任张文华及市人口计生委相关领导和老山街道群众共200余人参加启动仪式并参观展览。

【开展“关爱首钢周末家庭”活动】 在“7·11”世界人口日到来之际，由区人口计生委、首钢计生委、金顶街街道共同举办了“关爱首钢周末家庭”活动启动仪式。启动仪式在模西中里人口文化活动室展开，由区人口计生委、首钢计生委、金顶街街道领导分别向社区代表授牌——“手拉手周末家庭俱乐部”及“手拉手周末家庭分俱乐部”，并向社区代表赠送由首钢计生委提供的健康驿站、育儿知识答疑、心系国策构建和谐等6种知识光盘100套。随着首钢涉钢产业的搬迁调整，金顶街地区以首钢停产分流职工为主的“周末家庭”有319户1 000余人。金顶街街道计划在今后一段时期，通过在辖区内的16个社区中设立“手拉手周末家庭俱乐部”这一工作模式，为本辖区的以首钢停产分流职工为主的“周末家庭”提供一个交流互动场所和关爱互助平台。

【编撰计划生育志书初稿】根据《石景山区第二轮地方志书编纂工作方案》，区人口计生委承编《北京市石景山区志(1996～2010)》第二篇第四章《人口控制》的长篇和初稿任务。在2010年编撰的8万余字资料长编基础上，进一步完成了初稿的编撰任务。该章初稿共设4节13目，约3万余字。第一节统筹管理，下设组织机构、综合治理、信息管理、人口研究、流动人口5个目；第二节优质服务，下设技术服务和药具服务2个目；第三节宣传倡导，下设活动宣传、阵地宣传、媒体宣传3个目；第四节基层基础，下设居民自治、协会工作、队伍培训3个目。

（叶光洲）

门头沟区

【概述】2011年，门头沟区人口计生委按照北京市“统筹人口宏观调控与服务管理工作”要求，结合开展“服务年”活动，牢固树立“以人为本，促进人的全面发展”理念，按照“围绕一条主线、突出两个重点、实施三大工程、强化四项建设”的工作思路，大力加强人口计生服务体系建设，为全区经济和社会发展创造了良好的人口环境。

统筹协调。围绕“统筹人口宏观调控与服务管理工作”主线，召开2011年区人口与计划生育领导小组会，充分发挥领导小组组织、协调作用，努力构建“大人口”服务管理格局。加强协调配合，推进部门联动，联合区发改委、区规划局、区流管办、区国土局、区农委、区住建委等部门开展调研，了解人口发展与区域功能定位相配套的产业政策、农村地区劳动力变化等新特点、新情况、新问题。将“十二五”时期主要任务分解为20项，涉及主要单位33家，确保任务、责任、保障措施三落实。通过区人大常委会对人口计生工作审议，结合检查组审议意见，逐项提出初步整改措施，并将“把人口问题置于经济社会发展全局之中统筹规划”、“加强协作，形成合力”等问题列入重点工作目标。

宣传教育。开展人口文化宣传活动，举办第六届京西人口文化节，着力打造人口计生宣传服务品牌。召开“在最美的花季健康成长”中学生青春健康座谈会，广泛听取学生代表、家长代表和老师代表们对性健康教育工作的意见、建议。与区教委、区计生协会联合在全区中学校集中开展了“青春健康伴我行”征文演讲活动，共征集158篇，区《京西时报》“京西人口专栏”刊登4篇征文。以元旦、春节、三八节为契机，深入开展人口文化宣传活动，发放宣传画、历书、年画、福字、工作手册、“十一五”画册、新闻选编、青春健康征文选编、和谐家庭事迹汇编等宣传材料20万份。规范管理基层人口文化学校，以群众需求为导向，全面推进首都市民生命全周期健康教育工作。启动人口计生公共服务信息平台、宣传橱窗和人口文化宣传墙建设工作，全区各村（居）共设置人口文化活动室图书角514个，村（居）人口文化宣传橱窗521块，村（居）人口文化宣传墙357块。开展户外宣传环境清理检查，共计清理534项，保留2 116项，进一步规范、优化了人口计生外宣环境。扩大人口计生媒体宣教影响，充分发挥“一台一报一网”作用。年内，被市级以上报刊采用新闻稿件24篇，编发区《京西时报》之“京西人口专栏”19期86篇，在区电视台播出电视新闻30条，编播区“京西人口”电视专栏10期，新闻专稿60篇。相关信息被市人口计生委网站、京报网、区政府网等采用52条。

依法行政。严格二孩审批工作，共审批生育第二个子女158例，未发生一例错批现象。严格规范病残儿鉴定工作程序，组织为10名儿童进行残儿医学鉴定，其中5例符合政策。规范社会抚养费征收工作。全面落实奖励扶助和特别扶助政策，按照“统一政策、严格控制、公开透明、公平公正”原则，确保宣传到位、把握政策到位、严格程序到位和责任落实到位。

流动人口服务与管理 。启动“幸福手牵手”爱心服务行动，在流动人口聚集的龙泉镇、大峪街道、大台街道筹建3个爱心服务中心和15个爱心服务站，通过开展爱心互助、教育辅导、健康指导、技能培训等多项措施，精心打造流动人口管理“爱心服务、爱心教辅、健康服务、技能培养”“四大服务品牌”，促进流动人口计划生育公共服务均等化。区人口计生委组织医务人员深入大台地区开展“幸福手牵手”流动人口计生宣传服务活动，为该地区流动已婚育龄妇女进行孕检服务，查环、查孕、查病，共服务1 172人。查出患有子宫肌瘤、宫颈炎等各种妇科疾病35人，计划外怀孕3人，及时给予了治疗指导。活动中发放宣传材料1 500余份，避孕药具2 400盒，查验流动人口《婚育证明》333人。

队伍建设。区人口计生委坚持抓班子带队伍，推进规范管理。在人大审议、软件正版化、小金库治理、党务公开、落实《廉洁从政》检查、保密检查、市绩效评估检查中得到各级部门的充分肯定，在零点公司暗访中排名全区第六。并先后被评为区优秀基层党组织、门头沟区文明示范单位、门头沟区法制宣传教育先进集体，获区创建学习型机关先进单位称号，并被推荐为基层“双拥”工作示范单位。

信息建设。建立全员人口信息库，完善全区为民服务信息平台。落实《门头沟区全员人口信息化建设方案》，召开全员人口信息管理系统建设启动会，为各村（居）信息化工作配备专用电脑，完成WIS系统信息迁移和全员人口信息录入工作。全区278个村（居）中，已联通政务外网的村（居）由上年度的30%提高到本年度的65%，初步实现区、镇（街）、村（居）信息共享。在50个村安装了人口计生等公共服务信息无线液晶显示屏。

药具工作。实施避孕药具易得工程，全区设置592个免费药具发放网点，实现药具发放全覆盖。开展“六进”服务活动，进机关27次，进社区3次，进流动人口集聚区11次，进军营1次，上街宣传5次。在“六进”服务活动中，共发放各种避孕药具价值10万多元，咨询服务350余人次。

协会工作。召开区计生协会五届二次理事会，举办区级协会理事和镇（街）协会秘书长培训班。以项目推进协会工作，围绕“幸福工程制度完善年”活动，进一步规范幸福工程项目工作，制定并下发《关于进一步做好“幸福工程”项目的意见》。将日常宣传和节假日宣传有机结合，在春节期间慰问亲情牵手家庭10户，母亲节期间下发《关于开展第十五届母亲节暨幸福工程救助贫困母亲活动日的通知》，组织会员开展为贫困母亲献爱心活动，全区共募集善款2.36万元。结合区内拆迁户增多的特点，以东辛房街道为试点，探索人户分离协会会员服务管理新形式。组织参加由中国计生协与市计生协联合举办的“庆祝建党90周年·展示和谐计生协会摄影展及幸福工程实物成果展”活动，获摄影作品一等奖2个，二等奖1个，参展奖4个。结合贴息贷款工作开展十年来的情况，计生协会筹备制作了《十年成果展示画册》和《十年项目回顾读本》。

【人口和计划生育数据】 年内，全区户籍人口出生1 789人，计划生育率98.21%，一孩率92.62%，晚育率89.98%。户籍人口出生率为7.26‰，比2010年同期提高了0.34个千分点。户籍人口死亡率为8.68‰，比2010年同期提高了0.35个千分点。户籍人口自然增长率为－1.42‰，比2010年同期降低了0.01个千分点。全区户籍育龄妇女总数为5.82万人，占总人口比重23.53%；已婚育龄妇女总数为4.15万人，占总人口比重16.77%，生育旺盛期妇女占育龄妇女总数的27.05%，比2010年同期降低了0.53个百分点。婚嫁育龄妇女9 010人，比2010年同期增加了628人。婚嫁育龄妇女占户籍育龄妇女总数的15.48%，比

2010年同期提高了1.24个百分点，婚嫁育龄妇女数逐年增加。全区流动人口总数约6.5万人，其中育龄妇女为1.65万人，与2010年同期相比，流动人口总数减少了约7 931人，育龄妇女增加了498人。

【区计生协会召开五届二次理事会】 1月13日，区计生协会召开五届二次理事会。中国计生协组织处朱扶庭处长，副区长、区计生协会会长李昕出席会议。来自全区各个行业的计生协会副会长、常务理事、理事共60多人参加了会议。区人口计生委主任、区计生协常务副会长王培兰作2010年计生协会工作报告，通报了2011年工作思路。副区长、区计生协会会长李昕对协会工作提出了要求：一是要坚持以促进人的全面发展为中心，服务和服从于地区经济社会发展的大局；二是要坚持以服务群众为根本宗旨，实行自我教育、自我管理、自我服务；三是要以基层工作为重点，创新工作模式，拓展工作领域，提高工作质量。

【市人口计生委领导慰问计生家庭和计生干部】 1月21日，市人口计生委副主任丁勇、副区长李昕一同走访慰问了龙泉镇龙泉务村困难计生家庭——“亲情牵手”户和东辛房街道西山社区困难计生干部。市人口计生委领导为他们送去慰问品和慰问金，把党和政府的温暖带给他们，勉励他们克服困难，并寄予了新春的祝福。春节前夕，区人口计生委领导进村入户，走访慰问困难计生家庭、困难计生干部以及从事计生工作15年以上的村（居）计生干部，共计走访慰问40户，发放慰问金2.5万元。

【召开人口与计划生育领导小组会】 1月28日，召开2011年人口与计划生育领导小组会。区长、区人口计生工作领导小组组长王洪钟参加会议并讲话，区委常委、宣传部部长陈国才主持会议，区人口计生工作领导小组各成员单位领导、各镇（街）行政主要领导参加了会议。与会人员观看了反映“十一五”时期全区人口计生工作情况的电视专题片，区人口计生委主任王培兰作关于实施《加强棚户区改造期间人口和计划生育工作的指导性意见》相关内容的说明，副区长、区人口计生工作领导小组副组长李昕通报了制定《门头沟区“十二五”时期人口与计划生育发展规划》的进展情况。区流管办、区民政局作了交流发言。王洪钟区长就进一步做好全区人口计生工作提出三点要求：一是切实增强做好人口计生工作的责任感和紧迫感；二是切实解决人口计生工作的重点难点问题；三是切实形成统筹解决人口问题的工作合力。

【区人大领导到人口计生委调研】 3月1日、3日、4日，区人大副主任赵爱娟、区人大常委会委员、教科文卫委委员以及基层人大代表，对全区人口和计划生育工作进行调研。人大代表们先后到区人口计生委、大峪街道办事处、大峪街道向阳社区、潭柘寺镇平原村，分别听取了区人口计生委主任王培兰作的“十一五”时期全区人口计生工作情况汇报和大峪街道办事处关于流动人口计划生育服务管理情况汇报，实地察看了向阳社区流动人口服务管理、潭柘寺镇平原村计生低收入家庭增收致富等情况。召开了有永定镇、东辛房街道办事处、大台街道办事处、龙泉镇、区教委、区卫生局、区民政局、区流管办、区老龄委、区人口计生委等单位领导参加的座谈会。区人大领导和代表们对S1线拆迁、棚户区改造期间人户分离人员服务管理，开展人口计生工作、综合治理人口问题，以及工作中存在的困难和问题、意见和建议等情况进行了全方位的调研，并就加强人口计生工作提出了意见和建议。

【召开人口和计划生育工作会议】4月18日，召开2011年人口和计划生育工作会，市人口计生委党组书记、主任刘志，区委书记韩子荣，区委副书记、区长王洪钟，区人大常委会主任李慷云，区政协主席高连广，区委常委、宣传部长陈国才，副区长李昕以及区人口计生工作领导小组成员单位领导，各镇（街）党政主要领导、主管领导，计生办主任及各委办局的主要领导参加了会议。会议由宣传部长陈国才主持。副区长李昕作《加强机制创新，促进重心转变，推进人口和计划生育工作长期均衡和可持续发展》的报告。报告中回顾总结了“十一五”时期及2010年人口计生工作情况，部署了“十二五”时期工作重点以及2011年人口计生工作任务。区长王洪钟与相关单位主要领导签订了《2011年人口和计划生育目标管理责任书》。市人口计生委刘志主任结合当前形势和北京市工作重点，对门头沟区人口计生工作提出要求：一是要更加清醒地认识人口计生工作基础性作用和重要性；二是继续关注计生家庭的民生问题；三是要大胆创新，继续创造好的经验。韩子荣书记对进一步做好全区人口计生工作提出三点意见：一是认清形势，把做好人口计生工作放在更加突出的位置；二是加强领导，努力开创人口计生工作新局面；三是加强队伍建设，为人口和计划生育工作提供人才保障。

【市人口计生委领导到门头沟区调研】4月18日，市人口计生委党组书记、主任刘志到门头沟区参加人口和计划生育工作会后，在副区长李昕以及区人口计生委主任王培兰的陪同下，先后察看了区计划生育技术服务中心、区人口文化园，并到大峪街道滨河西区社区实地查看计生工作情况。刘志主任详细了解了计划生育技术服务情况、人口文化园建设情况以及大峪街道社区计生服务交流台、宣传橱窗使用情况。刘志主任对如何进一步提高优质服务工作水平、改进宣传环境建设提出了意见和建议。

【市人口计生委检查指导奖励扶助和特别奖扶工作】4月22日，市人口计生委工作组到门头沟区检查指导奖励扶助和特别扶助工作。

【召开“文明机关创建专项行动”动员会】4月22日，区人口计生委召开“文明机关创建专项行动”动员会。会议结合“政府服务年”建设和“创先争优”活动，制定专项行动措施。一是开展节约型机关创建活动。教育引导干部职工树立勤俭节约观念，养成节约用水、用电、用纸张等良好习惯。二是改善机关工作环境。办公标志规范醒目，办公设施干净整洁；“门前三包”责任制落实到位，机动车有序停放。三是改进机关作风。开展“争创一流展风采，高效执行我为先”主题教育活动，印发机关制度汇编和科室目标管理任务书，规范机关工作人员举止、着装及礼貌用语。四是优化机关服务。公开服务职责和办事程序，落实服务承诺制、首问责任制、全程办事代理制等制度，“窗口”部门工作人员要做到文明服务、礼貌待客、耐心解释、办事尽心尽责提高效率。动员会后，全体机关干部在机关上下掀起了环境综合整治的新高潮。

【市财政绩效评价工作组到门头沟区检查工作】6月1日，市财政绩效评价工作组来到门头沟区，对青春健康教育读本项目、财政贴息贷款项目、婚育健康服务包项目、独生子女家庭特别扶助金项目进行检查。工作组听取了区人口计生委工作汇报，查看了相关印证材料；到大峪中学进行了青春健康教育读本问卷调查；到龙泉镇龙泉务村与种植扶持户交流，了解财政贴息贷款使用情况，与特扶对象进行了电话回访。

【“生殖健康伴你行”走进门头沟活动在妙峰山镇举行】6月11日，市人口计生委“生殖健康伴你行”走进门头沟活动在妙峰山镇举行。市人口计生委副主任耿玉田，区委常委、宣传部部长陈国才出席活动启动仪式，区人口计生委、妙峰山镇领导以及部分育龄群众参加了宣传服务活动。耿玉田、陈国才等领导向过往群众发放了宣传品、宣传材料以及避孕药具；北京协和医院主任医师刘欣燕为80多名育龄群众讲授了生殖健康知识，还进行了健康知识问卷调查；北京积水潭医院、北京妇产医院、北京同仁医院的健康专家为30多名育龄妇女进行了健康体检。

【举行迎接建党90周年演讲比赛】6月30日，区人口计生委以“争创一流展风采·高效执行我为先”为主题，举行迎接建党90周年演讲比赛。9名机关干部登台演讲，演讲者围绕党的光辉历程，以身边优秀共产党员为榜样，从成长经历、践行入党誓词、计生优质服务、开展创先争优活动、提高工作执行力等方面，结合亲身经历和切身体会，畅谈了自己的感想，歌颂了中国共产党的领导，表达了大家为人口计生事业发展贡献全部力量的决心和信心。

【举办京西人口文化节】7月8日，门头沟区在影剧院举行庆祝中国共产党成立90周年暨第六届京西人口文化节文艺演出活动。这届京西人口文化节由区人口计生委、区委宣传部、区文明办、区文委、区广电中心、团区委、区妇联、区计生协会八部门联合举办。区文化馆承办文艺演出活动，市人口计生委宣教处领导，副区长李昕出席文艺演出活动。文艺演出期间，区人口计生委表彰了从事基层人口计生工作20年以上的36名在职计生干部。

【学习胡锦涛总书记七一重要讲话】 7月19日，区人口计生委机关全体人员参加了市人口计生委举办的胡锦涛总书记七一重要讲话的视频辅导讲座。讲座从三个部分入手，回顾历史，分析现实，面向未来，深刻分析了总书记讲话精神。市人口计生委主任刘志在讲话中，要求全市人口计生系统深入学习宣传贯彻落实胡锦涛总书记讲话精神，紧密结合工作实际，坚持以人为本、执政为民理念，改革创新工作，深入实际，深入基层，加强对人口的服务和管理，加强作风建设，要敢于担当，全面做好人口计生工作。

【举办生殖健康进军营宣传服务活动】 7月28日，区人口计生委、区武装部联合举办“生殖健康进军营，优质服务暖人心”宣传服务活动。活动主要内容包括：举办男性生殖健康大课堂、发放宣传材料和避孕药具、答疑解惑等。区生殖健康宣讲团讲师、区医院泌尿外科主治医师宋涛，为70余名部队官兵讲授了男性生殖健康与疾病防治等知识。军地双方领导向部队官兵发放了法律法规、男性健康、服务指南、知情选择等宣传材料500多份，发放毛巾、购物袋等实物宣传品100余个。

【举办人口计生系统项目管理培训班】 8月4日，区人口计生委举办人口计生系统项目管理培训班。市人口计生委行财处处长邹建荣讲授了项目预算管理知识。邹处长从项目预算编制的意义、项目预算编制的方法、项目执行以及绩效考评等方面进行了详细讲解。各乡（镇、街道）计生办主任，区人口计生委科级以上干部参加了培训班。

【区委领导到区人口计生委调研】 8月10日，区委书记韩子荣在区委常委、宣传部长陈国才，副区长李昕的陪同下到区人口计生委调研，全面了解人口计生工作及人口统计工作。区人口计生委主任王培兰、区统计局局长李伟分别汇报了全区人口计生工作情况和人口统计工作情况。韩子荣书记详细询问了全区人口出生数量、区域人口承载数量、人口分布等情况，对全区人口计生工作取得的成绩给予高度评价和充分肯定，对进一步做好人口工作提出了要求。

【举办村（居）人口计生干部培训班】 8月23～26日，区人口计生委举办村（居）人口计生干部培训班，320余名村（居）计生干部分两期参加了学习。培训班邀请区委讲师团副团长任全礼作学习胡锦涛总书记七一重要讲话精神辅导报告；北京师范大学儿童教育研究专家沃建中教授讲授了0～3岁婴幼儿早期教育知识；区委宣传部专业人员结合工作实际讲授了新闻写作知识；区人口计生委各科室负责人分别讲解了政策法规、规划统计、技术服务、避孕药具、计生协会等业务工作；区人口计生委主要领导做培训动员，并就做好今年工作提出了要求。

【开展“棚改汇青年·中秋送欢乐”主题慰问活动】9月5日，区人口计生委、团区委联合开展“棚改汇青年·中秋送欢乐”主题慰问活动，为奋战在棚改建设一线的来京务工青年送去生殖健康知识和中秋佳节的祝福。活动中，部分区人大代表、政协委员与来京务工青年进行面对面交流；区人保局和区安监局的团员青年表演了精彩的器乐节目；卫生系统青年志愿者为来京务工青年进行了健康体检和义诊；区人口计生委、区防艾办的干部宣讲了生殖健康、优生优育、预防艾滋病等知识，发放了宣传材料。

【举办人口计生干部培训班】9月21日，区人口计生委举办人口计生干部培训班。市人口计生委副主任彭彧华，区委常委、宣传部长陈国才出席培训班。各镇（街）主管领导、计生办主任、区人口计生委全体人员共50多人参加了培训。彭彧华副主任就开展创建幸福家庭工作从重要意义、指导思想、总体目标、基本原则、主要内容、阶段安排、保障措施、理论思考八个方面进行了详细讲解。市人口计生委相关处室负责人分别讲授了政策法规、规划统计、宣传教育、流动人口、调查研究等工作。陈国才部长作开班动员，他就做好全区人口计生工作提出要求：一是要认清形势，增强责任意识；二是要加强学习，提高综合素质；三是要全面实施“六大工程”，推进幸福家庭创建工作。

【木城涧煤矿成立计划生育协会】10月9日，木城涧煤矿计划生育协会成立。区人口计生委、京煤集团、大台街道办事处、昊华能源股份有限公司、木城涧煤矿等单位领导出席计划生育协会成立大会。木城涧煤矿现有职工7 646人，其中流动人口4 525人，计划生育协会的成立，标志着木城涧煤矿计划生育服务管理工作进入了一个新阶段。会议选举产生了木城涧煤矿第一届计划生育协会理事会，吸纳首批计划生育协会会员820人。区人口计生委主任王培兰为该企业颁发计划生育协会标牌，与会领导向首批会员代表颁发了会员证。

【北京市人口计生委领导到门头沟区调研指导工作】10月12日，市人口计生委副主任徐捷到门头沟区调研，听取了区人口计生委人口研究和调研课题情况的汇报。2010年以来，区人口计生委结合人口、资源、环境和门头沟区跨越式发展等实际情况，邀请专家学者，采取科学方法，确定了《门头沟区“十二五”时期人口和计划生育发展规划》、《门头沟区人口发展趋势预测及优化对策的研究和思考》两个重点调研课题，为促进地区经济社会又好又快发展提供决策依据。徐捷副主任对区人口计生委调研工作给予充分肯定，对进一步做好调研工作提出意见和建议。

【北京市人口计生委领导到门头沟区调研】10月20日，市人口计生委纪检组组长刘晓军到区人口计生委调研。区人口计生委主任王培兰汇报了工作情况，重点介绍了门头沟区开展“阳光计生”行动，全面实施“人文计生”、“普惠民生”、“幸福人生”三项工程，加强统筹协调等工作情况。刘晓军组长对门头沟区扎实开展人口计生工作给予充分肯定，要求门头沟区在认真总结经验的基础上，研究创新工作，迎接新的挑战，重点抓好“阳光计生”行动，推进整体工作水平的进一步提高。

【接受区纪委党务公开和《廉政准则》专项检查】11月10日，区人口计生委接受区纪委党务公开和《廉政准则》专项检查。检查组听取了区人口计生委党务公开及落实《廉政准则》工作汇报，在区人口计生委中层干部中进行了《廉政准则》问卷调查，查阅了党务公开和廉政建设材料，并与中层干部进行了座谈交流。检查组对区人口计生委党务公开和廉政建设工作取得的成绩给予高度评价，对继续提高党务公开和廉政建设工作水平提出建议。

【门头沟区领导到龙泉镇检查人口计生工作】11月17日，副区长李昕在区人口计生委主任王培兰的陪同下到龙泉镇检查人口计生工作。副区长李昕听取了龙泉镇人口计生工作汇报，并到东辛房村、梨园社区入户走访，了解基层工作情况。副区长李昕对龙泉镇人口计生工作取得的成绩给予充分肯定，对进一步做好人口计生工作提出要求：一是及时掌握拆迁人口动态，在抓好经济发展的同时，扎实做好人口计生基础工作；二是做好全员人口信息管理，了解掌握拆迁村、拆迁社区的人口信息，做到信息准确，以信息引导服务；三是加强社会管理，统筹调配各类设施资源，本着“人口管理，服务先行”原则，积极做好人口计生工作。

【举行“青春健康伴我行”征文演讲比赛】11月27日，区人口计生委、区教委、区计生协会联合举行“青春健康伴我行”征文演讲比赛，各镇、街道选拔推荐11名选手参加了比赛。比赛中，选手们以青春健康为核心展开话题，用真挚的情感、形象生动的语言，讲述自己的青春故事，充分展示了青春健康的靓丽风采。比赛评选出一等奖1名，二等奖2名，三等奖3名。东辛房街道、军庄镇、清水镇荣获征文演讲活动组织奖。

【召开工作总结部署会】12月12日，区人口计生系统召开贯彻落实区十一次党代会精神暨工作总结部署会。区委常委、宣传部部长陈国才到会并讲话。会议回顾总结了2011年全区人口计生工作情况，部署了2012年工作任务。陈国才部长在讲话中传达了区十一次党代会精神，并对落实党代会精神、进一步做好全区人口计生工作提出要求：一是把握工作重点，确保任务落实；二是树立首位意识，创新宣传倡导；三是完善工作机制，加强统筹协调。他强调指出，全区人口计生工作者要用区十一次党代会精神统一思想，紧紧把握新时期人口计生工作的新要求，在思想上再动员，在措施上再鼓劲，在工作上再加力，以只争朝夕的精神开拓进取，以百折不挠的意志攻坚克难，为促进全区人口与经济社会协调发展发挥更大作用，以更加优异的成绩向党的十八大献礼。区人口计生委全体工作人员、离退休干部、各镇（街）计生工作主管领导、计生干部共100多人参加了会议。

（吕冠华　付延路）

房山区

【概述】2011年，房山区人口计生工作在市人口计生委的精心指导和区委、区政府的正确领导下，紧紧围绕“稳定低生育水平，提高人口素质，优化人口结构，引导人口合理分布”的总体目标，切实改变工作思路、开拓创新，着眼于人口规模调控，不断加强人口战略研究；开展形式多样的人口计生宣教活动，不断加强宣传阵地建设；加强计划生育利益导向机制建设，使计划生育家庭优先享受经济发展成果；深化计划生育优质服务，开展出生缺陷干预工程；完善流动人口工作机制，努力实现“均等化”服务；实现了“十二五”的良好开局，为全区“三化两区”建设创造了良好的人口环境。

队伍建设。以建党90周年为契机，加强机关作风建设。机关党支部组织收看七一胡锦涛总书记重要讲话并撰写心得体会，开展计生系统“党在我心中”演讲比赛，学习“三敢精神”大讨论，为人口计生工作献计献策等活动。为了适应形势，加快人口计生工作转型，组织干部职工深入学习了胡锦涛总书记在中共中央政治局第28次集体学习上的讲话和市人口计生委主任刘志在北京市工作会上的讲话精神。为提高基层服务水平，对乡（镇）和村（居）专干及部分社区医师进行了避孕方法知情选择、流动人口管理、执法标准和电脑知识的培训，提高了干部队伍的理论管理水平和服务能力。组织区、乡、村三级计生干部参加了生殖健康咨询师和育婴师的学习培训，不断打造人口计生系统职业化干部队伍，以满足开展计划生育、生殖健康等社会管理和公共服务的需求。

信息化建设。组织乡（镇）统计员进行数据录入专题培训，不断完善全员人口信息采集和管理。加强与经管站、社区办、公安、卫生等部门的联系，及时核实、补录全员人口数据，实现人口数据动态更新，保证了全区人口数据的及时性、准确性。发挥信息引导作用，为领导决策提供参考。根据统计数据，完成了《房山区十年人口分析》、《房山区“十一五”期间人口和计划生育形势分析》、《房山区“十一五”时期妇女儿童发展规划终期评估报告》、《2010年房山区统计年鉴》人口计生数据的整理与报送。完成了上半年全区人口计生数据的直报及《全国城乡人口和家庭发展状况抽样调查》抽样数据核实等工作，使数据信息得到充分利用。

宣传教育。以“倡导婚育文明、构建和谐家庭”为核心，结合建党90周年、纪念“7·11”世界人口日开展了计生系统红歌演唱会和“婚育新风杯”计生家庭才艺展示活动。各乡（镇）积极组织，认真筹备，创作了弘扬婚育新风的歌舞、小品、魔术、相声等600多个优秀作品，累计观众达1万余人次。对“没有共产党就没有新中国”词曲诞生地沿线进行人口文化建设，设置了人口计生文化墙、宣传橱窗。主动与国家、市、区媒体沟通联系，充分发挥媒体作用，广泛宣传新型人口文化。区内媒体采用稿件50条，区以上媒体采用30条。为纪念“9·25”《公开信》发表31周年，各乡（镇）开展了文艺演出、知识讲座、知识竞赛等丰富多彩的宣传教育活动。利用两节积极开展“三下乡”活动，有力地宣传了计生国策，体现了党对计生家庭的关怀，营造了良好的舆论氛围。

依法行政。利用多种形式，深入宣传“一法三规一条例”，增强法规宣传的渗透性、社会宣传的广泛性，提高群众对政策法规的知晓率和守法意识。进一步规范行政执法行为，严格按照法律法规规定的标准、程序、期限办事，做到工作主体合法化、考核评估科学化、责任监督制度化，切实维护群众合法权益和社会和谐稳定。按照《北京市人口与计划生育条例》的规定，严把材料审核关，对情况特殊、婚育复杂的申请人进行走访，以确保再生育审批准确无误。年内，批准再生育574例，批准病残儿20例，夫妇一方伤残1例。全面推进农村部分计划生育家庭奖励扶助和特别扶助工作，在工作中始终坚持“既不漏报一人，也不错报一人”的原则，使符合条件的计生家庭奖励全部得到落实。对独生子女发生意外伤残致使基本丧失劳动能力或独生子女死亡的家庭，年满规定年龄的全部落实了每人给予5 000元的一次性经济帮助。开展社会抚养费征收专项执法治理工作，加大对历年拖欠社会抚养费的征收力度，保证低生育水平的稳定。

优质服务。为机关女干部、教师和社区居民举办生殖保健知识讲座，听课人数达千余人，提高了育龄群众的生殖保健意识，促进了育龄群众整体素质的提升。积极开展“农村长效节育户籍已婚育龄群众免费健康体检项目”，制订并下发“农村长效节育户籍已婚育龄群众免费健康体检”项目实施方案，与区妇幼保健院、区中医院、北京同济医院等五家体检单位合作，组织23个乡（镇）对采取长效节育措施的已婚育龄群众进行健康体检，受益群众达3.8万人。以区生殖健康技术服务中心和各乡（镇）计生办为免费发放点，对已婚待孕和怀孕三个月内的育龄妇女，免费发放叶酸增补剂。为流动人口生殖健康服务2 239人，各项检查4 478人，发放宣传品2 000多份，免费提供避孕药具1 600多盒，为外省、市计生部门提供孕检信息380余次。

流动人口服务与管理。年初制定了《房山区人口计生委关于流动人口计划生育服务管理日常工作考核办法》，细化了考核内容，量化了考核标准。在流动人口较多的10个村成立了流动人口计划生育协会，全区已增加到32个。利用各种节日、纪念日大张旗鼓地开展群众性宣传活动。举办了流动人口信息统计员培训班，为590名村（居）专干进行了全员流动人口信息采集专项培训，提高了信息统计质量。春节前夕，印发了《致全区流动人口的一封信》5万份，告知了应回乡办理的事项及区内的管理办法。全区针对流动人口开展文艺演出、座谈会、联欢会、同乡会、猜灯谜等宣传活动18场，开展宣传咨询活动48次，发放各种宣传资料15万余份。投资8万元规范了12个流动人口图书角，添置了电视、书架、办公桌和宣传展板和300余本书，丰富了流动人口的业余生活。全区流动育龄群众受教育面达90%以上。

人口问题研究。为了适应新的形势和任务，加快人口计生工作的转型，成立了调研室，进一步加强人口问题的研究。紧紧围绕打造“一区一城”的功能定位，认真分析全区经济社会发展给人口计生工作带来的机遇和挑战，充分考虑产业调整、空间布局、土地利用、人才战略等主要因素，科学确定人口发展规划目标、任务和措施，并根据公布的“六普”数据，调整了“十二五”规划的有关内容，使全区的人口规划、人口发展更有利于经济社会发展，与社会资源环境协调。通过认真分析京津冀地区人口发展形势，深入研究北京市人口布局的调整、城市功能定位、空间布局和产业结构给人口布局和结构带来的影响和人口流动规律，提出了“发挥产业发展对人口规模的调节作用；提高对流动人口的服务水平；促进不同区域经济人口均衡发展”等促进人口协调发展的建议。为实现“十二五”期末全区人口控制在110万内的调控目标，户籍人口已无压缩的空间，只有加大对人户分离人员和流动人口这两种人的调控力度，才能保证调控目标的实现。经研究，建立了“责任清、情况明、服务优”的人户分离人员管理模式和“以产管人——企业管理模式、以房管人——居住地管理模式、以证管人——属地化管理模式”三种流动人口管理模式。

协会工作。围绕开展“生育关怀行动”，按照“理念创新、方法突破、特色鲜明、群众受益、形成品牌”的工作思路，积极探索具有协会特色、时代特征、本地特点、使群众真正得到实惠的活动项目。利用电视台、报纸、网络、橱窗、宣传材料等媒体渠道向全社会进行大力宣传，呼吁全社会都来关心支持生育关怀行动，扩大了社会影响力。同时，在母亲节和“5·29”协会会员活动日前后，组织基层协会以“生育传承希望、关怀相伴和谐”为主题，积极开展大规模集中宣传活动，为广大会员和群众送关怀、送服务，营造了良好的宣传氛围。积极探索依托具体项目推动生育关怀活动的新途径，推进“暖心工程——特扶对象享受养老保险补贴项目”，将区内独生子女死亡的空巢老人和独生子女伤残的特别扶助对象列入关怀范围，帮助他们办理城乡居民养老保险，受到计生空巢老人的欢迎。

【人口和计划生育数据】年度内，全区共上报出生人口 7 161 人，政策内生育6 957人，计划生育率为 97.15%。其中上报出生男孩3 744，女孩3 417，人口出生性别比为 109.57。年末全区户籍总人口 77.92 万人。

【北京市“三下乡”活动启动仪式在房山区举行】1 月 13 日，北京市文化、科技、卫生“三下乡”活动启动仪式在房山区举行。市委宣传部副部长傅华、区委宣传部部长赵佳琛、市人口计生委宣教处处长刘凤婷等领导出席了启动仪式。

【房山区人口计生系统开展“三下乡”活动】1 月 20 日，区人口计生系统文化、科技、卫生“三下乡”活动在琉璃河镇举办。这项活动以“倡导婚育文明、构建和谐家庭”为主题，开展青春健康大讲堂、计划生育宣传、生殖健康咨询、为育龄群众免费义诊等活动，并为居民送去春联、全家福，发放计生宣传品、年画、挂历、避孕药具等。区人口计生委领导还走访慰问了计划生育贫困家庭、独生子女家庭和计划生育专干家庭，为他们送去了慰问金和慰问品。

【北京市人口计生委领导慰问独生子女困难家庭】1 月 26 日，市人口计生委副主任徐捷、流管处处长张瑞霞在区人口计生委主任张广华的陪同下，到长阳镇赵庄村慰问独生子女困难家庭和老计生专干。市人口计生委领导为独生子女困难家庭和老计生专干送去了慰问金和米、面、油等生活必需品，并向她们致以节日的祝福。

【召开全区人口计生工作会】3 月 11 日，召开房山区 2011 年人口和计划生育工作会。会议由区人口计生委副主任李书会主持，各乡（镇、街道）主管领导，计生办主任及科（站）长参加会议。会上，区人口计生委主任张广华与乡（镇）签订了 2011 年人口和计划生育工作职责责任书，副主任刘玉霞作工作报告，副主任邱珍国宣读了《房山区人口与计划生育工作领导小组关于表彰 2010 年度人口和计划生育工作先进集体、先进个人的决定》，西潞街道、长阳镇、燕山办事处、拱辰街道等单位作了典型发言。主任张广华就进一步抓好全区人口计生工作提出具体要求。

【打造人口文化阵地】年内，对区内“没有共产党就没有新中国”词曲诞生地沿线进行了人口文化建设，设置了人口计生文化墙 20 多处，宣传橱窗 10 个。规范了人口文化活动中心（室），对全区25个乡（镇、街道）人口文化活动中心和110个村（居）人口文化活动室进行了规范，统一了硬件设施、规章制度和活动主题，并按计划开展了丰富多彩的活动，使人口文化阵地得到充分利用。

【举办《青春健康教育读本》征文活动】5月19日，房山区举办《青春健康教育读本》征文活动总结会暨乡（镇）人口文化活动中心授牌仪式。征文活动的开展，促进了孩子们良好的品德、情操、心理素质、行为习惯和社会适应能力的培养，为开展青少年健康人格工程打下良好基础。活动共评选出291篇获奖文章，其中一等奖10篇、二等奖22篇、三等奖38篇、优秀奖221篇。14个乡（镇、街道）计生办获得了组织奖。

【北京市财政局对房山区人口计生工作进行绩效考评】5月31日，市财政局绩效考核工作评估组对房山区2010年向高中生免费发放《青春健康教育读本》、向新婚夫妇免费发放婚育健康服务包、扶持农村计划生育低收入家庭增收致富、独生子女家庭特别扶助等项目进行绩效考核评估。市人口计生委科技处处长李晓沪、政法处处长周新茹等一同参加绩效考评工作。

【大力推进儿童早期教育和青少年健康教育】树立大力推进儿童早期教育的现代理念，开展了“快乐优教群婴汇”运动会、婴幼儿早期潜能开发知识培训等早教活动，训练了婴幼儿的反应、速度、智力和技巧能力；使家长掌握了早教技能，切实担当起孩子早教开发第一责任人的重任。区人口计生委联合区委宣传部、区教委开展了青少年性与生殖健康教育活动，完成初、高中学生《青春健康教育读本》发放及征文活动，做到了初、高中学生人手一册，并有40多所中学1万多名中学生参与了征文活动，取得良好效果。建立起正规的青春健康项目师资队伍，开展了多场青春健康知识讲座，加强人口道德素质和诚信教育，促进人的全面发展，提升了人口综合素质。

【举办“青春健康项目”师资志愿者聘任仪式】6月10日，区计生协会会同区教委在良乡昊天中学举办“青春健康项目”师资志愿者聘任仪式。活动中聘请北师大良乡附中、良乡中学、房山五中等八所学校的心理老师和区疾控中心性病与艾滋病防治科科长为青春健康项目老师，并颁发聘书。此外还在昊天中学举办了一堂生动而有趣的《拒绝毒品》专题讲座。

【举办“党在我心中”演讲比赛】6月23日，区人口计生系统“党在我心中”暨庆祝中国共产党成立90周年演讲活动决赛在区人口计生委举行。26名选手经过激烈角逐，最后评出三等奖6名、二等奖4名、一等奖2名。良乡镇选手、长沟镇选手并列演讲比赛的第一名。

【开展药具免费“发放日”活动】年内，继续深入开展全区免费药具“发放日”活动，在发放药具的同时最大限度地扩大避孕药具的知晓率和领取及时率。区药具站与乡（镇）计生办签订《药具计划制定、实施协议》，以加强药具的调拨管理，保障药具计划执行的准确性与严谨性。为确实充分发挥全区 1 683 个发放网点的作用，保障渠道畅通，对发放网点进行再次摸查工作，全面掌握了所有网点的使用情况。积极开展调研工作，与 4 个乡（镇）、10 个村（居）的药管员进行了座谈，摸清了避孕节育药具发放形式和药具工作薄弱环节，为深入开展工作提供了依据。

【积极推进出生缺陷一级预防工作】 以区生殖健康技术服务中心和各乡（镇）计生办为免费发放点，对已婚待孕和怀孕三个月内的育龄妇女免费发放叶酸增补剂，扩大宣传，提高领取率。全年发放 3 290 人，共计 1.97 万瓶，并对服药人群进行随访。全区实施了“婚育健康服务包”项目，从源头上降低出生缺陷发生率，共发放“婚育健康服务包”5 640 个。聘请北京妇产医院、同仁医院等知名医院的专家为新婚待孕和现孕夫妇们讲解“如何生育一个健康聪明宝宝”的优生优育知识。全年开展讲座 47 期，听课人员达 4 600 人次。在学习班上，还对新婚夫妇进行人口形势和计划生育法律法规知识教育，使他们更加理解人口和计划生育政策，支持国策，落实少生优生。

【组织红歌演唱会暨计生家庭才艺展示活动】 7 月 8 日，为庆祝建党 90 周年、纪念第 22 个世界人口日，区人口计生委在府前广场隆重举行庆祝建党 90 周年红歌演唱会暨计生家庭才艺展示活动。这次活动以文艺表演的形式进一步讴歌党的计生惠民政策，提升家庭人口文化建设品位，弘扬新型人口文化，展示计生干部和计生家庭风采。各乡（镇）从 6 月份就开始积极组织，认真筹备，创作了弘扬婚育新风的歌舞、小品、魔术、相声等 600 多个优秀作品，分别在西潞街道、青龙湖镇、长沟镇三个乡（镇）进行展演，最后在府前广场进行了会演，累计观众达 1 万余人次。

【开展纪念《公开信》发表 31 周年主题活动】 为纪念“9·25”《公开信》发表 31 周年，房山区 25 个乡（镇、街道）计生办分别开展多种形式的宣传活动。各乡（镇、街道）充分发挥基层计生宣传员、宣传队、宣讲团的作用，以演讲、座谈会、知识讲座、知识竞赛、文艺演出、政策咨询、发放宣传品等形式，掀起了全区宣传工作的高潮。在活动中使群众掌握了更多计生知识，了解了人口计生工作的重要性，增强了参与计生活动的意愿，为全区更好地开展计生工作奠定了良好基础。

【举办全员人口管理信息系统培训班】 9 月 26 日至 11 月 1 日，区人口计生委举办了全员人口管理信息系统社区（村）专干培训班，全区 582 个村（居）的 600 余名计生专干参加。培训班共办 12 期，每期两天。针对全区基层专干的知识层次和全员人口管理信息系统的使用要求，主要就 windouws XP操作系统的基本操作、计算机网络基本知识、基本办公软件的使用及计算机安全知识、计算机软硬件基本故障的排除、流动人口的信息管理系统、奖励扶助管理系统的操作以及人口和计划生育系统统计口径等内容进行了培训。

【北京市人口计生委在房山区组织“生殖健康伴你行”进军营主题活动】9月27日，市人口计生委组织的“生殖健康伴你行”进军营主题活动在房山区驻地部队启动。启动会上，市人口计生委副主任徐捷到会讲话，北大教授王冰为战士们讲授了男性健康知识。

【房山区委巡视组到区人口计生委考察工作】9月27日至11月10日，区委第三巡视组按照区委要求，对区人口计生委进行了巡视考察。巡视组围绕领导班子思想作风建设，单位工作制度建设，党风廉政建设等情况进行了全面的巡视考察。

【开展“男性生殖健康”活动】10月27日，在第12个“男性健康日”来临之际，区人口计生委在城管大队开展了“男性生殖健康”活动。聘请良乡医院泌尿科专家李世强举办讲座，讲解了关于男性生殖系统的疾病、如何预防等知识。

【全面落实奖励扶助政策】年内，全区农村部分计划生育家庭奖励扶助和特别扶助工作全面展开，符合条件的计生家庭奖励全部得到落实。独生子女父母奖励费兑现率达到100%。

【大力开展生育关怀活动】年内，组织全区各界为“幸福工程项目”募捐，共募集资金9.5万元。累计投入项目资金286.5万元，在14个乡（镇）建立项目基地30个，救助贫困母亲320人，使每户年均提高经济收入5 000元。继续深入开展“暖心工程——特扶对象享受养老保险补贴项目”，帮助计生空巢老人和伤残特扶对象解决养老问题。广泛开展“生育关怀——亲情牵手活动”，积极招募志愿者，与空巢老人结对，照顾老人生活，使计生家庭空巢老人精神上得到慰藉。

【开展民主评议政风行风活动】下发了《关于开展2011年民主评议政风行风活动的通知》，在全区开展了“双评”活动。向广大育龄群众发放调查问卷625份，群众对全区计生工作的满意率达98%。在民主评议政风行风活动中，增加了被评单位和部门的清正廉洁、领导班子抓党风廉政建设、落实政风行风建设责任制等内容。同时依托“阳光计生行动”，规范政务公开的内容和形式，以“阳光管理”取信于民。一年来，全区计生系统共受理信访5 716件，结案率为99.8%。

【严格审批制度，提高依法行政水平】规范行政执法行为，严把材料审核关。全年共办理、发放《一孩生育服务证》4 856本；办理《独生子女父母光荣证》4 950本；组织再生育子女审批会7次、发放再生育子女生育服务证574本；组织医疗专家进行伤、病残医学鉴定2次。认真开展社会抚养费征收专项执法治理工作，当年征收率为 87.8%。

【开展“计划生育生殖健康伴你行”活动】 充分利用区内丰富的卫生资源，计卫联手，开展“计划生育生殖健康伴你行”下乡服务系列活动，为育龄妇女进行免费妇女病检查，6.5 万多人受益，实现全区 462 个村全覆盖。为了适应城市人口迅速增长的新形势，顺应群众对生殖健康、优生优育知识的需求，充分利用技术人员优势，在非农业人口中开展了“健康工作，快乐生活”生殖保健知识讲座。

【开展“农村长效节育户籍已婚育龄群众免费健康体检”工作】 为了深化医疗制度改革，满足育龄群众的健康需求，积极开展了“农村长效节育户籍已婚育龄群众免费健康体检”工作。区生殖健康技术服务中心与各乡（镇、街道）计生办紧密配合，历经半年时间，为全区 25 个乡（镇、街道）的 3.81 万名育龄群众进行了体检，对患病育龄群众提出了科学的指导意见，并建立电子健康档案。

【召开人口计生工作汇报会】 11 月23～24 日，区人口计生委召开为期两天的人口和计划生育工作总结汇报会。各乡（镇、街道）分别汇报了 2011 年人口计生工作情况和 2012 年的工作思路；区人口计生委主管副主任分别对主管工作进行了安排部署；区人口计生委主任张广华总结了 2011 年工作情况、存在的问题并提出 2012 年的工作思路。各乡（镇、街道）主管领导、计生办主任及科（站）长参加会议。

【加强流动人口服务管理省际双向协作】 区人口计生委与流入区内人口较多的 43 个省、市、区（县）签订了双向服务管理协议书，定期向协议省、市反馈在房山区的出生名单，并长期通过电话、邮件和 PADIS 保持联系。与山东省德州市密切合作，每月进行工作交流和各种数据交换。对流动人口出生进行动态监测，与区卫生局签订了出生人口数据交换协议书，从医院监测到流动人口出生 1 679 人，对核实准确的及时向户籍地进行了通报。积极宣传这些省、市的奖励优惠政策和处罚措施，减少流动人口违法生育的发生。

【开展流动人口均等化服务】 年内，通过各乡（镇、街道）和区技术服务中心发放了流动人口免费服务提示卡 5 万份，使她们充分了解免费办法。印制了邮资封，免费发放给需要邮寄孕检报告单的育龄妇女。免费孕检 2 688 人次，计划生育手术 25 例。在流动人口聚集地增加了 18 个避孕药具免费自取点，保证了流动人口方便及时获得避孕药具。各乡（镇、街道）均将流动人口纳入免费健康体检范围，共为 3 635 人进行了康检。对春节期间不返乡和生病、生育的流动人口，各乡（镇、街道）采取多种形式进行走访慰问，使流动人口感受到当地政府的温暖，赢得了她们对计生工作的支持。

（李伟）

通州区

【概述】2011年，通州区人口计生工作在区委、区政府的正确领导和市人口计生委的大力支持下，以科学发展观为统领，以胡锦涛总书记在中央政治局第二十八次集体学习时的重要讲话精神为指导，以落实国家、市人口计生委综合改革指导意见为契机，坚持“大人口、大统筹、大协作”的工作思路，采取抓重点、克难点、举亮点的工作方法，积极推进“三项重点工作”，启动三个项目，深化“五大机制”建设，圆满完成了年初既定的工作目标。

加强领导。区委、区政府高度重视人口计生工作，实现两个纳入：一是纳入折子工程。将“筹建人口计生综合服务中心，研究建立人口计生工作新机制，着力控制人口数量、优化人口结构，解决好流动人口的管理与服务问题”列入区政府的折子工程。二是纳入办实事项目。把“为户籍农民已婚采取长效避孕措施的育龄妇女提供免费体检3.2万人次”等内容纳入为民办实事项目。区委、区政府的高度重视，为推动全区人口计生工作的发展创造了良好的条件。

优质服务。年内，将生殖健康保健服务融合到“关爱育龄群众健康行动”之中，为农村采取长效措施的已婚育龄妇女免费体检3.16万人，为城镇无业已婚育龄妇女免费体检1 173人，并根据体检结果，为每名育龄妇女建立生殖健康档案，开展跟踪服务。坚持举办“优生优育大课堂”和“生殖健康大课堂”系列讲座，为1.4万名新婚夫妇提供优生优育知识培训，为6万多人提供生殖健康知识培训。开展药具“三查三看一调研”活动，进一步规范了药具管理和发放流程，拓展了药具发放网点，建立健全了药具宣传和服务机制，减少了药具发放的盲点和盲区。先后在村、社区服务中心新增加77个免费避孕药具发放网点，全区服务网点达到978个。在流动人口聚集的6个乡（镇）、21个村增配了56个药具优质服务柜，满足群众需求。

依法行政。严格执行人口计生各项法律法规，努力构筑阳光计生、诚信计生。一是规范执法文书，严格再生育审批。在严格依法行政、加大执法力度的工作中，呈现三多三少的局面：双独生子女依法审批二胎多了，病残及伤残审批少了；社会抚养费缴费多了，违法生育现象明显少了；依法自觉实行计划生育的多了，上诉来访的件数少了。二是规范政务公开和村民自治章程。年初下发《规范政务公开工作实施方案》，在村以上单位设立人口计生政务公开栏，规范公开内容。对生育政策法律法规、审批流程等8项内容进行重点公开。重新修订村民自治章程，通过逐级上报、逐一复核、统一备案，使全区各村（居）

委会修订村民自治章程达到了标准化、规范化。三是严格信访程序，提高案件办理效率。全年，共收到群众来电来访428件，按照“分级负责，归口管理”的原则，层层建立责任制，来电来访结案率100%。

流动人口服务与管理。年内，全面贯彻落实国家和北京市人口计生委工作要求，积极推进流动人口“一盘棋”工作。一是加强人口计生部门内部的统筹协调。全区共登记流动人口48.42万人，其中育龄妇女11.86万人。做好流动人口《婚育证明》查验工作，查验婚育证明3.12万份。二是加强与相关部门的统筹协调。做好出生监测，年内流动人口出生3 794人。三是落实流动人口均等化服务要求。在全区范围内启动“关爱流动人口，爱心与健康同行”流动已婚育龄妇女健康体检活动。开展了“生殖健康讲座”、“生殖健康进军营”、免费防癌筛查活动，先后聘请医院妇科专家，深入到15个单位面对面为育龄群众传授生殖保健、妇科病防治、预防性病、艾滋病等生殖健康知识，为她们解除疑难困惑。为900多名军嫂免费进行健康体检，为2 188名流动已婚妇女进行了宫颈癌筛查。为近3万名流动人口讲授生殖健康知识，组织2 000多名流动人口参与了“我与现代化新城建设同行”知识竞赛等活动，提高了服务覆盖面。

利益导向。一年来，通州区各单位在落实国家、市、区各项人口计生奖励扶助政策的基础上，结合本地工作实际，多策并举深化利益导向机制建设。一是在产权制度改革、旧村改造、村集体奖励、助学奖励、养老保险、优先享受养老金和医疗费“二次报销”等方面，全区大多数乡（镇、街道）以及条件好的村都不同程度地建立了对计生家庭的倾斜政策，奖扶资金达4 231万元。二是在计生家庭中建立了意外伤害保险机制。各单位把对计生家庭意外伤害保险项目作为为计生家庭办好事、做实事的一项内容，采取镇、村补贴的办法，调动计生家庭参保的积极性。全年参保家庭达13.91万户，入险6.14万份，投入保费184.14万元。年内，共有600余户计生家庭出险，理赔金额70多万元。

宣传教育。在人口计生宣传教育工作中，注重强化运河人口文化品牌建设机制。一是加强环境建设，实施“扮靓新城，美化环境”三融六建工程。新建人口文化一条街32条，人口文化公园2个，人口文化墙9 000平方米，人口文化宣传标语牌309个，人口文化楼门369个，区、镇、村三级用于人口文化环境建设的投入达53万余元。二是加强舆论宣传。新建人口计生宣传网站、手机短信平台，更新电视专题节目《聚焦人口》。组建新闻通讯员队伍，设立“人口计生宣传奖”，开展“百条好新闻评选”活动。全年在市级以上媒体刊发新闻稿件264篇，其中6篇获得好新闻一等奖。三是围绕母亲节、“7·11”、“9·25”等重要纪念日，开展系列主题活动100余场。其中，以“关爱母亲，共享幸福”为主题的生育关怀活动，得到各乡（镇、街道）的积极响应，共为贫困母亲募集到善款13.3万余元；以“服务新城树形象，落实国策展风采”为主题的文艺宣传活动，得到全区500余名计生专干、5 000余名计生宣传员的积极参与。有60多名计生专干结合自己的工作经历，撰写了人口计生文艺作品，有200多名计生专干自导自演了形式多样的文艺节目，展现了基层计生干部的激情与活力。

人口研究。以“新城建设人口工作研讨会”为契机，围绕当前人口发展方面存在的热点、难点问题，以“优化人口环境，助推新城发展”为主题，开展新城人口方面具有前瞻性、综合性、系列性的研究。初步建立了统筹解决人口问题的工作机制，全区人口发展研究工作进入到“政府推动、部门协调、专家参与”的协调发展新阶段。

信息化建设。把人口信息化建设作为人口计生工作的突破口和生命线来抓。在完成市级全员人口数据库个案信息录入任务的基础上，对区级人口数据库开发和信息化建设进行了调研。一是建立健全信息化建设管理制度。联合区信息中心、经信委等部门多次开展政府网接入调研。通过VPN技术为143个不能登录全员人口系统的村（居）解决网络接入问题，完善了区、镇（街）、村（居）三级网络设施。二是开展了人口信息化建设调研。与有关部门合作，对兄弟区（县）人口信息化以及区公安、流管、民政等八个部门的信息化建设现状进行调研，实地了解了通州区数字城市、行业信息化及人口数据的分布情况，理清了通州人口信息化建设的思路。

【人口和计划生育数据】年内，全区常住人口129.5万人，户籍人口67.3万人，流动人口62.2万人。出生人口6 364人，计划生育率98.63%。

【启动免费孕前优生健康检查项目】1月12日，通州区启动了免费孕前优生健康检查项目，国家人口计生委科研所彭左旗等3名专家对通州区生殖健康服务中心、妇幼保健医院、京通医院的21名医务人员进行了集中培训。3月初两家医院正式实施项目的临床检查。年内，有1 640对符合条件的夫妇自愿领取了免费孕前优生健康检查服务卡，有682对夫妇到医院做了临床检查。

【举办青少年健康教育座谈会】1月20日，区人口计生委与区教委联手，在通州区运河中学举办了“通州区青少年健康教育暨《成长的烦恼》、《最美的花季》这两本书的发放座谈会”。区人口计生委主任刘美俊、副主任薛美利，区教委副主任张立芳，区运河中学副校长陈克强等领导，及心理学师资骨干、运河中学老师代表、家长代表、学生代表等30余人参加了活动。市人口计生委宣教处刘凤婷处长出席活动并作讲话。

【北京市人口计生委领导慰问困难计生专干和独生子女家庭】1月27日，市人口计生委党组书记杨林一行在通州区副区长刘淑华、区人口计生委主任刘美俊的陪同下，先后到台湖镇、张家湾镇走访慰问了生活困难的计生专干和特困独生子女家庭，为他们送去慰问品和千元慰问金，送去党和政府的关怀和温暖。

【召开人口和计划生育工作会议】 4月2日，通州区召开2011年人口计生工作大会，会议由区人口计生委党组书记张湛军主持。区人口计生委领导小组成员，全区11个乡（镇）、4个街道的主管领导、计生办主任、委机关科室负责人近40余人参加了会议。区人口计生委主任刘美俊、副主任梁萍分别传达了市人口计生工作座谈会、人口计生工作大会的有关精神，区人口计生委主任刘美俊对2011年人口计生工作重点进行了具体部署。

【启动青春健康教育走进校园活动】 4月26日，区人口计生委与区教委、区卫生局联手在运河中学隆重举行“快乐青春，伴你健康成长”——通州区青春健康教育走进校园活动启动仪式。市人口计生委副主任彭彧华、宣教处处长刘凤婷，市计划生育协会秘书长胡兰，通州区副区长刘淑华及区人口计生委、区教委、区卫生局相关领导出席启动仪式。来自全区33所中学的德育干部、心理学教师、学校校医及运河中学高一年级学生近500人参加了活动。青春健康教育示范校运河中学、通州六中、大杜社中学就采取多种形式开展青春期健康教育作了典型发言，运河中学学生代表王昀宣读了“青春健康倡议书”。启动仪式还聘请了北京师范大学心理学博士沃建中教授作现场授课。

【召开新城建设人口工作研讨会】 4月29日，区人口计生委召开“新城建设人口工作研讨会”。市人口计生委党组书记、主任刘志，办公室主任胥德琪，研究室主任潘银苗，市社会主义学院副院长、通州人口问题战略研究专家组组长陈剑，区人大常委会主任张文山，区政协主席王春元，区委副书记李玉君，区委常委、政法委书记赵玉影，区委常委、宣传部长张秀余，副区长刘淑华，区委办公室主任尚祖国等领导出席会议。会议由区委常委、宣传部长张秀余主持。副区长刘淑华作了题为“认清形势，科学调控，为新城建设提供良好的人口环境”的主旨报告。区流管办、区公安分局等四个单位就相关人口问题作了发言。市人口计生委主任刘志针对通州区人口计生工作提出五个“更加注重”的要求，即更加注重人的全面发展，更加注重人口长期均衡发展，更加注重人口调控与经济社会发展综合决策，更加注重人口工作体制机制的改革创新，更加注重构建人口基本公共服务体系。市人口计生委把通州区作为开展新城人口规模调控的重点研究对象，给通州区明确了研究课题——《通州国际化新城人口特征、趋势分析与调控措施研究》。为此，通州区特聘三名党校老师担任课题顾问，并借助党校的平台优势，将课题成果纳入党校的课程内容。

【开展纪念母亲节生育关怀活动】 5月

6日，区计生协会隆重集会，举办了主题为“关爱母亲，共享幸福——通州区纪念母亲节生育关怀活动”。市计生协秘书长胡兰、通州区副区长刘淑华出席活动。区人口计生委主任刘美俊、党组书记张湛军，区委宣传部、区文明办、区直机关工委、区文化委和各乡（镇、街道）计生工作主管领导，计生办主任，计生协会负责人近400人参加活动。区人口计生委主任刘美俊为活动致辞，市、区领导为部分计生家庭致富项目基地代表授“幸福工程基地”牌。母亲节宣传月期间，全区15个乡（镇、街道）为贫困母亲共计捐款13.33万元。

【组织开展文化、科技、卫生“三下乡”活动】5月20日，区人口计生委牵头，携手区委宣传部、区农委、区司法局、区法制办等10余家单位，在台湖镇政府广场，组织开展了以“倡导婚育新风，构建和谐家庭”为主题的文化、科技、卫生“三下乡”活动。此次“三下乡”活动，以科技周活动为契机，以单位联手、部门联动、电子屏宣传人口计生标语，设立政策、法规、科技知识咨询台，发放材料、书籍，解答群众提出的问题为宣传服务内容，规模较大，成效明显，深受广大育龄群众的欢迎和好评。

【通州区首家流动人口计生服务站落成】年内，为做好全乡5 900多名流动人口的服务管理工作，于家务乡投资3万余元，历时4个月在西垡村建立了全区首家流动人口计划生育服务站，并举行了揭牌仪式。区人口计生委主任刘美俊、副主任金士兰出席了揭牌仪式。该流动人口计划生育服务站配有展板、电脑、桌椅等设施，可利用多种渠道，将计生政策法规、生殖保健、避孕节育知识等现代化、人性化的信息传送给流动人口，进一步加强了流动人口的信息交流与沟通。

【北京市人口计生委科技处领导视察健康检查项目开展情况】5月24日，市人口计生委科技处领导李晓沪、李朝俊、冯雷以及“农村采用长效避孕措施的育龄公民免费健康检查”项目专家组夏福蓉、张季媛两位主任医师莅临通州区，视察农村育龄公民免费健康检查项目的开展情况。区人口计生委副主任金士兰、服务站站长田义春、政策法规科科长李海勋、台湖镇计生办主任胡立平陪同视察。市人口计生委科技处领导及专家组一行视察了台湖镇卫生院长效体检工作并进行了座谈。李晓沪处长肯定了通州区长效体检工作，并对今后工作提出了要求。

【举办纪念“7·11”世界人口日主题活动】7月11日，区人口计生委以“甜蜜的事业，美丽的风采”为主题，开展了形式多样、丰富多彩的计生专干风采展示活动。市人口计生委主任刘志，区委副书记李玉君，区委常委、宣传部长张秀余，区人大副主任罗明光，副区长刘淑华，区政协副主席王子江，区直机关工委、区文化委、区广播电视中心等相关单位领导出席活动，全区各乡（镇、街道）人口计生工作主管领导、计生办主任，部分村（居）计生专干、宣传员、计生志愿者、演职人员共计600余人参加了活动。宋庄镇全体计生专干带来的诗朗诵《我们是光荣的计生人》拉开了活动的序幕，北苑街道计生专干的太极剑表演《健康的呼唤》舞出了计生人的风采，台湖镇的大合唱《让爱拥有科学的春天》唱出了计生人心中之歌，将活动推向高潮。

【推进人口计生干部队伍职业化建设】 8月1~4日，通州区邀请5名国内外知名专家对全区近300名年龄在40岁以下的村级计生专干进行了为期4天的集中培训，系统讲授了优生优育、避孕节育、政策法规以及生殖健康等课程。年内，区人口计生委先后举办新闻信息、统计分析、调查研究、保险工作、药具管理、流管信息采集等多种培训班，累计培训3 580人次。295名专干报名参加了全国生殖健康咨询师考试。

【举办“流动人口同我们共建现代化国际新城”知识竞赛】 9月16日，区人口计生委和区计生协会联手举办了“流动人口同我们共建现代化国际新城”知识竞赛。市人口计生委流管处处长张瑞霞，流管处副处长李乐华，区人口计生委主任刘美俊，副主任金士兰、梁萍出席活动。全区11个乡（镇）、4个街道共15支参赛队选派出优秀队员参赛，比赛队员全部来自全区各行各业的在京流动人员。知识竞赛共设立一等奖2个，二等奖5个，三等奖8个。中仓街道代表队和永顺镇代表队荣获一等奖。此次活动使在场的观众更多地了解了人口计生政策、法规，流动人口的服务内容，对通州区流动人口工作的深入开展起到了推动作用。

【启动0~3岁儿童早期教育项目】 年内，通州区将实施0~3岁儿童早期教育纳入社会公共服务范畴。与幸福泉儿童发展中心合作，在“9·25”前夕举办通州区“爱宝贝早期呵护计划”启动仪式。国家人口计生委培训交流中心副主任李勇军、市人口计生委副主任彭彧华、区委副书记李玉君、区妇联副主席边学峰、区民政局副局长陈晓丽、区人口计生委主任刘美俊、区人口计生委党组书记张湛军以及全区各乡（镇、街道）人口计生工作主管领导、计生办主任，婴幼儿家长、新婚夫妇等共计近300人参加。此次启动仪式还邀请“北京幸福泉全国连锁幼儿园总园长、国际知名专家、中国婴幼儿潜能开发教育的先行者”程淮教授参加。李勇军、彭彧华、李玉君等领导共同启动了通州区“爱宝贝早期呵护计划”宣传球，并为婴幼儿家长代表、新婚夫妇代表赠送了人口早期教育光盘。区委副书记李玉君为程淮教授颁发了聘书，聘请程教授担任区0~3岁婴幼儿早期教育“首席专家”。程教授为到场的婴幼儿家长、新婚夫妇进行了专业育婴讲座。

【北京市人口计生委领导到通州区调研】 10月9日，市人口计生委副主任徐捷一行莅临通州调研指导工作。区人口计生委党组书记张湛军以《通州区新城人口发展趋势、特征及规模调控课题调研工作设想》为题进行了汇报。徐捷副主任对通州区人口研究调控工作给予了充分肯定。

【开展药具“三查三看一调研”活动】 5月15日~8月31日，区人口计生委在全区开展了药具“三查三看一调研”活动，制定下发了活动通知，并召开工作协调会，对此项工作进行专题部署。这项活动分为自查阶段、抽查阶段、分析总结阶段三个阶段进行。在街道办事处（乡、镇）和村（居）逐级开展自查的基础上，区人口计生委组成由副主任薛美利带队的检查小组，自9月8日开始，利用一个月时间，采取随机抽查的方式，深入到乡（镇）、村（居）对药具管理与服务情况进行检查。

【区领导调研人口计生工作】 10月25日，副区长李亚兰、区政府办公室副主任陈世忠等一行3人到区人口计生委进行调研。区人口计生委主任刘美俊就区人口计生委现有机构设置、人员编制、主要工作开展情况进行了汇报。区领导充分肯定了人口计生各项工作取得的成绩，并提出两点希望：一是坚定信心、明确定位、理顺关系、完善机制，为通州新城建设提供有力支撑；二是加强自身建设，增强活力与凝聚力，营造团结和谐向上的工作环境。

【举办“关注男性健康，创建幸福家庭”主题宣传活动】 10月28日是第12个男性健康日。区计生协会协同区宣传站、药具站、新华街道办事处计生协在西海子公园共同举办了“关注男性健康，创建幸福家庭”的主题宣传服务活动。区人口计生委党组书记张湛军、副主任薛美利、协会秘书长翟庆宁、宣传站站长谭丽以及药具站站长贾德强参加了活动。此次活动，共为辖区居民及流动人口发放《男性健康手册》、《女性健康手册》共1.5万本、避孕药具4 000盒、毛巾200条和宣传提袋300个。新华医院医务人员现场为百余名居民进行了义诊。

【开展流动人口生育意愿和生活状况调查】 为做好通州现代化国际新城流动人口管理与调控工作，全面了解流动人口育龄群众的生育意愿和生活状况，区人口计生委与市人口研究所共同制作了《通州区流动人口生育意愿和生活状况调查问卷》，针对出生于1971年1月1日至1990年12月31日的流动人口进行分层抽样调查。此次调查行动的开展，有利于进一步了解全区流动人口育龄群众的生育意愿，对做好通州区人口发展形势分析及调控工作具有积极意义。

【召开人口计生工作总结会】 12月14日，通州区召开2011年人口计生工作总结会。全区15个街道（乡、镇）主管领导和计生办主任，区人口计生委领导及各科室负责人共计50余人参加了会议。副区长李亚兰出席会议，区人口计生委党组书记张湛军主持会议。15个街道（乡、镇）主要领导汇报了工作，区人口计生委主任刘美俊作了总结发言。

（姜一杨）

顺义区

【概述】2011年，顺义区经济发展实现新跨越，全区地区生产总值1 002.1亿元，成为北京市第5个“千亿元GDP”区（县）。常住人口人均GDP突破1.7万美元，位居全市第三。在经济社会发展欣欣向荣的形势下，顺义区人口计生委坚持以深化综合改革为契机，积极创新，开拓进取，扎实工作，人口调控工作取得明显成效，全区低生育水平始终保持稳定，人口计生事业稳步推进。

人口调控。区政府提出“新增城市人口以农转居为主、区内人口转移以农村人口向城市转移为主、引进区外人口以产业发展需要的人员为主”的“三为主”工作原则，并通过“以产引人、以业控人、以房管人”等治本措施，不断提升人口服务管理工作水平。年初，区长与各单位签订的责任书中，明确了镇（街）大人口工作指标，流动人口和户籍人口增长的合理调控取得一定成效。

依法行政。年初，通过视频会议，对全区所有村（居）、区直单位的计划生育专干进行法制培训，提高基层工作者的法律意识。为加强和规范社会抚养费征收管理工作，区人口计生委制定了《顺义区人口和计划生育委员会关于规范社会抚养费征收审批程序的通知》（顺人口发〔2011〕9号），进一步规范抚养费的征收工作。

利益导向。年内，区级奖扶、特扶金足额兑现，区级奖扶男孩和女孩家庭分别增加到每人每年600元和800元。区财政共拨付192.74万元用于计划生育奖励扶助政策和特别扶助政策，比2010年分别增长8.4%和12.6%。镇、村出台计生家庭优先优惠政策，4个镇提高镇级奖励扶助金标准。17个镇出台镇级特扶政策，1个镇提高额度。村级计划生育家庭养老保障制度更加完善，120个村增加发放额度，每户每年400元的计生家庭低保专项补助扩展到城区。区人口计生委和人力社保部门联合启动计划生育家庭劳动力全员就业工程，各镇（街）采取多种措施帮助计生家庭劳动力就业。北务等镇对招用计生家庭劳动力的单位和个人进行现金奖励。李遂镇实行就业人员追访，对就业人员在薪酬、保险、合同等方面的事务进行了解和协调，保证就业质量。

信息化建设。整合部门人口数据，信息化建设得到加强。全员人口数据库完成基本个案信息录入；人口信息共享系统实现升级改造，通过对各单位意见建议的整理，确定14项修改内容，联合系统开发公司进行修改升级，并在行政区划25个镇（街）的基础上，添加了经济功能区一栏。

区人口计生委依据系统中2010年数据撰写人口态势分析报告，为领导决策提供参考。

优质服务。区人口计生委以“和谐家庭促进计划”为载体，为新婚家庭、怀孕家庭、婴幼儿家庭、应落实避孕措施家庭和有生殖系统疾病家庭提供针对性的优质服务。一是启动“健康生育计划”，降低出生缺陷发生率。二是承接“北京市未婚青少年非意愿妊娠综合干预模式研究”项目，加强对未婚青少年非意愿妊娠干预。培训27名“同伴教育骨干”，举办“中学生性健康教育”座谈会，在20所中学开展“青春健康”技能培训。三是为促进家庭和谐，开展健康讲座进企业、进机关活动。邀请专家，分别针对企业和机关，举办四场男（女）性生殖健康知识讲座，2 000余名干部职工受益。四是规范区属经济功能区及其驻区企业的药具工作。五是依托区妇幼保健院、镇卫生院，为农村采取长效措施的群众体检两万人。年内，按照区委、区政府的指示精神，继续开展农村新生儿入非农业户口工作。各镇不断完善奖励引导政策，并据实际情况印发宣传品两万余份。2011年全区农村新生儿入非1 341人，入非率85.6%。

宣传教育。积极创新人口计生宣传教育方式，提升宣传教育效果。一是加强与媒体合作，营造宣传氛围。在电台开设《绿港人口》专题；光明广场电子屏幕每天三次滚动播出人口计生动漫宣传片。二是更新宣传条件，优化宣传环境。清理破损条幅500条，更新展板636块，更新230个村的人口文化墙，更新人口文化园76处。为300个村级人口文化活动室统一配备展板、书架、图书。三是寓教于乐，开展大型活动。元旦、春节期间投入288万余元开展人口计生宣教活动，开展“美在家庭”人物风采——纪念《公开信》发表31周年摄影展活动以及“青春健康伴我行”征文演讲活动。在“男性健康日”，下发1 000套《细节成就健康男人》指导书，并开办了男性健康知识讲座。

流动人口服务与管理。年内，区人口计生委在2010年基础上又与山东省德州市、安徽省阜阳市、河北省邢台市、河南省南阳市四省六市的人口计生委分别签订了《流动人口计划生育双向服务管理协议书》。协议书中明确了双方在流动人口的计划生育服务、宣传教育、信息交流、孕情监测、查证验证、社会抚养费征收等方面的职责。截至年底，已经与河北、山东等五省市的10个地区建立了区域协作关系。

队伍建设。全区共有镇（街）级人口计生干部114人，大专以上学历103人，平均年龄36.8岁。村（居）专干519人（426个村，83个居委会），高中以上学历426人，占82%；55岁以下474人，占91%。年底，对16名符合一定条件从事计生工作连续20年以上的离任专干给予2 000元的一次性奖励。为78名工作突出且无固定经济来源的离任村专干兑现月补贴。为宣传员兑现每人每年200元的宣传员补贴。

为提高计生工作者的工作水平，年内开展了新闻报道、调研写作、行政执法培训班，并对所有村（居）级一线计生专干进行为期两周的计算机、统计培训。

协会工作。开展生育关怀项目和幸福工程，利用“5·29”会员活动日开展服务。各镇（街）通过不同形式帮助夭折、病残独生子女家庭、计生老专干家庭走出困境。区计生协会联合5家大企业和驻顺部队与30个计划生育困难户结对子，长期开展帮扶活动。利用120万元“幸福工程”款，扶助118户计生家庭脱贫致富。区计生协会与中国人寿顺义支公司共同推广计划生育家庭意外伤害保险工作，1万户家庭受益。

纪检监察。年内，完善局域网廉政学习园地内容，在廉政电影、廉政漫画、廉政讲话、廉政故事、廉政文件、廉政警句、廉政剪纸七个板块中，增加21项内容。组织广大干部职工观看《廉政准则》漫画片、观看《预防职务犯罪展览》，通过远程教育网络收看李林森先进事迹，请区检察院预防职务犯罪处工作人员作了“依法履职，保障阳光计生”的专题讲座。在政风行风评议活动中，“请农民兄弟姐妹评计生”、“请流动人口评计生”、“请企业工人评计生”、“请委、办、局干部职工评计生”，对反馈的意见进行及时整改。在北京市人口计生系统2006～2010年度论文和调研报告评比中，荣获二等奖1篇，优秀奖4篇。区人口计生委被市纪委驻市人口计生委纪检组评为北京市人口计生系统2008～2010年政风行风先进集体。

人口问题研究。积极利用首都高校资源，聘请人口专家担任人口研究工作顾问。组织开展了“顺义区关于重大项目人口评估”和“顺义区村级人口管理工作情况”两个课题的调研，总结人口管理服务经验，拓展人口服务管理的思路。

【人口和计划生育数据】年内，全区常住人口91.5万人，常住人口出生7941人，政策符合率96.9%，自然增长率3.6‰，总和生育率1.2，出生人口性别比保持在正常值范围内。

【举办流动人口计生家庭新春团拜会】1月12日，区人口计生委联合胜利街道办事处举办以“共创和谐社会·共享温馨生活”为主题的流动人口计生家庭新春团拜会。胜利街道办事处工委书记王学武、区人口计生委副主任黄建柏等与100多名流动人口代表一起话改革、谈发展。座谈会上，胜利街道、居委会工作人员、计生专干和流动人口中的文艺爱好者联合表演了精彩的文艺节目。

【召开生殖健康优质服务工作经验交流会】1月24日，顺义区生殖健康优质服务工作经验交流会在区财培中心召开。各镇（街）主管领导、计生办主任、卫生院副院长、村（居）专干代表、社区医务人员代表130人参加会议。会上，总结了近年来优质服务工作取得的成绩，部署了2011年工作。北务镇、顺义区第三医院、龙湾屯镇龙湾屯村、北小营镇北府社区卫生服务站介绍了在生殖健康优质服务工作中的经验。

【召开人口和计划生育工作大会】 3月9日，顺义区2011年人口和计划生育工作大会在区会议中心召开。市人口计生委党组书记、主任刘志，顺义区区长王刚、区委副书记胡尚云、区人大副主任贾春林、区政府副区长燕瑛、区政协副主席田建国出席会议。区人口计生工作领导小组成员，各委、办、局、中心、公司和各镇（街道）有关领导，计生办主任，计划生育专兼职干部等共计420余人参加会议。会上，通报表彰了顺义区2010年度获得北京市人口和计划生育工作的红旗单位、先进集体、先进个人。王刚区长与部分单位行政正职签订了2011年度人口和计划生育目标管理责任书。副区长燕瑛作人口和计划生育工作报告，总结2010年及“十一五”时期人口计生工作，部署“十二五”和2011年人口计生工作任务。区长王刚在讲话中提出三点意见。一是要认清形势，深化认识，切实增强新时期人口计生工作的责任感和紧迫感。二是要突出重点，强化措施，统筹抓好人口计生工作。要继续抓好人口发展战略研究，切实调控好人口规模，逐步优化人口分布，全面提高人口素质。三是要加强领导，狠抓落实，确保人口计生工作各项目标任务圆满完成。坚持党政一把手亲自抓、负总责，各部门、各镇（街）密切配合，确保目标责任落实到位。市人口计生委主任刘志在讲话中，高度评价了顺义区人口计生工作创造的好经验。

【承接“北京市未婚青少年非意愿妊娠综合干预模式研究”项目】 3月10日，市人口计生委在顺义区财培中心举办了“北京市未婚青少年非意愿妊娠综合干预模式研究”项目的启动仪式。随后，区人口计生委工作人员在顺义区医院、顺义区妇幼保健院等5个提供人工流产的门诊进行调查，并聘请专家培训27名“同伴教育骨干”，加强了对未婚青少年非意愿妊娠综合干预工作。

【举办人口计生工作业务培训班】 4月12～14日，区人口计生委与区委党校联合举办2011年人口计生工作业务培训班。各镇（街）主管领导、计生办主任和区人口计生委副科以上干部参加培训。培训班上公布了2011年《目标管理考核评估方案》，区发改委副主任梁军讲解了《顺义区国民经济和社会发展第十二个五年规划》。培训中，还到仁和镇平各庄村、南彩镇河北村，参观交流了人口计生服务管理工作经验。

【赴无锡市、宁波市学习考察人口计生工作】 5月5～6日，副区长燕瑛率区人口计生委、信息中心等五部门有关人员赴江苏省无锡市和浙江省宁波市海曙区学习考察人口服务管理及信息化建设工作。考察团听取了无锡市人口计生委关于人口服务管理及信息化建设工作的介绍，实地参观了无锡市新城青年公寓和崇安区广益街道莫家庄社区。在宁波市海曙区听取了人口信息化建设的经验介绍，并与当地有关领导进行了座谈讨论。

【开展生育关怀项目】 区计生协会利用“5·29”会员活动日开展拓展服务，通过不同形式帮助夭折、病残独生子女家庭、计生老专干家庭走出困境。区计生协会联合5家大企业和驻顺部队与计划生育困难户结对子，长期开展帮扶活动。区计生协会为“幸福工程”募捐款3.4万元，全部上缴市计生协会。

【举办人口计生新闻报道培训班】 6月3日，区人口计生委在顺鑫绿色度假村举办人口计生新闻报道培训班。邀请《中国人口报》社摄影部主任刘戈宇和记者部主任李婷授课，25个镇（街）的计生办主任和宣传员参加培训。

【北京市人大领导考察顺义区人口规模调控情况】 6月20日，市人大副主任刘新成，市人大教科文卫体委员会委员韩永，市人大代表、北京航空航天大学人文社会科学院原副教授吴守伦等一行14位代表，到顺义区考察人口规模调控情况。市政府副秘书长侯玉兰、市人口计生委主任刘志、市流管办指导协调处处长刘玉成，区人大副主任贾春林、副区长燕瑛、区人口计生委主任秦士友、区流管办主任王振林等领导陪同考察。考察团一行首先来到仁和镇平各庄村，考察流动人口服务管理情况、人口规模调控情况，随后又到南彩镇河北村人口文化大院考察人口文化建设情况。区委书记张延昆汇报了顺义区人口规模调控与经济社会发展的总体思路；区人口计生委秦士友主任以“坚持合理调控人口规模，推动区域人口与经济社会协调发展”为题汇报了具体做法。随后与会人员进行座谈，就人口规模调控、人口素质提升、人口结构优化、流动人口服务管理等问题展开讨论。各位代表对顺义区在人口规模调控、流动人口服务管理等方面的工作给予了高度肯定。

【召开人口和计划生育村（居）民自治工作座谈会】 7月7日，在顺义区财政局培训中心组织召开顺义区人口和计划生育村（居）民自治工作座谈会，25个镇（街）计生办主任及村（居）代表参加座谈。全区64个居委会、426个村全部建立了计划生育村（居）民自治制度，明确了村民的计划生育权利、义务及独生子女家庭的各项奖励政策。会上，示范村代表及各镇（街）代表积极发言，深入研讨和交流了工作经验。

【举办全员流动人口数据库及PADIS系统培训班】 9月13日，区人口计生委在顺鑫绿色度假村举办全员流动人口数据库及PADIS系统使用和维护培训班。25个镇（街）计生办主任、协管员以及流动人口较多的村（居）计生专干共计100人参加培训。未来国际电脑公司专业人员讲解了全员流动人口数据库的使用和维护知识。

【召开人口信息化与人口评估建设座谈会】 9月23日，在副区长燕瑛主持下，区人口计生委牵头召开了人口信息化与人口评估建设座谈会，区发改委、区委研究室、人力社保、公安、招商、环保、统计等多个部门参加座谈。会上，提出要探索建立新建项目（包括房地产开发项目）实行项目准入和人口评估制度，对于不符合产业规划布局、劳动力用工规定，人均创税收、人均 GDP 达不到标准的项目，不予引进。同时，作为项目引入的前置条件，实行科学的人口评估制度，对项目引进伴随而来的人口数量规模，可能对全区经济、社会、资源、环境、管理等产生的影响做出综合分析。

【举办 0 ~ 3 岁亲子游戏比赛】 年内，分别在牛栏山镇、杨镇和石园街道举办 0 ~ 3 岁亲子游戏比赛。活动以自主报名、各村（居）推荐的形式开展，100 余名 7 ~ 36 个月的婴幼儿参加比赛。比赛设立了适合 1 周岁宝宝的爬行比赛，适合 2 周岁宝宝的袋鼠运宝宝、蚂蚁搬豆子比赛，适合 3 周岁宝宝的小兔子采蘑菇、踩气球、运西瓜回家比赛等项目。比赛结束后，组织者为参赛家庭赠送了早教丛书及益智玩具。

【举办全员人口数据库操作培训班】 9 月至 11 月，区人口计生委组织各镇（街）计生办统计员、村（居）计生专干 500 余人在顺义区人口学校参加全员人口数据库操作培训班。培训内容为如何正确采集、及时录入和实时更新全员人口数据库个案信息，以保证数据项完整率和主要数据项的准确率。

【落实奖励扶助、特别扶助金发放工作】 年内，顺义区奖励扶助男孩家庭每人每年 600 元，女孩家庭 800 元。特别扶助家庭每人每年 1 200 元。4 个镇提高镇级奖励扶助金标准，最高的南法信镇独女户每人每年增加到 2 400 元。17 个镇出台镇级特扶政策，1 个镇提高额度，最高镇级特扶金达到每人每年 3 600 元。

【规范区属经济功能区及其下属企业药具工作】 年内，顺义区重点规范区属经济功能区及其下属企业的药具工作。一是下发了《顺义区经济功能区及其驻区企业计划生育药具管理和服务工作的规定》，明确区属经济功能区及下属企业在药具服务管理中的职责，对领药、发药、记录等作了具体规定。二是召开计划生育药具管理服务工作会议，组织区属经济功能区主管领导和企业药管员共同学习药具知识和法律法规。三是通报全区过去一年药具领取情况，并责成专人下基层现场督促药具领用、发放工作。四是为他们免费制作了药具自取箱。通过规范工作，14 个区属经济功能区及 108 个驻区企业进一步明确工作责任，药管员与区药具站建立了日常联系。

【开展“美在家庭”人物风采——纪念《公开信》发表 31 周年摄影展活动】 “9 · 25”期间，全区开展“美在家庭”人物风采——纪念《公开信》发表 31 周年摄影展活动，收到 300 余幅参赛作品，筛选评奖后会集成册。

【举办男性生殖健康知识讲座】 9 月 27 日、9 月 29 日，区人口计生委邀请北京大学第三医院泌尿外科副主任、生殖中心副主任、男科主任姜辉教授举办讲座，为全区500余名男性干部职工讲解了男性生殖健康知识。

【村级计划生育家庭养老保障制度有新进展】年内，有120个村增加村级养老金发放额度，全年各村累计发放养老金达到1 605.8万元，受益老人超过1.3万人。后沙峪镇枯柳树村、赵全营镇解放村计生老人每年领到的村级养老金已超万元。

【启动计生家庭劳动力全员就业工程】年内，区人口计生和人力社保部门联合制定并印发了《顺义区计划生育家庭劳动力全员就业工程实施意见》，启动计划生育家庭劳动力全员就业工程。通过专场招聘和日常招聘的工作形式，优先解决计划生育家庭劳动力的就业问题。镇级每月登记计生家庭劳动力就业需求，由区人力社保局职业介绍服务中心负责联系企业，随时推荐就业岗位，长期帮助有就业意愿、就业能力的计生家庭劳动力实现就业。形成每月一报、随时推荐的常态工作机制。5月和10月，分别在杨镇、后沙峪镇举办两场计划生育家庭劳动力全员就业工程专场招聘会。64家企业设岗招聘，提供岗位2 151个，实现就业千余人。同时，各镇（街）采取多种措施，帮助计生家庭劳动力就业。北务、李遂、赵全营等镇均出台了文件，对招用计生家庭劳动力的单位和个人进行奖励。开展计生家庭劳动力全员就业工程以来，有就业需求的计生家庭劳动力参加技能培训7 045人次，推荐就业5 786人。

【开展“同伴教育骨干”培训】10月15日，中国人口与发展研究中心、市人口计生委、区人口计生委在顺义区财培中心对27名15～24岁企业在职未婚工人开展了《北京市未婚青少年非意愿妊娠综合干预模式研究》“同伴教育骨干”培训。中国人口与发展研究中心的专家详细讲解了男女生殖器官、青春期心理、情感变化、生殖与避孕、性病、艾滋病防治等内容，培训采用互动形式，取得了良好效果。这些受训学员将作为“同伴教育”骨干，对周围未婚青少年进行生殖健康知识教育。

【启动全员人口数据库建设】按照市人口计生委要求，大力推进全员人口数据库建设。制定出台了《关于加强顺义区全员人口数据库建设的实施意见》，编写了《顺义区全员人口数据库操作手册》，对500名村（居）专干进行了系统培训，投资50万元为100个村（居）配备了数据库专用计算机。截至年底，完成了户籍人口和流动人口的个案信息录入工作。

【开展“青春健康”活动】年内，举办“中学生性健康教育”座谈会，下发《最美的花季》、《成长的烦恼》、《爱的启蒙教育》青春期健康教育丛书6万册。20所中学陆续开展“青春健康”技能培训，开展“青春健康伴我行”征文演讲活动，收到征文476篇。

【开展健康讲座进企业、进机关活动】年内，邀请北京市知名男科、妇科专家，分别针对企业和机关，举办了四场男（女）

性生殖健康知识讲座，2 000 余名干部职工受益。为村（居）行政事业单位、企业、社区卫生服务中心配备了药具柜、药具自取架和药具自取箱。

【开展免费义诊活动】11 月 4 日，区人口计生委邀请积水潭医院、北京妇产医院、北京同仁医院的专家夏福容、谢玉娴、张季媛，为群众开展妇科义诊活动，30 余名群众接受了免费的乳腺、妇科、B 超检查。三位专家为群众义诊的同时，也对部分群众进行了健康指导，受到群众欢迎。

【落实计生专干考核奖励措施】年内，对 16 名符合条件，从事计生工作连续 20 年以上离任专干给予 2 000 元的一次性奖励。为在职的 436 名村专干、83 名居委会专干兑现考核奖励。为 78 名工作突出且无固定经济来源的离任村级计生专干兑现月补贴。为 5 195 名宣传员兑现了每人每年 200 元的宣传员补贴。

【加强人户分离人员计生服务管理】11 月 25 日，区人口计生委在胜利街道办事处举办人户分离计生服务管理工作会议，总结和交流加强人户分离人员的计划生育管理工作的措施，6 个街道及 8 个拆迁村较多的镇参加会议。各镇（街）主要采取三种方式，加强人户分离人员的计划生育管理工作。一是分类建档，实行重点人群重点管理。二是实行责任制，各居委会实行包楼干部责任制，提高监管力度。三是利用经济引导，对参加孕检人员给予误工补贴，对采取长效措施的给予奖励。

【推广计划生育家庭意外伤害保险工作】计划生育家庭意外伤害保险是中国计生协与中国人寿保险股份有限公司协商合作，为发生意外伤害的计划生育家庭提供的一种优惠的保险产品。区计生协会与中国人寿顺义支公司共同协商，制订了三个参保方案，最大限度地让利于民。计划生育家庭成员每人投保 30 元，即可享有每人 3 万元的意外伤害保险和每个家庭两万元的医疗保险。为减轻群众参保负担。六个试点镇积极投入资金，投保金额 62 万元，1 万户家庭受益。

【建设顺义区婴幼儿早期教育指导中心】年内，区人口计生委、区教委联合在顺义新城马坡第三幼儿园建立了 345 平方米的顺义区婴幼儿早期教育指导中心，共投入近百万元。该中心由北京世纪摇篮网络技术有限公司和北京市业之峰诺创建筑装饰工程有限公司负责设计装修。

【建设顺义区青少年健康人格教育中心】年内，区人口计生委、区教委联合在牛栏山第一中学建设600 平方米的顺义区青少年健康人格教育中心。中心由北京众邦创意展览有限公司设计，投入500 万元，年内投入使用。

【举办生殖健康咨询师考前辅导班】12 月 6 ~ 8 日，区人口计生委邀请国家人口计生委 6 名专家授课，为顺义区参加生殖健康咨询师考试的 100 名专干进行考前辅导。

【牛栏山镇夕阳红托老所顺利运行】年内，牛栏山镇投资 66 万元在龙王头村建成托老所。托老所占地320平方米，设有健身房、台球室、乒乓球室、卡拉OK厅及读书阅览室、照料室等，可容纳200人同时就餐，是一个集餐饮、娱乐、服务于一体的老年人服务场所。服务项目包括送饭上门、托老照料、心理咨询等。托老所运行以来提供送餐、托老等服务300多人次，120多人在餐饮公司就餐。餐厅还解决了九个本村独生子女家庭就业问题。

【双丰街道规范别墅区计划生育工作】年内，双丰街道办事处制定了《别墅区人口与计划生育工作指导意见》，成立以富力湾筹委会为中心，8个别墅区为试点的别墅区计划生育小组。规定由筹委会主任为小组长，筹委会委员为计生专干，每个别墅区设一名计生宣传员。指导意见中确定宣传教育工作、基层基础管理工作、康检工作和流动人口管理为别墅区计划生育的重点工作。要求以药具和生殖健康优质服务为突破口，逐步规范别墅区人口和计划生育工作。

【顺义区人口计生工作获得多项荣誉】年内，顺义区被国家人口计生委评为全市唯一的“阳光统计示范区”，区计划生育协会被国家计生协评为“全国计生协先进集体”。北石槽镇被评为第一批全国人口和计划生育依法行政示范乡镇（街道），平各庄等4个村成功创建全国人口和计划生育基层群众自治示范村。区人口计生委被市纪委驻市人口计生委纪检组评为北京市人口计生系统2008～2010年政风行风先进集体。

（张红蕊）

昌平区

【概述】2011年，昌平区人口计生工作在市人口计生委精心指导和区委、区政府正确领导下，深入贯彻科学发展观，着眼“三个北京”战略和北京建设中国特色世界城市的总体部署，坚持以“稳定低生育水平、统筹解决人口问题、促进人的全面发展”为中心，积极推进人口计生工作转型拓展，打造新型服务体系，圆满完成各项人口指标和工作任务。

综合治理。面对新时期人口计生工作出现的新情况、新问题，以及稳定低生育水平的诸多压力与挑战，区委、区政府始终坚持人口和经济社会发展综合决策，统筹规划；坚持党政一把手亲自抓、负总责；坚持与18个镇（街）、23个部门签订目标管理责任书和综合治理责任书；坚持“一票否决”制，不断完善“党委领导、政府主责、部门协同、社会参与、密切合作”的工作格局。在镇（街）机构改革，压缩合并内设行政科室编制工作中，把镇（街）计生办作为独立行政科室予以保留，并配备3～5名专职计生干部，保证了基层人口计生工作机构和人员的稳定。

依法行政。坚持现行计划生育政策，落实《北京市人口与计划生育条例》，稳定低生育水平。再生育审批坚持“三查一审”制度，审批465例，全部按时办结，群众满意率100%。加强户籍人口违法生育事实调查，依法征收社会抚养费，未发生一例违法行政行为。

诚信计生。年内，制订了《昌平区诚信计生实施方案》，在全区480个村（居）组建7 600余个“诚信计生小组”，与10.5万余名已婚育龄群众签订《诚信计生协议书》，签订率达96%。11月份，市人口计生委对昌平区诚信计生工作进行考核评估，给予了高度评价。

利益导向。年内，在全区农村集体产权、林权制度改革中，独生子女父母奖励股总股金达13亿元。完成改革300个村，确定享受独生子女父母奖励股的有8.8万人，已有143个村共4.6万人开始享受独生子女父母奖励股分红，累计分红8 300多万元。积极落实市、区两级计划生育奖励扶助政策。为符合条件的独生子女父母兑现一次性奖励费34.9万元。为计划生育家庭办理意外伤害保险8万余份，投保金额242.3万余元，其中区财政支付补贴款163.8万元。开展“关爱女孩——阳光助学”行动，为128名考上大学的农村困难家庭独生女孩发放助学金37万余元。

优生优育。全年举办优生、优育、优教知识培训班52期，培训群众6 500余名；为新婚夫妇发放“婚育大礼包”近5 500份。与昌平区医院合作，启动全国免费孕前优生健康检查试点项目，专门安排一名泌尿科专家负责孕前优生健康检查工作，共为900对准备孕育的夫妇进行了孕前免费优生检查，出具800余份风险评估报告书。开展不孕不育和病残儿再生育咨询诊治服务，对结婚5年以上不孕不育和第一个孩子病残、申请再生育的家庭，联系专门医院进行咨询、诊治，并给予报销1万元的诊治费用，全年共为95个家庭提供了相关服务。投资70余万元建设总面积200多平方米的0～3岁儿童早教基地，与华夏爱婴早教集团合作开办“开放式亲子园”，开展儿童早期教育。

青春健康服务。承接并开展了国家人口计生委宣教中心、人发中心的“青少年健康人格工程”和“未婚青少年意外妊娠综合干预”两个试点项目，建立起“免费技术服务绿色通道”，开设青少年专用诊室和专用电话；由1名主治医师专门负责接诊、咨询、手术、跟踪服务；并签订保密协议书，充分保护青少年的隐私和健康安全。全年为青少年开展检查治疗、转诊等服务52人次。开展“青春健康进高校”活动，培训100余名大学生辅导员和志愿者，在高校中开展了健康指导和同伴教育；在中央财大、吉利大学、北京农学院等高校举办“高等院校青春健康知识”讲座；为中国政法大学、石油大学等10所高校安装安全套发放机60多台，使免费青春健康服务和药具服务普惠大学生人群。

国际合作。以中瑞合作AKC基地为平台，自2008年以来，通过“请进来”、“走出去”等方式，先后有瑞典斯德哥尔摩市的家庭中心和青少年中心5批、近20余位专家学者到昌平考察、讲学和培训专业人员。区人口计生委先后派出4批共15名工作人员，到瑞典“两个中心”参观考察和实地见习。借鉴AKC先进理念和服务模式，人口计生服务实现了“五个改变”：由过去开放式“大门诊”，改变为私密性独立诊室；由过去针对一人服务，改变为对夫妻、家庭服务；由过去不固定接诊，改变为首诊负责制，长期跟踪服务，最大限度方便群众，保护服务对象隐私；服务人员由医务人员转换角色为带有医学背景的社会工作者；服务目标也由单纯控制人口，改变为关注家庭健康与发展，与社会建设大局和民生工程紧密相关。

流动人口服务与管理。开展“惠民助企——计生同行”流动人口健康服务活动，为北京蒙太因公司职工进行免费体检和流动人口免费技术服务。在昌平煌潮大酒店、鹿牌保温瓶公司等企业建立标准、规范的会员之家，定期组织开展生殖健康和计划生育知识辅导讲座。在雨竹打工子弟学校开办“打工子弟青春健康课堂”，每月第一个星期五组织心理咨询老师上门为流动人口子弟开展青春健康咨询指导服务。在流动人口集中的东小口镇亚美医院、南口镇医院增设两个生殖健康体检站，为1.5万余名流动育龄妇女提供生殖健康体检服务。抓好流动人口计划生育自治工作，调整新建流动人口计生协会分会55个，发展会员6 700余名，聘请400余名流动人口协会小组长，加强流动育龄妇女信息采集和在京孕情、育情监测。开展“两地”流动人口信息交流反馈，同户籍地合作核查流动育龄妇女信息17.6万条，向户籍地通报各类信息4万余条。加强与流动人口重点流出地人口计生部门的跨地区合作交流，加大办证、查证、验证工作力度，强化双向管理责任。与22个省（直辖市、自治区），72个市（县）建立了合作关系。开展跨地区联合执法，有效控制了流动人口在京违法生育。

信息化建设。根据北京市全员人口信息系统网络开通建设要求，加快实现市、区、镇、村（社区）四级联通建设，共完成408个村（社区）网络联通工作。组织举办5期镇（街）、村（居）两级计生干部近600人次的全员人口管理信息系统操作培训班。认真搞好有关人口信息项的逻辑审核和修改完善工作，按市人口计生委要求做好全区人口个案信息的录入工作，导入信息130余万条。

队伍建设。不断完善“大、小网格化”人口计生管理服务机制，与区综治流管部门合作，整合6 400名计生宣传员和1 400名流管员两支队伍，实行分工合作，分片负责，共同采集、变更信息，实现人口计生管理服务“全覆盖”。加强人口计生网络队伍的专业化、职业化建设，举办第2期生殖健康咨询员培训班，培训区、镇、村三级计生干部共200余人。同北京师范大学合作，在机关开办心理学研究生课程班，11月份完成全部课程的学习，43名机关干部获得了北京师范大学颁发的“心理发展和心理咨询研究生课程班”结业证书。

信访工作。强化信访第一责任人意识，加强重点人台账管理，确定53例重点信访对象，研究处理方案和稳控措施。细致做好接访工作，努力化解矛盾，维护社会和谐稳定。全年妥善处理来信来访514件，未出现一例因为未回复、超时限或回复差错而引发的重复上访、越级上访等问题。

【人口和计划生育数据】年内，户籍人口出生5 861人，符合政策生育率为98.17%，出生人口性别比为99.6，人口自然增长率为3.68‰。

【组织“高等院校青春健康服务”辅导员培训】1月12日，昌平区“高等院校青春健康服务”辅导员培训班在北京农学院举行，共培训辅导员40名。培训班以推进“高等院校青春健康服务”为主题，旨在树立“关注青春·关爱健康”理念，扩大生殖健康技术服务在大学生中的影响。

【部署年度人口计生重点工作】2月9日，区委、区政府召开2011年度工作会议，副区长方炎部署五个方面的人口计生工作。一是加强人口问题的统筹研究和解决。坚持党政一把手亲自抓、负总责，层层签订责任书，落实“一票否决制”，完善统筹解决人口问题的工作机制。二是严格人口计生依法行政，既要坚持稳定低生育水平，又要维护社会和谐稳定；既要严格生育审批制度，又要维护公民合法权益，做好依法征收社会抚养费和信访工作，确保无行政诉讼和行政复议。三是创新人口计生优质服务模式。实施优生促进工程，启动免费孕前优生健康检查项目，开展伤病残儿父母再生育和不孕不育免费咨询、检查和诊治服务。以推进全国青少年健康人格工程为契机，开展青春健康服务，解决青少年青春期健康问题，建立青少年法律援助绿色通道。四是加强流动人口计划生育工作。推进村庄社区化管理，完善流动人口管理服务工作制度和流程，强化属地责任。加强流动人口孕情监测和信息管理，开展跨地区合作，加大联合执法力度，推动流动人口管理服务“一盘棋”。五是加快人口计生公共服务体系建设。抓紧区人口计生综合服务中心大楼建设，推进中瑞国际交流合作，借鉴国际先进理念，开展家庭服务和青少年服务，使人口计生公共服务真正惠及千家万户。

【召开年度人口计生工作会】3月5日，昌平区召开2011年度人口和计划生育工作会。会议总结了2010年人口计生工作，通报了各项人口指标任务完成情况，部署了2011年重点工作任务。区人口计生委党组书记、主任李春菊对2011年工作形势作了全面分析，就人口计生工作的转轨创新提出新的要求。副区长方炎在讲话中指出：

一要着眼大局，围绕中心，维护社会和谐稳定；二要完善机制，加强管理，稳定低生育水平；三要关注民生，利益导向，促进计生家庭发展；四要加快转型，提升能力，推进人口计生公共服务体系建设。

【临沂市人口计生委领导到昌平区考察交流工作】3月18日，山东省临沂市人口计生委主任王建国一行到昌平区考察交流流动人口服务管理工作。区人口计生委副主任邱少强、董亚卿出席会议，并介绍了昌平区近年来的经济、社会和人口发展形势，以及昌平区流动人口服务管理工作情况。双方就流动人口社会融合问题进行了交流探讨，在城市社区管理方面达成共识。临沂市人口计生委一行还参观了昌平城北街道东关南里社区，就流动人口信息采集、信息共享和数据库建设等工作与基层人员进行了交流。

【全面启动计生家庭意外伤害保险工作】3月份，昌平区计生家庭意外伤害保险工作全面启动，政府投资300万元，惠及13万户计划生育家庭。计生家庭意外伤害保险工作由区计划生育协会负责承办，面向全区常住人口计划生育家庭，包括有昌平户籍的计生家庭和居住半年以上的流动人口计生家庭。保险费每年每个家庭30元/份，保额为4万元/份。对享受低保和独生子女夭折家庭以及村（居）计生专干，实行政府全额补贴；昌平区户籍计划生育家庭享受政府补贴20元/份。为保证保险工作顺利开展，区人口计生委制订了具体工作方案，并邀请保险公司向镇（街）计生办工作人员详细介绍投保、理赔工作流程和注意事项。区委、区政府高度重视此项工作，在政策和资金上给予了大力支持。

【国家人口计生委流动人口司领导到昌平调研】4月8日，国家人口计生委流动人口司副司长闫宏一行5人赴昌平区调研考察流动人口服务管理情况，征求流动人口违法生育社会抚养费征收的修改意见和建议。在听取昌平区流动人口服务管理工作情况汇报后，闫宏副司长充分肯定了昌平区的积极做法和取得的宝贵经验，认为昌平区的工作水平很高，有五点经验值得推广：一是领导重视，各部门紧密配合；二是基础扎实，队伍大局意识和执行能力强，工作富于创新，破解工作难题；三是与流出地紧密联系，跨地区协作工作流程完善，征收社会抚养费及时到位，社会效应良好；四是工作理念超前，寓管理于服务之中；五是信息化水平居全国前列，PADIS信息平台应用程度高。陪同调研考察的国家人口计生委政策法规司处长梁金霞指出，昌平区对流动人口社会抚养费的征收工作，做法好、思路新，有效破解执法难题，对修订《社会抚养费征收管理办法》是很好的参考依据。

【举办孕前优生健康检查项目启动仪式】4月20日，免费孕前优生健康检查试点项目在昌平区医院体检中心正式启动。启动仪式上，区人口计生委副主任沈茂成介绍了项目具体实施方案。承担检查项目的昌平区医院副院长荣绍远表示，将全力以赴做好这项利国、利民、利家的民心工程。阳坊镇计生办主任韩晓菊作为基层计生工作者代表发言，表示要努力为育龄夫妇做好服务，确保孕前优生健康检查项目落到实处。免费孕前优生健康检查项目，共提供包括优生健康教育、病史询问、体格检查、临床实验室检查、影像学检查、风险评估、咨询指导、孕情监测及跟踪随访8大项、19小项免费健康服务。此外，还专门针对男性增加了精液常规检查。该检查项目体现了党和政府在控制人口数量的同时，高度重视人口质量，关注计生家庭的切身利益，加强计划生育利益导向建设，有利于推进出生缺陷预防模式向“孕前预防”、“群体预防”的一级预防模式转变，有利于普遍提高群众的优生优育意识，对于全面提高出生人口素质具有重要意义。

【北京市人口计生委领导听取转型拓展工作汇报】4月26日，市人口计生委党组书记、主任刘志专题听取昌平区人口计生委关于建设家庭中心和青少年中心，开展国际合作，探索工作机制转型拓展的情况汇报，并给予充分肯定。刘志主任指出：昌平区人口计生委建设“两个中心”和开展中瑞国际合作的大胆探索，方向正确、理念先进、意识超前，非常符合今后人口计生工作改革创新的方向，非常符合国家人口计生委提出的加快人口计生综合改革和转型拓展，从服务育龄群众转向服务全人口、服务家庭的工作思路，也是市人口计生委下一步要抓好的重点工作之一。

【科技大练兵取得优异成绩】4月份，区人口计生委被国家人口计生委评为“全国计划生育科技大练兵活动先进单位”。“全国计划生育科技大练兵”是国家人口计生委开展的一项旨在提高计划生育技术服务队伍综合素质的活动。自开展大练兵以来，区人口计生委结合日常工作，加强学习培训和工作实践，开展计划生育优质服务。深化中瑞国际合作，组织工作人员赴瑞典观摩学习，借鉴AKC理念和工作模式，建设昌平家庭中心和青少年中心。举办全国生殖健康咨询员培训班，全区86人通过全国考试，获得生殖健康咨询员资格证书。

【北京市人口计生委领导调研流动人口综合服务工作】5月6日，市人口计生委副主任徐捷、流管处处长张瑞霞一行到昌平区调研流动人口综合服务管理工作。调研组到东小口和回龙观地区办事处的两个村、一个社区，详细了解当地流动人口规模、分布、年龄结构、学历、就业、居住生活及子女入学入托等情况，对流动人口计划生育宣传、服务、信息采集等工作进行现场指导。徐捷副主任指出，流动人口服务管理工作的最终落脚点在基层。流动人口对北京的建设功不可没，要重视关爱和服务好流动人口，增强他们的认同感和归属感；要充分发挥计划生育基层网底队伍的作用，掌握流动人口基本情况和生活状态，在收集信息的基础上及时做好信息更新工作，配合人口计生工作转型要求，为北京市制定经济、社会发展规划提供依据，促进人口与经济、社会、资源、环境协调可持续发展。

【固始县驻昌平区流动人口计生服务网点揭牌】 为深化流动人口跨地区合作，5月19日，河南省信阳市固始县驻昌平流动人口计划生育服务网点启动揭牌，两地流动人口服务管理首次实现“点对点”对接。服务网点依托固始籍流动人口党支部和流动人口协会，实现户籍地与现居住地的“点对点”对接，发挥各自优势，达到协同配合、加强服务、互利共赢的目的。网点设在昌平北七家镇南七家村，是固始县在北京市建立的第一个流动人口计划生育管理服务网点。

【团市委权益部领导调研未成年人保护工作】 6月13日，团市委权益部部长莫伟刚、副部长郭林娜一行8人到昌平区调研未成年人保护工作，并参观考察了昌平青少年中心（青苹果之家）。区人口计生委副主任沈茂成就青少年中心的四大功能区、各项工作开展情况，以及在未成年人保护方面所做的探索和努力作了详细介绍。团市委权益部领导对昌平青少年中心寓教于乐的服务模式、健康人格塑造教育，以及特色服务给予了高度评价。并表示，昌平青少年中心在未成年人保护工作方式、方法上提供了很好的经验。

【德州市流动人口服务管理驻昌平联络处成立】 6月23日，山东省德州市流动人口计划生育服务管理驻昌平联络处成立暨德州市流动人口计划生育协会北京昌平分会授牌仪式在昌平区举行。市人口计生委流动人口管理处处长张瑞霞，区人口计生委党组书记、主任李春菊，德州市人口计生委主任宋善举等领导出席仪式。联络处的成立，是昌平区与德州市全面落实国家人口计生委“统筹管理、服务均等、信息共享、区域合作、双向考核”工作机制，走活流动人口“一盘棋”的具体举措，将为德州籍流动人口提供计划生育优质服务，成为流动人口跨区域合作的典范。

【举办“青春健康服务”志愿者培训班】 7月8日，区人口计生委举办高等院校青春健康服务志愿者培训班（女生专场），为中国政法大学、北京农学院等5所高校培训40多名志愿者。市人口计生委副主任耿玉田到会并讲话，区人口计生委党组书记、主任李春菊出席会议。耿玉田副主任充分肯定了昌平区青春健康教育服务工作，认为昌平区将人口计生服务由已婚人群拓展到未婚人群，富于首创性，走在了全市前列。他强调，要重视青少年性心理健康问题，一定要根据青少年特点，探索适合青少年身心发展规律的服务、指导方法，使人口计生公共服务惠及青少年群体。

【北京市人口计生委对昌平区技术服务中心进行机构校验】 7月22日，市人口计生委科技处处长李晓沪带领校验专家组一行4人，对昌平区计划生育技术服务中心进行三年一次的机构校验，并给予高度评价。

市校验专家组听取了技术服务中心的工作情况汇报，分成小组进行实地考评。李晓沪处长对昌平区计划生育技术服务中心的工作给予高度评价。他指出：一是领导重视，人财物充分保障；二是工作队伍综合素质高，服务意识强，具备完成较高水平服务项目的能力；三是成绩突出，技术服务各方面工作走在了全市前列。区人口计生委党组书记、主任李春菊，副主任沈茂成出席会议并汇报情况。

【昌平区、海淀区联合举办流动人口计生工作研讨交流会】8月4日，昌平区、海淀区流动人口计生工作研讨交流会在昌平区召开。昌平区人口计生委副主任邱少强、海淀区人口计生委副主任张宇光等领导出席会议。昌平区介绍了近年来开展跨地区合作的工作情况：一是流动人口计划生育管理服务信息化，二是建立大小网格交织的属地化管理机制，三是全力推进流动人口计划生育跨区域协作。海淀区人口计生委张宇光副主任表示，从昌平学到了很多流动人口跨地区协作工作经验，并表示要认真学习借鉴，进一步推动海淀区的流动人口计划生育服务管理工作。

【举办生殖健康咨询员培训班】8月9～12日，昌平区人口计生系统2011年生殖健康咨询员培训开班仪式在区委党校举行，区、镇、村三级人口计生干部共200多人参加培训。培训开班动员会上，对2010年职业化建设先进集体和个人进行了表彰，为86名获得生殖健康咨询员资格的人员颁发了证书。区人口计生委党组书记、主任李春菊就2010年区人口计生系统生殖健康咨询员培训和考试进行了总结，对2011年培训提出希望和要求。培训班邀请国家人口计生委科研所研究员吴尚纯、副研究员裴开颜，原国家人口计生委科技司司长肖绍博，北大医院妇科专家毕惠，武汉大学社会医学与卫生事业管理博士张胜利等专家授课，层次高，效果好。

【召开半年人口计生工作会】8月16～18日，昌平区召开下半年人口计生工作会，传达市人口计生委党组书记、主任刘志关于创建幸福家庭工作的讲话精神，明确昌平区创建幸福家庭工作的具体任务和要求。党组书记、主任李春菊结合当前形势和任务，提出下一步工作要求：一是要统一思想，形成共识，真抓实干，稳定低生育水平，完成工作任务；二是要进一步转变工作思路和方法，以适应人口计生工作在新时期、新阶段的要求；三是要总结经验，积极探索，扩大成果。区人口计生委科级以上干部、镇（街）主管领导和计生办主任50余人出席会议。

【举行关爱女孩——阳光助学金发放仪式】8月23日，区人口计生委举行"2011年关爱女孩——阳光助学金发放仪式"，为128名考上大学的农村困难家庭独生女孩发放"阳光助学金"37.05万元。为帮助农村计划生育困难家庭考上大学的女孩完成学业，昌平区从2005年起，实施"关爱女孩——阳光助学"行动，7年来共资助857

名农村贫困独生女孩顺利就学，发放阳光助学金共计248.7万元。

【北京市人口计生委专家组督查孕前优生健康项目】9月9日，市人口计生委免费孕前优生健康检查项目专家组一行7人，由市人口计生委科技处处长李晓沪带队，对昌平区免费孕前优生健康检查项目试点工作开展情况进行督导检查。年内，昌平区被列为全国免费孕前优生健康检查项目试点区（县）。从4月启动以来，面向全区符合政策且计划怀孕的户籍和流动人口夫妇开展此项检查，得到区财政局、区医院、区社区卫生服务中心等部门的大力支持和密切配合，确保了试点工作的顺利推进。市人口计生委督查组充分肯定了昌平区免费孕前优生健康检查项目试点工作，认为昌平区各级领导高度重视、行动迅速、进度较快，工作走在了全市其他试点区（县）的前面。希望继续保持、再接再厉，总结并提炼出具有昌平特色的经验做法，发挥示范作用，带动免费孕前优生健康检查工作在全市推行。

【瑞典专家访问昌平青少年中心】10月15～18日，瑞典斯德哥尔摩市青少年中心主任玛丽安娜一行9人来到昌平区，交流研讨青少年健康服务工作，并参观了昌平青少年中心。市人口计生委副主任徐捷、耿玉田陪同，副区长刘淑华、区外事办领导出席了会议，区人口计生委党组书记、主任李春菊致欢迎词。耿玉田副主任对昌平区与瑞典斯德哥尔摩市的合作给予高度评价和充分肯定，并表示市人口计生委会将一如既往地关注昌平与瑞典的合作，并尽全力推进合作进一步发展。

【召开全区人口计生工作会】10月20～21日，区人口计生委科级以上干部、镇（街）主管镇长50余人参加了区人口计生工作会。此次工作会是在镇（街）换届选举、大部分主管领导发生变动，亟须对分管的人口计生工作情况有一个全面了解熟悉的背景下召开的。会上，区人口计生委副主任邱少强介绍了人口计生工作情况，分析了昌平区人口发展现状、面临的困难与挑战，以及应对的措施办法，使各镇（街）主管领导有了一个比较全面的认识和了解。副区长刘淑华在会上指出，新形势下人口计生工作机遇与挑战共存，各级人口计生部门和领导，要高度重视，坚持改革创新，要立足新的起点，做到思考研究工作有深度，抓工作落实有力度，眼光视野有广度，不懈努力，推动昌平区人口计生工作实现质的飞跃。

【开放0～3岁儿童早教中心】10月22日，借助社会力量创办的首个0～3岁早教中心——华夏爱婴昌平园正式开放。昌平早教中心的建成开放，是区人口计生委拓展工作职能的一次创新，是改变人口计生工作30年来以育龄妇女为主要服务对象的做法，面向全人口、生命全周期，为夫妇双方和家庭开展服务的重要实践。华夏爱婴是国内早教领域的著名品牌，区人口计生委经过反复考察最终选定与之合作，以期打造昌平区最具权威的儿童早教平台。

【北京市人口计生委纪检组检查评估昌平区纪检监察和药具工作】10月31日，市人口计生委纪检组组长刘晓军一行6人，到昌平区检查评估人口计生纪检监察和药具工作。区人口计生委党组书记、主任李春菊，副主任沈茂成、董亚卿到会并汇报有关情况。市人口计生委检查评估组领导对昌平工作给予充分肯定，刘晓军组长提出三点希望和要求：一是要继续开展好阳光计生、诚信计生行动，搞好总结，扩大宣传；二是要紧密结合当前形势，认真学习贯彻十七届六中全会精神，开展计生文化、廉政文化研究，融入工作，不断创新；三是要进一步加强队伍建设，逐级开展培训，提高综合素质和能力水平。

【北京市人口计生委工作组检查评估诚信计生工作】11月7日，市人口计生委政法处处长周新茹一行4人，对昌平区诚信计生工作进行检查评估，并给予充分肯定。市检查评估工作组听取了区人口计生委、回龙观镇、回龙观北店嘉园社区关于开展诚信计生工作情况汇报，现场查阅了相关工作制度、诚信计生协议书和基层服务工作记录材料，并组织群众进行座谈和问卷调查。区人口计生委党组书记、主任李春菊，回龙观镇镇长储鑫等区、镇领导到会并汇报有关情况。

【国家人口计生委工作组检查评估昌平区流动人口工作】11月19日，国家人口计生委流动人口司副巡视员苏荣掛一行5人，在市人口计生委副主任徐捷陪同下，对昌平区贯彻落实《流动人口计划生育工作条例》和推动“一盘棋”工作进行检查评估。通过听取工作汇报、查看工作资料、召开座谈会，现场考察流动人口之家活动，工作组认为昌平区的流动人口服务管理工作扎实，富于创新，破解难题，成效明显。

【共同举办研究生课程班结业仪式】11月23日，区人口计生委与北京师范大学共同举办了“心理发展与心理健康咨询”研究生课程班结业仪式。市人口计生委副主任彭彧华，副区长刘淑华，北师大继续教育与教师培训学院副院长吴圣谷，北师大心理学教授、博士生导师沃建中出席结业仪式。从2009年10月开始，区人口计生委与北京师范大学合作，在机关干部中开办心理学研究生课程班，共完成11门课程的学习，43名机关干部获得北京师范大学“心理发展和心理咨询研究生”结业证书，及国家人保部颁发的“儿童健康教育指导师”行业资格证书。

【瑞典专家到昌平区参观访问】12月5日，瑞典卡洛林斯卡医科大学家庭与社区研究中心副主任古那·尼尔森和研究员杨·艾格特，参观访问了昌平青少年中心的“瑞典小屋”、“0～3岁早教中心”和昌平青苹果之家，与工作人员和老师进行了交流。他们认为，昌平区青少年工作中的一些服务内容，也为瑞典青少年中心工作提供了很好的借鉴。

【召开“青春健康，同伴护航”项目启

动会】 12月9日，昌平区“青春健康，同伴护航”项目启动会暨志愿者同伴教育骨干培训仪式在中国政法大学（昌平校区）举行。区人口计生委副主任沈茂成，城北街道办事处常务副主任张大鹏、副主任夏玉蓉，中国政法大学党委副书记兼副校长冯世勇，英国玛丽斯特普中国代表处主任肖远鸿出席会议。“青春健康，同伴护航”项目是在区人口计生委主持下，通过与玛丽斯特普中国代表处合作，对青少年进行健康教育的志愿项目，是昌平区开展“高等院校青春健康服务”，实施“青少年健康人格工程”的具体工作实践。

（张金华）

大兴区

【概述】 2011年，大兴区人口计生工作以全面促进人口计生工作的转型发展为指导思想，落实“打基础、上水平、出特色”的三年三步走的工作目标，以“稳定低生育水平，统筹解决人口问题，促进人的全面发展”为主线，不断在创新管理上动脑筋，在深化服务模式上想办法，在全面促进人口计生工作的转型发展上做文章。全年人口计生经费投入3 589.51万元，人均计生经费达到33.1元，流动人口经费总投入516.86万元，圆满完成了各项任务指标。

基础建设。积极贯彻国家人口计生委《关于实施“强基提质”工程的指导意见》，利用不同形式，分别对区级、镇（街）级进行培训。一是依托内部办公系统，上传培训知识，使区级人口计生干部根据自身的工作安排进行自主学习。二是在全区范围内全面启动全员人口信息化建设工程，通过宣传、信息采集、计算机基础业务培训等方法，历时两个多月，完成了对镇（街）、村（居）两级人口计生工作者的培训工作。三是举办计生系统强基提质培训，聘请国家人口计生委人事司司长金小桃为全区人口计生干部讲解人口计生工作面临的新阶段、新形势、新任务，以及强基提质工程、队伍职业化建设、干部教育培训等项内容，促进了全区人口计生队伍职业化建设。

依法行政。在依法行政方面，主要做了五项工作。一是落实执法责任制。年初区、镇两级分别制定计划生育行政执法责任制，定出行政执法工作目标及考评办法。在区长与各镇镇长、街道办事处主任签订计划生育责任书中，将行政执法工作列入计划生育目标管理实施方案中予以考核。二是规范执法行为。严格坚持依法行政、依法管理，做到权力授予有据，行使有规，监督有效，坚持持证上岗、亮证执法。凡有违法生育行为的当事人，一律依法处理，征收社会抚养费；造成恶劣影响的，予以公开揭露，加倍征收；对党员、干部违法生育的，依纪依法从严惩处。三是规范政务公开。及时梳理政务公开目录，通过公开栏、网站、报刊、计生宣传材料等形式将相关项目向群众公布。还将梳理的行政执法主体名称，行政许可项目，行政处罚项目及法律依据上报到区政府法制办进行备案。四是落实各项扶助政策。年内，各项扶助款项全部发放到位。五是发挥全程代办工作优势。全年，共受理承诺类442件，办结442件；来人来电咨询2 639件，网上咨询59件。办理生育审批555件，群众满意率均为100%。

宣传教育。年内，人口计生宣传教育工作成效显著。一是积极开展婴幼儿早期发展工作。依托幸福泉儿童发展研究中心，以幸福泉翡翠城幼儿园为试点，量身定制了“幸福宝宝”计划，为“十二五”期间全区婴幼儿早期发展事业形成政府、家庭、社会、儿童发展专业机构共同推进的机制起到了积极作用。二是稳步推进青春期健康人格工作。由区人口计生委牵头，区委宣传部、区教委参加，在安定中学召开“生命全周期健康教育丛书”中学生读本评估座谈会并举行“成长——掀开青春的面纱”主题沙龙活动。中国人口宣教中心“青苹果之家”主任张晓纪，北京市徐悲鸿中学心理教研室主任温方，全国青少年科技教育基地青苹果之家专家、心理咨询师黄莉莉，中国人口宣教中心“青苹果之家”特聘心理专家郭笑雪等参加了此次沙龙活动。针对青春期男女生交往的基本原则、态度和方法，对中学生敏感的早恋、青春期学生的自身健康、如何正确应对青春期紧张症、家长在青春期扮演的角色等问题，专家们从产生的原因、影响以及如何正确对待等方面跟老师们作了交流。三是建立人口与家庭公共服务室。以长子营镇留民营村为试点，建立人口与家庭公共服务室。国家人口计生委人事司司长金小桃、巡视员郭梅、原科技司司长肖绍博、教育处处长朱尧耿等到留民营就基层家庭公共服务建设进行调研，通过与镇、村领导及计生专干和家庭代表座谈，了解家庭需求，并对生殖健康咨询师进行问卷调查。通过实体性服务和搭建信息桥工程，解决群众生产、生育、生活中的各种实际问题，促进幸福家庭建设工作的开展。

生殖健康技术服务。紧紧围绕避孕节育知情选择、生殖保健、出生缺陷干预等内容，开展了以技术服务为重点的生殖健康优质服务。一是多种途径强化宣传教育。印发多种生殖健康知识手册，为群众提供知情选择避孕节育知识等生殖保健知识；利用咨询室为群众提供优生优育、节育避孕等知识的咨询服务；利用三级人口学校为群众开展健康知识讲座，提供生殖健康咨询。二是深入开展避孕节育方法知情选择。突出知识宣传与服务全覆盖，采取印发资料和举办知识竞赛等多种形式宣传知情选择的重要意义，加强人性化的宣传与个性化的服务。全面落实随访服务，产后、术后随访服务率均达到90%以上。三是落实“健康生育计划”，大力推进出生缺陷一级预防。利用三级人口学校对新婚夫妇进行优生优育、出生缺陷知识培训；利用新婚健康教育平台向新婚夫妇讲解叶酸在预防神经管畸形中的作用，并免费向新婚妇女发放叶酸；强化新婚关口宣教，利用新婚登记平台向新婚夫妇发放“新婚健康服务包”。年内，共有7 000余对新婚夫妇享受了免费服务，为降低出生缺陷发生率、提高出生人口素质起到了积极的促进作用。

流动人口服务与管理。全区流动人口的计划生育工作以全国“一盘棋”的决策部署为中心，深入开展区域协作，不断推行流动人口基本服务均等化，准确掌握流动人口出生数据及信息。年内，全区流动人口总数为50.02万人，其中育龄妇女为9.27万人，全年投入流动人口计生经费共计近400万元。一是加强区域协作，建立健全流出、流入地协作工作机制。针对管理漏洞和工作薄弱环节，进一步细化协作事项，形成真正到位的经常性工作机制。坚持“一把手”负总责，分管领导亲自抓，流动人口管理部门具体负责的工作模式。两地共同建立协作工作档案，做到事事有办理，办理有结果，结果有反馈，对协议执行情况进行监督、检查和评估，建立通报制度。年内，与山东、河南、河北、山西、湖北等省的部分市、区（县）签订双向协议19份，接待外省、市人口计生部门工作人员来访15次，接听咨询电话39次。二是加强调查研究，为流动人口合理流动提供依据。根据全区产业结构特点，区人口计生委组织开展“大兴区5‰的流动人口状况调查”，共发放流动人口调查问卷2 585份，调查2 521人，对全区流动人口的基本情况、流动状况以及生活、工作、生育等方面进行较为全面的调查和分析，为流动人口的合理流动提供有力依据。三是明确思路，掌握流动人口出生数据及信息。年内，全区不断完善“纵横交错、部门联动、协作配合”的工作机制，横向与大兴区医院、仁和医院、妇幼保健院等16家助产医院合作，每周由妇幼保健院将流动人口出生信息提交区人口计生委，纵向与各镇（街）计生办配合，将提交信息进行分类、录入后，下发到各镇（街），高效、快速的工作进程为流动人口出生信息的准确性提供了保障。

药具工作。年内，计划生育药具工作以“畅通渠道、保障供应、方便群众、提高效益”为宗旨，全方位为广大育龄群众服务。一是加强免费药具发放网络建设。对基层的药具工作，采取主动发放和需求服务相结合、普遍发放和个性化服务相结合的方式，逐步形成“多渠道、全方位、开放式”的药具发放网络。为完善基层避孕药具发放的基础工作，区人口计生委投资126万元为村（居）配备了避孕药具专用柜728个，制作四种样式的避孕药具免费自取架1 000个，免费发放牌和紧急避孕需求电话牌612个。结合全区“大拆迁工程”

重新布设、整合避孕药具网点1 070个，并投资12万元制作了5万本《育龄群众领取国家免费避孕药具服务指南》宣传手册，内容涉及避孕药具发放网络图、大兴区各镇（街）避孕药具咨询电话、避孕节育知情选择参考表等内容，实现了避孕药具网点、设施覆盖全区。二是规范管理和服务。建立健全各项管理和服务责任制，各级避孕药具管理和服务站点均建立了各种规章制度，做到责任到人；建立了例会制度，区、镇（街）两级定期召开例会，通报情况、推广经验，解决管理和服务过程中的不足；建立工作考评制度，对药具管理和服务工作，采取自我评价、相互考评、集中观摩和群众满意度调查等形式进行检查评比，提升工作。三是形成争先创优工作机制。开展镇（街）申办“药具和生殖健康管理和优质服务观摩”活动，区人口计生委只提出“加强药具管理、更新服务观念、提高服务水平”的宏观标准，不做具体工作指导，要求各镇（街）结合自身实际，制订方案、开展活动，直到条件成熟时，再邀请区、镇（街）同行前去观摩。此项活动的开展，极大地调动了各镇（街）工作积极性，全区的人口计生工作出现了“比学赶超”的大好局面。

协会工作。一是创建“人口计生优质服务项目”申报制。全年，出资215万元作为启动资金，按照“一镇一品”、“一街一品”的原则，扶持19个镇（街）上报的优质服务项目。通过实地考察、电话随访和召开项目相关人员座谈会等方式，严格监管项目运行及资金的使用情况。不断鼓励各镇（街）计生协会因地制宜创造性地设计开发特色项目，探索大平台小项目的运作模式。二是“生育关怀行动”向纵深方面推进。年初，由区财政出资7.18万元，为独生子女特殊家庭、独生子女伤残家庭、计生部分奖扶对象、独生子女低保家庭、三级计生协会专干统一办理了《计划生育家庭意外伤害保险》。三是抓贴息贷款延伸扶贫导向机制。上半年，放贷269.4万元，扶持47户计生家庭发展种（养）殖业，按时、足额将贷款利息兑现到农户手中。四是利用WIS系统创建协会信息网络平台。积极探索户籍协会会员的管理，投入大量人力，利用WIS系统建立计生协会会员信息档案，将全区7.16万名协会会员个人信息全部录入计算机系统，实现了信息资源共享、数据统计准确、时效性强的现代化工作模式，为人口计生系统实现四级联网，打下了基础。五是强化平台载体建设，创建示范会员之家。继续“创建区级示范会员之家”工作。对推荐的12个会员之家示范点，逐一进行考察，确定了清源街道郁花园二里、旧宫镇上林苑社区等6个基层计生协会为区级示范会员之家创建试点单位。

【人口和计划生育数据】年内，全区户籍人口为60.14万人，全年出生6 977人，计划生育率为96.92%，晚育率为82.63%，人口出生率为11.7‰，自然增长率为2.3‰。

【组织人口计生系统“三下乡”活动】 1月12日，区人口计生委承办了市人口计生委在青云店镇举办的人口计生系统科技、文化、卫生“三下乡”主题宣传服务活动。国家人口计生委宣教司副司长石海龙，中国人口宣教中心副主任伦秀伟，市政府副秘书长侯玉兰，市人口计生委党组书记杨林，市委宣传部董济呈，区委常委、宣传部长戴明超，区人大常委会副主任陈晓英，副区长王荣彬，区政协副主席刘志茹等领导出席了活动。市人口计生委副主任彭彧华主持了此次活动。活动中，市人口计生委向大兴区人口计生系统和青云店镇人口学校赠送了笔记本电脑、DVD机、摄像机、投影仪等设备和宣传品，中国著名书法家向青云店镇赠送书法作品。仪式结束后，解放军309医院营养科专家张晔教授举办讲座，讲授了健康知识。领导们还分别走访、慰问了优秀村级计生专干、计划生育示范家庭、独生子女贫困家庭，为他们送去慰问金和慰问品。北京积水潭医院主任医师夏福容、北京妇产医院主任医师谢玉娴、北京同仁医院主任医师张季媛等知名专家现场为青云店镇的计生专干进行免费体检和健康咨询，书法家们现场书写春联，赠送当地群众。

【召开人口计生系统工作会】 4月27~29日区人口计生委召开2011年人口计生系统工作会。市人口计生委副主任彭彧华参加了会议，并就“十二五”时期人口计生工作的新形势、新任务、存在的突出问题及对策做了专题演讲。彭彧华副主任从五个方面进行了阐述：一是人口规模加速扩张，矛盾日益突出；二是人口分布区域不合理，形成人口“孤岛”现象；三是北京的多功能中心定位，促进人口聚集；四是人口结构问题凸显，社会进步面临新的矛盾；五是人口出生缺陷率攀高，人口管理相对薄弱，与人的全面发展不协调。她强调指出，要认真贯彻胡锦涛总书记的重要讲话精神，围绕市人口计生委的重点工作，扎实推进，把大兴区的人口计生工作提高到一个新水平。

【举办纪念“7·11”世界人口日活动】 为纪念“7·11”世界人口日，落实市人口计生委关于《纪念“7·11”世界人口日文艺会演活动的通知》精神，全区19个镇（街）共举办节目选拔赛13场。区人口计生委与区文委共同对上报的33个节目集中进行了两场调演，并于6月28日在大兴区少年宫剧场举行了“大兴区纪念‘7·11’世界人口日文艺会演”，市人口计生委宣教处处长刘凤婷到现场观看。同时，还选拔优秀节目参加了市人口计生委调演活动，获得节目三等奖和单位组织奖。

【加强人口计生干部职业化建设】 区人口计生委着眼于深化人口工作转型，把加强人口计生队伍的建设与做好新时期人口工作相联系，与未来人口计生工作的发展相结合，与“强基提质”工程相统一，将加强队伍建设作为全年工作的一项重点内容。一是在制度建设上，制定出台了《关于加强人口计生干部队伍教育培训与管理工作的指导意见》的文件，要求对现有的各级人口计生干部层层进行培训；在村（居）专干选拔用人上，制定了任职资格、选聘机制；建立了计生专干辞（退）职登记制度及相关待遇规定等内容。二是在组织形式上，采取专家授课与自我学习、集中培训与分散培训相结合等多种方式进行。根据区域实际，分片建立了培训基地，以利于集中学习，增强培训效果。全年组织区、镇、村三级人口计生干部业务培训1 300余人次。三是在培训内容上，突出指导性、针对性、实用性，结合区人口计生工作实际，深入到镇、村分期分批地进行了计算机操作、政策法规、流动人口计生管理等方面知识培训和微机实际操作培训。四是在职业资格上，大力鼓励人口计生系统人员考取职业资格证书，认真抓好生殖健康咨询师队伍建设工作。为此，专门聘请国家人口计生委科研所的吴尚纯、裴开颜等教授对区、镇（街道）两级200余名计生干部进行了避孕节育、优生优育等咨询能力的培训。积极组织205名人口计生工作者参加了全国生殖健康咨询师的培训和考试。通过进行学习和考试，使全区人口计生工作者学到了知识，武装了头脑，为“十二五”时期人口计生队伍职业化建设打下了基础。五是在规范化建设上，分别制发了区、镇（街）、村（居）三级《计生干部培训登记手册》，作为各级计生干部参加各类培训情况的记载，并纳入年终考核，进一步促进了全区人口计生系统干部培训工作的专业化和规范化的进程。

【充实药具管理服务队伍】选拔热衷人口计划生育工作的人员，担任避孕药具免费发放服务志愿者，全区建有1 070人的志愿者队伍。各镇（街）、村（居）的发放网点都设有一名志愿者，负责药具网点的药具发放、自取架上药具的填补、药具知识的宣传、药具的随访等项工作。

【创作《爱从这里扬帆》人口计生宣传歌曲】区人口计生委在区文委的帮助下，聘请大兴区资深音乐创作人刘梦侠，根据大兴区人口计生工作的发展和取得的成就谱写出《爱从这里扬帆》。这首人口计生宣传歌曲，曲调优美，易于传唱，激发了计生工作者的工作热情，提升了人口计生工作的宣传效果。

【举办“面对70亿人的世界”主题宣传活动】9月20日，区人口计生委在大兴剧场举办了大兴区“面对70亿人的世界”主题宣传活动。国家人口计生委宣教司副司长石海龙，国家人口计生委人事司巡视员郭梅，市人口计生委主任刘志，区领导张书领、高树旺、张耀邦、陈晓英、王荣彬、李维民，区人口和计划生育工作领导小组成员单位负责人，区直各单位领导，各镇（街道）主管领导和计生干部、群众共计500多人参加了活动。

【改版《大兴人》杂志】区人口计生委与《大兴报》社合作，对《大兴人》杂志进行改版。着眼于“大人口”全局，以

“说人口、话计生、倡和谐”为主题，注重人口均衡发展、人口调控与经济社会发展相结合，注重人口工作体制的改革创新与构建人口家庭公共服务体系，形成与城市可持续发展和城市功能相适应的人口发展格局。改版后的《大兴人》杂志更加突出实用性，结合大兴区人口计生的前沿工作，报道基层亮点工作。年内出版 4 期，共 32 万册，全部免费发放至育龄群众手中。

【开展送温暖活动】 区人口计生委、区计生协会坚持在“两节”期间开展送温暖活动，投资 10 万余元，慰问独生子特殊家庭和独生子女贫困家庭、基层计生协工作人员。“母亲节”期间，全区广大会员及志愿者为贫困母亲捐款 2.92 万元。

【深化优质服务工作项目化管理】 为实现人口计生优质服务工作可持续发展，建立长效机制，大兴区以政府为主导、以计生协为依托，邀请有关专家调研、论证后，按照“一镇一品”、“一街一品”的原则，结合各镇（街）实际开展“人口计生优质服务项目化管理”。上一年度，区政府投入 215 万元，开始在 19 个基层单位试行，并重点进行了 6 个项目的试点。年内，又投入 340 万元，在各镇（街）进一步深入推进延续项目和新立项目。经过试点和推广，项目化管理工作收到了很好的效果，有力推动了人口计生优质服务的发展。

【瀛海镇结合实际采取跟进式、贴心式计生服务模式】 因亦庄开发区扩建，瀛海镇 80% 的村拆迁，村民在外租房周转，人户分离数量众多，给人口计生管理工作造成了前所未有的困难。面对拆迁村民居住分散的新特点，他们结合实际采取了跟进式、贴心式的计生服务模式，做到为育龄群众服务不断档。一是领导重视，落实保障措施。坚持实行一票否决制，把人口计生工作纳入经济责任制，与工资、奖金挂钩。针对因拆迁带来的人口形势严峻、管理难度加大的现状，调整对农村基层干部的考核标准，将计划生育在年度考核中的比重由 6% 提高到 20%。对基层计生工作突出的单位设立了计生专项奖励基金 10 万元。二是加强队伍建设，提高服务能力。在原有计生工作人员职数的基础上，镇级计生办又招聘了四名计生协管员，各村在村民租住相对集中的地方配备了村级计生协管员 97 人，制定了岗位职责、签订服务承诺书。采取由镇计生办负责对镇计生协管员的管理；镇计生协管员负责对村（居）计生专干的管理；村（居）计生专干负责对村计生协管员、宣传员、协会会员的管理；村计生协管员、宣传员、协会会员负责育龄群众的管理服务方式，把育龄群众全部纳入服务网络。实行包户制度，规模小的村每人包 30 人左右，规模大的村包 50 余人。实行联系随访制度，每半年或每季度对全体搬迁村民进行一轮走访，结合计生工作特点，制定对重点人“月随访”，对产后、术后人员“及时随访”、对一般人员“季度随访”制度。三是加大利益导向，实施综合改革。镇党委、政府将人口计生工作提到“抓人口就是促发展，抓计生就是抓民生”的高度，出台了《关于对独生子女家庭实行优惠政策的意见》（兴瀛发〔2011〕15号），要求各部门在出台民生政策措施时，一律实行政策会商、文件会签，确实保障独生子女家庭的利益，把解决人口问题与解决民生问题有机地结合起来。四是深化宣教服务，形式丰富多彩。紧贴镇中心工作，围绕“我与瀛海共发展之精神家园”建设，把计生工作融入其中，开展系列活动。如利用节假日、纪念日开展上街宣传咨询活动；自制宣传品，开展送文明、文化活动；利用镇艺术团资源，与镇文体中心联手，开展了慰问搬迁村民活动；六一儿童节，在兴海园社区举办亲子活动暨“独生子女家庭趣味运动会”；举办“避孕药具知情选择知识竞赛”；组织开展文化节、书画展览、和谐杯乒乓球比赛等活动，展示了独生子女家庭的良好精神风貌。五是夯实基础工作，严格依法行政。按照上级要求，完善全员信息系统设施建设，配备了4名计算机操作人员，保证信息录入完整准确。完善村民自治章程，融入了计划生育内容。包括对独生子女家庭的奖励、优惠政策，对采取长效措施人员的优待政策，对实行晚婚晚育的奖励政策及对违法生育当事人的限制。六是积极开展“阳光计生行动”，全面推行人口计生“阳光管理”、“阳光服务”、“阳光维权”。成立“阳光计生行动”领导小组，制订了“阳光计生行动”和“双评活动”实施方案。在基层开展“请农民兄弟姐妹评计生”活动、“请流动人口农民工评计生”活动以及下评上活动，通过评议活动，推动了机关、基层转变工作作风，改善服务态度，提高服务质量。七是搭建服务平台，开展优质服务。进入周转期后，面对拆迁村育龄群众居住分散的特点，建立了拆迁村综合服务中心，各村党支部、村委会集中在综合服务中心办公，形成了综合服务分中心。以村为单位，成立计生服务站。为普及女性健康知识，强化自我保护意识，举办了两期“生殖健康知识”讲座；为全镇1 768名育龄妇女免费进行了生殖健康检查；为1 500名采取长效措施的已婚育龄妇女免费进行了健康体检，为3 732名已婚育龄妇女进行了两癌筛检，对查出的患病妇女建立健康档案，跟踪服务。为满足育龄群众对避孕药具的需求，组建了一支97人的避孕药具志愿者服务队伍，形成了遍布育龄群众所辖区域的服务网络。同时，在其居住聚集地设置了97个流动发放网点，极大地方便了育龄群众。

（杜娟）

平谷区

【概述】2011年，平谷区人口计生工作坚持“北京思路、平谷特色”，建立健全人口服务管理体系，大力实施“幸福家庭发展计划”，打造了工作亮点和特色，实现了“十二五”人口计生工作的良好开局，为全区经济社会又好又快发展营造了良好的人口环境。

综合治理。为进一步完善人口计生统筹协调机制，平谷区狠抓各级领导责任意识、相关部门履职意识，努力构建了党政主导、部门配合、社会参与、齐抓共管、综合治理人口问题的工作格局。一是加强制度保障，各级领导责任意识进一步增强。各乡（镇、街道）切实把人口计生工作摆上了重要议事日程，坚持人口与发展综合决策，召开人口计生工作大会，落实党政一把手亲自抓、负总责、一票否决、专题人口计生工作研讨会等制度，加强各级领导人口理念培训，提高了责任意识，做到重视支持到位、人员配备到位、经费投入到位。二是加强统筹协调，相关部门履职意识进一步提高。区人口和计划生育工作领导小组及成员单位进一步明确了人口计生工作职责，认真落实了综合治理“一一二二”机制。如区委宣传部、教委、文明办、财政局、卫生局、民政局、团区委、妇联与区人口计生委联合，大力实施“幸福家庭发展计划”，出台了相关文件，举办了启动仪式，积极进行宣传倡导服务。区委组织部把计划生育作为“一票否决”内容，纳入“五好乡镇党委”、“五好支部”考评体系。农工委在制定和落实产权制度改革等农村社会、经济政策时，积极协调并呼吁向农村计划生育户倾斜。财政、公安、法院、统计等部门也做到了各司其职、各负其责，综合治理人口问题。

宣传教育。将人口文化与地域特色桃文化有机结合，打造了“婚育文明靓桃乡·幸福家庭促和谐”文化宣传品牌。重点开展了“幸福家庭创建”、“寻找幸福家庭”、“幸福家庭一帮一互助”等活动，95%的家庭参与创建，千余户家庭获得“幸福家庭”殊荣。同时，举办了邻居节，开展了“邻里乐——独生子女家庭拔河比赛”、“粽传邻里情——端午节包粽子比赛”等活动，形式新颖，内容丰富，参与群众广，增强了社区活力和凝聚力。

利益导向。在全面推进平谷特色计生家庭优惠优待“三级承诺制”、设立农村集体经济产权制度改革“独生子女父母奖励股”、落实计生家庭意外伤害保险制度基础上，加大对困难计生家庭帮扶力度，在生活上“输血扶贫”、生产上“造血扶业”。年内，全区为特困独生子女家庭提供紧急救助，为10户独生子女户翻建危房，为独生子女困难家庭211人实施医疗救助，为

451户独生子女困难家庭办理低保待遇，为21名独生子女家庭大学生提供教育救助，并实施了居家养羊、公司+农户托管养羊等多种模式的帮扶途径，有400余户改善了收入状况。另外，加强对计生老年人群的关爱，在人口较集中的村（居）建立了家庭服务中心，为计生家庭老年父母提供免费早餐、法律援助、娱乐健身、心理咨询、暑期托管等服务；建立独生子女年老父母入住养老院补贴制度和独生子女父母养老奖励制度。通过从生产、生活等方面给予计生家庭的一系列关爱，使不幸的家庭得到关怀，困难的家庭得到扶助，需要的家庭得到服务，所有的计生家庭更加幸福。

优质服务。按照“幸福平谷”建设“十二有”中“生有优生优育”的工作要求，从孕前、怀孕和0～3岁婴幼儿三个阶段为群众提供优生优育服务。针对孕前家庭，在北京市率先启动了免费孕前19项优生健康检查国家级试点项目。建立了人口计生、民政、卫生联席办公制度，在婚姻登记处设立了婚姻家庭服务室。针对怀孕家庭，开发了“优生优育指导系统”，向怀孕夫妇发放“孕事通”上网卡，定期举办预防出生缺陷知识讲座。针对0～3岁婴幼儿家庭，逐级开展了“亲子嘉年华宝宝大赛”活动，组织了“做合格父母·育幸福宝宝”家庭育儿征文演讲、网上宝宝秀评比和宝宝技能比赛活动，使群众优生优育意识普遍提高，人口早期发展工作收效明显。同时，建立了“平谷区婴幼儿早期发展指导中心”、“儿童发展测评室”及王子岛、大华山等早教基地，填补了全区无正规婴幼儿早教机构的空白。

队伍建设。继续实施计生干部队伍建设综合改革和强基提质工程，落实了竞聘上岗、持证上岗、练兵比武、绩效工资、述职述评等制度。为三级计生干部进行了人口计生工作转型与发展培训和生殖健康咨询员职称考试的考前辅导，全区40周岁以下三级计生干部201人参加了全国统考，推进了干部队伍职业化建设。

【人口和计划生育数据】年内，全区常住人口41.8万人，比2010年同期增加0.2万人；户籍总人口为39.6万人，比2010年增加0.1万人；流动人口为5.1万人，比2010年增加0.2万人；全年户籍出生人口3 372人，比上年增加523人；人口出生率为8.52‰，比上年增加1.33个千分点；死亡率5.76‰，比上年减少4.53个千分点；自然增长率2.76‰，比上年增加5.87个千分点；符合政策生育率为96.06%，比上年增加0.24个百分点。户籍人口保持稳定并略有增加，人口城市化水平略有提高，非农业人口已达户籍人口的49.56%，较上年增长1个百分点。

【开展基层计生干部慰问活动】1月10日开始，区人口计生委领导率队分六组，对镇、村两级计生干部和宣传员共计1 405人进行了慰问，为每人准备了精美实用的慰问品。并在部分乡（镇）组织召开了慰问座谈活动，交流工作经验、畅谈工作设想，征求基层对人口计生工作的需求和建议。同时，还对基层优秀及困难计生干部28人进行了入户走访慰问，为每户送了慰问品和慰问金。

【举办人口综合改革工作研讨会】1月22日，平谷区举办人口计生综合改革工作研讨会，区人口计生委科级以上干部参与研讨，顾宝昌、解振明、刘鸿雁、郭新华、汤梦君等人口专家参加，市人口计生委副主任丁勇及有关领导到会。会上，区人口计生委副主任孔祥增对平谷区近年来的人口计生工作做了汇报，区人口计生委主任陈月莲介绍了平谷区人口形势和平谷区"十二五"期间幸福家庭发展计划的总体思路。与会人员就人口计生综合改革工作、流动人口服务管理、老龄化等问题进行了深入研讨，各位专家对平谷区人口计生工作在拓展公共服务领域、关注生命全周期、服务全方位等方面工作的探索提出了建议。市人口计生委副主任丁勇肯定了平谷区人口计生工作，建议平谷区要深化人口计生综合改革工作，转变工作思路，拓展工作领域，要围绕人口环境和群众需求开展工作。

【召开人口计生工作大会】3月11日，平谷区召开2011年人口计生工作大会。大会的主要任务是，认清当前全区面临的人口形势，认真总结"十一五"和2010年全区人口和计划生育工作，全面部署2011年工作任务。副区长魏玉瑞主持会议。市人口计生委副主任马旭，区委副书记、区长张吉福，区人大副主任路宗武，区政协副主席白长河出席会议。

【平谷区纳入国家孕前优生检测试点区】3月29日，国家免费孕前优生健康检查北京市试点区项目启动仪式在平谷区举行。国家人口计生委科技司司长张世琨、财务司司长薛启谊，市人口计生委主任刘志，副主任耿玉田、马旭，区政府区长张吉福、副区长魏玉瑞，平谷区、丰台区、昌平区人口计生委等单位领导出席了活动。年内，平谷区被国家人口计生委列为北京第一批孕前优生检测试点区。国家免费孕前优生健康检查项目是2010年国家人口计生委与财政部共同组织实施的，目的是逐步降低出生缺陷发生风险，提高出生人口素质。凡男女一方为平谷区户籍、符合生育政策、计划怀孕的夫妇，以及居住满半年、符合生育政策、计划怀孕的流动人口夫妇，在自愿的前提下，夫妻二人均可以享受免费孕前19项优生检测。试点工作启动后，共投资33.4万元，已有1 500余对夫妇接受免费孕前优生健康检查。

【国家人口计生委领导到平谷调研】3月29日，国家人口计生委科技司司长张世琨、财务司司长薛启谊一行，到平谷区调研指导人口计生工作。张世琨司长一行实地考察了平谷区生殖健康技术服务中心，并召开座谈会，听取了陈月莲主任《坚持科学发展深化综合改革，全力打造"幸福家庭发展计划"品牌》的工作汇报，对人口计生工作存在问题及对策进行了座谈讨论。市人口计生委主任刘志，副主任耿玉田、马旭，平谷区区长张吉福、副区长魏玉瑞等陪同调研。

【组织育龄妇女进行健康体检】4月11日，区人口计生委对全区所有采取长效避孕措施的育龄群众进行健康体检。这次体检包括一般检查、血尿常规、生化检查、肝胆脾肾B超、乳透、妇科检查等10多项，由区人口计生委服务中心组织各乡（镇）计生办统一完成。全区共有6.7万已婚育龄妇女接受了检查，参检率达71.6%，其中农村已婚育龄妇女参检率达85%。

【组织新任计生干部岗位业务知识培训】4月12日，区人口计生委组织乡（镇、街道）和村（居）70多名新任计生干部进行为期两天的业务工作培训。课程由区人口计生委各科、站长统一授课。课程内容主要是人口计生依法行政、流动人口、统计业务、优质服务、避孕药具、宣传教育、日常管理和服务规范等业务知识。通过培训，进一步提高了基层计生干部的实际工作能力，同时也加深了对计生政策、法规及业务知识的理解。

【招聘流动人口计划生育协管员】为加大流动人口计划生育管理服务工作，区人口计生委在区人力资源和社会保障局的大力支持下，招聘了28名计划生育协管员，专职负责流动人口工作。28名“40、50”人员经过笔试、计算机考试和面试三个环节，于5月9日与北京爱民社区服务中心签订劳动合同，走上人口计生协管员岗位。28名协管员将分配到城区的三个街道办事处的28个居委会工作。这项工作的完成，将有效缓解城区流动人口多、服务管理不到位的问题，更好地提高流动人口服务管理水平。

【国家药具管理中心项目组到平谷区检查指导工作】国家药具管理中心项目组领导罗云飞、宋毅、熊崇荣和市药具管理站站长李兵等一行8人，到平谷区检查指导药具工作标准化建设项目，区人口计生委党组书记、主任陈月莲和主管领导陪同。项目组对平谷区计划生育药具采购管理和服务情况进行检查评估，实地察看了区计生服务中心及乡（镇）药具发放点，采取听取汇报、查阅资料、座谈了解等方法进行检查。检查组对药具发放工作给予肯定并提出建议：一是要加强药具发放管理工作，确保渠道畅通；二是要加强培训，提高队伍人员素质；三是要加强领导，全面推进药具规范化管理。

【举办幼儿早期教育知识讲座】区人口计生委邀请第56届联合国大会儿童特别会议特邀专家、幸福泉创始人、首席专家教授程淮，在区影剧院举办幼儿早期教育知识讲座，为培养具有创造性思维和健康心智的优质宝宝进行指导。各乡（镇）计生办、区直单位、孕期育龄群众共900余人参加了知识讲座。

【平谷区被列为创建幸福家庭活动全国试点单位】在全国创建幸福家庭活动试点工作会议上，平谷区被列为创建幸福家庭活动全国试点单位。会议由国家人口计生委、中国计划生育协会、中国人口福利基金会在吉林省长春市举办。会上发布了《关于开展创建幸福家庭活动试点工作的指导意见》，决定在全国通过试点带动，深入开展“创建幸福家庭活动”。会议决定在全国每个省、市、自治区各确定一个市（区）为试点单位，北京市仅平谷区被列为试点单位。试点单位要先行一步，探索总结经验，带动促进幸福家庭创建活动深入开展。

【开展科技和法律知识下乡活动】 5月13日，区人口计生委与各相关单位在峪口镇大集开展科技和法律知识下乡活动。向群众宣传人口计生法律法规和幸福家庭活动，现场发放出生缺陷预防、计生国策、避孕节育等科普宣传资料2 000余份，现场接受群众咨询达1 000余人次。区政协副主席景国忠、张丽平参加活动。

【召开人口战略研讨会】 5月26日，区人口计生委召开“2011年人口战略研讨会”。中国社科院人口与劳动经济研究所教授王广州、市人口计生委调研处处长潘银苗、区统计局和区人口计生委的有关领导及科（站）长参加会议。与会人员从人口战略层面，就平谷区人口现状、人口未来发展趋势、人口与经济发展和产业结构调整等关系问题进行了讨论。以京津冀区域经济发展作为大背景，结合产业发展、区域功能定位，确定了《平谷区第五次人口普查数据与第六次人口普查数据比较及趋势分析》为重点调研课题，并深入研讨了课题的调研思路和内容。这次会议为促进平谷区人口与经济、社会、资源、环境的协调发展、引导发展方式转变、实现区域经济跨越式发展，提供强有力的数据支撑和理论支撑。

【举办“幸福家庭发展计划”研讨会】 作为全国创建幸福家庭活动试点区之一，平谷区人口计生委因地制宜打造了具有地域特色的“幸福家庭发展计划”这一公益性服务品牌。6月16日，举办了“幸福家庭发展计划”研讨会，邀请《人口与计划生育》杂志社编辑部主任、高级编审陶鹰，北京大学人口研究所教授、博导（老年学研究所副所长、《人口与发展》杂志副主编）穆光宗博士，与区人口计生委科级以上干部，就《平谷区“幸福家庭发展计划”方案》及子工程的内容，进行了座谈研讨。与会专家就平谷“幸福家庭发展计划”提出四项建议：一是要加强科学研究，为科学决策做好支撑；二是要明确“幸福家庭发展计划”的内涵与外延，准确界定服务范围；三是明确幸福家庭建设的核心是“让不幸的家庭得到关怀、让困难的家庭得到帮助、让需要的家庭得到服务、让健康的家庭得到发展”，真正让群众得到实惠；四是要抓住“人文关怀、公共服务、社会保障”三个元素，与时俱进、开拓创新。

【召开阳光计生行动现场会】 6月23日，区人口计生委在王辛庄镇召开阳光计生行动现场会，总结阳光计生行动试点工作经验，在全区全面推行阳光计生行动。区人口计生委领导班子成员、各乡（镇）主管领导出席会议，市人口计生委纪检监察处处长刘学文应邀到会指导。作为平谷区“阳光计生行动”试点单位，王辛庄镇开通了“阳光计生服务热线”。自热线开通以来，已接受群众咨询600余人次，解答有关计生政策及生殖健康咨询130余人次，帮助群众解决生产、生活、生育中所遇到的难题90余件，接受群众举报11次，收到群众意见和建议32条。他们利用本镇的电话网络体系，将镇的全员人口分为育儿经、青春园地、新婚指南三大类，每周都以短信的方式，为各类人群发送计生相关信息，年内已为各类人群发送阳光飞信3 000余条，群众知晓率达到100%。王辛庄镇还建立了“计生阳光温馨驿站QQ群”，畅通广大群众的诉讼需求，更好保障群众对计生工作的知情权、监督权。

【举办人口计生工作转型与发展培训班】6月28日，平谷区人口计生工作转型与发展培训班在区委党校举办。培训班邀请了国家人口计生委宣教司副司长石海龙、北京大学陆杰华教授进行专题授课。乡（镇、街道）主管镇长，计生办人员，村（居）计生干部；区人口计生委工作人员和区直单位计生干部共400人参加了培训。

【开展纪念建党90周年主题活动】在中国共产党建党90周年到来之际，区人口计生委开展了一系列主题宣传教育活动。一是开展革命传统教育，组织全体党员参观盘山烈士陵园，老党员重温入党誓词，新党员入党宣誓。通过党日活动，广大党员进行了一次深刻的爱国主义教育及共产主义教育，振奋了精神，增强了凝聚力和向心力。二是组织全系统党员干部观看电影《建党大业》，一起回顾中国共产党的光辉历程。三是举办唱红歌文艺演出，全委党员干部积极参与，以红歌联唱、小合唱以及独唱等形式，讴歌对党和祖国的热爱，抒发计生人牢记党的宗旨，坚定理想信念，奋力开拓进取，创造一流业绩的信心。

【中国人口福利基金会到平谷区调研“幸福家庭”创建活动】7月8日，中国人口福利基金会副秘书长蓝野、项目部部长牛艳平等一行4人到平谷区调研“幸福家庭”创建活动。平谷区自“幸福家庭”创建活动实施以来，不断完善人口计生利益导向机制，加大对计生困难家庭的扶持力度，不断提高生殖健康服务水平，全面提升辖区人口素质和村（居）民幸福指数。蓝野副秘书长对平谷区在“幸福家庭”创建活动中所做的工作给予了充分肯定，并建议要进一步加大对人口计生公益项目的宣传力度，整合各方资源，进一步推动“幸福家庭”工程建设。

【区政协领导调研人口计生工作】7月13日，区政协主席王春辉到区人口计生委调研，并视察了区生殖健康技术服务中心。在听取区人口计生委关于党政机关组织建设、“幸福家庭发展计划”实施情况的汇报后。区政协主席王春辉对人口计生工作所取得的成绩给予了充分肯定。他指出，区人口计生工作要进一步树立“大人口”意识，加强流动人口管理工作；要进一步科学统计人口数据，重点研究全区人口数量、素质、结构和分布问题。同时要求各位政协委员要进一步重视人口计生工作，让更多的人了解人口计生、关心人口计生，推动人口计生工作健康持续发展。

【荣获全国计划生育科技大练兵活动一等奖】年内，经专家考核评比后，平谷区人口计生委服务中心技术人员荣获全国科技大练兵一等奖。自国家人口计生委开展科技大练兵活动以来，平谷区人口计生系统积极响应，并将其融入到基层日常科技工作之中，与优质服务先进单位创建等活动有机结合，使科技大练兵活动扎实推进、卓有成效，树立了一批具有先进服务理念、扎实基础知识、良好服务态度的基层服务标兵，全面提升了人口计生技术服务队伍的整体业务素质和综合服务能力。

【北京市人口计生委领导到平谷区调研指导工作】7月28日，市人口计生委党组书记、主任刘志到平谷区人口计生委，就人口计生工作与科级以上领导进行座谈，市人口计生委办公室主任胥德琪、科技处处长李晓沪，平谷区副区长魏玉瑞陪同调研。区人口计生委党组书记、主任陈月莲就“平谷区幸福家庭发展计划”和人口计生工作情况进行了简要汇报。刘志主任充分肯定了平谷区人口计生工作，介绍了当前全市人口计生工作形势，并要求人口计生系统按照“坚定信心、真抓实干、勇于创新、奋发有为”和“敢于担当、敢于碰硬、敢于创新”的精神，做好人口计生工作。一是在体制机制上创新，建立完善有关人口发展工作新机制；二是在统筹整合协调上创新，在更高层次上协调各有关部门，进一步健全“国策上位”的政策协调机制；三是在加强服务管理上创新，让计生家庭优先分享改革发展的成果，进一步健全优先优惠利益导向体系；四是在为基层服务的方式和方法上创新，加强调研，以人为本，认真开展人口和家庭公共服务工作，满足群众日益增长的需求。

【平谷区人口与家庭公共服务中心揭牌】7月28日，平谷区人口与家庭公共服务中心（计划生育生殖健康技术服务中心）正式揭牌。这是全市首家人口与家庭公共服务中心。市人口计生委党组书记、主任刘志，市人口计生委办公室主任胥德琪、科技处处长李晓沪，平谷区副区长魏玉瑞等领导参加了启动仪式。该中心总建筑面积2 400平方米，总投资700万元。设立健康体检区、养生区、手术区、康复区和婴幼儿智力开发区五大主题服务区，提供生殖健康服务、优生优育示范、老年健康指导、婴幼儿早期发展和青春期健康教育等服务。

【举办邻居节系列活动】年内，为促进人口文化发展，形成“邻里和谐，文明婚育，家庭幸福”的社会新风尚，区人口计生委在全区举办“邻居节”人口文化宣传活动，让所有村（居）群众在节日里感受左邻右舍的浓浓亲情。一是在滨河和兴谷两个街道办事处举办“桃乡万家新·邻里见真情”——平谷区第一届“邻居节”人口文化宣传活动启动仪式。二是举办“化恩怨·解忧愁”邻居见面会。各基层单位以村（居）为单位邀请邻居们到村（居）举行见面会，在宣传人口文化的同时，为邻里之间有矛盾的家庭提供化解的平台。三是开展“敲开对门家，请你认识我，有事互帮助”活动。区人口计生委统一制作邻里联系卡，各单位组织宣传员、协会会员发放邻里联系卡，使邻里之间建立联系，定期沟通，道一声问候和祝福。四是开展寻找“幸福家庭”活动。以“邻里和谐、家庭和睦、文明婚育、遵纪守法、尊老爱幼、教育子女、勤劳致富”为标准，由区人口计生委采取网络投票评选的形式选出幸福家庭。五是开展“和谐家庭”一帮一互助活动。每个村（居）至少确定两户互助对象。通过邻里互助、亲朋互助，使更多的家庭和谐美满。

【召开人口和计划生育领导小组成员单位转型与发展研讨会】7月30日，区人口计生委召开了人口和计划生育领导小组成员单位转型与发展研讨会。区人大副主任金国英、区政协副主席白长河出席，组织部、宣传部等24个成员单位负责人，区人口计生委领导和各科（站）长参加了会议。

【“幸福工程募捐”再创历史新高】年内，区计生协会圆满完成幸福工程捐款任务，捐款总额达到9.87万元，比去年增加3.5万余元，创下历史新高。区计生协会自2002年实施“幸福工程——救助贫困母亲行动”以来，全区捐款已达40.51万元。这个项目主要面向计划生育家庭的贫困母亲，围绕“治穷、治愚、治病”，采取“小额资助、直接到人、滚动运作、劳动脱贫”的救助模式，先后投入资金90万元，共救助贫困母亲172人，综合脱贫率达90%，取得了良好的经济效益和社会效益。

【平谷区首家“家庭服务中心”启用】8月18日，平谷区首家“家庭服务中心”在胡庄村启用，它将成为区人口计生委落实社会工作的一个范本，并将推广到全区各个乡（镇、街道）。该中心为村民提供“家庭全成员、生命全周期、生活全过程、社会全方位”的宣传服务，主要服务对象为妇女、儿童、老年人。

【举办“爱我宝贝·亲子嘉年华”系列活动】年内，区人口计生委在全区范围内开展了“爱我宝贝·亲子嘉年华”系列活动。一是举办了“爱我宝贝——平谷区首届健康宝宝大赛”。比赛将宝宝们按年龄分为A至I共9个组，分别进行爬行、踢球、精细运动、竞走等比赛项目，经过带有趣味性的比赛，评出“明日之星宝宝”。二是举办“做合格父母·育幸福宝宝”家庭育儿征文活动。面向全区年轻夫妇，围绕孕育宝宝的前期准备、孕中的保健及如何看待孩子的早期教育，早期教育对孩子的影响，快乐育儿、智慧早教等方面，说出自己心中所想和心得。三是举办“魅力宝宝秀”网上投票活动。由宝宝父母把参赛宝宝照片上传到平谷人口计生网上。通过网上投票评选出最佳人气宝宝奖、魅力宝宝奖、最上镜宝宝奖、最搞怪宝宝奖。

【采取多项措施关注男性健康】年内，平谷区采取多项措施关注男性健康。一是在全区举办男性生殖保健知识讲座，邀请北京中医药大学东直门医院医学博士，为200余位男性讲解如何预防疾病，如何保持健康的心理等健康知识。二是编印5 000余册男性健康知识书籍，发放到全区各乡（镇、街道），传播科学的生殖健康知识。三是拍摄一期“关注男性健康”专题节目，在区电视台播出，大力宣传男性健康知识和生殖健康知识，呼吁全社会关注男性健康。

【举办生殖健康咨询员考前培训班】10月24～26日，在区委党校举办了有区、镇、村三级计生干部200人参加的为期三天的生殖健康咨询员培训班。培训期间，邀请六位国家人口计生委科研所和北大医院相关专家进行授课。通过培训，为三级计生干部参加全国生殖健康咨询员资格考试奠定了厚实的基础。

【平谷区人口计生委采取四项措施推进队伍职业化建设】年内，区人口计生委采取四项措施不断推进人口计生干部队伍职业化建设。一是完善干部队伍选拔任用及退出机制，对不称职人员及时给予调整，采取竞争上岗、择优录用的办法补充空缺岗位。二是加强教育培养机制建设，重点做好培训、技能练兵、述职述评、持证上岗考试及典型示范等，形成“比、学、促、帮、带”的良好局面。三是全力做好全国生殖健康咨询员职称考试工作，努力将全区计生干部队伍建设成为科学化、规范化、知识化、年轻化的高素质职业化队伍。四是加强作风建设，大力弘扬求真务实、开拓创新、团结协作、恪尽职守、廉洁奉公的精神，促使计生干部始终保持昂扬向上的工作状态，自觉争创一流工作业绩。

【北京市人口计生委诚信计生评估组到平谷区评估验收】11月2日，市人口计生委诚信计生评估组到平谷区进行评估验收。评估组首先来到山东庄镇听取开展诚信计生工作的综合措施及成效汇报。诚信计生工作开展以来，区人口计生部门实行具有平谷特色的计划生育家庭优惠优待“三级承诺制度”，区、乡（镇）、村（居）三级积极承诺为计划生育家庭办好事、实事，不断激发诚信计生工作活力。随后，诚信计生评估小组查阅了基层群众需求分析报告、育龄妇女生殖健康档案等基础资料。评估小组还召开了育龄妇女座谈会，对32名育龄妇女进行了问卷调查。

【平谷区被评为全国计划生育综合改革示范区】国家和北京市人口计生委先后出台《关于进一步深化综合改革创新体制机制的指导意见》，在全国开展人口和计划生育综合改革示范区创建活动。按照活动实施方案有关要求，区人口计生委积极参与申报工作。年内，经过评估审核，平谷区被评为全国计划生育综合改革示范区。

【举办“尊重工作·尊重他人·历练品德”读书演讲会】 12月2日，区人口计生委机关组织开展了“尊重工作·尊重他人·历练品德”读书演讲会。演讲会上，演讲者以工作、家庭、身边的事阐明了对工作学习的认识，对生活的态度，对责任应有的心态等。全体机关干部职工就半年来学习《尊重自己的工作》一书进行了讨论，畅谈了个人感想和对责任的领悟。

【积极落实计划生育“三级承诺制”】 年内，各乡（镇、街道）承诺力度明显增强，实行计划生育的家庭受益明显。据统计，区、乡（镇、街道）和村（居）三级每年为计划生育家庭落实优惠政策近1 000件次，总投入400多万元，使每个独生子女家庭享受的优惠政策平均不低于150元，从而保证了每一个计划生育家庭都能得到必要的补偿和关怀。

【平谷区荣获全国避孕药具不良反应监测先进集体称号】 年内，平谷区被国家人口计生委评为“全国避孕药具不良反应监测先进集体”称号。自平谷区成为试点区后，共成功申报避孕药具不良反应944例，其中器具不良反应934例；药品不良反应10例；相关健康问题2 541例。

【继续推进“独生子女父母奖励股”的落实工作】 年内，在全区各级领导的高度重视和大力支持下，独生子女父母奖励股的设置工作进展顺利。在农村集体经济产权制度改革中，有204个村设置了独生子女父母奖励股；在农村集体林权制度改革中，有133个村完成了独生子女父母奖励股的设置工作，使计划生育家庭优先分享改革发展成果的承诺得到落实。

【建立完善全员流动人口计划生育数据库】 根据市人口计生委的要求，平谷区建立了流动人口服务管理信息系统和全员流动人口数据库，完成了和PADIS系统对接。为使全员信息系统数据准确无误，区人口计生委专门制定下发了《关于做好全员流动人口信息核查、采集工作的意见》（平政计生发〔2011〕28号）的文件。开展了多层次的培训工作，使全员人口信息核实、采集、录入顺利开展。

【完成流动人口动态监测调查工作】 为全面了解外来流动人口在流入地的生存发展和针对流动人口各方面的服务情况，国家人口计生委开展了流动人口动态监测调查工作。平谷区共有兴谷街道中罗庄村、兴谷园居委会，大兴庄镇大兴庄村、鲁各庄村，东高村镇南念头村、南宅村6个村（居）被选做调查点，共120户家庭需要填写调查问卷，调查内容包括家庭基本情况、就业情况、居住情况、子女与计划生育服务、社会参与及心理感受5大项57小项的调查内容。在时间紧、任务重的情况下，区人口计生委积极联系调查对象，利用休息时间，深入家庭、深入企业中去工作，经过努力，圆满完成了调查任务。

【奖励扶助与特别扶助工作稳步推进】 按照市人口计生委的要求，认真做好奖扶、特扶工作。工作中继续坚持“三不三公开”

原则和“三级三审核，村级三公示”制度，做好资格确认和年度审核工作。在委领导的大力支持和全委人员的共同努力下，奖扶、特扶工作顺利通过市人口计生委的验收和市财政部门的审计。由于政策掌握准确、审核严格，所有档案资料全部准确无误，得到了市人口计生委检查组和审计部门的好评。

【召开计生卫生工作总结会】12 月 30 日，召开 2011 年度计生卫生工作总结会。副区长王志勉出席会议并讲话。年内，区人口计生委和卫生局加强技术服务场所的软硬件设施建设，积极开展生殖健康技术服务。免费为新婚夫妇进行婚育知识培训，为新婚夫妇进行免费 19 项孕前优生健康检查，满足了群众在计划生育、优生优育和生殖健康等方面的需求。下一年度，全区将进一步深化计卫联手，加强部门沟通协作，规范管理与服务工作，以人为本、按需服务，提高群众生殖健康水平。副区长王志勉强调，计卫工作要紧紧围绕“一区三化五谷”的发展战略，加快人口和计划生育服务体系建设，加强计生卫生部门协作，切实提高计划生育与医疗服务质量。

【北京市人口计生委领导到平谷区慰问基层困难计生专干】临近春节，市人口计生委纪检组长刘晓军一行来到平谷区，慰问基层困难计生专干，区人大副主任金国英，区人口计生委党组书记、主任陈月莲一行陪同慰问。在马昌营镇马昌营村计生专干金平家中，市人口计生委领导向她送上慰问金，并详细了解了她家的情况。金平丈夫因肝硬化医治无效去世，治疗花去家里所有积蓄又欠下外债数万元，其子每年需近万元的学费。在生活非常困难的情况下，金平仍然坚守岗位，扎实苦干，为基层计生专干树立了好榜样。随后，市人口计生委领导又到大兴庄镇唐庄子村困难计生专干张书敏的家中，为她送去了新春慰问金。

（张嘉庆）

怀柔区

【概述】2011 年，怀柔区人口计生工作在市人口计生委的关心指导和区委、区政府的正确领导下，以科学发展观为统领，以中央及北京市《决定》精神为指导，以“稳定低生育水平、统筹解决人口问题、提高人口素质”为中心，坚持计划生育基本国策，全面推进综合改革，促进人口长期均衡发展，坚持创新发展，夯实基础工作，努力实现人口计生工作新突破，为提升区域核心竞争力，建设京郊经济强区创造了良好的人口环境。

组织领导。年初制定下发了《2011 年

人口和计划生育工作思路》、《关于加强基层基础工作稳定低生育水平的意见》、《关于深入推进阳光计生行动实施意见》和《关于加强深化综合示范区建设实施意见》等文件，督促基层严格落实。完善了政务公开、党组重大决策和人口计生委工作规则等制度，对“三重一大”事件的研究、管理、决策进行规范。建立民主参政管理机制，把每年的12月定为干部“建言献策月”，广泛争取机关干部对人口计生事业发展好的意见和建议。全年财政投入计划生育事业费1 510万元，保证计划生育各项奖励政策全部兑现、人口计生管理服务经费全部落实。

综合治理。继续深化“政府带动、部门联动、社会互动”的综合治理工作机制。加强政府带动，在贯彻中央和北京市《决定》精神的基础上，全面落实《怀柔区关于全面加强人口和计划生育工作统筹解决人口问题的意见》。坚持党政一把手“亲自抓、负总责”，将人口计生工作指标作为政府折子工程督查落实，把年度符合政策生育率列为镇（乡、街道）年度重要考核指标，层层签订《人口和计划生育责任书》。加强部门联动，29个计划生育领导小组成员单位按照职责分工，围绕统筹解决人口问题的六大任务，充分发挥部门职能作用，为人口计生工作提供人才、组织、资金、技术和信息保障。

宣传教育。围绕“倡导婚育文明、构建和谐家庭”这一核心，以“婚育新风进万家”活动为载体，深入开展特色精品宣教活动，营造有利于人口计生事业发展和普及生育文明的文化氛围。在怀柔电视台开办《怀柔人口》电视专栏，进一步加强人口计生政策法规、奖励扶助、优生优育等知识的宣传。积极推进和谐人口文化建设，借助“满族风情节”、“敛巧饭”、“邻里节”等平台，通过“我教爷爷奶奶用电脑”、“邻里百家宴”等活动，广泛传播新时期人口文化知识。与卫生、民政等部门协作，举办新婚、婆媳、准爸爸妈妈、科学育儿、幸福家庭和老年人保健“六大”计生流动课堂，实施健康知识“零距离”传递服务。共举办各类知识培训班近300期，培训干部群众2万余人次。深入开展主题宣教活动，举办“7·11”世界人口日、男性健康日、“国策在我心中”人口计生知识竞赛、“爱在社区”交友会等活动。继续推进宣传环境“十百千”工程，全区已建成人口文化园11座，区、镇、村三级人口学校317家，人口文化街（胡同）35条，宣传牌718块，新家庭人口文化屋22个。

优质服务。按照年初的工作思路，进一步深化“3×3×3”服务模式，完善了宣传教育和服务体系，以“阳光幸福工程”为依托，开展了面向农村育龄群众的健康体检服务，面向机关和计划生育家庭的亚健康咨询和筛查服务，面向新婚期的优生优育服务。一是开展以“送健康、暖民心，生殖健康伴你行”为主题的健康体检服务。充分发挥服务中心健康体检中心和流动服务车的作用，为1.09万名育龄群众进行了健康体检，对1 821名高危人群进行跟踪随访，并建议进一步复查、治疗。二是开展以“强体质、健体魄，身心健康伴你行”为主题的亚健康咨询服务项目。为700多个计划生育家庭进行了人体成分分析、动脉硬化检测、骨密度测量等项目的亚健康咨询和筛查。利用健康热线解答群众对避孕节育、优生优育、生殖保健等方面的咨询，共65人次。三是延续以“送知识、育希望，婚育健康伴你行”为主题的优生优育服务项目。继续依托区民政局在婚姻办证大厅设立优生优育宣传服务点，延续新婚夫妇健康生育计划“八个一”套餐，组织新婚期夫妇培训并发放婚育健康服务包，全年共发放婚育健康服务包2 772个。8月，怀柔区正式启动免费孕前优生健康检查工作，并与怀柔镇、杨宋镇、庙城镇、北房镇的4位主管领导签订免费孕前优生健康检查工作责任书，促进此项工作有序推进。年内，共组织孕前优生宣传25次，培训800人次。为180对新婚待孕夫妇进行了免费孕前检查，发放评估建议160份，为45对存在高危因素的夫妇，提供了个性化咨询指导。

青少年健康教育。年内，怀柔区青少年健康教育中心报批为科级事业单位，探索实施了以青少年个体、团体、家庭以及教师为主体的“四线并进”教育模式。一是“个体引导”，借助中心的远程在线咨询服务系统和测试、调节设备，累计解答青少年个体和家庭指导近700人次。二是“家庭指导”，以提升家长的教育能力为目标，为50余个家庭举办工作坊；为500余名家长在节假日开设家长学堂；针对家长在家庭教育过程中遇到的棘手问题举办了10期家长俱乐部。三是“团体培训”，以“读一本青春书、上一堂互动课、看一场科普展”的“三个一”青春健康教育之旅主题活动为抓手，录制了青少中心宣传短片，印制宣传折页5 000份、箴言书签3万张；编印《青春的梦想从这里起飞……》青春知识口袋书5 000本；制作青春文化衫2 000件；青少中心宣传手提袋3 000个。举办青春知识讲座80余场，青春科普展厅接待青少年和家长参观46批次、近4 000人次。四是“师资培养”，组织青少年健康教育志愿者业务培训6次，应邀为140余名中小学教师举办“阳光心态”讲座。《怀柔报》和《精神文明建设信息》先后为青少年健康教育中心出了专版，怀柔电视台对青少年健康教育中心开展的活动报道新闻10余条。全年接待国家、市、区领导调研及外宾考察30批次、1 000余人次。

依法行政。继续认真贯彻市委组织部、市人口计生委等13部委文件精神，严格落实党员干部再生育审批和违法生育情况登记备案制度。深入开展违法生育案件的清理清查工作，加大社会抚养费征收力度。全区独生子女优待政策得到全面落实，兑现独生子女父母各种奖励费322.64万元，各镇（乡、街道）落实法律法规规定的奖励现金兑现率100%。推进独生子女父母奖励股落实，全区已设立独生子女父母奖励达252个村，其中83个村兑现奖励股现金达1 832.23万元。落实计划生育家庭意外伤害保险工作，全区共收缴保费160万元，最高保险金额达21亿元，惠及4.16万个计生家庭11万余人。保险公司赔付意外伤害赔偿案件1 781件，理赔金额达265.94万元。为87名独生子女父母发放养老保险补贴4.18万元。

协会工作。加强协会组织建设，提高基层协会服务水平。开展基层计生干部业务培训，普及电脑知识。结合"母亲节"、"5·29会员集中活动日"开展纪念活动，组织计生协会员、群众为贫困母亲捐款5.93万元。利用24万元幸福工程项目款投入桥梓镇红林村绿色采摘园，为该镇域内计生家庭的贫困母亲提供就业机会。举办"青春健康项目"师资培训班，聘请市级青春健康教育专家指导组成员、景山中学的心理咨询教师刘莹为全区40余名心育教师授课。开展基层群众自治，不断增强协会凝聚力。协会从自身资源优势出发，协调有关部门，举办各种农村实用技术培训班147期，培训1.23万人次，积极为群众提供致富信息，帮助群众选择致富项目。

药具工作。为进一步深化免费药具易得工程，拓宽免费药具发放渠道，让群众获得更及时、便捷的避孕药具优质服务，在全区范围内打造了"免费药具发放十分钟服务圈"。打造"村（居）发放为主、卫生部门配合、其余网点补充"的综合服务模式，并按照"有明显标志、有专人管理、有药具专用柜、有宣传折页、有发放随访记录"的五有标准，在镇（乡、街道）和村（居）委会，以及社区卫生服务中心、机关、企事业单位、宾馆、大专院校、旅游景点、民俗接待户和流动人口较密集的市场等地设立了484个避孕药具免费发放点。与各镇（乡、街道）逐级签订了责任书，明确了各自职责，做到一级抓一级，层层抓落实，累计签订责任书450余份，确保免费避孕药具按时、按量发到群众手中。对药具工作的基础档案资料、药具购调存情况进行梳理和归档，通过调查问卷了解群众对药具服务的满意度。反馈结果显示，群众对药具发放服务、咨询服务、随访服务的满意度分别是97.5%、98.89%和98.88%。

流动人口服务与管理。制定下发了《2011年怀柔区流动人口和人户分离人员计划生育工作意见》、《怀柔区流动人口计划生育工作"一盘棋"工作意见》及配套的考核评估方案；与区流管办联合下发了《关于进一步加强流动人口计划生育工作的意见》，推动基层基础服务和管理工作制度化、规范化。密切与区公安、流管、卫生部门之间的关系，强化部门协调，通过基础信息的互联互通，全员掌控流动人口基本情况，建立健全信息共享工作机制。落实人户分离人员基础信息户籍地网上通报、现居住地登记、乡（镇）管理反馈、区督查的网上共享和网络监管运行机制，实现人户分离人员动态管理。落实属地责任，严格依法办事，加大异地联合执法力度，认真开展流动人口服务与管理的专项清理清查活动。建立流动人口管理QQ群，用于工作中沟通和交流。圆满完成了国家人口计生委安排部署的流动人口动态监测工作和流动人口新生代抽样调查工作。

队伍建设。为加强干部队伍建设，区人口计生委与国家人口计生委直属机关党委，市人口计生委机关党委，北宅、卜营、花园等村党支部联合开展了“四级联创”活动。制定出台了《干部诫勉谈话制度》、《干部任前谈话制度》、《科级后备干部选拔工作意见》等文件，对干部在任前考试、任职述廉、离任嘱廉、诫勉谈话等方面做了明确规定，使干部的提拔、任用处于群众的监督之下。通过组织“五星标兵”和“党员示范岗”评选等活动，树立人口计生工作先进典型。先后开展了“五关十廉”、“双治双促”、“阳光计生”、机关读书大讲堂等活动。通过努力，区人口计生委被评为“怀柔区五好标兵党组”、“政治工作先进单位”、“绩效考评优秀单位”。

基础工作。区、镇、村层层成立推进诚信计生工作领导小组，先后举办了怀柔区诚信计生工作动员部署会、协议书签订仪式和工作推进会，编发了《诚信计生专刊》。284个行政村、30个村（居）与已婚育龄群众签订《诚信计生协议书》5.75万份，组建诚信计生小组1 570个。在全区计生专干、宣传员中全面推行计生干部工作日志管理法，强化计生干部对育龄群众管理与服务过程的落实。建立健全了信访事项办理、定期排查和群众监督违法生育有奖实名举报等制度，开通了信访电话、阳光计生热线和举报邮箱，畅通了群众咨询、投诉和反映意见的渠道。加强人口统计信息的资源共享，与卫生、公安、民政、流管等部门建立了协作机制。

人口问题研究。确定以《生态涵养区——怀柔区百年人口战略研究》为核心课题，对怀柔区人口问题进行全面的分析，对未来40年人口变动趋势进行预测，为区委、区政府及各有关部门在制定相关政策，确定未来经济社会发展规划时提供科学、有效的人口数据资料。同时，确定了《怀柔区已婚育龄女性健康状况调查》、《怀柔区青少年心理健康教育状况调查》和《生态涵养区产业发展与人才引进》三个子课题。

【人口和计划生育数据】年内，全区户籍人口总数为27.7万人，农业户籍15.6万人，非农业户籍12.1万人，流动人口12.4万人。全区户籍人口出生数为2 430人，出生率为8.77‰；死亡人口数为2 461人，死亡率为8.88‰；自然增长率为-0.11‰。计划生育率为95.8%。

【国家人口计生委项目办公室专家到怀柔区调研】1月21日，国家人口计生委优质服务项目办公室主任解振明，专家顾宝昌、刘鸿雁、郭新华一行，到区人口计生委调研指导工作。他们实地考察了区生殖健康技术服务中心，并对今后工作提出了意见和建议。

【国家人口计生委领导到怀柔区调研】 3月9日，国家人口计生委机关党委常务副书记张旭光一行5人，到怀柔区人口计生委调研指导工作，市人口计生委党组副书记、副主任徐捷陪同。调研组一行围绕“如何在系统内进一步推进“创先争优”活动，开展“国家、市、区、村”四级党组织联创共建活动进行了座谈和交流。

【中联部领导到怀柔区参观考察】 3月12日，中联部领导到怀柔区人口计生委参观考察，听取了工作汇报，参观了生殖健康技术服务中心和青少年健康教育中心。

【国家人口计生委流管司领导到怀柔区调研】 3月15日，国家人口计生委流管司司长张春生，副司长闫宏、王谦和市人口计生委主任刘志一行到怀柔区调研指导人口计生工作。他们在听取了工作汇报后，对怀柔区生殖健康服务中心、家庭发展指导中心、青少年健康教育中心开展的工作给予充分肯定。怀柔区代区长齐静、副区长朱淑霞陪同调研。

【召开2011年人口计生工作会】 3月23日，召开2011年人口和计划生育工作会。副区长朱淑霞作工作报告，全面回顾了“十一五”期间人口计生工作，并对2011年工作进行安排部署。会上，代区长齐静与镇（乡）、单位代表签订了人口计生工作责任书，对2010年先进集体和文明计生工作者进行了表彰。区委副书记萧有茂主持会议，市人口计生委副主任丁勇参加会议并讲话。

【北京市人口计生委领导到怀柔区调研指导工作】 3月23日，市人口计生委副主任丁勇、规统处处长臧萝茜到怀柔区实地参观了区生殖健康技术服务中心，副区长朱淑霞陪同调研。

【北京市人口计生委领导指导服务中心医改工作】 3月31日，市人口计生委副主任耿玉田、科技处处长李晓沪一行到区生殖健康技术服务中心督查指导医疗体制改革工作。

【世界观察研究所（美国）专家到怀柔区参观考察】 4月26日，世界观察研究所（美国）副总裁罗伯特·恩格曼，国家人口计生委专家委员会委员、中国人民大学人口与发展研究中心教授顾宝昌一行来怀柔区人口计生委调研工作，并实地考察区生殖健康技术服务中心。

【法国友人到怀柔区参观考察】 5月31日，法国社会事务部妇女儿童工作负责人和家庭补助基金管理国际事务负责人一行4人，在市人口计生委办公室主任胥德琪、副主任刘磊的陪同下，到怀柔区参观考察。在听取了北京市和怀柔区人口发展状况及服务工作介绍后，考察团就感兴趣的问题与中方交换了意见，并就合作项目进行了初步探讨。

【团市委领导到怀柔区调研未成年人保护工作】 6月15日，团市委权益部部长莫伟钢和各区（县）团委副书记一同到怀柔区青少年健康教育中心，实地考察调研未成年人保护工作。

【生殖健康技术服务中心顺利通过机构校验】6月30日，市人口计生委科技处处长李晓沪与北京妇产医院专家一行到怀柔区计划生育生殖健康技术服务中心进行机构校验。专家组一致认为，怀柔区技术服务中心配套设施完善，管理理念创新，资料完整齐全，操作流程规范，在全市具有表率作用；干部队伍从专业素质、服务能力到执业资格，均符合考核标准，顺利通过机构校验。

【举办《流动人口计划生育工作条例》宣传活动】7月11日，区人口计生委联合区流管办、区法制办、区疾控中心在北京欧曼重型汽车厂举办了《流动人口计划生育工作条例》宣传活动。这次活动共发放各类宣传折页2 000余份、计划生育杂志3 000余册、避孕药具1 000余盒，参与群众1 000余人次。

【包头市石拐区人口计生局领导到怀柔区参观考察】7月27日，内蒙古自治区包头市石拐区人口计生局领导一行到怀柔区参观考察人口计生工作，市人口计生委宣教中心主任刘成宝陪同。石拐区人口计生局领导参观了怀柔区计划生育生殖健康技术服务中心和青少年健康教育中心，并与区人口计生委相关领导进行了座谈。

【中国人口福利基金会领导到怀柔区调研考察】7月28日，中国人口福利基金会副理事长兼秘书长杨文庄一行到区人口计生委调研考察，市人口计生委副主任彭彧华陪同。他们听取了怀柔区和谐计生家庭建设情况的工作汇报并进行了座谈。

【怀柔区委领导调研人口计生工作】8月9日，区委书记张建东到区人口计生委调研，区委常委、区委办主任田文杰，副区长朱淑霞等领导陪同。张建东书记一行实地考察了生殖健康技术服务中心和青少年健康教育中心建设情况，认为服务中心硬件设施建设一流，切实发挥了“为群众提供优质服务、让群众得到真正实惠”的实际作用，积累了很多工作经验和做法，要进一步巩固发展。

【启动免费孕前优生健康检查工作】8月19日，由区人口计生委生殖健康技术服务中心牵头，正式启动怀柔区免费孕前优生健康检查工作，副区长朱淑霞出席启动仪式。此项工作已在怀柔镇、杨宋镇、庙城镇、北房镇4个镇（乡）试行，并逐步在全区全面展开。

【举办综合治理流动人口出生人口性别比签字仪式】9月7日，怀柔区、丰宁县、滦平县联合举办综合治理流动人口出生人口性别比签字仪式。区人口计生委主任杨振富，滦平、丰宁两县人口计生局长及相邻镇（乡）主管领导、计生办主任参加签字仪式。会上，三方领导签订了《综合治理流动人口出生人口性别比区域协作协议书》。按照“信息互动、资源互享、联手管理、优质服务、协作办案、联防联治”的原则，建立流出地和流入地协调配合工作机制，及时通报信息，合力协作办案，全力打击非医学需要的胎儿性别鉴定和选择性别的终止妊娠等违法行为。同时，协作方还将联合开展针对流动人口的优质服务工作。

【全国“创建幸福家庭”专题研究班到怀柔区参观考察】 9月21日，全国“创建幸福家庭活动”专题研究班全体学员80余人到怀柔区参观考察人口计生工作，中国人口福利基金会副理事长兼秘书长杨文庄、市人口计生委副主任彭彧华、副区长朱淑霞等领导同志陪同。专题研究班学员参观考察了生殖健康技术服务中心、家庭发展指导中心和青少年健康教育中心，并给予了高度评价。

【北京市人口计生委在怀柔区召开“阳光计生”现场会】 10月13日，市人口计生委在怀柔区召开“阳光计生”现场会。驻国家人口计生委纪检组副组长、监察局局长杨云凯，市人口计生委副主任徐捷，驻市人口计生委纪检组组长刘晓军等领导出席会议并讲话。各区县人口计生委主任、分管副主任、纪检干部一行70余人参加。

【怀柔区人口早教中心挂牌启动】 10月22日，区人口计生委举行“阳光宝贝·快乐家庭”早教活动启动仪式，标志着怀柔区人口早教中心正式挂牌启动。早教中心设有0~3岁儿童活动室、0~3岁儿童家长培训室和0~3岁亲子活动室。

【怀柔区关心下一代委员会领导调研人口素质情况】 10月31日，怀柔区关心下一代工作委员会、区文明办领导一行来到区人口计生委，就全区下一代人口素质情况进行专题调研。

【中国人口学会专家组到怀柔区调研】 11月15日，中国人口学会综合改革专家组到怀柔区调研综合改革工作。中国人口学会秘书长解振明，专家陆杰华、刘鸿雁、郭新华一行听取了区人口计生委主任杨振富关于全区人口计生工作情况汇报，并对今后工作提出了意见和建议。

【非洲妇幼卫生官员到怀柔区参观考察】 11月15日，非洲国家妇幼卫生促进官员到怀柔区人口计生委访问交流。他们实地参观了健康体检中心、家庭发展指导中心和青少年健康教育中心，了解有关设施设备、服务范围、特色工作及相关业务工作开展情况。考察团表示：他们很高兴能有机会了解怀柔区的生殖健康与妇幼保健工作，怀柔区在相关服务理念、服务方式和内容上，处处体现了政府“以人为本”的科学发展观，这给他们留下了非常深刻的印象，表示希望今后有机会能与怀柔区在相关方面进行交流合作。

【阿富汗医疗官员到怀柔区参观考察】 11月29日，阿富汗医疗研修班一行20余人到怀柔区人口计生委访问交流。阿富汗医疗官员实地参观了健康体检、家庭发展指导中心和青少年健康教育中心。

【组织“遏制艾滋·履行承诺”的宣传活动】 12 月 1 日，区计生协会联合卫生、红十字会、妇联等相关单位，围绕“遏制艾滋·履行承诺”的宣传主题，开展预防艾滋病宣传活动。活动中发放安全套 2 000 只，宣传折页、宣传品及各种杂志等 3 000 余份。

【北京市委党校师生到怀柔区参观考察】 12 月 17 日，市委党校第 41 期正处任职班的教师和同学一行 18 人，莅临怀柔区参观考察。他们参观考察了生殖健康服务中心、家庭发展指导中心以及青少年健康教育中心，并给予充分肯定。

【荣获国家级荣誉称号】 年内，怀柔区被国家人口计生委评为全国阳光计生行动示范单位。

（李得仁）

密 云 县

【概述】 2011 年，密云县人口计生工作以稳定低生育水平为前提，以促进人口均衡发展为目标，以夯实基层基础工作为重点，按照年初县人口和计划生育工作大会提出“三抓三强化”（“三抓”：抓机制、促长效，抓队伍、强基础，抓服务、提质量；“三强化”：强化属地主体责任意识，强化一把手自觉重视力度，强化督察督导服务力度）的总体工作思路，稳步推进依法行政，大力深化计划生育优质服务，广泛开展计划生育宣传教育，加强流动人口计生服务与管理，推进计划生育激励机制，进一步夯实政风行风建设，全县低生育水平持续稳定，各项人口指标实现预期目标。

基础建设。年内，制订了《2011 年目标管理考核评估方案》，围绕《密云县国民经济和社会发展第十二个五年规划纲要》，修订《密云县人口和计划生育工作考核评估办法》。按照一票否决制度要求，严格审查把关文明单位的计划生育指标完成情况和先进个人的违法生育情况。建设全员人口信息数据库，县人口计生委协调县经信委，利用县信息中心为各村配备的数字家园计算机，调剂一台给计生专干使用，县财政拨款为 67 个社区居委会统一配备了新电脑以及附属设施。举办了 520 名镇（街）、村（居）计生专干参加的全员人口信息录入业务培训。全县每个村（居）对人口情况进行每人 16 项基本信息登记，并以Excel表格形式录入计算机，全县录入全员人口信息 48.9 万人（含流动人口）。年末实现了人口数据信息化管理北京市四级联网。加强人口出生监测，共反馈出生监测名单3 220人和围产期名单 2 820 人。由于及时准确掌握人口出生信息，年度计划生育率达到了 97.83%，高出市下达指标 2.83

个百分点。

依法行政。贯彻落实《北京市人口计生委关于印发〈关于审批生育第二个子女规定〉的通知》，认真做好行政审批工作。实行初审复审制，简化办事程序做到即来即批，缩短审批时限。为提高审批质量，对外省、市出具的三级婚育证明由镇（街）逐例通过114查号台与户籍地进行再次核实，同时协调民政局在办理协议离婚中加强生育情况审查，减少因弄虚作假出现的错批现象。并在安排再生育前由村（居）级进行公示，接受群众评议、监督。全年再生育审批511例，比去年同期减少57例，其中再婚家庭批准242例，占批准总数的47.35%，山区女儿户家庭批准170例，占审批总数的32.27%，再婚家庭和山区女儿户两项占总数的80%。依照《北京市人口与计划生育条例》落实各项奖励政策。按照“三级三审核、村级三公示”和“四权分离”的运行机制，确保奖励扶助金直接进户到人。奖扶、特扶工作通过了市人口计生委检查和市财政局的绩效评估。采取有效措施加大社会抚养费征收力度，严格执行收支两条线。年内对新任执法干部进行辅导，参加全市法制干部法律法规知识考核，考试合格率达100%。规范法律文书，启用新的执法文书，加强档案管理。坚持依法办案、按程序办案。全年未发生行政复议、行政诉讼案件。制定下发了《关于规范人口计生信访的工作意见》，明确了“统一领导、属地管理、综合解决、依法规范、民主监督、信息互动”为主要内容的人口计生信访工作长效机制。严格信访办案程序，坚持重要信件领导阅批制度，全年受理信访、政策咨询700件次，比去年同期减少9件次，信访结办率达到100%。开展诚信计生创建活动，制订《密云县人口计生委关于全面推进诚信计生工作的实施方案》，将诚信计生工作纳入年终责任制考核内容。镇（街）签订《密云县诚信计生双向承诺书》，镇（街）、村（居）公开相关计生奖惩政策，年底对镇（街）进行评估验收，全县诚信计生创建活动如期达标。

宣传教育。年内，全县共组织学习人口理论296次，召开各类座谈会349场次，开展宣传咨询490场次，文艺演出820场次，广播宣传3 600场次，知识答卷8 000人次，板报橱窗宣传400期，张贴标语1.55万条，发放宣传品10.65万份，走访计划生育家庭1.88万户，其中女孩户达到5 500户。县人口计生委、计生协会联合举办纪念“7·11世界人口日”暨“心系国策、诚信计生”演讲比赛活动；县人口计生委、计生协会、教委、卫生局联合举办“青春期教育进校园”活动，聘请妇保院专家走进6所院校讲授青春期健康知识，1 000余名学生接受了青春期教育。加强镇（街）人口学校建设，完成镇、村399所人口文化学校的更名工作。加强信息宣传，共编辑《密云县人口计生信息与研究》15期；制作电视专题2期，电视新闻65条，上报信息135条。组织11名干部参加儿童健康教育指导师培训班，并获得国家人力资源和社会保障部颁发的资格证书。加大投入，构建人口文化氛围，打造县城鼓楼大街“阳光计生”宣传街，设立37块滚动式灯箱广告和候车亭广告，宣传国情国策、优生优育、奖励扶助、预防出生缺陷和流动人口管理服务等知识。全县累计投入计生宣教经费226.6万元。

计划生育优质服务。计划生育生殖健康技术服务中心充分发挥“宣传教育、技术服务、优生指导、药具发放、信息咨询、随访服务、生殖保健、人员培训”八位一体的职能作用，实施计卫联手，资源共享，完善优质服务网络，以区生殖健康技术服务中心为龙头，以镇（街）卫生服务中心为纽带，为广大育龄妇女开展生殖健康服务。2011年为7.41万名已婚育龄妇女进行了生殖健康检查。体检率达到了90.57%，治疗率为80.52%，分别比2010年度提高了2%和10.47%。根据市人口计生委安排部署，对全县范围内2.3万名采取长效节育措施的已婚育龄妇女进行了免费体检。组织全县126名社区计生、卫生服务中心的医师参加市科技处组织的培训班。进一步实施避孕药具易得工程，全年共发放避孕工具6万盒，咨询、随访1 500人次，全县药具随访服务率100%。免费向新婚夫妇发放健康服务包3 041份；向全县2 428对已婚待孕夫妇发放了小剂量叶酸片。药具管理工作坚持以人为本，逐步建立“管理规范、渠道畅通、服务优质、运行高效”的工作机制，在镇（街）、村（居）、医院（社区服务站）、商场、超市和行政服务大厅、校园、流动人口聚集区等地区设立600多个避孕药具自取架和IC卡发放机，方便群众自取并满足供应。完善以长效措施为主的避孕不失败奖励机制，对长效措施失败者给予补贴，全县长效避孕率达59%，避孕有效率98.2%，同比提高2%，减缓了长效避孕率的下滑速度。做好随访服务工作，统一印制下发了《密云县育龄妇女健康档案》和《密云县药具随访登记册》。完成了《北京市药具服务电子导航系统》一级、二级、三级网点信息的采集工作。

流动人口服务与管理。认真落实《流动人口计划生育工作条例》和《密云县流动人口计划生育服务管理意见》，免费技术服务率92.64%。加强区域协作，建立了全员人口信息库，以信息引导实现服务跟进。建立“以业引人、以房控人、以证管人”的流动人口服务管理新模式，严格控制人口机械性增长，不断优化外来人口结构，促进人口有序流动。稳步推进流动人口重点区域“一盘棋”工作，与外省、市21个区（县）长期保持联系，并与河北省承德、滦平、兴隆、丰宁四县就流动人口的管理召开座谈会，形成现居住地与户籍地“信息互通、服务互补、管理互动、责任共担”的“一盘棋”格局。加强对乡（镇、街）全员流动人口信息系统使用的指导及与PADIS系统使用的对接工作，使服务管理信息实现网上办理、交流、反馈。全县共成立9个流动人口协会，创建10个流动人口图书角。年内，县人口计生委三次对乡（镇、街）流管干部进行全员人口管理信息系统的培训。各乡（镇、街）的流管干部及村（居）级专干已经全部掌握全员流动人口管理信息系统的操作，应用率100%。

队伍建设。出台了《密云县村（居）计生宣传员队伍建设实施方案》。制定了《关于在全县人口计生系统建立工作激励机制开展创先争优活动的实施意见》。全县20个镇（街）全部出台了村（居）计生专干、宣传员队伍建设实施方案，并通过统一培训、统一考试，持证上岗，全县宣传员人数得到优化，待遇大幅增加，一支精干、高效的基层人口计生网络队伍基本形成。加强“政风行风”建设，推动“阳光计生”行动，密云县代表北京市接受了中纪委派驻国家人口计生委纪检组长勾清明“政风行风”和“阳光计生”行动工作专项检查，得到了充分肯定。

协会工作。按照《北京市基层计生协评估认定细则》制订了密云县计划生育协会目标管理考核评估方案，从基层计生协会组织机构、会员之家、协会活动及村（居）民自治等方面进行了考核评估量化，对全县20个镇（街）、村（居）的协会工作进行了督查和现场指导。拓展生育关怀项目，推广计划生育家庭意外伤害保险工作，县人口计生委与中国人寿保险公司北京市密云支公司联合实施了为计生家庭办理人身意外伤害保险工作，全县共收集保费223.4万元，保险金额29.8亿元，近6万户计生家庭参保，其中独生子女家庭参保户数达到4.35万户。县财政为参保独生子女家庭累计补贴43.5万元。积极组织基层协会开展“倡导婚育文明、构建和谐家庭、关注贫困母亲”宣传咨询活动，组织各级协会会员为贫困母亲捐款。

人口问题研究。紧密围绕稳定低生育水平，促进人口均衡发展目标，年内按照密云县制订的《课题研究规划方案》，与南开大学人口发展研究所协作，开展了《密云县人口规模调控及对策研究》重点课题研究，提出2012～2020年人口调控目标，以及实现该目标的政策建议。县政府召开了研究课题专项协调会。该课题被列入了国家人口计生委“特大城市人口规模调控研究”北京市子课题。市人口计生委对密云县课题研究给予充分肯定。

【人口和计划生育数据】年内，全县总人口42.87万人，育龄妇女11.94万人，已婚育龄妇女8.82万人。出生人口3 347人，政策符合率97.83%，人口出生率7.8‰，自然增长率－0.45‰。政策符合率达100%的村330个，占84.18%。

【开展流动人口计划生育春节行动】为了进一步做好县域内流动人口和人户分离人员的计划生育服务与管理工作，1～2月，在全县范围内全面开展了“流动人口计划生育春节行动”。各镇（街）认真部署，采取多种宣传手段和活动形式，加大计划生育工作力度，使流动人口计划生育服务和管理的各项措施落到实处，营造全社会关爱流动人口的舆论氛围和社会环境。全县共走访育龄妇女 9 658 人，慰问育龄妇女 3 640人，办理流动人口婚育证明 349 份，发放限期补办通知单566 份，发放避孕药具 1. 17 万盒，发放宣传品 2. 06 万份。并对贫困的计划生育家庭进行帮扶，发放慰问品价值 12. 82 万元，使广大流动人口育龄群众体会到了政府的关爱和温暖。

【召开全县人口和计划生育工作会议】 3 月 28 日，县委、县政府召开了 2011 年全县人口和计划生育工作会议。会议由县委副书记王玉江主持，县委书记汪先永、市人口计生委副主任耿玉田、常务副县长王稳东、县政协副主席张文伶等领导出席会议。县人口计生领导小组成员、各镇（街）党政一把手、主管副职领导、计生办主任、计生专干代表、县直和市属单位人口计生工作负责人，以及县人口计生委科级以上干部等400 余人参加会议。常务副县长王稳东作了题为《统筹推进人口计生工作科学发展，为实现“三个走在前列”目标提供良好人口环境》的工作报告，全面总结了 2010 年人口计生工作情况，针对 2011 年工作，提出“抓机制，促长效；抓队伍，强基础；抓服务，提质量”的三项具体工作任务和“强化属地主体责任意识；强化一把手自觉重视力度；强化督查督导服务力度”三项工作要求。县委书记汪先永在讲话中提出四点要求：一是针对全县人口计生工作存在问题，要认真研究，认真落实；二是要坚决坚持一把手亲自抓，负总责，严格落实责任，严格一票否决；三是要主动为育龄群众提供优质的、人性化的服务，做到心中有人民，为人民服务；四是要认真抓好流动人口管理，做好人口规划，严格控制人口规模。市人口计生委副主任耿玉田在讲话中，简要介绍了全市人口计生工作情况，并针对密云县实际提出三点工作要求：一是全面做好“十二五”人口发展规划，建立和完善人口管理和调控机制；二要进一步加强人口计生利益导向政策体系建设，努力提高计划生育家庭发展能力；三是进一步加强人口计生公共服务体系建设，完善人口计生公共投入保障机制。

【举办人口计生调查研究培训班】 4 月 11 日，举办了“密云县人口计生调查研究培训班”。邀请北京大学社会学系教授、博士生导师陆杰华就“基层人口计生调研工作的意义与定位”、“人口计生调研报告的基本要求”、“调研设计的主要技巧”及“‘十二五’首都人口调控相关问题探讨”等内容进行了专题讲座辅导。各镇（街）计生办主任、调研干部，县人口计生委科级以上干部参加了培训。会上，对 2010 年度各镇（街）上报的优秀调查报告进行了表彰奖励，市、县领导对做好人口计生调研工作提出了要求。

【中纪委驻国家人口计生委纪检组领导到密云县调研】 5 月 6 日，中纪委驻国家人口计生委纪检组组长勾清明，纪检组副组长、监察局局长杨云凯到密云县对人口计生系统政风行风建设工作进行调研。市人口计生委党组书记、主任刘志，驻市人口计生委纪检组副组长刘学文，县委常委、常务副县长王稳东，县人口计生委党组书记、主任张艳生陪同调研。勾清明就密云县人口计生工作中加强纪检监察工作提出了具体要求。随后，调研组对密云县人口文化园及鼓楼街道云秀花园社区进行了实地考察。

【推行计划生育家庭意外伤害保险】6月1日，县计生协会与中保人寿密云支公司联合召开了“密云县计划生育家庭意外伤害保险启动会”。年内，通过宣传、培训，加强组织协调，多渠道筹集资金，全县20个镇（街）共收集保费223.4万元，保险金额达29.8亿元，近6万户计生家庭参保，其中独生子女家庭参保户数达到4.35万户。县财政为参保的独生子女家庭补贴43.5万元。

【举办纪念“7·11世界人口日”暨“心系国策、诚信计生”演讲比赛活动】7月7日，县人口计生委在县文化馆举办纪念“7·11世界人口日”暨“心系国策、诚信计生”演讲比赛活动。市人口计生委宣教处处长刘凤婷，县人口计生委的领导出席活动。各镇（街）主管人口计生工作的副职领导、计生办主任以及部分村（居）计生专干和宣传员代表300余人参加活动。会上，县人口计生委张艳生主任致辞，镇（街）计生办选送的9位选手参加了演讲，并评选出一、二、三等奖。市人口计生委宣教处刘凤婷处长在讲话中，对这次演讲活动给予充分肯定，并提出下一步宣传工作意见。

【召开全员流动人口信息化培训会】为做好全员流动人口信息核查、采集、系统录入工作，7月13日，召开密云县20个镇（街）计生办流管干部参加会议。对流动已婚育龄妇女信息采集、全员流动人口信息数据录入等进行培训。

【组织人口信息系统录入培训班】为使全员人口信息系统顺利推广使用，针对村（居）专干计算机操作水平低的情况，各镇（街）聘请专业计算机老师，对计生专干进行计算机基础知识培训。8月，县口计生委在县委党校组织520名村（居）专干信息化培训，培训涉及流动人口信息登记、维护、注销、个案查询、协查通报管理、网络化协作等内容。培训分9批次完成，历时近一个月。同时积极组织干部参加了市人口计生委组织的全员人口信息系统使用培训。

【开展纪念“9·25”《公开信》发表31周年宣传活动】9月21日，县人口计生委与不老屯镇联合在集贸市场开展了纪念“9·25”《公开信》发表31周年大型宣传咨询活动。县人口计生委副主任李长旺、党组副书记朱亚芬参加了宣传咨询活动。活动现场分别设立了人口计生政策法规、流动人口、生殖健康等相关宣传咨询服务台；展出计生政策法规知识、保健知识等展板20余块；向过往群众发放人口计生知识、优生优育知识手册和计生用品1 000余份；接受群众咨询100余人次。

【增设流动人口图书角】年内，在县域内流动人口密集处，新增设12个计划生育图书角，配备了文学、艺术、百科类图书，为进一步提高流动人口的思想、道德、文化知识水平创造了条件。

【组织为流动人口送图书活动】10月18日，县人口计生委主管副主任李长旺带队，到巨各庄镇东白岩村、穆家峪镇新农村，给流动人口送图书，并对其辖区内的流动成年育龄妇女进行了执法检查。

【开展“10·28”男性健康日宣传活动】10月28日，在第12个“男性健康日”，县人口计生委围绕“关注男性健康，创建幸福家庭”的宣传活动主题，开展男性健康日宣传活动。活动中，20个镇（街）共展出计生展板168块、设立咨询台22处，发放计生知识手册及宣传品近1.5万份，发放避孕药具5 000多份，医务人员为群众测量血压500多人次，接待咨询群众1 200余人，参加人数达15万人次，专场文艺演出10多场次。通过“男性健康日”活动，唤起了男性参与计划生育的主动性和责任感，收到了良好的社会效果。

【召开干部荣退欢送会】11月3日，县人口计生委组织召开退休人员欢送会。张艳生主任、朱亚芬副书记、郑艳菊副主任出席了欢送会。年内，全委共退休工作人员7人，是近些年来退休人数最多的一年。会上，张艳生主任对退休老干部们的工作给予了高度评价，并希望老干部们退休后，老有所为，老有所乐，并祝他们身体健康。

【举办流动人口“一盘棋”工作座谈会】11月4日，县人口计生委与河北省承德市兴隆县、承德县、滦平县、丰宁县人口计生局携手举办流动人口“一盘棋”工作座谈会。会上，县人口计生委主管领导就密云县流动人口计划生育情况与河北省四个县人口计生局主管局长和流管股股长进行了交流。河北省四个县人口计生局也对流动人口基本情况进行了通报，并就下步的工作共同进行了探讨。

【开展城乡结合部流动人口服务管理对策调研】密云县城乡结合部新农村地区紧邻101国道和京承高速路，是连接河北省和有关区（县）的长途车站所在地，正在兴建的京承高铁线路横贯全境，成为密云县重要交通枢纽，也是重要的外来人口集散地。随着县城东扩建设快速推进及经济社会快速发展，流动人口数量逐年增加。年内，县人口计生委针对密云县城乡结合部新农村地区流动人口较多、计划生育管理比较困难的情况，就流动人口管理服务对策进行了调研。

【召开目标管理考核工作部署会】11月9日，县人口计生委召开镇（街）人口计生工作目标管理考核工作部署会，县人口计生委领导班子成员、机关各科室负责人和镇（街）计生办主任参加了会议。会上，张艳生主任就年底考核验收的意义、作用作了重要讲话，李长旺副主任就考核验收具体工作进行了分工，各科室负责人对考核内容进行了详细讲解。

【档案工作通过了检查验收】11月23日，县档案局对县人口计生委档案工作进行了检查验收。2010年人口计生委档案室经过检查验收升级为市二级档案室，2011年进入复检验收阶段。为迎接检查复验，县人口计生委进行了大量的前期准备工作，对照复查验收各项指标进行了认真核对，查漏补缺，使档案工作顺利通过了验收。

【组织生殖健康咨询师培训工作】12月7日，县人口计生委党政办公室组织全县部分计生专干开展生殖健康咨询师培训工作。作为干部队伍建设的重要内容，生殖健康咨询师培训工作是提高基层计生队伍能力、素质的重要渠道和手段。此次培训工作共有80余人参加，72人报名参加全国统一考试。自开展生殖健康咨询师培训工作以来，年内培训人数、参加考试人数创下了新高。

（刘香敏　代秋菊）

延庆县

【概述】2011年，延庆县人口计生工作在县委、县政府正确领导下，在市人口计生委的指导下，坚持以稳定低生育水平、统筹解决人口问题为核心，以提升管理服务水平为重点，以提高群众满意度为目标，拓展领域，扎实工作，保持了人口计生事业健康、稳定、协调发展的良好态势。

组织领导。年内，县委、县政府始终坚持把人口计生工作纳入全县经济社会发展全局，纳入县委、县政府重大事项督查范围，坚持亲自抓、负总责。召开年度全县人口计生工作大会、半年工作会，县委常委会、县长办公会专题听取工作汇报，研究和部署人口计生工作。主管县长多次召开各工委及重点部门工作协调会，并多次深入基层进行调研。县人大、政协重视审议和视察督导人口计生工作。年内，进一步完善目标管理责任制，层层签订责任书，加强日常督导、考核力度，严格落实计生“一票否决”制。领导小组各成员单位和相关部门切实把人口计生工作纳入部门职责，做到同部署、同检查、同考核，全县上下形成了综合治理人口问题的合力。

依法行政。年内，严格按照奖励扶助的各项标准、条件开展工作，对乡级申报的奖励扶助对象认真进行摸底调查，严格把关。完成了对一非一农户符合奖扶条件的奖扶对象的摸底审查工作，兑现独生子女家庭各项奖励工作。审核一次性奖励297人，审核一次性经济帮助4人。年内，审批再生育一个子女404例，组织开展病残儿鉴定28例。全程办事代理工作共受理咨询138件，满意率达到100%。年内，接待群众来信来电来访397件，协调相关部门解决办理生育服务证、独生子女母光荣证等问题5件，全年无群众越级上访事件发生。年内，举办了由18个乡（镇、街道）的计生办主任、执法人员参加的法制培训班，组织乡（镇、街道）35人参加市人口计生委组织的执法资格考试，并全部取得计划生育执法资格证书。4月、5月分别对建委口、永宁镇等基层计划生育干部进行了培训。年内，按照《北京市人口计生委全面推进诚信计生工作通知》，积极推进了诚信计生工作。

宣传教育。年内，围绕着“倡导婚育文明，构建和谐家庭”这个宣传主题，广泛开展丰富多彩的宣传教育活动，不断助推群众婚育观念的转变。以“人口文化耀妫川”为主题，先后开展了“国策送关怀，红火迎新春”新春两节宣传活动，“国策引领新一代，妫川儿女展风采”“7·11”主题会演，“青春健康伴我行”青春期健康教育，“国策辉煌路，儿女耀妫川”五个“十佳”表彰活动，打造了计生宣传品牌。各乡（镇、街道）充分利用文化阵地，借助育龄群众求知的热情，层层开展各类丰富多彩的宣传活动。年内，各类宣传活动近1 200场，育龄群众的参与率达到80%以上，知识知晓率达到了90%以上，推进了新型人口文化建设。加强在国家、市（县）级各类媒体上刊登稿件，编辑出版《延庆人口报》实施覆盖式宣传，强化媒体宣传，营造了良好的舆论氛围。计划生育宣传做到了手中有报、电视有影、广播有声、报上有字，网络图文并茂。建成了20个市级人口文化活动室，评出了10个县级计划生育宣教示范基地。开展了户外宣传环境清理完善、优化创新工作，营造了良好宣传环境，推动了新农村建设。

技术服务。围绕着“健康生育，文明生活”这一主题，全县继续在计划生育优质服务的广度、深度上下工夫，提升育龄群众生殖健康水平。推进已婚妇女生殖健康关爱计划，为近10万人次育龄妇女免费提供妇科、乳透、宫颈防癌刮片以及血糖、血液黏稠度等检查检测；同时，还为男性开展健康讲座、健康体检等。开展“关爱女性健康——暖心行动”活动，邀请医疗专家深入到各乡（镇、街道），针对基层群众需求，开展了讲一堂健康课程、递一张健康处方、做一次健康体检、送一个健康礼包的“四个一”活动，共举办讲座18场，服务群众2 000余人，深受群众的欢迎。对采取长效措施的1.3万农村育龄妇女进行了健康体检，对三个街道4 662名适龄人员进行了乳腺癌、宫颈癌筛查。开展新婚、正孕、围产巡回培训，近2 000人受惠，免费发放了“婚育健康服务包”3 000个。实施避孕药具普惠易得工程，规范了现有的920个药具发放网点，新建了一批药具发放网点，配备药具自取架、自取箱等近千个。加强对育龄群众的随访，提高了药具使用的有效率，减少了意外妊娠的发生。

利益导向。继续引导各乡（镇、街道）制定和完善对计划生育家庭的优先优惠政策，年内各乡（镇、街道）普遍制定了长效避孕奖励、增加独生子女费、增加奖励扶助金、独生子女升学奖励、独生子女家庭合作医疗再报销以及用工优先等利导政策。在农村产权、林权改革中计生奖励有突破，共有8个乡（镇）的103个村为独生子女家庭增加了0.2～1的股权。继续实施对独生子女家庭养老保障工程，出资为1 318人办理了农村独生子女父母养老保险。在全县开展了“为贫困母亲献爱心”募捐活动，共捐款14.5万元。

流动人口服务与管理。按照流动人口全国“一盘棋”工作要求，积极开展流动人口信息的采集和录入。与52个市（县）签订双向服务管理协作协议，加强了双向沟通与协作。积极开展人户分离人员的现居住地管理，在流动人口集聚地区建立8个服务站点，并协助140余名流动人口办理了婚育证明。在人口计生服务月中，使流动人口享受到与户籍人口相同的免费生殖健康检查。

队伍建设。年内，组织培训生殖健康咨询师、儿童健康指导师等70余人。深入落实“走、转、改”要求，抽调骨干组成讲师团，到各乡（镇、街道）巡回进行政策知识培训、个性化指导。拓宽形式，采取流管干部大练兵、药具“月测季评”、座谈交流以及情景剧方式等，进行岗位业务工作培训，全县计生队伍素质明显提升。

统计工作。年内，继续坚持与公安、民政、卫生、统计部门定期沟通，通报信息。县人口计生委先后4次到县内三所医院抄录出生信息2 000余条，先后三次对15个乡（镇）、3个街道的100个村进村入户核查。圆满完成全员人口信息库户籍信息提交及补录工作，截止到9月底，全员人口系统中全县总数29.46万人，户籍27.76万人，与2010年底户籍人口基本持平。年内，积极筹备建设覆盖市—区（县）—街道（乡、镇）—社区（村）的《北京市全员人口个案管理信息系统》。

药具工作。年内，全县使用各类避孕药具人数2.96万人，其中使用口服剂注射避孕药6 168人，外用栓、凝胶、膜1 221人，避孕套2.23万人。共调入各类避孕药具1 192件，总金额56万余元，完成总需求计划的100%。坚持在全县15个乡（镇）、3个街道巡回培训，提升了基层单位药具服务水平。开展“月测季评”活动，激励了基层药管员自觉学习基本理论、基本知识、基本技能。精心打造避孕药具普惠易得工程，继续规范了现有的920个发放网点，对10个损坏的自取设施进行了更新，出资4万元为10个工委配备了药具自取架10个、自取箱10个。抓宣传培训，利用各重大节日、宣传工作的主题活动，发放《避孕方法知情选择知识手册》5 000余份；在《延庆人口报》刊登有奖答题，在育龄群众中开展有奖知识答题活动，共收回答卷2万余份。加强随访工作，制定随访制度，重视对特殊人群的随访，全年通过上门、电话、书面等形式共随访2.85万人，随访率达到96.13%。

协会工作。年内，全县共有县级计生协会1个，乡（镇、街道）协会18个，村（居）协会371个，会员2.5万人。县人口计生委、计生协为纪念第22个世界人口日，共同举办了“国策引领新一代，妫川儿女展风采”文艺演出活动。在“母亲节”期间，举办“纪念中国共产党成立90华诞为贫困母亲献爱心”活动，收到1.29万人捐款14.5万元。在社会青年和大、中学校广泛开展以“相逢在花季，你我共成长”为主题的青春健康活动。聘请青春健康项目骨干教师王宏云到大榆树镇科技职业学院八达岭校区、永宁镇、沈家营镇和张山营镇，进行互动式授课，受到学员们的欢迎。推进幸福工程项目，累计投入项目资金120万元，先后救助贫困母亲243位。年内，有6个幸福工程项目点正在良性运作。出资13.18万元为1 318人办理独生子女父母养老保险。在亲情牵手项目中，有47个家庭141位志愿者经过核实上报到市计生协会。

【人口和计划生育数据】 按统计年度计算，2010年10月~2011年9月，全县上报户籍出生2 127人，其中计划内出生2 055人，计划生育率96.61%；低生育水平继续保持稳定。

【召开人口计生工作总结会】 1月19日，召开延庆县人口计生工作总结会，各乡（镇、街道）计划生育主管领导、计生办主任及县人口计生委全体机关干部共计70多人参加了会议。会议由人口计生委副主任郭万良主持，副县长赵志萍到会并讲话。

【召开人口计生系统调研工作总结会】 1月19日，县人口计生委召开人口计生系统调研工作总结会。会上，驻委纪检组长高国忠宣读了“2010年人口计生调研报告评选结果”，县人口计生委副主任郭万良就2010年全县人口计生系统调研工作进行了总结。会上对获奖的调研文章颁发了奖金。

【北京市人口计生委领导慰问计生专干和独生子女特困户】 1月28日，市人口计生委主任邓行舟来到延庆县慰问康庄镇太平庄村计生专干徐某和康庄镇张老营村独生子女特困户吕某，为他们送去慰问品、慰问金及新年祝福。邓行舟主任在康庄镇座谈时指出，我们要坚持“小人口不放松，大人口不动摇”的工作思路，坚持计划生育基本国策不动摇，同时在利益导向、青春期教育、计生政策、优先优惠等多方面抓实抓好，真正实现人口、资源、环境协调和可持续发展。副县长赵志萍、县人口计生委领导和康庄镇领导陪同慰问。

【召开人口计生工作会】 2月23日，召开延庆县人口计生工作会，市人口计生委副主任丁勇、县委书记孙文锴、人大常委会主任赵淑君、县长李先忠、政协主席赵双利、县委副书记郭振清、副县长赵志萍等出席会议。全县处级班子单位党政正职，各乡（镇、街道）相关领导、计生办主任，各工委专兼职计划生育干部，县人口计生委全体机关干部共计200多人参加了会议。会议由县长李先忠主持。会上，副县长赵志萍总结了2010年度人口和计划生育工作，部署了2011年工作任务。县委常委、副书记郭振清宣布了《延庆县2010年人口和计划生育事业目标管理责任制考核评估结果》。县委书记孙文锴、县长李先忠代表县委、县政府与二级班子单位代表沈家营镇、县教委党政一把手签订了《2011年度人口和计划生育目标管理责任书》。市人口计生委副主任丁勇、县委书记孙文锴分别作了重要讲话，县长李先忠进行了会议总结。

【召开生殖健康服务工作汇报会】 4月12日，县人口计生委召开生殖健康服务工作汇报会。会上，各乡（镇、街道）主管计生工作的领导分别汇报了三月份生殖健康服务月工作进展情况，县人口计生委分管领导部署了工作。会议由副主任林永生主持。

【北京市人口计生委验收奖扶特扶工作】 4月14日，市人口计生委邹建荣处长一行3人到延庆县验收奖扶特扶工作。他们听取了奖扶特扶工作汇报，并详细地查看了相关档案材料，对延庆县奖励扶助及特别扶助工作给予了肯定。

【参加救助贫困母亲捐款活动】 5月8日～6月10日，全县共有56个单位、1.3万人参加了救助贫困母亲捐款活动。共计捐款14.64万元。

【组织人口计生工作半年检查】 5月11～18日，县人口计生委组织人口计生工作半年检查。副主任郭万良、林永生，调研员张月英三位领导分别带队，到18个镇（街道）进村入户（每村10～15户）访谈、查阅资料、听取镇（村）两级汇报并反馈检查意见。

【国际友人参观延庆县计划生育技术服务中心】 5月20日，南非总统夫人梅莱洛·纳都利·祖马（NompumelelonNuli · Zuma），带领肯尼亚、利比里亚、尼日利亚等10个国家的非洲英语国家妇幼卫生促进官员研修班学员40多人，参观了县人口计生委计划生育技术服务中心。

【北京市财政绩效工作组到延庆县检查工作】 5月24日，市财政绩效工作组在市人口计生委行财处副处长葛纪军及政法处、宣教处、科技处等处室人员陪同下，到延庆县检查人口计生系统财政绩效工作。

【北京市人口计生委领导到延庆县调研指导】 6月10日，市人口计生委副主任彭彧华、宣教处处长刘凤婷到延庆县就人口计生宣传教育工作、计生协会工作进行调研指导。彭彧华副主任指出："十二五"期间，北京市人口计生工作将以"文明倡导工程、宝贝计划工程、青春健康工程、健康生育工程、生育关怀工程、心灵家园工程"六大幸福家庭工程为着力点，全面推进人口计生事业深入发展。

【召开半年人口计生工作会】 6月24日，召开半年人口计生工作会。会上，县人口计生委主任蒋秀芝做了半年工作总结，副县长赵志萍、县委副书记郭振清分别作了重要讲话。

【组织“重温入党誓词，争做党员表率”活动】6月22～23日，县人口计生委全体党员到天津市周恩来、邓颖超纪念馆举行“重温入党誓词，争做党员表率”活动。随后，全体党员参观了“平津战役纪念馆”。

【召开建党90周年暨创先争优总结表彰会】7月1日，县人口计生委党支部召开建党90周年暨创先争优总结表彰会。会上，宣传委员牛向阳宣读了表彰决定，对13名优秀党员予以表彰。优秀党员代表李淑仙、郭立强作了大会典型发言。支部书记高国忠总结了支部半年工作。

【举办纪念第22个世界人口日活动】7月12日，延庆县举办纪念第22个世界人口日活动。副县长赵志萍致辞，市人口计生委宣教处刘凤婷处长出席，县人大、县政协、县直工委等单位领导参加活动。在活动中演出了独生子女才艺展示等18个节目。

【县档案局检查指导档案工作】7月15日，县档案局陆彩云、吴新生等3人到县人口计生委检查指导档案工作，对县人口计生委档案工作给予高度评价。

【国际友人到延庆县计划生育技术服务中心参观】7月17日，非洲法语国家妇幼卫生促进官员研修班学员，在国家人口计生委顾志强、中国家庭生殖健康保健中心赵巧娜、市人口计生委刘磊的陪同下，参观了县人口计生委计划生育技术服务中心。

【县政风行风评议组到县人口计生委检查指导工作】8月3日，市人大代表、县政协常委、京讯出租公司董事长、县政风行风评议组组长霍桂兰一行8人，到县人口计生委检查政风行风工作。评议组听取了驻委纪检组长高国忠的汇报，并就加强政风行风建设提出了指导意见。

【举办“国策辉煌路，儿女耀妫川”活动】9月22日，延庆县举办了“国策辉煌路，儿女耀妫川”活动。市人口计生委正局级委员王晓光，副县长赵志萍，县人大、县政协、宣传部等相关部门领导，县人口计生委党组书记王树勤、主任蒋秀芝等参加了活动。会上，副县长赵志萍致辞，蒋秀芝主任宣读了《关于表彰延庆县“十一五”时期人口计生事业五个“十佳”的决定》，市、县领导为评出的十佳服务能手、十佳宣传之星、十佳创业之星、十佳光荣父母、十佳宣传教育示范基地颁发了奖牌。延庆镇赵庄村计生专干刘惠荣、张山营镇上郝庄村计划生育宣传员万亚美、百泉街道颖泽州社区独生子女户创业典型席彬、沈家营镇曹官营村独生子女户光荣母亲付俊清在会上作了典型发言。活动期间，还穿插了舞蹈《西域风情》、《九九女儿红》以及藏族舞蹈《翻身农奴把歌唱》等。市人口计生委正局级委员王晓光进行了点评讲话。

【组织人口计生工作年终检查】10月10～21日，县人口计生委分成两组，由主任蒋秀芝和党组书记林永生分别带队，对年度工作目标责任制落实情况和2011年度人口计生工作进行年终检查。检查采取入户调查、座谈和听取汇报三种形式，走进36个村（居），了解人口计生工作年度开展情况；走进农户500余户，了解计生工作纵向渗透程度，找出制约计生工作的根本原因，寻求突破策略；走近1 000余名育龄群众，收集育龄群众真实想法，倾听他们心声，探索改进工作的方式、方法。

【县领导调研指导人口计生工作】 10月25日，副县长魏怡到县人口计生委调研指导工作，县政府办副主任赵红英陪同。年内，副县长赵志萍先后5次到县人口计生委听取工作情况汇报，调研指导人口计生工作。

【国家人口计生委领导到延庆县检查指导工作】 11月1日，国家人口计生委纪检监察专员李戎等领导到延庆县人口计生委检查指导工作，市人口计生委刘晓军、刘学文、于小龙、邱建明、邹建荣、梅红光等参加了检查活动。县人口计生委蒋秀芝主任主持了工作汇报会议，调研员张月英汇报了药具采购管理和服务工作情况；党组书记林永生汇报了有关纪检监察工作。驻市人口计生委纪检组组长刘晓军在会议上指出，延庆县人口计生委药具工作取得的成绩得益于县委、县政府的高度重视，得益于县人口计生委班子团结和富于战斗力，得益于在药具工作方面的真抓实干和勇于创新，得益于这支队伍在针对农村具体情况时能抓好落实。希望今后要进一步整合资源，克服各乡（镇、街道）之间的不平衡、不到位、不及时现象，切实提高育龄群众的满意度。

【北京市人口计生委领导到延庆县检查指导工作】 11月15日，市人口计生委副主任徐捷、流管处处长张瑞霞来县人口计生委检查指导工作。徐捷副主任建议：一是延庆县人口计生工作要立足于生态涵养区功能定位，注重人口计生工作的可持续发展；二是要着手应对人口老龄化；三是在人口规模调控上要借鉴其他区（县）经验教训，避免出现人口过度聚集；四是做好外出到城区务工人员的管理与服务；五是在开展计划生育生殖健康服务、0～3岁婴幼儿早期教育等工作中，要注重整合其他部门资源，做到为我所用。

【开展生殖健康服务活动】 年内，生殖健康关爱计划惠及近10万人次。针对基层群众需求，共举办生殖健康讲座18场，服务群众2 000余人。对采取长效措施的1.3万名农村育龄妇女进行了健康体检，对三个街道4 662名适龄人员进行了乳腺癌、宫颈癌筛查。开展新婚、正孕、围产巡回培训，近2 000人受惠；免费发放了“婚育健康服务包”3 000个。

【组织慰问基层计生专干和独生子女困难户】 12月20～31日，县人口计生委组织对基层计生专干和独生子女困难户进行慰问。共慰问村（居）书记、主任19人，计生专干18人，独生子女贫困户等44户，发放慰问金4万余元。

【获得的奖励和荣誉】 年内，县人口计生委被评为延庆县先进单位、延庆县精神文明先进单位；县人口计生委机关党支部被评为延庆县“七一先进党支部”；县人口计生委法制科和八达岭镇计生办被评为2010年北京市人口计生系统先进集体；王树勤、李晓明、韩月云、曹云华、侯春艳荣获2010年北京市人口计生系统先进工作者，其中，王树勤荣膺“新时期最可爱的人”。

（张自禄）

九、北京市2011年国民经济和社会发展统计公报（节选）

北京市统计局 国家统计局北京调查总队

2011年是实施“十二五”规划的开局之年，全市人民在党中央、国务院和市委、市政府的正确领导下，坚决贯彻落实各项宏观调控措施，积极推动科学发展，加快转变经济发展方式，全市经济保持平稳增长，社会发展和谐稳定，实现了“十二五”时期的良好开局。

一、综合

经济增长：初步核算，全年实现地区生产总值16 000.4亿元，比上年增长8.1%。其中，第一产业增加值136.2亿元，增长0.9%；第二产业增加值3 744.4亿元，增长6.6%；第三产业增加值12 119.8亿元，增长8.6%。

表1　2011年地区生产总值

指　　标	绝对量(亿元)	比上年增长(%)
地区生产总值	16 000.4	8.1
第一产业	136.2	0.9
第二产业	3 744.4	6.6
工业	3 039	7.4
建筑业	705.4	3
第三产业	12 119.8	8.6
交通运输、仓储和邮政业	845.3	8
信息传输、计算机服务和软件业	1 492.6	22.9
批发和零售业	2 122.8	8.9
住宿和餐饮业	348.3	2.3
金融业	2 055	4.4
房地产业	1 080.6	-3.2
租赁和商务服务业	1 135.2	18.2
科学研究、技术服务和地质勘查业	1 130	10.4

续表

指　　标	绝对量(亿元)	比上年增长(%)
水利、环境和公共设施管理业	86.3	5.5
居民服务和其他服务业	112.3	12.3
教育	581.1	3.5
卫生、社会保障和社会福利业	298.5	7.8
文化、体育和娱乐业	332.4	6
公共管理和社会组织	499.4	1.8

按常住人口计算，全市人均地区生产总值达到 80 394 元（按年平均汇率折合12 447美元）。三次产业结构由上年的0.9∶24∶75.1 变化为0.9∶23.4∶75.7。

财政：全市完成地方财政收入（公共财政预算）3 006.3 亿元，比上年增长27.7%。其中，实现增值税和营业税 237.8亿元和 1 071.5 亿元，分别增长 13.2% 和25.3%，实现企业所得税和个人所得税683.7 亿元和 272.9 亿元，分别增长 33.3%和 26.7%。地方财政支出（公共财政预算，含中央追加支出）3 246.5 亿元，增长19.5%。其中，用于社会保障和就业、交通运输的支出均增长 28.5%，用于医疗卫生的支出增长 20.7%。

全市完成国税、地税税收（费）收入8 004.7亿元，比上年增长 24%。其中，地税税收（费）收入2 666.6 亿元，比上年增长 26.7%。

价格：全市居民消费价格指数高位开局，6 月份同比涨幅突破 6%，8 月份达到年内最高值（6.6%），9 月份以来持续回落，12 月份回落至4.4%。全年居民消费价格比上年上涨 5.6%，涨幅高于上年 3.2 个百分点。其中，食品价格上涨 10.6%，非食品价格上涨 3.9%；消费品价格上涨5.1%，服务项目价格上涨 6.4%。

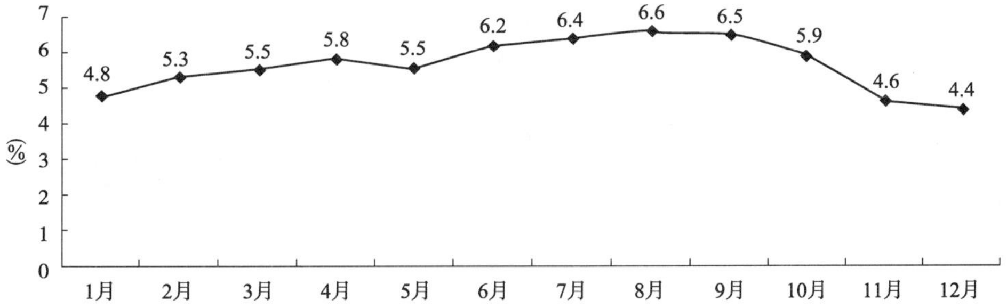

图 1　2011 年居民消费价格月度同比涨幅

表2　居民消费价格涨跌幅度（%）

指　　标	2011 年	2010 年
居民消费价格总水平	5.6	2.4
食品	10.6	5.5
其中:肉禽及其制品	21.8	1.2
水产品	9.5	10.6
菜	-1.9	24.1
干鲜瓜果	10.7	9.6
烟　酒	2.5	1.1
衣　着	2.7	-1.6
家庭设备用品及维修服务	4.2	-0.6
医疗保健和个人用品	3.7	1.5
交通和通信	1.5	0.8
娱乐教育文化用品及服务	-0.3	-0.6
居住	8.5	5

全市农产品生产价格比上年上涨10.7%。工业生产者出厂价格上涨2.3%；工业生产者购进价格上涨8.4%。固定资产投资价格上涨5.7%。

全市新建住宅销售价格同比涨幅延续了上年6月份以来的回落态势，由1月份上涨6.8%，逐步回落到12月份上涨1%；从环比看，12月份下降0.1%，连续两个月环比下降。其中，新建商品住宅销售价格由1月份同比上涨9.1%回落到12月份上涨1.3%；从环比看，12月份下降0.2%，连续三个月环比下降。二手住宅价格由1月份同比上涨2.6%转为12月份下降2%；从环比看，12月份下降0.8%，连续四个月环比下降。

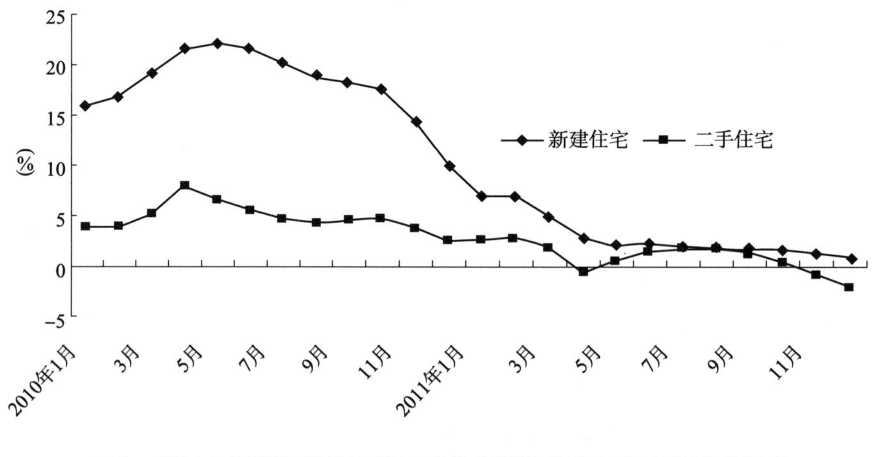

图2　2010年以来新建住宅和二手住宅销售价格月度同比涨跌幅度

就业：全市城镇新增就业44.7万人，比上年增加0.1万人。年末全市城镇实有登记失业人员8.13万人，比上年末增加0.4万人。城镇登记失业率为1.39%，比上年末高0.02个百分点。

二、人口、人民生活和社会保障

人口：年末全市常住人口2 018.6万人，比上年末增加56.7万人。其中，常住外来人口742.2万人，占常住人口的比重为36.8%。常住人口中，城镇人口1 740.7万人，占常住人口的86.2%。全市常住人口出生率8.29‰，死亡率4.27‰，自然增长率4.02‰。全市常住人口密度为1 230人/平方公里，每平方公里比上年末增加35人。年末全市户籍人口1 277.9万人，比上年末增加20.1万人。

人民生活：全年城镇居民人均可支配收入达到32 903元，比上年增长13.2%；扣除价格因素后，实际增长7.2%。农村居民人均纯收入14 736元，比上年增长13.6%；扣除价格因素后，实际增长7.6%。城镇居民恩格尔系数为31.4%，比上年下降0.7个百分点；农村居民恩格尔系数为32.4%，比上年提高1.5个百分点。农村居民人均住房面积48.6平方米，比上年增加8平方米。

社会保障：年末全市参加基本养老、基本医疗、失业、工伤保险人数分别为1 091.9万人、1 188万人、881万人和862.4万人，比上年末净增109.5万人、124.4万人、106.8万人和38.7万人。年末农村居民参加养老保险人数为163.7万人，比上年末净增4.4万人。参加新型农村合作医疗的人数达到276.8万人，参合率为97.7%，高于上年末1个百分点。全市享受城市最低生活保障的居民为11.7万人，享受农村最低生活保障的农民为7.5万人。年内两次提高了社会保障相关待遇标准。

表3　社会保障相关待遇标准变化情况（元/月）

指　　标	2011年	2010年
失业保险金最低标准	782	632
城市居民最低生活保障标准	520	430
职工最低工资标准	1 160	960

年末全市各类收养性社会福利单位422家，床位7.3万张，收养各类人员3.2万人。城镇建立各种社区服务设施8 992个，其中社区服务中心174个。

三、水资源、环境与安全生产

水资源：全年水资源总量24.7亿立方米，比上年增长7%。全市总用水量36亿立方米，比上年增长2.4%。其中，生活用水15.6亿立方米，增长5.8%；工业用水5.2亿立方米，增长2.8%；农业用水11亿立方米，下降3.3%。全市万元地区生产总值水耗为22.5立方米，比上年下降5.37%。

环境：全市污水处理率为82%，其中城六区污水处理率达到95.5%，分别比上年提高1个和0.5个百分点。全市生活垃圾无害化处理率（根据垃圾产生量计算）为98.2%，比上年提高1.5个百分点。市区空气质量达到二级和好于二级的天数为286

天，占全年总天数的78.4%，与上年持平。

全市城市绿化覆盖率达到45.6%，比上年提高0.6个百分点。林木绿化率达到54%，比上年提高1个百分点。

安全生产：全年共发生道路交通、生产安全、火灾、铁路交通、农业机械死亡事故977起，死亡1 089人。与上年相比，事故减少85起，死亡人数减少87人，分别下降8%和7.4%。亿元地区生产总值生产安全事故死亡率为0.068；道路交通每万车死亡人数为1.85人；工矿商贸从业人员每10万人死亡人数为1.04人；煤矿无死亡事故。

四、城市建设

道路建设：年末全市公路里程21 319公里，比上年末增加205公里。其中，高速公路里程912公里，增加9公里；城市道路里程6 380公里，比上年末增加25公里。

公共交通：年末全市公共电汽车运营线路740条，比上年末增加27条；轨道交通运营线路15条，增加1条。公共电汽车运营线路长度19 338公里，比上年末增加595公里；轨道交通运营线路长度372公里，增加36公里。公共电汽车运营车辆21 575辆；轨道交通运营车辆2 586辆。全年公共电汽车客运总量49.9亿人次，比上年下降1.1%；轨道交通客运总量21.8亿人次，增长18.2%。

公用事业：全年自来水销售量9.1亿立方米，比上年增长2%。其中，生产运营用水1.2亿立方米，下降2%；居民家庭用水4.7亿立方米，增长3.1%。

北京地区用电量达到821.7亿千瓦时，比上年增长1.5%。其中生产用电677亿千瓦时，增长1%；城乡居民生活用电144.7亿千瓦时，增长3.9%。

全年液化石油气供应总量41万吨，与上年持平；天然气供应总量（不含燕山石化）73亿立方米，增长1.4%。年末共有燃气家庭用户641万户，比上年末增长1.1%；其中天然气家庭用户474万户，增长4.2%。全市燃气管线达到1.7万公里，比上年末增长8%。

全市集中供热面积4.7亿平方米，比上年增长0.9%。

五、教育、科学技术、文化、卫生和体育

教育：全市共有52所普通高校和78个科研机构培养研究生，全年研究生教育招生8.3万人，在学研究生24.1万人，毕业生6.3万人。全市89所普通高等院校全年招收本专科学生15.8万人，在校生57.9万人，毕业生15.1万人。

全市普通高中招生6.4万人，在校生19.5万人，毕业生5.8万人；初中招生10.1万人，在校生30.2万人，毕业生9.8万人；普通小学招生13.3万人，在校生68万人，毕业生10.2万人；幼儿园在园幼儿31.1万人。各类中等职业教育（含技工学校）招生7.9万人，在校生21.4万人，毕业生6.8万人。特殊教育招生1 049人，在校生8 037人，毕业生1 691人。

全市共有民办小学 21 所，在校学生 3.6 万人；民办普通中学 72 所，在校学生 3.9 万人；民办高等教育 83 所（含民办高校和民办其他高等教育机构），在校学生 18.6 万人。成人高校 19 所，在校学生 26.4 万人（含普通高校成人本专科生）。

科学技术：全年研究与试验发展（R&D）经费支出 932.5 亿元，比上年增长 13.5%；相当于地区生产总值的 5.83%，比上年提高 0.01 个百分点。

全市研究与试验发展（R&D）活动人员 28.8 万人，比上年增长 6.6%。专利申请量与授权量分别为 77 955 件和 40 888 件，分别增长 36.1% 和 22%；其中发明专利申请量与授权量分别为 45 057 件和 15 880 件，增长 34.6% 和 41.7%。全年共签订各类技术合同 5.4 万项，增长 5.3%；技术合同成交总额 1 890.3 亿元，增长 19.7%。

文化：年末全市共有公共图书馆 25 个，总藏量 4 650 万册。全市拥有全国重点文物保护单位 98 处，市级文物保护单位 255 处。全市拥有注册博物馆 159 座。全市 17 个国家综合档案馆开放档案 88 万卷。年末有线电视注册用户达到 471.9 万户，入户率为 95.1%，其中高清交互数字电视用户 272.3 万户。北京地区 16 条院线 118 家影院（617 块屏幕）共放映电影 97.3 万场，观众 3 206.1万人次，票房收入 13.5 亿元。北京地区出版报纸 253 种，出版期刊 3 065 种，出版图书 16.6 万种。

卫生：年末全市共有卫生机构 6 702 个，比上年末增加 163 个。其中医院 567 个。卫生机构中社会办医机构 2 837 个。卫生机构共有床位 9.5 万张，比上年末增加 0.2 万张；其中医院 8.8 万张。卫生机构中社会办医机构床位 1.2 万张。全市卫生技术人员达到 18.3 万人，比上年末增加 1.2 万人；其中执业（助理）医师 7 万人，注册护士 7.4 万人。全年报告甲乙类传染病发病率 243.55/10 万，死亡率 1.28/10 万。全市婴儿死亡率 2.84‰，孕产妇死亡率 9.09/10 万。

体育：年末全市共有体育场馆 6 151 个。全市共有优秀体育运动员 970 人。获得国际性比赛奖牌 33 枚，其中金牌 17 枚，银牌 9 枚。获得全国性比赛奖牌 145 枚，其中金牌 59 枚，银牌 41 枚。

（赵艳侠）

十、荣誉篇

全国人口和计划生育系统先进集体

朝阳区人口计生委
昌平区人口计生委
平谷区人口计生委

全国人口和计划生育系统先进工作者

大兴区人口计生委办公室主任　于淑华

第一批全国人口和计划生育依法行政示范乡镇（街道）名单

东城区天坛街道
海淀区东升乡
丰台区丰台街道
昌平区阳坊镇
大兴区西红门镇
顺义区北石槽镇
平谷区山东庄镇
延庆县沈家营镇

第一批全国阳光计生行动示范单位

怀柔区人口计生委

2011年首都文明单位标兵

北京市人口计生委
北京市人口和计划生育宣教中心

北京市直机关先进基层党组织

北京市人口计生委办公室

国家人口计生委2011年度政务信息工作优秀政务信息员

北京市人口计生委办公室　潘滑

北京市直机关优秀党务工作者

北京市人口计生委机关党委　朱秀娟

北京市直机关优秀共产党员

北京市人口计生委行财处　刘颖

北京市人口计生系统先进集体名单（50个）

东城区东华门街道办事处
东城区北新桥街道办事处
东城区龙潭街道办事处
东城区永定门外街道办事处
西城区白纸坊街道崇效寺社区
西城区展览路街道办事处
西城区公安分局人口管理支队
西城区计划生育生殖健康技术指导中心
朝阳区平房地区办事处
朝阳区三里屯街道办事处
朝阳区呼家楼街道金台里社区
海淀区八里庄街道颐慧佳园社区
海淀区四季青镇人民政府
海淀区羊坊店街道办事处
丰台区卢沟桥乡人民政府
丰台区长辛店街道办事处
丰台区丰台街道办事处
石景山区鲁谷社区行政事务管理中心
石景山区老山街道办事处
门头沟区永定镇人民政府
门头沟区大峪街道办事处
房山区拱辰街道办事处
房山区西潞街道办事处
房山区燕山办事处
大兴区西红门镇人民政府
大兴区留民营生态农场
大兴区瀛海镇人民政府
通州区玉桥街道办事处
通州区潞城镇计生办
通州区台湖镇人民政府
顺义区南法信镇人民政府
顺义区南彩镇人民政府
顺义区北石槽镇良善庄村
昌平区北七家镇计生办
昌平区南邵镇计生办
昌平区城南镇计生办
平谷区马昌营镇人民政府
平谷区平谷镇人民政府
怀柔区计划生育生殖健康技术服务中心
怀柔区渤海镇人民政府
密云县鼓楼街道计生办
密云县高岭镇计生办
延庆县人口计生委法制科
延庆县八达岭镇计生办
北京市化工职业病防治院
北京铁路局计生委
北京六建集团有限责任公司
北京地铁运营有限公司
中石化北京石油物流中心
武警北京总队第九支队

北京市人口计生系统先进工作者名单（150 名）

北京市人口计生委（5 人）
刘　磊　市人口计生委办公室
潘　滑　市人口计生委办公室
李晓沪　市人口计生委科技处
刘　颖　市人口计生委行财处
朱秀娟　市人口计生委机关党委
东城区（10 人）
王力宇　东城区人口计生委
王　勇　东城区人口计生委
陈　旭　东城区体育馆街道办事处计生办
陶　萍　东城区建国门街道计生办
张　宏　东城区交道口街道办事处
闫毅男　东城区前门街道办事处
孙　梅　东城区安定门街道办事处
陈秀珠　东城区东花市街道北里西区
卢凤云　东城区东直门街道办事处
李晓明　东城区龙潭街道光明北里社区
西城区（12 人）
宋书彦　西城区人口计生委
刘承光　西城区人口计生委
魏燕京　西城区人口计生委
郭春生　西城区人口计生委
汪　洁　西城区人口计生委
李玉静　西城区计划生育生殖健康技术指导中心
杨宪华　西城区大栅栏街道百顺社区
沙静芸　西城区天桥街道办事处计生办
杨　敏　西城区新街口街道办事处计生办
王　静　西城区展览路街道办事处
胡爱华　西城区西长安街道办事处计生办
那文君　西城区陶然亭街道办事处计生办
朝阳区（15 人）
史素珍　朝阳区人口计生委
胡玉欣　朝阳区人口计生委
庞维霞　朝阳区人口计生委
金亚静　朝阳区南磨房地区办事处
蒋　萍　朝阳区太阳宫地区办事处
王凤芹　朝阳区高碑店乡高碑店村委会
胡志荣　朝阳区安贞街道安华里社区
王　焕　朝阳区三里屯街道办事处
李玉霞　朝阳区奥运村地区办事处
刘秀霞　朝阳区小关街道办事处计生办
范小平　朝阳区三间房地区办事处
董玉兰　朝阳区来广营地区办事处
张　立　朝阳区六里屯街道办事处
袁连华　朝阳区双井街道办事处
靳小红　北京中医药大学计生办
海淀区（16 人）
申卫东　海淀区计划生育宣传服务中心
赵金库　海淀区人口计生委
徐丽萍　海淀区海淀街道办事处
陈丹平　海淀区甘家口街道四道口社区
黄　蕊　海淀区东升乡人民政府计生办
苏玉霞　海淀区海淀乡人民政府计生办
凌　云　海淀区花园路街道办事处计生办
曹亚萍　海淀区青龙桥街道办事处

李　媛　海淀区曙光街道办事处计生办
刘　剑　海淀区田村路街道办事处
王朝晖　海淀区万寿路街道办事处计生办
高秀明　海淀区温泉镇航材院社区居委会
张亚静　海淀区西三旗街道永泰庄社区
张　利　海淀区学院路街道办事处
黄宇玲　海淀区中关村街道办事处
王战欧　海淀区紫竹院街道办事处
丰台区（11人）
张　玲　丰台区人口计生委
郑军红　丰台区人口计生委
赵书立　丰台区人口计生委办公室
刘　冰　丰台区人口计生委综合业务科
李伟燕　丰台区和义街道计生办
史巧平　丰台区大红门街道办事处计生办
王　平　丰台区花乡人民政府
王　燕　丰台区东铁匠营街道办事处
王子静　丰台区西罗园办事处
安慧艳　丰台区人口计生委服务中心
费凤华　丰台区东高地街道办事处
石景山区（5人）
崔　莹　石景山区人口计生委
田孟云　石景山区人口计生委
赵世英　石景山区八宝山街道办事处
张玉萍　石景山区苹果园街道办事处计生办
王　梅　石景山区古城街道办事处
门头沟区（5人）
李宏云　门头沟区大台街道黄土台社区
高志梅　门头沟区龙泉镇辛房村委会
张向霞　门头沟区王平镇计生办
张清娥　门头沟区清水镇计生办
王剑云　门头沟区永定镇艾洼村委会
房山区（9人）
刘玉霞　房山区人口计生委
王素平　房山区长沟镇人民政府
胡秀英　房山区长阳镇夏场村村委会
陆大勇　房山区城关街道办事处
王立冬　房山区窦店镇人民政府
李淑平　房山区河北镇计生办
闫淑会　房山区琉璃河镇人民政府
吴艳玲　房山区阎村镇人民政府
李淑红　房山区周口店镇人民政府
大兴区（6人）
申中侠　大兴区人口计生委
田秀荣　大兴区北臧村镇计生办
邓书英　大兴区采育镇沙窝营村
付秋玲　大兴区旧宫镇计生办
张静莲　大兴区兴丰街道办事处
王长路　大兴区瀛海镇人民政府
通州区（7人）
王昊健　通州区西集镇人民政府
燕国萍　通州区玉桥街道办事处
李秀兰　通州区宋庄镇计生办
殷文平　通州区潞城镇计生办
刘松霞　通州区北苑街道办事处计生办
王红蕾　通州区梨园镇人民政府
董文华　通州区新华街道办事处
顺义区（8人）
张丽君　顺义区人口计生委
冯殿玉　顺义区人口计生委
李慧秋　顺义区人口计生委
张淑华　顺义区人口计生委

蔡玉民　顺义区仁和镇平各庄
孙继红　顺义区北小营镇人民政府
王小利　顺义区马坡镇政府计生办
乔淑荣　顺义区北务镇北务村
昌平区（7人）
李春菊　昌平区人口计生委
李　平　昌平区人口计生委
徐书玲　昌平区阳坊镇人民政府
尹兆怀　昌平区长陵镇计生办
梁士增　昌平区回龙观镇计生办
张淑华　昌平区南口镇后洼村
孟群英　昌平区东小口镇兰各庄村
平谷区（5人）
陈月莲　平谷区人口计生委
张练冬　平谷区山东庄镇政府计生办
郭海荣　平谷区熊儿寨乡人民政府
王国文　平谷区金海湖镇计生办
马长英　平谷区刘家店镇计生办
怀柔区（5人）
王　辉　怀柔区人口计生委
项秀芹　怀柔区汤河口镇汤河口村
程桂伶　怀柔区渤海镇人民政府
孙淑云　怀柔区龙山街道计生办
周慧领　怀柔区杨宋镇张自口村
密云县（5人）
冯怀成　密云县西田各庄镇计生办
李玉平　密云县密云镇计生办
林光录　密云县高岭镇计生办
谢云明　密云县巨各庄镇人民政府
陈淑珍　密云县西田各庄镇西田各庄村
延庆县（5人）
王树勤　延庆县人口计生委
曹云华　延庆县人口计生委规划统计科
韩月云　延庆县百泉街道办事处
李晓明　延庆县沈家营镇人民政府
侯春艳　延庆县刘斌堡乡计生办
局总公司（14人）
张宝民　北京同仁堂（集团）有限责任公司
陈　凤　北京一轻控股有限责任公司
周丽君　首钢总公司
张丽霞　北京燕山石油化工有限公司
张凤兰　北京建工集团有限责任公司
吴立芹　北京建筑材料科学研究总院
耿　霞　北京颐和园管理处
宋志新　北京公交控股有限公司电车客运分公司
穆　丽　北京首都农业集团有限公司
孟会芹　北京市京密引水管理处
毛　河　中国银行北京朝阳支行
吴春雁　建行北京分行朝阳区域工会
侯亚丽　北京首都旅游集团有限责任公司
秦丽莉　北京卫戍区某部队

北京市人口计生系统“新时期最可爱的人”名单（24 名）

李晓沪	北京市人口计生委科技处	李春菊	昌平区人口计生委
李晓明	东城区龙潭街道光明北里社区	陈月莲	平谷区人口计生委
宋书彦	西城区人口计生委	程桂伶	怀柔区渤海镇人民政府
王凤芹	朝阳区高碑店乡高碑店村委会	林光录	密云县高岭镇计生办
赵金库	海淀区人口计生委	王树勤	延庆县人口计生委
张　玲	丰台区人口计生委	张宝民	北京同仁堂有限责任公司
王　梅	石景山区古城街道	周丽君	首钢总公司
王剑云	门头沟区永定镇艾洼村委会	吴立芹	北京建筑材料科学研究总院
刘玉霞	房山区人口计生委	宋志新	北京公交控股电车客运分公司
申中侠	大兴区人口计生委	穆　丽	北京首都农业集团有限公司
殷文平	通州区潞城镇政府计生办	吴春雁	建行北京分行朝阳区域工会
蔡玉民	顺义区仁和镇平各庄	侯亚丽	北京首都旅游集团有限责任公司

十一、北京市人口和计划生育组织机构和名录篇

北京市人口和计划生育领导小组成员名单

（2011 年）

组　长：郭金龙　市委副书记、市长

副组长：丁向阳　副市长

成　员：傅　华　市委宣传部副部长

宋贵伦　市委社会工委（市社会建设办公室）主任

陈　冬　首都精神文明建设委员会办公室主任

李万钧　市流动人口和出租房屋管理委员会办公室主任

张　工　市发展和改革委员会主任

刘利民　市教育委员会主任

高　煜　市公安局副局长

吴世民　市民政局局长

杨晓超　市财政局局长

张欣庆　市人力资源和社会保障局局长

王孝东　市农村工作委员会主任

方来英　市卫生局局长

周毓秋　市国有资产监督管理委员会主任

苏　辉　市统计局局长

刘　志　市人口和计划生育委员会主任

领导小组办公室设在市人口和计划生育委员会，办公室主任由刘志同志兼任。

北京市人口和计划生育委员会组织机构

单位简介

北京市计划生育委员会成立于1981年7月，2003年10月15日更名为北京市人口和计划生育委员会（简称市人口计生委），是负责本市人口和计划生育工作的市政府组成部门。内设机构：办公室、政策法规处、综合处、规划协调处、信息处、流动人口服务管理处、宣传教育处、科技服务管理处、财务处、人事处（离退休干部处）10个职能处室和机关党委（工会）。纪检、监察机构按有关规定派驻。直属事业单位：老干部活动站、信息中心、宣传教育中心、干部培训中心、药具管理站、连心服务中心。北京市计划生育协会挂靠在北京市人口计生委。

党组书记、主任：刘　志

党组副书记、副主任：徐　捷

委员（正局级）：王晓光

副主任：耿玉田　彭彧华

纪检组长：刘晓军

地址：北京市西城区枣林前街70号中环广场B座

邮编：100053

主要职责

（一）贯彻落实党和国家关于人口和计划生育的方针、政策和法律、法规、规章；起草地方性法规草案、政府规章草案和政策规定；会同有关部门提出促进出生人口性别平衡的政策措施；协助有关部门拟订相关的社会经济政策。

（二）拟订本市人口发展规划草案，加强人口规模、趋势、素质、结构等重大问题的战略性、前瞻性研究，提出统筹解决本市人口问题的目标和任务建议，提出人口与经济、社会、资源、环境协调可持续发展的政策建议。

（三）制定并组织实施本市人口和计划生育中长期规划、年度计划和事业发展规划，对人口和计划生育规划执行情况进行监督和评估，稳定低生育水平。

（四）负责本市人口和计划生育工作的综合协调和综合治理。协调推动统筹解决人口问题目标和任务的实施；负责协调推动有关部门、群众团体履行人口和计划生育工作相关职责，促进人口和计划生育方针政策在教育、卫生、文化、就业和社会保障等工作中的衔接配合。

（五）监测本市人口和计划生育发展动态，提出发布人口和计划生育安全预警预报建议，负责人口和计划生育的信息综合及信息化建设，参与北京市人口基础信息数据库建设。

（六）研究提出本市促进人口有序流动、合理分布的政策建议；拟订流动人口计划生育服务管理规划，负责推动建立流动人口计划生育信息共享和公共服务工作机制，负责流动人口计划生育服务与管理。

（七）制定本市计划生育技术服务发展规划并监督实施；依法管理计划生育技术服务工作，负责公布有关计划生育科学研究、技术服务重要信息；负责计划生育统计、信息分析工作；组织实施计划生育科学研究，指导避孕节育的技术推广和科学普及工作；监督、管理计划生育药具的发放。

（八）组织实施本市计划生育的生殖健康促进计划，提高人口素质，协同有关部门降低出生缺陷人口数量。

（九）制定本市人口和计划生育宣传教育工作规划，组织开展人口和计划生育宣传教育工作。

（十）制定本市人口和计划生育干部队伍建设规划及教育培训规划，并组织实施；指导人口和计划生育公共服务网络体系建设。

（十一）负责本市人口和计划生育工作的国际交流与合作，管理人口和计划生育国际援助合作项目。

（十二）承办市政府交办的其他事项。

根据北京市机构编制委员会办公室《关于同意调整市人口计生委职责内设机构和人员编制的函》（京编办行〔2011〕208号），北京市人口和计划生育委员会强化两项职责：即强化统筹本市人口政策，协调推动人口与经济、社会、资源、环境协调可持续发展的职责；强化指导开展面向家庭的人口和计划生育公共服务职责。

领导成员

刘志：党组书记、主任，男，汉族，1960年3月出生，中共党员，1984年8月参加工作。1984年7月毕业于北京大学国民经济管理专业，经济学学士。2001年5月毕业于北京市委党校国民经济管理专业，在职研究生学历。2006年6月毕业于北京工业大学管理科学与工程专业，管理学博士。2011年2月任北京市人口和计划生育委员会党组书记、主任。

徐捷：党组副书记、副主任，男，汉族，1963年2月出生，中共党员，1985年8月参加工作。1985年8月毕业于北京工业大学第一分校机械制造工艺教育专业，大学学历。2010年9月任北京市人口和计划生育委员会党组成员、副主任。2011年7月任北京市人口和计划生育委员会党组副书记、副主任。

王晓光：党组成员、委员（正局级），女，汉族，1954年5月出生，中共党员，1975年1月参加工作。1997年7月毕业于北京市委党校行政管理专业，大学学历。2002年7月毕业于北京市委党校经济管理专业，在职研究生学历。2011年8月任北京市人口和计划生育委员会党组成员、委员。

耿玉田：党组成员、副主任，男，汉族，1957年4月出生，中共党员，1976年4月参加工作。1983年7月毕业于北京医学院医疗系，医学学士，副主任医师。2005年6月毕业于中国人民大学社会与人口学院，法学硕士。2000年9月任北京市计划生育委员会副主任。2003年9月11日任北京市人口和计划生育委员会党组成员、副主任。

彭彧华：副主任，女，满族，1964年5月出生，农工民主党党员，1987年7月参加工作。1987年7月毕业于首都师范大学文学院汉语言文学专业，文学学士；2003年7月毕业于首都师范大学教科院教育管理专业，教育学硕士；2009年7月毕业于北京大学教育学院教育与经济管理专业，管理学博士。2006年8月任北京市人口和计划生育委员会副主任。

刘晓军：党组成员、纪检组长，女，汉族，1957年12月出生，中共党员，1974年7月参加工作。1994年12月毕业于中央党校国民经济管理专业，大学学历。2007年7月毕业于中央党校法学专业，在职研究生学历。2011年8月任北京市人口和计划生育委员会党组成员、中共北京市纪律检查委员会驻市人口计生委纪检组长。

处室职责

一、办公室

负责机关政务和行政工作；负责文电、机要、安全保密、档案和信访接待处理等工作；负责重点工作会议和有关活动的筹备与组织；负责全委基本建设、车辆、房屋、办公设备等固定资产的管理；承担全委后勤保障、行政事务性服务和安全保卫工作；负责服务中央、驻京部队工作和接待工作。

二、政策法规处

负责机关推进依法行政综合工作；起草本市人口和计划生育方面的地方性法规草案、政府规章草案；承担机关行政规范性文件的合法性审核和有关备案工作；协调、指导、监督、检查本市人口和计划生育行政执法工作；承担本市计划生育执法人员资格认证和培训；承担人口和计划生育行政复议、行政赔偿和行政诉讼案件的具体工作；组织行政处罚听证；推动完善计划生育利益导向机制。

三、综合处

负责业务工作综合；负责重要文稿的起草工作，承担《北京市人口和计划生育年鉴》和其他有关刊物编辑工作；负责有关工作信息的汇总、分析和报送；负责人口和计划生育综合改革；负责政府绩效考核；负责市委市政府及有关单位折子工程和实事办理；负责市人大代表、政协委员建议、提案的办理；负责本委对口支援相关工作；指导市属局总公司人口和计划生育工作。

四、规划协调处

负责拟订本市人口中长期发展战略和规划草案，提出统筹解决人口问题的目标和任务，并督促实施；推进人口评估体系建设，开展目标管理考评；研究人口发展重大问题，提出人口与经济、社会、资源、环境协调可持续发展以及促进人口有序流动、合理分布的政策建议；负责人口政策统筹以及人口和计划生育工作的综合协调、综合治理，协调推动有关部门、群众团体履行人口和计划生育相关职责，促进人口和计划生育方针政策在教育、卫生、文化、就业和社会保障等工作中的衔接配合；协调出生人口性别比治理工作；协助开展幸福家庭创建工作；协调落实人口老龄化相关工作；承担市人口和计划生育领导小组办公室日常工作。

五、信息处

负责本市人口和计划生育的信息综合和计划生育统计工作，分析人口发展动态，提出发布人口和计划生育安全预警预报的建议；负责政务公开（政府信息公开）有关工作；负责北京市全员人口统筹管理信息系统建设，参与北京市人口基础信息数据库建设；负责人口和计划生育系统信息化建设和管理工作；承担市人口计生委外网网站的建设和管理工作。

六、流动人口服务管理处

拟订本市流动人口计划生育服务管理办法和政策措施；制定流动人口计划生育服务管理工作制度，提出加强流动人口服务管理和权益保护的政策建议；制定流动人口计划生育服务管理工作规划；与有关部门协调建立并完善流动人口计划生育综合治理的服务管理机制；与相关省市协调推动流动人口区域“一盘棋”工作；加强流动人口数据库的数据分析与应用，指导区县建立流动人口计划生育信息共享和公共服务机制。

七、宣传教育处

拟订本市人口和计划生育人口文化宣传教育工作规划和年度计划，并组织实施；指导区县落实人口和计划生育宣传教育工作和宣传网络建设；开展对外舆论宣传教育工作；开展人口文化主题宣传教育活动，组织、联系部分新闻单位做好有关人口和计划生育宣传报道，承担新闻发布的组织协调和管理工作；负责推动家庭人口文化建设和生命全周期健康教育工作，协调开展新农村、新家庭人口文化宣传教育。

八、科技服务管理处

拟订本市计划生育技术服务发展规划，并监督实施；组织实施计划生育科学研究，负责公布有关计划生育科学研究、技术服务重要信息；指导避孕节育的技术推广和科学普及；依法承担管理计划生育技术服务工作，监督、管理计划生育药具的发放；推动实施计划生育生殖健康促进计划，协同有关部门降低出生缺陷人口数量，协调开展出生缺陷一级预防工作。

九、财务处

负责统筹安排和调度委员会资金和部门预决算工作，承担机关及所属单位财务管理、政府采购、内部审计和公务用车编制工作，指导和监督中央和市级拨付区县人口和计划生育专项经费管理和使用。

十、人事处（离退休干部处）

拟订本市人口和计划生育系统干部队伍建设规划及教育培训规划，并组织实施；指导人口和计划生育公共服务网络体系建设；负责机关及所属单位机构编制和干部的调配、考核、任免、奖惩、培养、交流、工资福利、辞（退）职、监督、退休审批和档案管理等工作；负责因公出国（境）培训考察，离退休干部服务与管理工作；承办市委组织部交办的干部组织工作。

十一、机关党委（工会）

负责机关及所属单位的党群工作；负责起草党建计划；拟订并协调实施年度工作计划；承办机关党委的组织、宣传、统战、群工工作和机关纪委工作；负责机关党委重要决议的督办工作；协助委党组开好民主生活会；配合干部人事部门对机关行政领导干部进行考核和民主评议；对机关行政干部的任免、调动和奖惩提出意见和建议。

纪检、监察机构按有关规定派驻。

北京市人口和计划生育委员会直属事业单位

【北京市人口和计划生育委员会老干部活动站】北京市人口和计划生育委员会老干部活动站成立于1997年3月，是北京市人口计生委直属正处级全额拨款事业单位，编制3人。主要职责：负责委内离退休干部的服务与管理；加强离退休干部思想政治建设和离退休干部党支部建设；落实对离退休干部的政治待遇和生活待遇等有关规定。

【北京市人口和计划生育委员会信息中心】北京市计划生育委员会中心计算机室，成立于1988年6月1日。2003年12月，中心计算机室更名为北京市人口和计划生育委员会信息中心，是北京市人口计生委直属正处级全额拨款事业单位，编制8人。主要职责：负责推进全市人口和计划生育工作信息化建设，建立、健全全市人口和计划生育信息系统和数据库基本标准、运行规则；协调和管理委员会政务信息网络建设；负责委员会信息安全管理工作，做好政务信息网络的系统维护及技术支持；做好“首都之窗”的运行维护；参与北京市人口基础信息库建设，负责全员人口个案管理信息系统建设和人口信息资源的日常管理。

【北京市人口和计划生育宣传教育中心】北京市计划生育宣传教育中心成立于1990年1月18日，2003年12月更名为北京市人口和计划生育宣传教育中心。是北京市人口计生委直属正处级全额拨款事业单位，编制25人。主要职责：负责区县宣传科（站）的业务指导；负责人口和计划生育宣传品制作、发放；负责人口和计划生育科普知识宣传、专题栏目制作；负责大型人口和计划生育宣传、咨询活动。

【北京市人口和计划生育干部培训中心】北京市计划生育干部培训中心成立于1990年3月20日，2003年12月更名为北京市人口和计划生育干部培训中心，是北京市人口计生委直属正处级全额拨款事业单位，编制19人。2011年12月调剂12名编制到市计划生育协会。主要职责：负责北京市人口和计划生育系统干部教育、培训及相关业务交流工作。

【北京市计划生育药具管理站】北京市计划生育药具管理站成立于1986年12月，是北京市人口计生委直属正处级全额拨款事业单位，编制12人。主要职责：拟订药具管理规章制度和规范；负责编制全市药具需求计划；负责药具订购、仓储调拨、计划统计、质量监测；负责中央财政下拨的药具专项经费的管理及使用；编制申请市财政的药具工作项目经费年度预算；指导区县药具业务工作，组织实施药具业务培训和药具工作评估；开展免费避孕药具的宣传推广和避孕药具科普知识的宣传。

【北京市连心服务中心】北京市连心服务中心成立于1999年10月，是北京市人口计生委副处级自收自支事业单位，编制12人。主要职责：负责系统内各类培训的后勤服务工作；承担北京市人口计生委所属事业单位的物业管理和后勤服务工作；负责外省市人口和计划生育系统来京人员的接待工作。

【北京市计划生育协会】北京市计划生育协会成立于1982年7月，1991年9月核定全额拨款事业编制8人，挂靠在北京市计生委。2007年3月编制由8人增至9人。2011年4月列入参照《中华人民共和国公务员法》管理范围，12月从市人口和计划生育干部培训中心调剂增加全额拨款事业编制12名。北京市计划生育协会是协助党和政府动员广大群众自觉实行计划生育的全市性非营利群众团体。主要职责：指导区县计划生育协会依据有关法律法规和计生协《章程》开展具有自身特点的工作；开展群众性人口和计划生育的宣传工作，普及有关性与生殖健康、计划生育、避孕节育和预防艾滋病的科学知识；开展人口和计划生育利益导向服务，生育关怀行动和幸福工程工作；反映计生协会会员诉求，维护会员和育龄群众的合法权益；开展国际合作交流和对外宣传工作；开展本市人口计生领域的慈善公益活动。

北京市计划生育协会

常务副会长：刘志

电话：84633512

地址：北京市朝阳区北四环东路93号

邮编：100101

各区县人口和计划生育委员会

东城区人口和计划生育委员会

党组书记：王力宇（2011年1～7月）

李建华（2011年7月至今）

主任：李评修（2011年1～8月）

鲍亚范（2011年8月至今）

副主任：冯巧云　赵玉英　郭庆琳

安　红

电话：84048378

地址：东城区美术馆后街12号

邮编：100010

西城区人口和计划生育委员会

党组书记：宋书彦

主任：彭秀颖

副主任：郭燕葵　窦淑龄　王美玉

刘承光　李爱香

电话：66114957

地址：西城区广安门南街68号

邮编：100054

朝阳区人口和计划生育委员会

党组书记、主任：史素珍

副主任：邢志新　肖志锋

副调研员　崔贵然　王晓岚

电话：65094604

地址：朝阳区日坛北街33号

邮编：100020

海淀区人口和计划生育委员会

主任：刘　彦
副主任：曹玉明　张宇光
电话：82510615
地址：海淀区长春桥路 17 号
邮编：100089

丰台区人口和计划生育委员会

党组书记：张　玲
　　　　　王继云（1～10 月）
主任：张　玲（1～3 月）
　　　李小娟（3～12 月）
副主任：于艳丽
电话：83812871
地址：丰台区文体路 2 号
邮编：100071

石景山区人口和计划生育委员会

主任：宋　平
副主任：赵玉兰　杨晓红
电话：68878117
地址：石景山区杨庄东路甲 65 号
邮编：100043

门头沟区人口和计划生育委员会

党组书记、主任：王培兰
副主任：齐桂平　亓建军
电话：69844839
地址：门头沟区新桥南大街 46 号
邮编：102300

房山区人口和计划生育委员会

党组书记、主任：张广华
副主任：刘玉霞　李书会　邱珍国
　　　　郑红蕾
纪检组长：石向红
电话：69384680
地址：房山区拱辰街道长虹东路 4 号
邮编：102488

通州区人口和计划生育委员会

党组书记：张湛军
主任：刘美俊
副主任：金士兰　薛美利　梁萍
电话：81587173
地址：通州区玉桥东小区 A1 区
邮编：101100

顺义区人口和计划生育委员会

党组书记、主任：秦士友
副主任：张丽君　黄建柏
电话：89445425
地址：顺义区顺通路 AMB 大厦三层 309
邮编：101300

昌平区人口和计划生育委员会

党组书记、主任：李春菊
副主任：邱少强　沈茂成　董亚卿
电话：69710342
地址：昌平区煤市口胡同 2 号
邮编：102200

大兴区人口和计划生育委员会

党组书记：陈照立
主任：甘连义
调研员：任会永（2011 年 8～12 月）
纪检组长：王秀兰
副主任：任会永（2011 年 1～8 月）
白剑波　郭　巍　王志敏
副调研员：赵志国　洪福源　于淑华
电话：69244788
地址：大兴区黄村西大街 80 号
邮编：102600

平谷区人口和计划生育委员会

党组书记、主任：陈月莲
副主任：张玉国　雷卫东　孔祥增
纪检组长：张满仓
副调研员：秦久平
电话：69961337
地址：平谷区新开西街 4 号
邮编：101200

怀柔区人口和计划生育委员会

党组书记、主任：杨振富
副主任：张俊峰　黄岸英　王月军
电话：69641455
地址：怀柔区兴怀大街16号
邮编：101400

密云县人口和计划生育委员会

党组书记、主任：张艳生
副主任：李长旺
党组副书记：朱亚芬
副主任：郑艳菊
电话：69043413
地址：密云县新西路60号院2号
邮编：101500

延庆县人口和计划生育委员会

党组书记：林永生
主任：蒋秀芝
调研员：张月英
副主任：焦付军
驻委纪检组长：高国忠
电话：69101529
地址：延庆县东外大街98号
邮编：102100

各区县计划生育协会

东城区计划生育协会

会长：颜华
常务副会长：李评修
电话：84043598
地址：东城区美术馆后街12号
邮编：100010

西城区计划生育协会

会长：梁昌新
常务副会长：彭秀颖
电话：83976063
地址：西城区广安门南街 68 号
邮编：100054

朝阳区计划生育协会

会长：张春秀
常务副会长：史素珍
电话：67302389
地址：朝阳区平乐园小区 115 号楼
邮编：100022

海淀区计划生育协会

会长：陈双
常务副会长：刘彦
电话：62146653
地址：北京市海淀区大钟寺 14 号
邮编：100098

丰台区计划生育协会

会长：李丽萍
常务副会长：张玲
电话：83656363
地址：丰台区文体路 2 号
邮编：100071

石景山区计划生育协会

会长：付生柱
副会长：宋平
电话：68845598
地址：石景山区杨庄东路甲 65 号
邮编：100043

门头沟区计划生育协会

会长：贾文勤
常务副会长：姜淑琴
电话：69844797
地址：门头沟区新桥南大街46号
邮编：102300

房山区计划生育协会

会长：马丽英
常务副会长：张广华
电话：69384686
地址：房山区拱辰街道长虹东路4号
邮编：102488

大兴区计划生育协会

会长：于鲁明
常务副会长：帅淑敏
电话：69259060
地址：大兴区黄村西大街80号
邮编：102600

通州区计划生育协会

会长：李亚兰
常务副会长：刘美俊
电话：81592141
地址：通州区运河西大街85号
邮编：101100

顺义区计划生育协会

会长：杨培丽
副会长：秦士友
电话：89445405
地址：顺义区顺通路AMB大厦三层309
邮编：101300

昌平区计划生育协会

会长：方炎
常务副会长：李春菊
电话：80102230
地址：昌平区煤市口胡同 2 号
邮编：102200

平谷区计划生育协会

会长：刘汉勤
常务副会长：陈月莲
电话：69961337
地址：北京市平谷区新开西街 4 号
邮编：101200

怀柔区计划生育协会

会长：朱淑霞
常务副会长：杨振富
电话：69658775
地址：怀柔区兴怀大街 16 号
邮编：101400

密云县计划生育协会

会长：王稳东
常务副会长：张艳生
电话：69061973
地址：密云县新西路 60 号院 2 号
邮编：101500

延庆县计划生育协会

会长：赵志萍
常务副会长：王树勤
电话：69144703
地址：延庆县东外大街 98 号
邮编：102100

十二、附录：区县出台的特色文件选编

北京市丰台区人口和计划生育委员会
关于建立商务楼宇计划生育工作站指导意见

（丰人口发〔2011〕18号）

各街、乡（镇）计生办：

随着南城行动计划的深入和区域经济发展，楼宇经济已成为丰台区经济社会发展的重要组成部分。为认真贯彻落实流动人口计划生育基本公共服务均等化工作，更好地为商务楼宇员工提供人口计生公共服务，特制定丰台区建立商务楼宇计划生育工作站的指导意见。

一、工作目标

针对商务楼宇企业的特点和员工的需求，建立商务楼宇人口计生服务网络，完善服务体系，将商务楼宇人口计生服务纳入经常性工作范畴，使楼宇员工获得均等化人口计生公共服务的同时，掌握科学的人口计生知识，树立先进的生育理念，促进家庭幸福、社会和谐。2012年6月底，全区建立党建组织的商务楼宇按规范要求建立商务楼宇计划生育工作站。

二、工作原则

坚持以人为本、服务先行的工作原则，提供温馨优质的计划生育服务；坚持宣传倡导、促进融合的原则，营造和谐先进的楼宇人口文化；坚持因地制宜、体现特色的原则，打造商务楼宇计生工作品牌。

三、主要内容

（一）依法行政，维护群众实行计划生育合法权益

1. 督促楼宇企业落实计划生育各项奖励（晚婚、晚育、独生子女父母奖励费、实行计划生育手术假期等），落实率100%；

2. 在商务楼宇内设置计划生育咨询及维权电话，畅通服务诉求渠道；

3. 发现有计划外怀孕，应配合企业及时做好工作。

（二）开展人口计生宣传活动

1. 为楼宇员工提供计划生育政策咨询和知识的宣传；

2. 提供幸福家庭、优生优育、避孕节育等指导；

3. 将人口学校课程开进商务楼宇，对

青年白领开展计划生育政策、生殖健康知识等培训，使群众了解现行的人口计生政策，理解和支持国家的计划生育政策，真正成为计划生育的主人，推进和谐社会的建设。

4. 搭建网络平台。为适应商务楼宇中员工特点，依托楼宇党建专网，设立计划生育服务模块，通过网络平台宣传计划生育的政策法规、办事流程、服务项目等。

（三）提供计划生育服务

1. 建立楼宇幸福家庭指导服务点；

2. 设置免费避孕药具自取架；

3. 有条件的楼宇安装安全套自动售套机，满足多层次人群的需求；

4. 建立流动人口图书柜、图书角，广泛宣传优生优育、科学育儿、健康教育知识；

5. 开展免费的计划生育技术服务的指导，提供孕情检测、孕前检测服务。

（四）建立商务楼宇计划生育协会组织

1. 建立商务楼宇计划生育协会，逐步在商务楼宇中发展计生协会组织和计划生育志愿者；

2. 经常性协会活动，组织商务楼宇员工开展生殖健康咨询和讲座等服务；

3. 建立会员之家及会员俱乐部，建立会员之家及俱乐部网络交流平台，定期派发宣传资料、电子刊物。

四、要求

1. 建立联系制度，提高企业的社会责任意识。商务楼宇的企业主要是外资企业和民营企业，他们大都以经营为主，企业的社会责任、人口意识相对比较弱化。因此，我们要统筹区域资源，建立企业联系制度，加强与企业、物业管理部门的联系，逐步提高企业的人口意识和社会责任意识，把人口计生公共服务融入企业文化中，丰富人口文化内涵。同时加强人口计生政策的宣传，切实引导企业员工规范生育行为。

2. 完善专业队伍，深化商务楼宇服务。商务楼宇人口计生公共服务，就是要为广大楼宇员工提供更便捷、有效的人口计生公共服务。要借助于楼宇物业、楼宇党建工作者的力量，建立一支专业队伍，完善部门协作，把商务楼宇中人口计生服务作为经常性工作来抓，为楼宇员工提供计生公共服务。

3. 创新宣传手段，满足多元化需求。针对楼宇员工善于从网络获取信息等特点，加强网络平台的运用，利用手机短信等多种形式拓展计生工作的宣传渠道，创新计生工作的手段和方法。

附件：1. 商务楼宇计划生育工作规范参考（略）

2. 商务楼宇名称（略）

二〇一一年十月二十四日

石景山区“十二五”时期人口发展和调控规划

序 言

规划性质：根据北京市和石景山区有关编制“十二五”规划的工作部署和要求，我区编制《石景山区“十二五”时期人口发展和调控规划》。本规划是全区国民经济和社会发展的重点专项规划之一，是政府履行宏观调控、经济调节、社会管理和公共服务职能的重要依据，也是其他各项规划制定的重要依据和促进人的全面发展的奋斗目标。

规划期限：2011～2015 年。

编制依据：《北京市“十二五”时期人口全面发展规划》；《石景山区国民经济和社会发展第十二个五年规划纲要》；《北京城市总体规划（2004—2020 年）》；国家发展和改革委员会关于首钢实施搬迁、结构调整和环境治理方案的批复（发改工业〔2005〕273 号）；其他与石景山人口发展相关的政策、规划等。

第一部分 规划背景

一、“十一五”人口发展和调控规划完成情况

“十一五”时期，在区委、区政府的正确领导下，我区以邓小平理论和“三个代表”重要思想为指导，深入贯彻落实科学发展观，认真贯彻落实《石景山区“十一五”人口发展和调控规划》，深化改革、创新机制，人口管理水平不断提高，人口问题协调工作机制逐步建立，人口综合治理措施逐步完善，全区人口发展各项工作取得了明显进步。

（一）统筹解决人口问题格局初步形成

“十一五”时期，我区全面贯彻落实中央和市委《决定》，以区委区政府《关于全面加强人口和计划生育工作统筹解决人口问题的实施意见》统领全区人口和计划生育工作。按照“稳定、统筹、提高”的方针，初步形成了“政府主导、部门配合、社会参与、齐抓共管”的人口和计划生育工作新格局；进一步强化人口与计划生育领导小组工作机制，建立定期协商等相关制度，落实全区各综合治理部门在人口计生工作中的职责，形成了有利于统筹解决人口问题的综合治理环境。

（二）人口整体素质不断提升

我区义务教育高质量完成，初等、中

等教育入学率达到100%；残障儿童少年义务教育入学率达到100%；有特色的中小学比例达到50%，均完成了规划目标；高中阶段教育得到普及，入学率和完成率分别达95.52%和97.68%；职业教育和社区教育蓬勃发展。各级教育体系进一步完善，人口文化素质得到提升。

出生人口健康素质基本稳定，婴儿死亡率控制在6‰以内，儿童保健覆盖率达到97%以上；孕产妇保健系统管理率达到95%以上，育龄人群生殖健康水平显著提高；各类全民体育健身活动广泛开展；全区人口卫生服务体系逐步完善，重大传染性疾病得到有效控制；人口平均预期寿命稳步提高，人口健康水平逐步提升。

（三）流动人口管理和服务进一步加强

五年来，随着我区经济社会的转型发展和产业重心转移，流入我区的流动人口数量激增，加强流动人口的管理和服务也成为新时期人口管理服务的重要内容。我区在流动人口管理服务方面采取了一系列措施，取得了良好的成效。理顺了相关职能，加强了组织领导和工作队伍建设；加强了基础调研，为科学管理奠定了基础；鼓励流动人口参与社区管理，建立了新居民互助服务站，为做好流动人口管理和服务开辟了新途径。

（四）劳动就业和社会保障事业取得新进展

我区促进就业的长效机制初步建立和完善。城镇登记失业率控制在3.2%以内。劳动力市场体系进一步完善，就业渠道不断拓宽；技能培训和再就业培训得到加强；特殊人群就业工作取得良好成效。多层次的社会保障体系基本形成；通过多种措施，使低保对象享受的优惠政策全部落实到位，社会孤老、孤儿等特殊社会救济对象的基本生活得到保障；养老保险、医疗保险实现全覆盖，政府的惠民政策落到了实处。

（五）人力资源开发成效明显

人才资源总量稳步增长，人才结构调整初见成效，人力资源分布不断优化。实施了重点项目引才计划和特殊人才引进计划；创新了人才培训机制，建立了数码娱乐基地人才培训中心；加强了人才服务设施建设，加快了网上人才市场信息化建设步伐，进一步发挥市场在人才配置中的基础性作用；人才队伍更趋于年轻化，整体素质不断提高。

（六）人口老龄化服务体系初步建立和完善

“十一五”时期，我区在老龄事业方面取得显著成绩。老年社会保障体系得到完善，老年医疗卫生服务体系更为健全；社会敬老优待范围得以拓展，居家养老服务工作力度更为加强；老年人口合法权益得到保障，老年人口生活环境得到改善；老年教育、体育、文化事业更为成熟，老年人精神文化生活更为丰富；机构养老服务发展迅速，社区助老服务开展成效显著，特殊老年群体的困难得到有效解决。

（七）人民生活水平得到明显提升

“十一五”期间，我区城镇居民年人均可支配收入由2005年的1.62万元增长到2010年的2.81万元，比2005年增长73.3%，年均递增11.6%；2010年全区消费市场表现稳定，全年完成社会消费品零售额达到217.6亿元，比“十五”期末增长了64.4%；居民人均居住面积达到25.65平方米，比“十五”期末增长了11.5%，居住条件明显改善；全区消费氛围和消费规模较“十五”期末明显提升，居民消费结构不断升级，服务性消费比重大幅提高，居民生活质量进一步改善。

二、“十二五”时期人口发展环境

（一）落实科学发展观，构建和谐社会为我区人口全面发展指明了方向

“十二五”期间乃至更长远的一段时期，是我区全面落实科学发展观、构建和谐社会、实现经济社会转型的关键时期。落实科学发展观，要求我区的经济社会发展要以促进人的全面发展和可持续发展为根本出发点和最终目标，处理好转型期人口规模、结构、质量等问题，将人口发展与资源环境承载力结合起来，与经济社会转型的重大问题结合起来。

（二）实践北京新规划，促进区域转型为我区人口发展提供了依据

按照建设“人文北京、科技北京、绿色北京”的总体部署和新北京规划确定的我区功能定位，我区确定了“以发展现代服务业、高新技术产业为先导，大力营造生态良好的城市环境和健康时尚的文化氛围，努力打造CRD”的发展战略。为此，要把落实我区功能定位作为区域人口发展的重要目标，借助区域产业转型动力，处理好人口结构优化和人口素质提升难题，做到人口发展与区域功能相互协调，努力推动区域成功转型。

（三）建设中国特色世界城市为我区人口结构优化带来了机遇

在当代世界的竞争中，一个国家或地区的人口素质和结构是关键性的战略要素。为落实北京市建设中国特色世界城市的发展目标，应大力加强我区人口结构的优化升级，取得人才战略优势，提升人口就业层次，为建设世界城市打下良好的人才资本基础。建设世界城市的奋斗目标，为我区尽快提高人口素质，优化人口结构，促进人的全面发展提供了难得的历史机遇。

三、“十二五”时期人口发展的阶段性特征

（一）人口总量继续惯性增长

常住人口增长势头有增无减。到2010年底，我区常住人口达61.6万人，导致人口规模持续膨胀的主要因素是流动人口快速增长。按此趋势，如不采取有效的控制手段，到“十二五”期末常住人口规模将持续升高，人口总量调控目标将难以实现。

（二）人口结构与区域发展不相适应

在全市范围内比较，我区人口文化素质总体不高，高学历高素质人口与其他城

区相比较少，人口就业结构层次偏低，科技人才相对不足，专业人才整体素质不高，人力资本对经济增长的贡献率较低，不易带动产业升级和新兴产业培育，与我区发展现代服务业和高新技术产业的方向不符。实施人才强区战略，变人口压力为人力资源优势的任务十分艰巨。

（三）流动人口的管理和服务亟待加强

我区流动人口规模逐年增长，流动人口暂住时间日趋延长，呈现移民化倾向。流动人口虽为区域经济社会发展作出了积极贡献，但在一定程度上也增加了公共服务和城市管理的难度。全面加强流动人口的管理和服务，建立健全流动人口管理和服务的体制和机制，缩短流动人口整体素质与现代化城市建设需要之间的差距，将是全区面临的一项紧迫而艰巨的任务。

（四）劳动就业及社会保障压力较大

首钢涉钢部分产业搬迁调整过程中产生的大量富余人员需要分流安置，其中相当比例年龄偏大、技能单一；城市化建设过程中，一次性农转居还存在社会保障不到位等遗留问题，大规模拆迁也带来一系列社会问题，这都对我区人口就业及社会保障带来新的压力。

（五）应对人口老龄化的任务十分艰巨

随着我区人口老龄化程度进一步加深，老年人的老有所养、医疗保健、生活照料、精神慰藉等问题日益突出，老年人口问题对经济社会的影响也会越来越明显。老龄化工作涉及养老保险、医疗服务、社会救助、社区服务等诸多方面工作，需要各方协作、统筹解决。

（六）人口与资源环境的矛盾日益尖锐

常住人口规模的继续增长对资源、环境的压力将进一步加大。水资源、土地资源严重短缺已逐渐成为制约石景山区人口承载力的主要瓶颈。将人口规模控制在资源、环境所能承受的范围内，努力实现人口与资源、环境的可持续发展，任务十分艰巨。

（七）人口综合调控体系建设相对滞后

面对复杂艰巨的人口发展调控任务，我区人口管理服务体系建设相对滞后。人口发展领域的管理服务职能分散，信息交流不畅，条块分割，部分职能缺位，难以形成合力。相关社会服务网络组织体系的改革和建设滞后，人口综合决策能力有待加强，人口问题综合治理能力有待提高。

第二部分　指导思想、基本原则和主要目标

一、“十二五”时期人口发展的指导思想

以邓小平理论和“三个代表”重要思想为指导，深入贯彻落实科学发展观，按照石景山区功能定位的要求，围绕我区“大调整、大建设、大发展”的主基调，以促进人口与经济社会、资源环境协调和可持续发展为目标，以加快经济发展方式转变为抓手，以促进人的全面发展为主线，以创新区域人口宏观管理体制机制为动力，进一步强化政府在人口发展中的职能，加快以人口管理为主的社会管理和公共服务体系建设，统筹解决人口问题，积极推进基本公共服务均等化，全面增强政府人口发展宏观调控能力，推进建设人口均衡型、资源节约型和环境友好型社会。

二、“十二五”时期人口发展的基本原则

以人为本原则。贯彻落实以人为本，全面、协调、可持续的科学发展观，把促进人的全面发展作为处理好人口与发展关系的出发点和落脚点。注重人口与经济社会发展的统一性，在解决人口问题的过程中促进经济社会发展，在经济社会发展中注重解决人口问题，保障和改善民生，促进人的全面发展。

统筹发展原则。统筹人口数量与素质、结构、分布的关系，促进人口长期均衡发展；统筹全面和重点的关系，把控制人口数量和优化人口结构摆到突出的位置；统筹人口发展目标的连续性和阶段性的关系，实现人口与经济社会、资源环境的协调可持续发展。

改革创新原则。以体制机制改革为动力，解决人口发展中出现的新情况、新问题。加强规划的针对性和可操作性，着力解决今后五年内我区经济社会发展进程中面临的突出人口问题。

服务大局原则。围绕“一区三中心”的功能定位，实现人口发展适应区域经济社会发展的客观要求，两者相互协调、相互促进。站在全局的高度，突出规划的战略性、宏观性、科学性、前瞻性，充分发挥人口宏观调控体系的基础性作用。

三、“十二五”时期人口发展的主要目标

坚持以人为本，落实科学发展观，建立健全人口发展的宏观调控体系、综合治理机制、公共管理制度和社会服务网络，调控人口规模、提高人口素质、优化人口结构、引导人口有序流动，促进人口长期均衡发展，为打造北京 CRD、构建和谐石景山创造良好的人口环境。

（一）人口规模有效调控

到 2015 年底，全区常住人口规模控制在 72 万以内，其中户籍人口 43 万，居住半

年以上的流动人口29万，继续稳定低生育水平。

（二）人口综合素质明显提高

预防和降低出生人口缺陷，提高出生人口素质。婴儿死亡率控制在5‰以下，孕产妇死亡率控制在15/10万以下，居民平均预期寿命保持在81岁以上。积极发展各类教育，不断提高人口文化素质和技能素质。全面实施素质教育，全区义务教育普及率、巩固率继续保持在99%以上，普通高中实现完成率98%以上，普通高中优质教育资源供给能力达到80%；社区和职业教育培训范围进一步扩大，职前培训率达到100%，劳动力素质得到提高，人口产业结构分布更趋合理。深入持久开展群众性精神文明创建活动，加强思想道德素质建设，提高人口思想文化素养；多渠道开展科普和法治教育，提高人口的科学素质和法治素质。

（三）人口公共服务体系不断完善

社会保障体系日益完善，社会保险参保率达到98%；突发公共危机应急反应能力日益提高，基本建立制度完善、管理规范、运行顺畅的社会救助体系。社会就业更加充分，城镇登记失业率控制在4%以内。社会管理和服务体系更加完善，和谐城区建设稳步推进。

第三部分　主要任务

一、有效调控人口规模

（一）推进产业结构调整，引导人口合理流动

加快产业结构调整升级，充分发挥产业对人口流动的引导和配置效应，建立规划、产业政策和重大项目的人口影响评价机制。加快经济发展方式转变，调整优化产业结构，坚持走科技创新之路，大力发展文化创意、高新技术、商务服务、现代金融、旅游休闲五大主导产业；大力推进低端产业、传统服务业等劳动密集型产业的升级改造，提高其集约化程度，引导人口向高端产业聚集。

（二）转变群众生育观念，继续稳定低生育水平

保持现行生育政策的稳定性和连续性。进一步建立和完善“依法管理、居民自治、优质服务、政策推动、综合治理”的人口和计划生育工作新机制。继续深入持久地开展人口和计划生育宣传工作，建立健全利益导向机制和社会保障机制，形成政府为主体、全社会参与的有利于稳定低生育水平的社会环境。

（三）创造公正公平的就业环境，运用市场手段调控人口规模

严格执行《劳动法》，用人单位必须与招聘人员签订劳动合同，并办理三项基本保险，维护流动人口合法的劳动权益。加

强对低端产业的淘汰和清理，提高企业进入的门槛。加强用工渠道调控，规范用工信息，控制流动人口增长的源头。加大政府帮扶力度，千方百计促进首钢富余职工和农转居人员充分就业。

（四）落实城市建设规划，确保流动人口规模得到有效控制

合理控制普通住宅开发建设规模和速度，商品房开发以满足我区新兴产业人群居住需求为主，避免导致居住人口快速膨胀。研究制定房屋租赁的有关规定，避免流动人口短期内过度聚集；加紧整治城中村、简易房和地下出租空间，降低流动人口密度；做好拆迁地区流动人口流向监测，合理引导人口迁移，避免在区内形成新的聚居区。

二、着力优化人口结构

（一）抓住产业结构调整的历史机遇，以发展高端产业吸引和培育人才

改造、规范和提升传统产业，大力发展高端产业，优化人口的产业和职业结构，吸纳本区人口就业。加快与中关村科技园区机制体制的并轨与对接，形成人力资源得到充分发挥的高新技术企业和现代服务业集群，完善产业链，兼顾知识密集型、资本密集型和劳动密集型产业统筹发展，发挥经济增长带动就业的作用，形成高端人才就业和产业发展的良性循环。

（二）以合理土地开发引进人才，提升人口素质，优化人口结构

科学规划、合理调控房地产业发展，提升就业人口和居住人口的素质和结构。调整土地供应结构，建设高档写字楼、重点商务区等高端产业载体，吸引更多的高科技企业和科技型人才；调整房地产供应结构，适度增加高端住宅供应，为高素质人才来我区创业发展提供良好环境。

（三）加大基础教育投入，提高人口文化素质，努力培养高素质劳动力

继续发挥基础教育在塑造劳动力方面的基础作用，提升区域人口文化素质。全面普及3～6岁学前教育，基本普及0～3岁早期教育，使优质学前教育资源覆盖面进一步扩大；打造高中教育品牌学校，实现区域高端教育特色发展；重点吸引和培养一批高层次教育核心人才，引领和带动教师队伍整体素质和能力的提升；大力发展职业教育，有效满足CRD建设对人才资源的需求。

（四）以促进流动人口的培训与就业为杠杆，提升区域流动人口层次

做好流动人口就业工作，广开就业渠道，适度发展就业容纳能力较强的企业；设置单位用人门槛，促使企、事业单位规范使用外来劳动力；加强流动人口职业技能培训，提高流动人口的工作能力和综合素质；加强行业规范，对部分低端行业进行整顿清理，引导流动人口向高层次发展。

三、提高人口健康素质

（一）预防和降低出生人口缺陷，提高出生人口素质

开展预防出生缺陷的健康教育，加强

妇幼保健相关法律、法规、规章的宣传，促进妇女和儿童健康；建立健全产前诊断与出生缺陷干预服务体系，进一步完善妇幼保健体系建设；提高对孕妇的产前筛查、产前诊断、遗传咨询和预防保健能力；实行医院监测与社区监测相结合，从根本上降低出生人口缺陷发生率。

（二）加强疾病预防控制，切实维护人口健康安全

努力控制危害严重的流行病的发生，重点做好重大传染病的监控和防治；落实艾滋病、性病监测和防治的各项措施，严格控制艾滋病的传播途径；建立健全公共卫生突发事件应急体系，加强流动人口的卫生监督和传染病预防控制工作，提高疾病预防控制机构的应变能力；实施资源倾斜和价格优惠政策，提高公共卫生服务的公平性和可及性。

（三）实施健康促进工程，提高公众健康素养

实施儿童与青少年健康促进计划，开展学校青春期教育；扩大优质卫生资源供给，构建和完善覆盖全区的公共卫生服务网络；大力开展全民健身运动，加强公共体育及群众文化健身设施建设，开放公共体育资源；关注心理健康问题，促进公众身心健康素养的普遍提高；养成健康习惯，提倡多种形式健康管理和服务产业的发展。

四、提升流动人口管理服务水平

（一）理顺相关职能，加强流动人口管理和服务

将流动人口管理与服务工作纳入各级党委、政府重要工作内容；进一步健全流动人口管理组织架构，加快推进流动人口管理服务机制创新；加强检查督导职能，形成各部门齐抓共管的合力；强化信息服务职能，有效整合信息，建立预警机制，有针对性地提出管理意见和对策。

（二）更新管理理念，实行流动人口常态化管理

强化流动人口的自我管理和自我服务，促进流动人口的社会参与和社会融入，积极探索社会参与管理的途径和方式。充分发挥社区居委会、社区群众性组织、社区物业、积极分子等在流动人口管理中的作用；推动流动人口管理重心向社区转移，进一步完善“以房管人”工作模式；贯彻效益与公平并重原则，维护流动人口的合法权益，逐步实现流动人口权利和义务的一致性。

（三）创新服务模式，实行流动人口市民化服务

按照“公正对待，正确引导，完善管理，搞好服务”的要求，采取有效措施，积极推进基本公共服务均等化。切实解决流动人口居住、生活、子女入学等实际困难；进一步深化“新居民互助服务站”工作，加快机制创新步伐，形成基层流管工作的长效机制；支持和鼓励在流动人口聚居地和用工单位建立流动人口工青妇组织；创造市民化的社会舆论环境、工作生活环境和公平公正的社会法制环境。

五、优化老年人口发展环境

（一）健全养老服务体系，不断满足老年人口的基本需求

以养老、医疗、最低生活保障为重点，建立保障方式多层次、资金来源多渠道、基础工作规范化的社会养老体系；提高企业离退休人员社会化管理水平；加强老年健康服务体系建设，增强社区老年健康服务功能，为65岁以上老年人免费建立健康档案；推进居家养老，鼓励实行政府扶持、市场运作、实体管理、社会参与、专业化服务的社区养老模式；构建机构养老与居家养老相结合，以家庭养老为中心、社区养老为主体、机构养老为保障的养老服务体系。

（二）加强养老基础设施建设，改善老年人口生活环境

加强区级老年病医院护理及康复设施建设，完善老年公寓、养老院、护理院、托老所等养老设施的标准规范，全区养老服务机构百名老人拥有床位数达到4张以上；整合开发老年活动设施，对老年人参加活动给予免费或优惠；鼓励基层社区开辟老年文体活动阵地；继续推进城市小区、道路交通、公共建筑等场所的无障碍设施建设，优化老年人生活和居住环境。

（三）扩大老年人社会参与，维护老年人口合法权益

营造老年人参与社会发展的政策和社会环境，办好石景山区老年大学，扩大老年人社会发展参与度；规范基层社区老龄工作，加强基层老年人协会建设；普遍开展老年法规宣传和敬老道德教育，完善老年政策法规体系，健全各级老年维权组织，为老年人提供优先、优质的法律援助服务。

六、提高劳动就业和社会保障水平

（一）积极创造就业机会，满足多层次人口就业需求

结合石景山区经济和社会总体规划，抓住产业结构调整契机，促进劳动力充分就业；扶持发展科技型、服务型、商贸型等中小企业，不断增加就业容量；通过新兴产业培育，为高素质人群在我区就业提供产业载体；加大社区就业岗位开发力度，鼓励发展个体私营等非公有制经济；广开就业渠道，对农转居人员、低保人员、残疾人员和首钢搬迁调整后的富余人员实施分类指导，转变就业观念，增强就业技能，最终实现就业再就业。

（二）以职业培训为杠杆，带动人口充分就业

完善“以服务对象为中心，以招聘结果为导向，以人职匹配效率最大化为方向”的新型公共职业介绍服务模式；创新政府补贴培训模式，以创业培训、技能培训、非正规就业培训为主要实训内容，培训一批石景山建设发展所需人才；大力发展职业技能培训，满足高端产业发展需要。

（三）完善城市低保制度，切实保障居民基本生活

按照“保障标准科学化、困难程度系数化、管理服务规范化”的思路，加快完

善基本生活保障体系；落实北京市“三无”居民的低保标准，确保重残人、重症病患者、单亲家庭等特殊对象得到照顾和政策倾斜；进一步贯彻城乡低保制度，做到保障对象公开、保障标准公开、保障资金公开；加强低保与就业、扶贫政策的有机衔接，将城市低保对象优先纳入就业和扶贫服务范围。

（四）完善社会保险体系，扩大社会保险覆盖范围

进一步落实各项社会保险政策，完善城镇企业职工基本养老保险体系，逐步做实个人账户；完善基本医疗保险制度，进一步提高医疗保障待遇水平；加强失业保险制度建设，把符合规定的单位和职工全部纳入覆盖范围；探索建立工伤保险、工伤预防和职业病康复相结合的新机制；稳步推进生育保险工作。发展单位和个人补充保险，推进基本保险与补充保险、商业保险的有机结合，形成多层次、多元化、广覆盖的社会保险服务体系。

七、促进人力资源开发利用

（一）实施人才强区战略，促进人力资源开发

坚持人才是第一资源的思想，牢固确立人力资源开发在石景山区发展中的优先发展战略地位，大力实施“选人、育人、用人、管人、留人”多位一体的人才开发系统工程；继续加强党政领导人才、经营管理人才、专业技术人才的培养和储备，造就和培养一批在管理、科研、教学、卫生、文化、艺术等领域发挥团队核心作用的高级专家和创意人才，逐步提高石景山区人才竞争力。

（二）创新人才培育机制，建立引才绿色通道

创新人才吸纳机制，建立诸如企业博士后工作站、中小科技企业研发中心、留学生创业园和创业基地等聚集人才的创业平台，扩大吸引国内专家和海外留学人才规模。创新人才激励机制，鼓励企事业单位积极探索技术、专利、品牌等多要素参与分配的实现形式，切实提高人才待遇；设立专项资金，建立高级专家津贴发放制度，对为我区作出突出贡献的杰出人才给予重奖；重点培养一批优秀中青年专业骨干，推动我区重点项目的开发和人才队伍的建设。

（三）加强人力资源管理，营造人才成长环境

加强人才服务设施建设，推进人才市场建设，加快网上人才市场信息化建设步伐，进一步发挥市场在人才配置中的基础性作用，促进人才合理流动；出台相关配套政策，灵活解决急需高层次人才的户口、人事关系、档案归属、子女入学等问题，保证各类人才能够引得来、用得上、留得住。

第四部分　保障措施

一、切实加强人口综合调控体系建设

充分发挥区人口与计划生育领导小组的综合协调职能，严格落实各部门在统筹解决人口问题中的职责，科学编制人口发展中长期规划和年度计划，制定调控人口规模、提高人口素质、优化人口结构、促进人口有序流动的相关政策措施。

二、切实加强人口发展战略综合研究

加强政府与人口研究机构交流合作，鼓励公众参与，建立人口发展战略研究的长效机制。及时对人口总量、结构、分布、就业等进行统计分析，通过建立预警机制，及时发现问题采取对策。把人口战略研究与解决当前人口发展面临的重大问题有机结合起来，把战略规划与行动计划有机结合起来，把人口政策与经济社会政策有机结合起来，做到长期有战略、中期有规划、年度有计划。

三、切实加强人口管理的信息化工作

建立健全实有人口动态管理机制，加快石景山区人口信息管理和服务平台的拓展建设和推广应用，实现人口信息跨部门、跨系统的互联互通和信息共享。定期通报我区常住人口发展态势，动态掌握流动人口信息。对全区人口发展趋势进行分析和预测研究，为制定人口战略、规划计划、相关政策，实施人口工作综合治理提供决策依据。

四、切实加强人口发展领域政府投入

树立优先投资于人、促进人的全面发展的理念，深化政府公共财政投资体制改革，进一步加大对基础教育、公共卫生、就业培训、社会保障、计划生育、弱势群体救助等人口发展领域的投入。提高社会公益性事业产品和服务的供给能力，实现发展成果共享。

五、切实加强人口发展考核评估工作

通过实行一票否决制、建立责任追究制等举措，将人口发展工作纳入政绩考核和重大事项督察，完善“一级抓一级、层层抓落实”的人口发展考核评估体系；建立健全人口工作考核指标体系和评估办法，实行定期考核。利用年度绩效考核和事业发展的中期评估，及时发现、研究、解决人口规划执行过程中存在的各种问题，推动人口问题的统筹解决。

（二〇一一年六月）

大兴区人口和计划生育委员会关于加强人口计生干部队伍教育培训与管理工作的指导意见

（京兴人口发〔2011〕10号）

按照市人口计生委《关于加强北京市村级计划生育干部队伍职业化建设的意见》，和京兴人口发〔2008〕17号《关于加强村级计划生育干部队伍职业化建设的实施意见》的文件精神，在大力推进大兴区“十二五”规划和城乡一体化建设进程中，加强人口计生干部队伍建设，积极推进“强基提质”工程，提高队伍综合素质，为我区的人口和计划生育事业培养出更多的年轻化、知识化、职业化人才，特制定大兴区加强人口计生干部队伍教育培训与管理工作的指导意见。

一、加强基层人口计生干部的教育培训工作

镇、街道计生办在抓基层人口计生干部教育培训工作中，制订切实可行的培训计划，把基层人口计生干部的培训工作作为提高全区工作总体水平，促进新发展，实现新跨越的主要任务来抓。将村居专干队伍教育培训列入工作重点，多形式、多渠道、多层次地对新上任的计生专干进行教育培训，稳步推进人口计生系统的“强基提质”工程和队伍职业化建设。

（一）培训计划

年初，各镇、街道应根据培训需求与方向、人员素质与服务意识、业务知识与技能薄弱环节，以及上年度未完成的培训内容，进行综合分析，精心谋划，制订出切实可行的年度业务培训计划。当年要进行计生专干选聘，计生宣传员聘用工作的，制订岗前培训计划。

（二）年度业务培训方案

年度业务培训立案应包括：①指导思想；②培训目标；③培训对象；④培训师资；⑤培训内容；⑥培训形式；⑦培训要求；⑧培训考核。各镇、街道每年至少举办4次正规培训（不包括以会代培形式的培训）。

（三）建立年度培训记录制度、存档制度、人员签到制度

年度内每次培训都应及时、准确填写以下制度表格：①年度培训记录表；②年度培训人员签到表；③所有培训材料以年度为依据整理存档；④历次培训讲评或考核（考核分每次培训考核或一个培训阶段考核，由计生办自定）。培训应尽可能按年度培训计划和年度培训方案实施。临时组织的培训也应填表记录。照片、音像资料等应注明培训时间，其内容应与记录表一致。也可利用培训机会，布置下一阶段培

训内容或工作任务。历次培训人员签到表反映的无正当理由未参加培训达两次以上的，年终不纳入评先范围。其签到表签名要严格落实由本人签到。（表格见附件 1，略）

（四）年度业务培训综合考试

年终将全年各级培训内容、各类学习以及日常工作中应知必懂的知识等汇总进行一次综合会考。考核结果将作为评先依据，与津贴发放挂钩。同时，由镇、街道计生办负责村居计生专干培训登记手册的填写工作。在抓好培训工作同时，要积极做好上级部门的检查和考核准备。区人口计生委将对各镇、街道进行不定期检查和年终考核。考核内容包括相关业务培训、日常管理、制度落实、队伍建设等方面工作。

（五）年度业务培训效果总结

对年度业务培训计划完成情况、培训组织管理情况、参训人员业务知识与技能提高情况，在培训中反映出的好经验、好方法，与培训中存在的不足等方面进行全面总结。为下年度的业务培训工作重点指明方向，对业务提高快，考核成绩优，服务质量好的同志给予适当奖励。

二、强化基层人口计生干部队伍的管理和工作职责

大力加强人口计生干部队伍建设，打造一支政治思想强、知识水平高、业务技能精、工作作风实的人口计生干部队伍，全面推动人口计生事业持续、稳步、健康发展，为人口计生工作提供有效保障。

（一）建立计生专干、计生宣传员综合情况数据库

为了充分掌握全区基层队伍建设中村居计生专干、计生宣传员的综合情况，建立准确、科学的信息库，立足信息统计全面、准确、科学，有利于人口计生工作开展与管理。镇、街道计生办按表项目，对照填表说明准确核实人员信息，认真填写，每年 8 月底以电子表形式，及时上报区人口计生委办公室。（表格见附件 2，略）

（二）按时上报人口和计划生育信息报告制度

村居计生专干做好每月上报人口和计划生育信息报告制度。计生专干向上级提供及时准确的信息报告，做到有据可查，责任分明。每月 5 日前向镇、街道计生办上报人口和计划生育信息。所报内容是计生办要求上报的信息，计生工作开展情况，计生宣传员汇报，群众及村居两委反映的真实信息。（见附件 7，略）

（三）制定计生专干、计生宣传员工作职责

职责的制定紧紧围绕市、区人口计生委文件中有关工作职责条款而定。文字简练，方便记忆，全面概括计生专干、计生宣传员的职责范围为准则。同时将职责内容纳入考核与管理工作中。各镇、街道计生办要根据本辖区实际情况，对计生专干、计生宣传员工作职责进行考核。（见附件 3，略）

（四）建立计生专干检查、督促计生宣传员履职情况登记制度

根据计生专干职责，检查、督促计生宣传员履行好职责是计生专干的一项任务。建立登记制度能充分调动计生专干、计生宣传员的工作积极性和主动性，同时能够大大提高工作效率和信息的及时性、准确性。计生专干在每月上报人口和计划生育信息前应对计生宣传员进行履职检查、督促，综合核实信息并上报镇、街道计生办。计生宣传员在每次检查前先汇报上次专干布置的工作完成情况，未落实的要说明原因。（表格见附件4，略）

（五）年度计生专干述职与计生宣传员工作总结制度

各镇、街道计生办在安排年终工作时，应在各项考核后，评优总结前，组织计生专干述职、计生宣传员上交工作总结。让其在全体同行中，评述自己在一年中所做的工作和履职尽责情况，形成同行间的工作业绩对比，同时也锻炼他们的文字和语言表达能力。

（六）建立计生专干工作津贴、计生宣传员补贴发放监督与管理制度

各镇、街道应严格按照区人口计生委《关于加强村级计划生育干部队伍职业化建设的实施意见》京兴人口发〔2008〕17号文件精神进行发放，根据区人口计生委制定的统一发放表式样，镇、街道计生办在发放时应认真按要求落实。发放完毕后一同将相关财务凭证复印件上交区人口计生委办公室。区人口计生委将根据相关规定和要求，采取多种方式，多渠道进行核实检查，对发放中存在的问题将及时给予指导，并提出批评建议。根据区长和镇、街道的镇长、主任签订的责任书，和计生目标管理实施方案一并进行考核，在发放计生专干津贴时，应将所有款额按计生工作完成情况分等级进行发放，不得留余或作他用。镇计生办应制定出具体的发放实施管理办法（街道制定出计生宣传员补贴发放管理办法），并上报区人口计生委办公室。（表格见附件5，略）

（七）实行村（居）计生专干公示制度

村（居）计生专干应纳入村（居）委会两委成员或专设成员在村、居政务公开专栏进行公示。人员未变的可不再公示，人员有变的应进行公示。公示应有本人近期照片，基本情况，有关胜任计生工作的条件等。

（八）计生专干在符合评先年度时间内有下列情形之一的，应纳入考核评先范围

1. 取得生殖健康咨询员或助理咨询员及以上职业资格的；

2. 在村（居）“两委”换届选举中被选为两委成员的；

3. 被镇、街道以上单位评为先进的；

4. 在区级或以上刊物发表与计生专干工作相关文字作品或论文两篇及以上的；

5. 计划生育率达到95%以上的；

6. 有其他突出成绩或事迹的。

（九）建立计生专干辞职（退）制度、

辞职（退）手续交接登记制度

计生专干向村（居）委会、镇、街道计生办两级提出书面申请自愿辞职，或违反《关于加强北京市村级计划生育干部队伍职业化建设的意见》第三十九条，和京兴人口发〔2008〕17号《关于加强村级计划生育干部队伍建设职业化建设的实施意见》第六款第4条有关规定予以辞退的，应分别填写计生专干辞职（退）登记表、计生专干辞职（退）手续交接表。对违反规定，予以辞退的计生专干不需要向村（居）委会，镇、街道计生办提出书面申请，但要进行手续交接。计生专干辞职（退）后，村（居）民委员会应及时向全体村民进行公告。镇、街道计生办应及时上报区人口计生委办公室备案。各项登记表应与辞职专干申请书一并存入个人档案。

（表格见附件6，略）

附件：1. 业务培训记录表（略）

2. 计生专干、计生宣传员综合情况统计表（略）

3. 计生专干、计生宣传员工作职责表（略）

4. 计生宣传员履职情况登记表（略）

5. 计生专干工作津贴、计生宣传员补贴发放表（略）

6. 计生专干辞职（退）工作手续表（略）

7. 每月人口和计划生育信息报告表（略）

大兴区人口和计划生育委员会

二〇一一年八月一日

顺义区人口和计划生育委员会
顺义区人力资源和社会保障局关于印发
《顺义区计划生育家庭劳动力全员就业工程实施意见》的通知

（顺人口发〔2011〕3号）

各镇、街道办事处：

现将《顺义区计划生育家庭劳动力全员就业工程实施意见》印发给你们，请结合实际，认真贯彻落实。

附件：1. 顺义区计划生育家庭劳动力全员就业工程实施意见

2. 顺义区计划生育家庭劳动力就业需求情况登记表（略）

3. 顺义区计划生育家庭劳动力就业情况统计表（略）

顺义区人口和计划生育委员会

顺义区人力资源和社会保障局

二〇一一年四月二十九日

附件1：

顺义区计划生育家庭劳动力全员就业工程实施意见

为进一步提升计生家庭的发展能力和生活质量，促进解决本区计生家庭劳动力就业问题，结合全区创建充分就业区工作，区人口计生委和区人力社保局共同组织实施计生家庭劳动力全员就业工程，现就此工程制定本实施意见。

一、重要意义

就业是民生之本。实施计划生育家庭劳动力全员就业工程是我区创建充分就业区工作的一部分，是坚持以人为本的科学发展观的具体实践，是改善计生家庭生活质量、提高家庭发展能力和幸福指数的必然要求。计生家庭积极响应国家号召，为经济社会发展作出了突出贡献，帮助其成员实现就业，使其优先享受改革发展成果，对于推动区域经济社会发展、促进社会和谐稳定具有重要的现实意义。

二、工作对象和条件

全区男16～59周岁、女16～49周岁，具有就业能力和就业需求的计划生育家庭成员。

三、工作目标

到“十二五”期末，力争使有就业需求和就业能力的计生家庭劳动力实现全员就业。同时，使计生家庭劳动力职业技能水平大幅提升，就业质量明显提高。

四、职责分工

（一）区人口计生委

1. 制定工作实施意见，组织召开部门协调会议，定期通报工作进展情况，推动工作顺利开展。

2. 广泛宣传，摸清底数。各镇街计生办设立专人负责此项工作，引导符合条件的计生家庭劳动力到社会保障事务所登记，并定期到社会保障事务所查看计生家庭劳动力登记及就业情况，上报区人口计生委。

3. 组织计生家庭劳动力参加区人力社保局组织的专场招聘会。

（二）区人力社保局

1. 在区政府对招用计生家庭劳动力给予用人单位各种奖励政策的基础上，进一步完善对计生特殊家庭劳动力就业的优惠政策。同时，同等条件下，计划生育家庭劳动力优先推荐就业。

2. 加强培训，提高技能。按照产业发展需求、企业用工需求以及劳动力就业需求，积极开展面向计生家庭劳动者职业生涯全过程的免费培训。提高职业技能水平和就业竞争力。

3. 各镇（街）社会保障事务所协助镇（街）计生办完成计生家庭劳动力就业及情况登记月报工作，并将存在的问题反馈给区人口计生委。

4. 协调相关企业年内组织两场计生家庭劳动力专场招聘会。

五、工作要求

（一）提高认识，完善工作协调机制。区人口计生部门和人力社保部门要重视此项工作，每季度召开一次工作协调会，通报工作进展情况，研究解决存在的问题。各镇、街要充分认识开展计划生育家庭劳动力全员就业工作的重要意义，并将此项工作纳入到镇、街就业工作的总体规划中，统一安排。

（二）加强宣传，转变观念。各镇、街要采取多种形式做好宣传工作，做到家喻户晓、人人皆知，引导计生家庭劳动力及时主动到镇（街）社会保障事务所登记。同时，要认真做好就业指导工作，引导他们树立正确的择业观，不断拓宽就业渠道，力争实现全部就业。

（三）精心组织，务求实效。人口计生部门和人力社保部门的具体工作人员要通力合作，注意工作中的沟通与衔接，做好从动员、登记、培训、招聘、回访每一个环节的工作，帮助计生家庭劳动力实现尽快就业、就好业，使计生家庭劳动力全员就业工程取得实效。

北京市怀柔区人口和计划生育委员会
关于深入推进诚信计生工作的实施方案

（怀人口发〔2011〕25 号）

一、指导思想

坚持以科学发展观为指导，以计划生育家庭为中心，在广泛推行“三级双向承诺”的基础上，不断完善政府诚信、群众互信、个人守信的诚信计生工作模式，创新服务管理机制，强化诚信道德、服务意识、制度建设，注重利益引导、服务关怀、宣传倡导，实现阳光计生、创先争优与综合改革的紧密结合和继续深化，维护群众参与权、知情权、监督权，推动群众主动参与和自觉遵守计划生育基本国策，实现行政管理与基层群众自治的有效衔接和良性互动，促进全区人口长期均衡发展。

二、工作目标

通过推进诚信计生工作，到2011年底，全区全面实现诚信计生。人口和计划生育工作理念得到进一步更新，群众婚育观念得到进一步转变，避孕节育方法知情选择得到进一步落实，人口计生服务管理便民利民得到全面实现，国家、市、区人口计生各项免费、扶助、奖励及优先优待政策得到全面落实，基层人口计生工作思路和方法适应统筹城乡的新要求。

三、主要任务

(一) 建立诚信体系

1. 以部门诚信为先导。各级人口计生部门要把依法行政作为深入推进诚信计生工作的首要任务，积极推进民主决策、科学管理、优质服务，全面履行法定职责，规范管理服务行为，维护人口计生法律法规政策的严肃性与公平性，切实提高人口计生部门的公信力。以深化阳光计生行动为载体，大力推进以人口计生政策及其执行情况为重点的政务公开、村（居）务公开，不断增强工作透明度，自觉接受群众监督。要深入开展计划生育便民维权活动，完善全程办事代理制度，方便群众办事，提高行政效能，群众对人口计生工作的满意度达到95%以上。

2. 以群众自治为基础。充分发挥村（社区）两委、村（社区）计生协的主导作用，进一步完善计划生育村规民约，健全工作网络，做到有章理事、有人管事、有钱办事。要切实深化人口计生基层群众自治工作，扩大基层民主，不断提高群众自我教育、自我管理、自我服务、自我监督水平，积极引导广大群众自觉参与人口计生工作，在基层形成干部群众责任共担、利益共享的共同体，使诚信计生具有广泛的群众基础。

3. 以诚信组织为依托。广泛征求群众意见，充分了解群众计划生育生殖健康需求，在群众自觉自愿、互相信任的基础上，组建“诚信计生小组”，协商、签订和落实诚信计生协议。

4. 以双向承诺为保证。在推行“三级双向承诺”的基础上，各镇（乡）街道、村（居）要继续完善公开承诺内容，明确各自的权利和义务。镇（乡）街道、村（居）要全面兑现各项承诺，对参加诚信小组并守约的群众，要充分尊重和维护其避孕知情选择权、生殖健康权以及获得奖励扶助的权利，全面落实以长效措施为主的避孕方法知情选择，为参加生殖健康检查的育龄夫妇提供基本项目的免费服务。对未参加诚信小组的群众，要作为重点服务对象，把免费健康体检、随访服务落到实处。各村（居）委员会与本村（居）已婚育龄群众在自愿的基础上签订《诚信计生协议书》，通过“双方自愿，双向承诺”，密切党群关系、提升政府的公信度和人民群众的满意度，树立人口计生工作的良好形象。

(二) 创新诚信机制

1. 诚信评价机制。各级人口计生部门要结合实际制定诚信计生标准，建立由党政干部、人大代表、政协委员、群众等多方参与的诚信评价机制，积极推进由政府内部评价为主向公众评价为主转变。要建立计划生育信用记录，定期开展诚信计生部门、诚信计生家庭评比以及诚信计生信用等级评定。

2. 诚信监督机制。要探索建立诚信计生警示制度，对违反诚信协议的部门和群众，进行通报或公示。对诚信度差的人口计生部门和相关责任人员，严格落实行政执法责任制。严格按照相关规定，对违法生育对象参加村（居）两委、人大代表和政协委员选举及各类评优评先活动实行资格限制。

3. 诚信激励机制。要坚持政策引导，进一步落实各项利益导向政策，不断提高诚信计生的感召力和影响力。要建立诚信计生奖励制度，对自觉实行计划生育并采取长效措施的群众给予一次性或定期奖励；要协调推动部门资源整合，制定有利于推进诚信计生工作可持续发展的利益导向政策以及便民利民的具体措施；要着力指导村（居）民委员会在组织分配集体资产及收益、征地补偿款时，向计划生育家庭倾斜，充分调动群众参与诚信计生工作的积极性。

（三）营造诚信环境

1. 切实消除诚信障碍。按照有利于诚信计生工作，有利于维护群众合法权益的原则，进一步改革完善人口计生绩效考核指标体系，改革完善基层人口计生服务管理机制，指导基层清理、修改和废止不适应诚信计生工作的服务管理制度、村规民约条款。

2. 积极培育诚信文化。要把诚信计生工作作为婚育新风进万家活动和新型人口文化建设的重要内容，广泛宣传诚信计生重大意义和工作成效。要积极培育诚信计生典型，宣传成功经验，营造良好氛围。

四、工作要求及进度

（一）成立领导小组，做好宣传动员。为切实加强对这项工作的领导，区人口计生委成立以主任为组长、分管副主任为副组长、各科（站）室、中心负责人为成员的诚信计生工作领导小组，负责对各镇（乡）街道开展诚信计生工作的督促检查指导。各镇（乡）街道及各村（居）也要成立诚信计生工作领导小组，召开推进诚信计生工作动员部署会，讲明意义，提出要求，明确进度。各村（居）要召开“两委会”、计生协会会员代表大会、村民代表大会宣传诚信计生的意义，统一干群思想，明确工作任务，落实工作职责，确保工作稳步实施推进。

（二）创新形式，积极组织实施。一是完善相关制度；二是村（居）委会与已婚育龄群众签订《诚信计生协议书》；三是在村民充分自愿基础上，组建诚信小组；四是定期开展督查活动，村（居）委会和诚信小组定期对已婚育龄群众和村（居）委会践诺的情况进行检查，督促双方履行承诺。各级要把诚信计生与人口计生基层群众自治、依法行政、优质服务、新农村新家庭建设和婚育新风进万家等工作有机结合，相互融合、相互促进，创新开展工作，推动人口计生整体工作水平的提高。确保2011年12月底全区全面实现诚信计生。

（三）注重实效，迎接检查验收。各镇（乡）街道要按照本方案要求，研究制订切合实际的实施方案，在推进中不断进行创新，及时上报工作进度、工作总结，深入推进诚信计生工作档案，规范装档，迎接各级的检查验收。严禁弄虚作假、搞形式、走过场。各镇（乡）街道制订的实施方案于8月底前上报到区人口计生委业务科。

在阶段性目标完成之后，各镇（乡）街道要认真总结经验，建立完善进一步推进诚信计生的长效机制，促进诚信计生工作的进一步深化。

附件：1. 怀柔区诚信计生工作领导小组成员名单

2. 怀柔区诚信计生评估标准

3. 怀柔区人口和计划生育委员会向镇（乡）街道及育龄群众承诺内容

4. 怀柔区诚信计生评估标准及主要内容分解表

二〇一一年六月二十日

附件1：

怀柔区诚信计生工作领导小组成员名单

组　　长：杨振富　区人口计生委主任

副 组 长：张俊峰　区人口计生委副主任

黄岸英　区人口计生委副主任

王月军　区人口计生委副主任

成　　员：杜　娟　业务科科长

曹卫红　政办室主任

刘秀平　药具站站长

郑鸿燕　服务中心主任

王　辉　计生协会秘书长

胡志奇　宣传站副站长

王海民　流管中心副主任

韩淑琴　青少年健康教育中心副主任

各镇乡、街道计生办主任

附件2：

怀柔区诚信计生评估标准

一、人口计生服务和管理的规范性文件、规章制度以及考核指标的设定，符合法律法规的规定，有利于诚信计生工作的开展。

二、人口和计划生育政策法规及落实情况，以及人口计生服务和管理的规范性文件、规章制度能及时、全面公开。

三、基本落实国家、市、区人口计生各项免费、扶助、奖励以及优先优待政策；结合实际制定诚信计生奖励政策，并落实到位。

四、人口计生服务管理便民利民。无强制孕情环情检查的指标和措施，无对外出已婚育龄妇女返乡参加避孕节育检查的要求和措施。

五、诚信计生工作的协议、承诺等符合法律法规的规定，并尊重群众的意愿，维护群众的合法权益。85%以上的已婚育龄夫妇参与诚信计生工作。

六、已生育子女的育龄夫妇基本落实以长效措施为主的避孕方法知情选择。无必须落实绝育措施的指标和要求。

七、广大群众能自觉实行计划生育，最近三年政策符合率达到95%以上，三孩及以上政策外生育率低于2%。

附件3：

怀柔区人口和计划生育委员会向镇（乡）街道及育龄群众承诺内容

（一）多形式、多渠道开展人口计生法律、法规、避孕节育、优生优育、生殖健康等科学知识的宣传教育；

（二）对已婚育龄妇女进行生殖健康免费体检，承担计划生育及生殖健康咨询指导和技术服务；

（三）确保计划生育家庭奖励费的及时兑现；

（四）做好北京市及怀柔区各项奖励扶助、特别扶助制度的对象资格确定和扶助金发放工作；

（五）认真履行再生育审批程序、审批时限；

（六）对违反政策生育行为依法征收社会抚养费；

（七）依法做好避孕药具发放工作；

（八）落实农村已婚育龄夫妻计划生育手术基本项目免费服务工作；

（九）认真履行法律、法规规定的其他职责。

附件4:

怀柔区诚信计生评估标准及主要内容分解表

评估标准	内　　容	责任科室	主管领导	责任人
一	人口计生服务和管理的规范性文件、规章制度以及考核指标的设定,符合法律法规的规定,有利于诚信计生工作的开展	各科站室中心	张俊峰 黄岸英 王月军	各科站室 中心负责人
二	人口和计划生育政策法规及落实情况,以及人口计生服务和管理的规范性文件、规章制度能及时、全面公开	各科站室中心	张俊峰 黄岸英 王月军	各科站室 中心负责人
三	基本落实国家、市、区人口计生各项免费、扶助、奖励以及优先优待政策;结合实际制定诚信计生奖励政策,并落实到位	各科站室中心	张俊峰 黄岸英 王月军	各科站室 中心负责人
四	人口计生服务管理便民利民。无强制孕情环情检查的指标和措施,无对外出已婚育龄妇女返乡参加避孕节育检查的要求和措施	药具站服务中心	王月军	刘秀平 郑鸿燕
五	诚信计生工作的协议、承诺等符合法律法规的规定,并尊重群众的意愿,维护群众的合法权益。85%以上的已婚育龄夫妇参与诚信计生工作	政办室业务科	张俊峰 黄岸英	曹卫红 杜　娟
六	已生育子女的育龄夫妇基本落实以长效措施为主的避孕方法知情选择。无必须落实绝育措施的指标和要求	药具站	王月军	刘秀平
七	广大群众能自觉实行计划生育,最近三年政策符合率达到95%以上,三孩及以上政策外生育率低于2%。	业务科	黄岸英	杜　娟
八	培育诚信文化。把诚信计生工作作为婚育新风进万家活动和新型人口文化建设的重要内容,广泛宣传诚信计生重大意义和工作成效。要积极培育诚信计生典型,宣传成功经验,营造良好氛围	宣传站	张俊峰	胡志奇

密云县人民政府办公室转发
县人口计生委关于进一步加强全县人口和计划
生育干部队伍建设意见的通知

（密政办字〔2011〕55 号）

各乡镇人民政府，地区、街道办事处，县政府各委、办、局，各县属机构：

《县人口计生委关于进一步加强全县人口和计划生育干部队伍建设的意见》已经第 37 次县政府常务会议审议通过，现转发给你们，请认真贯彻执行。

二〇一一年八月十八日

关于进一步加强全县人口和计划生育干部队伍建设的意见

做好新时期人口和计划生育工作，需要尽快提高我县人口计生干部队伍的总体素质，努力造就一支思想好、作风正、懂业务、会管理、善于做群众工作，具有敬业、奉献、求实和创新精神的高素质、专业化的干部队伍。为此，结合我县人口和计划生育干部队伍的实际，对进一步加强人口和计生干部队伍建设提出如下意见：

一、指导思想

以科学发展观为指导，以促进人口均衡发展为目标。发扬特别能吃苦、特别能战斗、特别能奉献的良好作风，在全系统营造创先进、争优秀的浓厚氛围，形成比学赶超的热潮，开创队伍建设的新局面。为实施密云生态涵养发展区工作方略，实现“三个走在前列”奋斗目标和建设“绿色国际休闲之都”创造良好的人口环境。

二、加强组织建设，保持基层机构人员稳定

中共中央、国务院《关于全面加强人口和计划生育工作统筹解决人口问题的决定》（中发〔2006〕22 号）强调，要“在农村综合改革和城市行政区划调整中，确保人口和计划生育工作机构和人员稳定，不得随意撤并和改变机构性质”。乡镇、地区、街道办事处计划生育机构是党和政府落实计划生育基本国策不可动摇的基石。在乡镇政府机构改革序列中要单独设置人口和计划生育办公室，如不能单独设置的，应在政府综合办公室中明确人口和计划生育的职能，保证依法行政所必需的公务员编制。

要进一步加强县、镇街、村居三级人

口计生干部队伍的配备。各乡镇、街道要按常住人口规模比例配备，结合机构改革优化人口计生工作人员，为保持人口和计生工作的连续性和稳定性，乡镇、街道计生办工作人员需要调整时，应征求县级人口计生主管部门意见。

三、强化学习培训，提高人口计生干部整体素质

建立分专业、分层次的培训制度。县人口计生委应加强对乡镇街道、村居人口计生干部培训，把计生政策法规、业务知识和专业技能作为培训重点。各乡镇、街道也要加强对村居计生干部的培训，通过计生例会、定期学习等形式，开展学习培训和业务技能培训，努力提高村级计生干部的业务素质。

加大对技术人员的培训力度。选拔技术人员到医疗机构进修学习和培训，提高业务技能；对参加国家人口计生委生殖健康咨询师（含助理咨询员和咨询员）职业考试合格者，报销培训、资料费。

四、优化工作环境，激发人口计生干部队伍活力

保证经费投入。各级财政要采取切实有效的措施，保障人口计生经费投入，确保人口计生工作正常运转必需的工作经费和专项补贴，并在可能的情况下给予适当倾斜。

搞活内部机制。坚持正确的用人导向，从有利于事业发展的大局出发，坚持人岗相宜，用其所长，进一步营造有利于人口计生事业发展的选人、用人环境；对于爱岗敬业，工作达标，表现优秀的乡镇、街道计生办，在评选“五好科室”、优秀工作者等方面倾斜；对于讲原则、负责任、成效好的专干、宣传员，在工资补贴待遇上提高标准。

五、开展创先争优，建立长效激励机制

大力开展立足本职、立足岗位、建功立业、创先争优活动。对人口和计划生育工作做得好的有关单位和计生干部、村居计生专干和宣传员进行表彰奖励，发挥先进人物示范带头作用，增强人口计生干部队伍的活力和战斗力。

（一）根据年度人口计生工作目标管理考核评估情况，县领导小组将每年对县级先进单位和个人，按照分配名额、评选条件、评选程序进行审定申报市级“红旗单位”、“先进集体”、“先进工作者”，由市人口计生委颁发奖牌及荣誉证书并予以通报表彰。

（二）对于优秀的县、乡镇（街道）计生专职人员，按照满10年不满20年或满20年及以上的标准，经县领导小组审核、市人口计生委审批后，由市人口计生委颁发《计划生育工作者荣誉证书》，并由县人口计生委颁发纪念牌和奖励。

（三）对于优秀的村（居）在职计划生育专干、宣传员，按照从事人口和计划生育工作满10年、15年、20年及以上，符合条件的人员，经县领导小组审批后，由县人口计生委每三年进行一次性表彰和奖励。

六、抓好作风建设，树立人口计生工作干部良好形象

一是加强理论学习。加强党员干部党

风党纪教育，认真学习贯彻科学发展观，用中国特色人口理论武装人口计生干部，坚持解放思想、更新观念，用科学理论武装头脑。

二是严格纪律要求。人口计生干部要挡得住诱惑，管得住小节，守得住清贫，始终做到自重、自省、自警、自励。严格遵守国家人口计生委"七不准"和市人口计生委"两项纪律"相关要求。

三是强化各级计生干部品格培养。大力倡导"团结协作，包容智慧，忠诚计生，勇争一流"人口计生新风尚，积极开展"三比三看活动"，即"比业务是否优良、看工作质量是否提升，比技术是否精湛、看操作程序是否规范，比作风是否过硬、看服务对象是否满意"，着力构建积极向上、开拓进取、不畏艰辛、求真务实的良好风气。

四是强化行风建设。讲究工作方式方法，深入基层调查研究，想群众所想，急群众所急，盼群众所需；强化服务群众的意识，坚持依法行政，做耐心细致的思想工作，做群众的贴心人。

延庆县人口和计划生育委员会
延庆县计划生育协会关于印发《延庆县关于全面开展计划生育家庭意外伤害保险工作的指导意见》的通知

（延人口发〔2011〕4号）

各乡镇、街道计生办、计生协：

根据中国计划生育协会《关于开展计划生育家庭意外伤害保险的通知》（国计生协〔2008〕37号）和北京市人口计生委、计生协会《关于印发〈关于全面开展计划生育家庭意外伤害保险工作的指导意见〉的通知》（京计生协发〔2010〕6号）文件精神，延庆县计划生育协会决定自2011年1月起，与中国人寿保险股份有限公司北京市延庆分公司合作，在全县范围内开展计划生育家庭意外伤害保险，现将指导意见印发给你们，请认真贯彻执行。

附件：1. 延庆县关于全面开展计划生育家庭意外伤害保险工作的指导意见

2. 计划生育家庭意外伤害保险解释细则

延庆县人口和计划生育委员会

延庆县计划生育协会

二〇一一年四月七日

附件1：

延庆县关于全面开展计划生育家庭意外伤害保险工作的指导意见

根据中国计划生育协会《关于开展计划生育家庭意外伤害保险的通知》（国计生协〔2008〕37号）和北京市人口计生委、计生协会《关于印发〈关于全面开展计划生育家庭意外伤害保险工作的指导意见〉的通知》（京计生协发〔2010〕6号）要求，北京市计划生育协会与中国人寿北京市分公司合作开展了保险试点工作，为10万多户计划生育家庭提供了意外伤害保险保障，受到群众欢迎。2010年9月25日，中国计划生育协会与中国人寿保险股份有限公司在北京签署了战略合作协议，在全国范围推广计划生育家庭意外伤害保险。在此战略协议框架下，北京市计划生育协会决定自2010年11月起，与中国人寿保险股份有限公司北京市分公司合作，在全市范围内开展计划生育家庭意外伤害保险。北京市人口计生委，计生协于11月15日召开专门会议进行部署。按照文件精神，延庆县计生协经过专题调研并经主任办公会决定，自2011年起，在全县开展计划生育家庭意外伤害保险工作。为推动工作顺利开展，特提出本指导意见。

一、指导思想和基本原则

坚持以人为本的科学发展观，落实计划生育基本国策，倡导“生育传承希望，关怀相伴和谐”的理念，中国计生协与中国人寿保险公司合作专门为计划生育家庭设计的险种目的是：充分体现对计生家庭的关怀关爱，增强计划生育家庭应对意外伤害的能力，减少计生家庭的后顾之忧。

坚持联合协作，本着积极争取政府支持和社会资源，群众自愿参与的原则，体现计划生育利益导向，最大限度地确保计划生育家庭的根本利益，为稳定低生育水平、统筹解决人口问题创造良好环境。

二、投保范围及承保方案

（一）明确参保对象

延庆县户籍人口计划生育家庭为参保范围，凡符合计划生育政策的家庭，其夫妇及子女年龄在65周岁以下及1周岁以上身体基本健康者（含65周岁和1周岁），均可作为被保险人参加本保险，对于连续投保的家庭，被保险人年龄可放宽至70周岁。

（二）保险金额与保险费

每年每个家庭的保险金额为40 000元/份，其中，每个家庭的意外伤害保险金额为30 000元（每个家庭成员人均分摊此保险金额），每个家庭的意外伤害医疗保险金额为10 000元（所有家庭成员共用此保险金额）。每年每个家庭的保险费为30元/份，每个家庭每年在北京市内最多投保两份。

（三）保险责任

1. 因意外伤害，导致被保险人自意外伤害发生之日起180日内因同一原因身故的，保险公司按照人均意外伤害保险金额给付身故保险金。

2. 因意外伤害，导致被保险人自意外伤害发生之日起180日内因同一原因残疾的，保险公司根据《人身保险残疾程度与保险金给付比例表》确定的残疾等级，按照人均意外伤害保险金额及该项残疾所对应的给付比例给付残疾保险金。

3. 因意外伤害，导致被保险人在二级以上（含二级）医院或保险公司认可的其他医疗机构诊疗而支出的门（急）诊或住院医疗费用，对于符合社会基本医疗保险支付范围的医疗费用，保险公司在扣除从当地社会基本医疗保险、公费医疗或其他途径获得补偿或给付的部分后，在意外伤害医疗保险金额内按照100%比例给付意外医疗保险金。其中，对于保险期间届满被保险人治疗仍未结束的，保险公司继续承担给付医疗保险金责任的期限，门（急）诊治疗以保险期间届满的次日起15日为限，住院治疗以保险期间届满的次日起90日为限。

（四）资金管理

对保险费实行专户管理，对计划生育家庭意外伤害保险的投保、理赔及资金管理、运行实行专账管理，每年定期完成承保、缴费工作，保险公司设立计划生育家庭意外伤害保险专户，定期核算承保和理赔情况。

三、工作要求

（一）领导重视，做好宣传发动工作

各单位要专门召开工作会议，对开展计划生育家庭意外伤害保险工作进行安排部署，要把开展计划生育家庭意外伤害保险工作作为开展优质服务的一项重要内容来抓。同时要做好宣传发动工作。采取广播、下发宣传材料等多种形式，使计划生育家庭意外伤害保险知识得到大众化普及。

（二）团结协作，让利群众

各乡镇、街道计生协要以2011年北京市计生协与中国人寿保险有限公司北京市公司签署的合作协议为基准，积极与保险公司协商，本着便捷、优质、高效的原则，确保投保家庭的利益。

（三）结合本地实际，多渠道筹资

各乡镇要积极争取镇、村领导的支持，在提倡计生家庭自愿投保的基础上，倡导有条件的乡镇把开展计划生育家庭意外伤害保险纳入利益导向机制的一项内容。作为为民办实事的一项民心工程，特别是对独生子女家庭，可由镇、村投入或部分补贴，也可在独生子女家庭自愿协议的基础上用独生子女费参保，不断扩大覆盖面，尽力做到应保尽保。

四、加强领导，明确职责

开展计划生育家庭意外伤害保险，是协会工作的一项重要工作。各单位要探索经验，在实际工作中要根据群众需求，及时掌握计划生育家庭投保、出险、理赔的情况。不断完善工作机制，要成立相应组织明确一名专兼职工作人员具体负责计划生育家庭意外伤害保险工作，并逐级建立保险工作台账，稳步推进此项工作的开展。

为做好此项工作，成立延庆县计划生育家庭意外伤害保险领导小组，如下：

组　　长：王树勤　延庆县人口计生委党组书记、计划生育协会常务副会长

常务副组长：蒋秀芝　延庆县人口计生委主任

副组长：郭万良　延庆县人口计生委副主任、计划生育协会主管副会长

林永生　延庆县人口计生委副主任

张月英　延庆县人口计生委调研员

王益民　中国人寿保险股份有限公司北京市延庆支公司副总经理

成　　员：林立泽　牛向阳　刘春红　刘云波

延庆县人口和计划生育委员会

延庆县计划生育协会

二〇一一年四月七日

附件2：

计划生育家庭意外伤害保险解释细则

一、投保范围及承保方案

第一条　投保范围

（一）凡符合国家计划生育政策的夫妇及其子女，年龄在1周岁至65周岁的身体健康者（续保情况可放宽到70周岁），可作为被保险人参加本保险。

（二）计划生育家庭成员中具有完全民事行为能力的被保险人或对被保险人具有保险利益的其他人可作为投保人。

第二条　保险责任

在保险责任有效期间内，被保险人遭受意外伤害，保险公司负下列保险责任：

（一）意外伤害保险责任

1. 被保险人自意外伤害发生之日起180日内因同一原因身故的，保险公司按约定的意外伤害保险金额给付身故保险金，对该被保险人的保险责任终止。

2. 被保险人自意外伤害发生之日起180日内因同一原因身体残疾的，保险公司根据《人身保险残疾程度与保险金给付比例表》（见条款）确定的残疾等级，按项下人均意外伤害保险金额及该项残疾所对应的给付比例给付残疾保险金。保险期间届满治疗仍未结束的，按意外伤害发生之日起第180日的身体情况进行残疾鉴定，并据此给付残疾保险金。

3. 被保险人因同一意外伤害造成1项以上身体残疾时，保险公司给付对应项残疾保险金之和。但不同残疾项目属于同一肢时，保险公司仅给付其中1项残疾保险

金；如残疾项目所对应的给付比例不同时，仅给付其中比例较高 1 项的残疾保险金。

4. 保险公司对每一被保险人所负给付的意外伤害保险金责任以约定的人均意外伤害保险金额为限。对每一被保险人一次或者累计给付意外伤害保险金达到人均意外伤害保险金额时，对该被保险人的该项保险责任终止。

（二）意外伤害医疗保险责任

1. 被保险人因遭受意外伤害在二级以上（含二级）医院或保险公司认可的医疗机构门诊、住院诊疗实际发生并支出的、并在当地社会基本医疗保险部门规定的基本医疗保险支付范围内的医疗费用，保险公司每次在扣除一定的免赔额后，按约定的给付比例给付医疗保险金。免赔额和给付比例由甲方和保险公司协商确定，并在保险单上载明。若被保险人已经从当地社会基本医疗保险、公费医疗或其他途径获得补偿或给付，保险公司仅对剩余未获补偿或给付的部分按上述规定进行给付。

2. 保险期间届满被保险人治疗仍未结束的，保险公司继续承担给付医疗保险金责任的期限，门（急）诊治疗以保险期间届满的次日起 15 日为限，住院治疗以保险期间届满的次日起 90 日为限。

3. 保险公司对每一被保险人所负给付意外伤害医疗保险金的责任以约定的意外伤害医疗保险金额为限，对所有被保险人一次或累计给付的保险金达到意外伤害医疗保险金额时，对所有被保险人的该项保险责任终止。

4. 出险赔付时间期限为两年之内。

二、保险金额及保险费

（一）意外伤害保额：30 000 元。（注：每个计划生育家庭成员人均分摊此保险金额）。

（二）意外伤害医疗保险：10 000 元。（注：每次 0 免赔 100% 赔付，家庭成员共享此保险金额）。保险金额一经确定，在保险期间内不得变更。

（三）保险费按年计算，每年每个家庭的保险费为：30 元/份，每个家庭每年在北京市内最多投保两份。投保人应在投保或续保时一次交清当年保险费。

三、保险期限

保险期间为一年，自生效时开始，至约定终止日二十四时止。

四、承保流程

1. 资格审核：

（1）计划生育家庭资格审核条件：

计划生育家庭：符合计划生育政策为延庆县户籍的夫妇双方及其子女构成的家庭。其中，女方为投保人，男方及其子女作为连带被保险人。

独生子女夭折计划生育家庭：夫妇双方或一方具有延庆县户籍，只生育或收养一个子女并且已夭折的计划生育空巢家庭。

（2）资格审核程序：①村（居）委员会负责初审后，并上报乡镇、街道。②乡镇、街道负责对投保家庭资格确认审批，并保存《保险审核单》备案。③县各工委系统专兼职计生干部负责对本系统投保家庭资格审核。④乡镇，（街道）工委每半年向县计生协办公室统计上报完成情况，县计生协不定期对投保家庭资格进行抽查和审核。

（3）投保家庭提交材料：投保人及家庭成员的《身份证》原件、《户口本》原件、《结婚证》、《独生子女父母光荣证》或《再生育一个子女生育服务证》及相关证明材料一并交初审单位。（所有原件经工作人员核对无误后退还本人）

2. 符合投保资格的计划生育家庭提出申请并填写保险申请表（附后，略）。

3. 交纳保险费。

保费由保险公司业务人员直接到乡镇、街道或村（居）委员会、单位统一收缴；业务人员收取保费后，将投保申请单与保险费统一交到保险公司柜台出具保险单后开具发票（如涉及乡镇补贴或村委会补贴的在投保时注明金额后，分别开具保险费发票）、发放保单，保险公司做好相应的投保情况记录定期汇报县计生协。乡镇、街道将投保情况也及时上报县计生协备案。

五、理赔须知

第一条　保险事故的通知

投保人、被保险人或受益人知道保险事故发生后，应及时（24小时内）通知保险公司。若因故意或者因重大过失未及时通知，致使保险事故的性质、原因、损失程度等难以确定的，保险公司对无法确定的部分，不承担给付保险金的责任，但保险公司通过其他途径已经及时知道或者应当及时知道保险事故发生的除外。

第二条　理赔流程

根据中国计划生育协会、中国人寿保险公司制定的《理赔流程》，由本人提出申请，乡镇、街道、村（居）各级计生协给予协助，被保险人持相关材料到保险公司进行申请理赔。（理赔支付采取划账形式）。

对于保险金的申请流程如下：

（一）在保险期间内，被保险人身故的，由身故保险金受益人或其他有权领取保险金的人作为申请人，填写保险金给付申请书，并凭下列证明和资料向保险公司申请给付保险金：

1. 保险单及最后一期保险费的交费凭证；

2. 申请人的法定身份证明；

3. 公安部门或二级以上（含二级）医院出具的被保险人死亡证明书；

4. 如被保险人为宣告死亡，申请人须提供法院出具的宣告死亡判决书；

5. 被保险人的户籍注销证明；

6. 保险公司要求的申请人所能提供的与确认保险事故的性质、原因、伤害程度等有关的其他证明和资料。

（二）在保险期间内，被保险人身体残疾的，由残疾保险金受益人作为申请人，填写保险金给付申请书，并凭下列证明和资料向保险公司申请给付保险金：

1. 保险单及最后一期保险费的交费凭证；

2. 申请人的法定身份证明；

3. 二级以上（含二级）医院、本公司认可的其他医疗机构或鉴定机构出具的被保险人残疾程度的资料或身体残疾程度鉴定书；

4. 若由代理人代为申请保险金，则还应提供授权委托书、代理人法定身份证明等文件；

5. 保险公司要求的申请人所能提供的与确认保险事故的性质、原因、伤害程度等有关的其他证明和资料。

（三）在保险期间内，被保险人支出意外医疗费用的，由医疗保险金受益人作为申请人，填写保险金给付申请书，并凭下列证明和资料向保险公司申请给付保险金：（注：首次急诊除外，必须在县级二级（含二级）医院就诊方可以报销）。

1. 保险单及最后一期保险费的交费凭证；

2. 申请人的法定身份证明；

3. 二级以上（含二级）医院、本公司认可的其他医疗机构或鉴定机构出具的被保险人意外医疗费用收据、诊断证明、病历；

4. 若由代理人代为申请保险金，则还应提供授权委托书、代理人法定身份证明等文件；

5. 保险公司要求的申请人所能提供的与确认保险事故的性质、原因、伤害程度等有关的其他证明和资料。

（四）保险公司收到申请人的保险金给付申请书及本条第一、第二或第三款所列证明和资料后，对确定属于保险责任的，在与申请人达成有关给付保险金数额的协议后十日内，履行给付保险金的责任；对不属于保险责任的，向申请人发出拒绝给付保险金通知书。

（五）保险公司自收到申请人的保险金给付申请书及本条第二或第三款所列证明和资料之日起60日内，对属于保险责任而给付保险金的数额不能确定的，根据已有证明和资料，按可以确定的最低数额先予支付，保险公司最终确定给付保险金的数额后，给付相应的差额。

（六）如被保险人在被宣告死亡后生还的，申请人应于知道或应当知道被保险人生还后30日内退还保险公司已支付的保险金。

（七）申请人对保险公司请求给付保险金的权利，自其知道保险事故发生之日起两年不行使而消灭。

六、除外责任

因下列情形之一，造成被保险人身故、残疾或支出医疗费用的，本公司不承担给付保险金的责任：

（一）投保人对被保险人的故意杀害、故意伤害；

（二）被保险人故意犯罪或抗拒依法采取的刑事强制措施；

（三）被保险人自杀或故意自伤，但被保险人自杀或故意自伤时为无民事行为能力人的除外；

（四）被保险人斗殴，服用、吸食或注

射毒品；

（五）被保险人受酒精、毒品、管制药物的影响而导致的意外伤害；

（六）被保险人酒后驾驶、无合法有效驾驶证驾驶或驾驶无有效行驶证的机动车；

（七）被保险人流产、分娩；

（八）被保险人因整容手术或者其他内、外科手术导致医疗事故；

（九）被保险人未遵医嘱私自使用药物（但按使用说明的规定使用非处方药不在此限）；

（十）被保险人参加潜水、跳伞、攀岩、探险、武术比赛、摔跤比赛、特技表演、赛马、赛车等高风险运动；

（十一）战争、军事冲突、暴乱或者武装叛乱；

（十二）核爆炸、核辐射或者核污染。

发生以上任何情形，导致被保险人身故的，对该被保险人的所有保险责任终止。未发生保险金给付的，保险公司退还该被保险人的未满期净保险费；已发生保险金给付的或已发生约定的保险事故但尚未给付保险金的，保险公司不退还保险费。

七、未尽事宜，详见《国寿计划生育家庭意外伤害保险》条款。

图书在版编目(CIP)数据

2012北京市人口和计划生育年鉴/刘志主编.
—北京:中国人口出版社,2013.3
ISBN 978-7-5101-1660-5

Ⅰ.①2… Ⅱ.①刘… Ⅲ.①人口—工作—北京市—
2012—年鉴②计划生育—工作—北京市—2012—年鉴
Ⅳ.①C924.251-54

中国版本图书馆CIP数据核字(2013)第048936号

2012北京市人口和计划生育年鉴

刘志 主编

出版发行 中国人口出版社
印　　刷 北京朝阳印刷厂
开　　本 787毫米×1092毫米 1/16
印　　张 25.5 插12
字　　数 600千
版　　次 2013年4月第1版
印　　次 2013年4月第1次印刷
书　　号 ISBN 978-7-5101-1660-5
定　　价 188.00元

社　　长 陶庆军
网　　址 www.rkcbs.net
电子信箱 rkcbs@126.com
电　　话 (010)83519390
传　　真 (010)83519401
地　　址 北京市宣武区广安门南街80号中加大厦
邮　　编 100054

(人口计生系统内部发行)